KB220038

한국 교회 건축과 공공성

국립중앙도서관 출판예정도서목록(CIP)

한국 교회 건축과 공공성 : 신학이 있는 교회 건축 / 지은이
: 곽호철, 김수연, 김정두, 박종현, 소요한, 손문, 손호현,
송용섭, 오화철, 전현식, 정시춘, 정용한, 정혜진. ― 서울
: 동연, 2015
  p. ; cm

표제관련정보: '하나님 백성들의 집'(domus ecclesiae) 으로
서의 교회 건축
ISBN 978-89-6447-288-0 93200 : ₩19000

교회 건축[敎會建築]

549.23-KDC6
690.65-DDC23   CIP2015027105

이 저서는 2014년 정부(교육부)의 재원으로 한국연구재단의 지원을 받아 수행
된 연구임(NRF-2014S1A5A2A03066149).

신/학/이/있/는/교/회/건/축

한국 교회 건축과 공공성

곽호철 김수연 김정두 박종현 소요한 손 문 손호현
송용섭 오화철 전현식 정시춘 정용한 정혜진 함께 씀

동연

책을 펴내며

    '글을 쓸 때에는 반드시 400년 앞을 내다보며 쓰라'고 일본의 기독교 지성인 우치무라 간조(內村鑑三, 1861-1930)는 말했습니다. 글 쓰는 자가 자신 앞의 400년도 가늠하지 못하는 식견으로 시대를 진단하는 글을 쓴다는 것은 부끄러운 일이라는 가르침이라 생각됩니다. 건축가와 신학자도 마찬가지입니다. 그렇기에 400년 앞을 내다보지 못하는 식견으로 『한국 교회 건축과 공공성』이라는 공동연구 프로젝트를 한국연구재단에 제안한 일은 저희들에게 많은 용기와 무모한 뻔뻔함을 요구하였습니다. 하지만 대학에 머물며 서생(書生)의 유희를 업으로 하는 저희 13명의 학자들의 눈으로 보기에도 한국 교회 건축이 무언가 근원적으로 잘못되지는 않았나 하는 걱정이 들었습니다. 그렇기에 소 잔등의 귀찮은 파리처럼 저희들은 400년은 아니지만 100년 앞을 묻기로 하였습니다. 인류가 향후 100년간 직면하게 될 미래 변화들에 우리의 교회 건축은 얼마나 대비가 되었는지를 학문적 상상력으로 생각해 보았습니다.

    교회 건축은 단지 기술의 문제가 아니라 신앙의 문제입니다. 공룡 시대와 탈공룡 시대를 나눈 것은 하늘에서 떨어진 유성이었지만, 신학이 없는 교회 건축과 신학이 있는 교회 건축을 나눌 유성은 '공공성'(公共性)이라는 질문이 될 것입니다. 공룡은 자신의 멸종을 전혀 대비하지 못하였지만, 기독교 신앙의 생명력은 미래를 가늠하며 대비하는 자기 비판력과 자기 성찰의 힘에 달려 있습니다. 천 년을 지속하는 교회 건축은 돌의 단단함이 아니라 가난한 양심에 기초합니다. 가난한 양심이어야 단단할 수 있습니다. 굶주리고 목마르고 나그네 되고 헐벗고 병들고 냄새나는 오늘의 예수가 우리의 교회 문을 두드릴 때(마태 25:34-40), 차마 거절하지 못하는 신앙의 양심을 저희들은 공공성이라 부르고자 합니다.

이제 저희 13명의 저자들은 공공성이라는 질문의 돌을 교회 건축의 잔잔한 수면에 던집니다. 맑은 물결이 생명처럼 일어나 공공성을 추구하는 작고 낮고 개방적이고 가변적이며 지역성을 가진 아름다운 한국 교회가 많이 건축되기를 간절히 소망합니다. 곽호철—김수연—김정두—박종현—소요한—손문—송용섭—오화철—전현식—정시춘—정용한—정혜진 교수님과 함께 사유의 산보 길을 거닐 수 있었던 일은 저에게 개인적으로 영광스럽고도 무한히 유쾌한 일이었습니다. 김인경 연구보조원께도 깊이 감사드립니다. 시대를 가늠하는 일에 기꺼이 동참해주신 동연출판사와 김영호 대표님께 사의를 표합니다. 마지막으로 이 책이 출판될 수 있도록 연구를 허락해주신 한국연구재단에 모든 저자들을 대표하여 감사드립니다.

一山에서

손 호 현

차 례

머 리 글

교회 건축의 십계명
: 신학이 있는 교회 건축과 인생 건축

손 호 현*

1. 신학이 있는 교회 건축을 하자

건축가 지오 폰티(Gio Ponti)는 "종교 건축은 건축의 문제가 아니라
신앙의 문제다"고 한다.[1] 신학자 폴 틸리히(Paul Tillich)는 교회 건축이
또 다른 신학의 언어이며, 일종의 '돌로 지은 신학'이자 '돌로 쓴 설교'라
고 보았다. 틸리히가 자신의 어릴 적 꿈인 교회 건축가 대신에 조직신학
자가 된 이유는 "돌, 강철, 유리로 건축하는 대신에 개념과 명제로서 건축
하기"로 결심하였기 때문이다.[2]

교회 건축은 건축 신학에 기초해야 한다. 다른 예술적 상징들과는 달

---

* 연세대학교 연합신학대학원 교수, 문화신학
1) 이정구, 『교회건축의 이해』 (파주: 한국학술정보, 2012), 3에 재인용된다.
2) Michael F. Palmer, *Paul Tillich's Philosophy of Art* (Berlin: de Gruyter, 1984), 2.

리 예배당은 그 물리적 크기가 상당히 크고, 또한 불특정한 다수에게 늘 노출되어 있다. 우리가 교회 건축에 보다 책임감을 가지고 신학적으로 고민해야 하는 이유가 여기에 있다. 교회 건축은 분명 일반 건축과는 달리 경제적인 여건만을 고려하거나, 미적 기준만을 따른 것이 되어서는 안 되며, 책임감 있게 교회의 신학을 담아낼 수 있어야 한다. 교회 공동체는 신학도 개성도 없이 밋밋한 건물이거나 혹은 공공성을 무시하고 쓸데없이 화려한 건물이 아닌, 건축을 통해 자신들의 신앙과 신학을 공적으로 표현하며 사회적 책임을 다해야 한다. 교회는 하나님의 뜻이 드러나는 공간이 되어야 한다. 하나님의 뜻은 교회공간을 통해 뚜렷하게 가시화되어야 한다. 여성신학자 김수연이 말하듯, "건축은 공간을 채우는 일이라기보다는 공간을 만들어 내는 일"이다.[3] 공간으로 표현된 하나님의 마음과 뜻이 교회 건축이 되어야 한다.

함석헌이 인도에 가서 간디가 살던 세바그람 아슈람을 방문했을 때 맨 땅에 자갈만 깔린 검약한 곳을 보게 된다. 그리고 나무판자에 간디의 말이 이렇게 씌어 있었다. "나는 하나님을 예배하는 적당한 곳은 화려한 건물이 아니고, 특히 큰 나무 밑이 좋다고 생각한다. 나무 밑이기 때문에 어떤 가난한 사람이든 다 참여하게 함이다."[4] 이용도 목사는 1931년 3월 1일 황해도 재령 동부교회에서 이런 설교를 하였다. "벽돌로 담을 쌓고 울긋불긋하게 장식을 해놓은 것이 교회가 아닙니다. 이 예배당을 다 불태워버리고 그 잿더미 위에서라도 몸과 마음을 모두 바쳐 참된 예배를 드려야 그것이 바로 교회올시다."[5] 하방(下方)하는 '하나님의 발

---

3) 김수연, "내부와 외부의 '사이-공간'으로서의 교회: 여성의 입장에서 본 교회 건축의 공공성 문제", 『한국 교회 건축과 공공성』 (서울: 동연, 2015), 276.
4) 함석헌, 『함석헌 저작집 14: 새 시대의 종교』 (파주: 한길사, 2009), 147.

바닥'이 되기를 소원했던 문익환 목사는 버스를 타고 지나가다 우연히 교회 건물들을 보고 이런 생각을 한다.

> 불교는 한국 산천의 아름다움이라도 보존하는데, 한국의 교회들은 과
> 연 얼마만한 혜택을 교회 주변에 입히고 있는 것일까? … 시골 곳곳에
> 서 있는 교회들과 산간 계곡에 서 있는 불교의 건축물들을 비교해 볼
> 때, 교회 건축들은 너무나 꼴불견이다. 버스에서 내려 헐어버리고 싶은
> 충동을 몇 번이나 느꼈는지 모른다.[6]

사마리아에 있는 야곱의 우물가로 물 길으러 온 여인은 남편이 다섯이나 있던 인생의 실패자이자 그 혼이 갈급한 이였다. 예수를 만나 인생의 뜻에 대한 자신의 진정한 목마름을 깨닫고 어디에서 하나님을 예배해야 하는지를 묻는다. 조상들이 예배하던 산으로 가야하는지 혹은 남쪽 예루살렘에 있는 성전으로 가야하는지 구체적인 장소를 물을 때 예수는 이렇게 대답한다. "하나님은 영이시다. 그러므로 하나님께 예배를 드리는 사람은 영과 진리로 예배를 드려야 한다(요 4:24)." 예배의 장소가 문제가 아니라 예배의 뜻이 문제이다. 이처럼 교회 건축은 돌과 유리와 나무로 선포한 "영과 진리"의 설교이자 성서 해석이 되어야 한다.

기독교는 여러 교파들로 존재하며, 각 교파들은 자신의 고유한 신앙을 교회 건축을 통해 표현해야 하는 의무를 가진다. 교회 건축은 외부 세계를 향한 신앙의 미학적·물리적 자기 표현이기 때문이다. 예를 들어 전례 의식을 강조하는 가톨릭과 성공회는 성만찬이 이루어지는 제단을

---

5) 정재헌, 『이용도 목사 평전: 기독교의 재출발』 (서울: 행복미디어, 2014), 185.
6) 김형수, 『문익환 평전』 (서울: 실천문학, 2004), 355.

교회의 중심에 두는 경향이 있고, 말씀을 강조하는 개신교는 설교 강대상을 중심에 두는 경우가 많다. 이처럼 교회 건축의 내부 공간은 각 교파의 신앙의 다양성을 건축학적으로 드러내어야 한다. 그러나 외부 공간과 관련하여서는 한국 개신교 교회 건축은 자신의 교단적 특징이나 신앙의 강조점을 찾아볼 수 없을 정도로 획일화되어 있는 것이 현실이다. 한국 교회 건축의 현실은 '신학이 없는 건축'에 머물고 있다. 어쩌면 신학이 없는 건축이 아니라 '잘못된 신학의 건축'을 지향하고 있다. 현재 교회 건축이 보여주는 신학은 번영의 신학이고 맘몬의 신학이지 예수의 신학은 아니다. 교회의 본질을 건축학적으로 되찾고 개혁해야 한다. 비대한 교회가 곧 죄이다. '신학이 없는 건축'에서 '신학이 있는 건축'으로 회개해야 한다.

2. 교회 건물을 짓지 말고 빌려 쓰자

최초의 교회는 어떤 모습이었을까? 상가 교회였다! 그리스도의 자기 비움과 낮아짐을 따르려는 초대 그리스도인의 당연한 선택이었다. 목회의 성공 여부를 독립된 예배당의 소유 여부와 회중의 크기에 따라 평가하는 현 세태에서 보면 어쩌면 사도 바울은 목회 실패자일지도 모른다. 신약성서학자 정용한에 따르면, 바울이 시작한 교회는 상가 교회였다. 바울은 유대교의 성전 혹은 회당처럼 독립적인 기독교 공간을 건축하는 것을 추구하지 않았다. 당시 유대교는 자신의 고유한 건물인 회당을 가지고 있었지만, 바울은 배타적인 기독교 회당을 건축하려 하지 않고 일반 가정과 상가의 건물을 신성한 예배 공간으로 전유하였다. "온 교회가 한 자리에 모여서 모두가 방언으로 말하고 있으면, 갓 믿기 시작한 사람이나 믿지 않는 사람이 들어와서 듣고 여러분을 미쳤다고 하지 않겠습니까?"라는 고린도전서 14장 23절 바울의 권면은 당시 예배가 매우 개방적인 상가 주택(도무스, Domus)에서 이루어졌고 믿지 않는 사람들도 큰 제재 없이 드나들 수 있었다는 상황을 전제할 때 이해가 가능하다.[7]

이처럼 바울과 초기 기독교인들은 경제적 여유가 있었음에도 불구하고 상가 주택을 빌려 사용한 가정 교회 형태를 선호하였다. 바울은 상가주택, 장터, 두란노 서원, 회당 등 공공성을 지닌 공간에서 설교하기를 오히려 즐겨하였다. 초대교회가 "가옥 외에도 가게와 작업장(Tabernae), 헛간, 창고(Horrea), 호텔과 여관, 대여 식당, 공중목욕탕, 정원, 물(강, 호수, 바다)가, 도시 공공장소, 묘지에서 모임을 가졌다"는 사실은 우리에게 중요한 뜻을 보여준다.[8] 바울의 가정 교회 모델–상가 교회 모델은 교회 건축이 시작부터 거룩함과 세속의 분리성에 기초한 것이 아니라, 거룩함의 세속 안으로의 성육화에 기초한 공공성을 지녔다는 것을 보여준다. 요컨대 바울이 설립한 최초의 교회는 오늘날 우리가 '상가 교회'라고 부르는 것과 매우 흡사하였을 것이다.

하나님은 없는 듯 계시는 분이며, 계시지 않은 곳이 없으신 분이다. 그렇다면 임대 교회, 상가 교회에 계시지 않을 이유가 없지 않은가? 오늘날 우리는 초대교회의 자기 비움의 케노시스(kenosis) 정신을 교회

---

7) 정용한, "교회 건축을 위한 로마 가옥 연구: 상가 교회를 중심으로", 「신학논단」 제74집 (2013), 256.
8) 정용한, "초대교회 건축의 발전과 공공성에 관한 제언", 『한국 교회 건축과 공공성』 (서울: 동연, 2015), 57.

건축에서 이어받아야 한다. 이미 지었다면, 서로 빌려주자. 공동으로 사용하자. 아직 짓지 않았다면 빌려 쓰자. 짓지 않으려는 하늘 나그네 정신과 신앙의 지조를 지키자. 목회의 성공이 배타적 자기공간의 크기로 평가되는 세태를 거슬러 예수 그리스도의 가난을 지키자. 자리는 가장 낮게 향지성(向地性)을, 눈길은 가장 높게 하늘을 보는 앙천성(仰天性)을 가지는 것이 교회의 본질이다. 상가 교회, 임대 교회가 현재 한국에서 그리스도의 가난과 자기 비움의 정신을 잇는 대안이 될 수 있다.9) 상가 교회는 한국교회의 발전사 속에서 늘 임시적인 예배 공간이라는 특징을 보여 주었다. 하지만 인생에 임시적이지 않은 공간이 있는가? 상가 교회가 삶의 임시 공간으로 시작했지만, 영원한 뜻을 예배하는 공간이 될 수 있는 것이다.

노자는 『도덕경』 8장에서 "가장 착한 것은 물과 같다"(上善若水)고 한다.10) 자기 이익을 위해 자리를 다투지 않고 뭇사람이 싫어하는 아래로 약한 듯 스스로 내려가기에 물이 가장 착하다. 무위당 장일순은 이렇게 풀이한다.

> 물은 언제나 낮은 자리, 따로 '자기 자리'라는 게 없는 자리, 그런 자리에서 모든 것을 대하니까 자연 모든 것을 이롭게 한다는, 그런 말이지. 그러니까 다투지를 않아. 남을 도와주면서 다툴 수 있겠는가?11)

하나의 고정된 형태에 집착하지 않고 자신을 비워서 컵에 담길 때는

---

9) 정용한, "교회 건축을 위한 로마 가옥 연구: 상가 교회를 중심으로", 260-261.
10) 장일순, 『무위당 장일순의 노자 이야기』(서울: 삼인, 2003), 120.
11) 장일순, 『무위당 장일순의 노자 이야기』, 122.

컵의 모양이 되고, 병에 담길 때는 병의 모양이 되고, 주전자에 담길 때는 주전자의 모양이 될 줄 알아야 한다는 것이다. 물의 가변성과 다투지 않음이 어떠한 것보다도 강한 물의 힘이 된다. 자기 자리가 없는 자리에 처할 줄 아는 교회, 물처럼 착한 교회가 참으로 가장 강한 교회이다. 한국 최초의 무교회주의자 김교신도 교회란 따로 예배할 건물을 가지는 것이 아니며 온 천하 자연이 하나님을 예배드릴 예배당이라 생각하였다.

> 우리 예배당의 벽은 북한산성이요, 천정은 화성, 목성이 달린 청공(靑空)이요, 좌석은 임간(林間)의 반석(盤石)이요, 주악(奏樂)은 골목을 진동하는 청계(淸溪)의 물소리요, 찬양대는 꿩과 뻐꾹새와 온갖 멧새들이다. … 달밤에 북한 산록 계곡을 거슬러 보토현에 오르니 추천(秋天)에 가득 찬 달빛, 별빛과 묵묵히 솟은 북한의 숭엄(崇嚴), 가을벌레[秋蟲]의 교향악에 잠든 계곡의 신비. 첨탑(尖塔)이 높이 솟은 교회당을 소유함이 없고 '파이프 오르간'의 아악(雅樂)을 못 가진 무교회자에게는 이런 데가 가장 엄숙한 예배당이다. 꿇어 엎드려 기도를 아뢰고 우주를 진동하는 대지의 교향곡에 맞추어 방약무인의 태도[態]로 찬송가를 외치면서 하산.[12]

무교회자들의 모임에 교회를 빌려주기를 꺼려하는 당시 교계의 상황도 있었겠지만, 본질적으로 김교신에게 하나님은 계시지 않은 곳이 없으신 분이다.

오늘날 한국 교회의 대부분은 자신의 건물을 갖지 못한 상가 교회,

---

12) 노평구, 『김교신 전집 6: 일기 II』(서울: 부키, 2002), 100, 189.

임대 교회이다. 그러나 교회의 성공이 단지 자신 소유의 건물을 가지는 것이 아니라 세상을 향한 공적인 사명을 얼마나 잘 감당하는가에 있다는 점을 기억해야 한다. 교회 건축의 모델은 '소유'에서 '임대' 혹은 '공유'로 패러다임 전환(paradigm shift)을 할 필요가 있다고 우리들은 제안한다. 거대 건축과 도시 건설로 산업사회의 성장 동력이었던 건설 사업이 막을 내리며, 이제 건물은 소유에서 임대로 그 개념이 바뀌고 있다. 교회 건축 역시 이러한 상황을 반영하여 소유가 아닌 공유를 생각하여, 현재의 고령화와 저출산이 가져올 위기를 전망해야 한다. 지금의 크고 높은 교회 건물들이 언젠가는 쓸모없는 건물이 될 수 있음을 생각해야 한다. 보다 지속 가능한 건축을 고민하고, 앞으로 감소하는 인구로 인해 주택이 남아돌고 교외 도시가 쇠퇴해 가는 상황을 미리 대비해야 한다. 낮고 작은 것의 가치를 깨닫고 또한 오래된 것들도 고쳐 쓰는 교회 건축에 대해서 생각해야 할 때다. 좁은 국토에 막대한 건축비로 건물을 계속 늘리는 것이 아니라 적절한 공간 개조와 분절을 통해 유동성 있는 교회 공간을 창출해야 한다.

이런 의미에서 임대 교회를 교회 건축의 한 장르로서 정착시켜 나갈 필요가 있을 것이다. 대형 교회 건물이 여기저기 세워지며 늘어나는 현재에 교회 건축을 최소화하는 방식으로 건물을 대여하거나 혹은 공유하여 예배 공간을 마련하는 것은 깊은 의의가 있을 것이다. 자기 교회 모델에서 타자와 공간을 공유하는 임대 교회 모델, 작은 교회 모델로 패러다임이 바뀌어야 한다. 상가 교회, 임대 교회, 작은 교회가 단지 실패한 목회의 사례 혹은 잠시 있다가 극복되어져야 할 상태라는 생각을 해서는 신앙의 본질을 놓치게 된다. 패배자의 목회 공간이 아니라 복음의 공공성을 가장 적극적으로 실현시키는 것이라는 재성찰이 필요한 때다.

3. 짓는다면 최대 300명 수용을 목표로 하자

대형 교회 건축은 이제 피해야 한다. 아무리 큰 교회도 하나님을 담을 수 있을 만큼 크지는 않다. 아무리 작은 교회도 하나님이 피하실 만큼 작지는 않다. 하나님은 교회 건물 안에만 계시지도 않는다. 교회의 크기는 하나님의 임재와 무관하다. 예를 들어 씨알과 고목은 크기를 비교할 수 없다. 씨알이 고목보다 작지 않고, 고목이 씨알보다 크지 않다. 씨알이 고목이 되고, 고목이 풀어지기 때문에 씨알이 태어난다. 씨알 속에 이미 고목이 있고, 고목이 씨알 속으로 자신을 다시 담는 것이다. 이 모든 생명의 순환 과정에 전제 조건 하나가 있다. 그것은 썩어짐이다. 썩어져야 씨알이 나무를 키워내고, 성장한 고목이 썩어 넘어져야 땅에서 새로운 생명이 뛰어놀기 시작한다.

원래 교회는 '자기 교회', '우리 교회'가 없다. 교회만이 있을 뿐이다. 거기에 소유권의 이름을 붙여서는 안 된다. 자기 영광을 찾으려 해서는 안 된다. 각자의 가지가 이 교회라는 생명나무를 터뜨려가고 싹틔워가고 자라나게 할뿐이다. 커짐에 처하였을 때 넘어져 썩을 준비가 된 겸손이 있어야 한다. 아주 작을 때 세상을 뜻으로 덮을 지조와 포부가 있어야 한다. 그렇기에 교회는 가장 작은 점이면서 동시에 가장 큰 허공과도 같다. 씨알은 가장 작아서 자기 부피를 절대로 가지지 않는 작은 점처럼 미미하다가도, 자라난 고목은 가장 커져서 모든 우주를 그 속에 품는 허공처럼 사심 없이 넉넉해진다. 각 크기에 맞는 각 교회의 주어진 역할이 있기 마련이다. 씨앗이 토양에 적합하게 싹을 틔우는 것처럼, 교회도 건축의 지역성을 생각하며 규모를 생각해야 하는 것이다. 생명의 순환, 피의 순환, 숨의 순환이 멈추면 동맥경화가 와서 교회는 죽는다. 그런데 한국 교회는 비대해져 동맥경화 직전이지 않는가?

한국교회사학자 박종현은 자본주의 경제 체제를 지닌 몇몇 선진국이 전 세계를 시장화하며 커다란 제국을 추구하였던 근세의 역사처럼, 한국의 몇몇 대형 교회들도 그 건축의 규모를 극대화하여 작은 교회들을 자신 속으로 흡수하는 "개교회의 제국화" 현상을 보이고 있다고 지적한다.[13] '더 크게, 더 빨리, 더 높게' 지으려는 교회 건축은 십자가에 못 박고 '더 작게, 더 느리게, 더 낮게' 지으려는 교회 건축으로 부활해야 한다. 이러한 교회의 모습이 건축 신학이며, 그것이 이미 교회의 신앙을 설교하고 교육하는 것이다. 한국 사회가 빈부의 양극화와 중산층의 위기로 고통 겪고 있는 이때에, 교회 건축도 양극화와 중간 크기 교회의 점증적 실종으로 더 큰 아픔을 가중시켜서는 안 되지 않는가?

건강한 숲 생태계는 중간 크기의 나무가 많아야 한다. 하지만 현재 한국 교회의 사정은 규모면에서 볼 때 점증적으로 가운데가 비어가고 있다. 기독교 윤리학자 곽호철의 연구에 따르면, 예를 들어 기독교대한감리회 소속 교회에서 100명 미만 규모의 교회가 전체의 70%를 차지하고 2000명 이상의 대형 교회는 전체의 0.5%이다. 나머지 100명 이상 2000명 이하 중형 교회가 전체의 29.5%에 불과한 것이다. 전체 기독교 인구와 교회 수가 지속적으로 감소하고 있는 상황에서 대형 교회의 숫자가 늘고 대형 교회 등록 교인수도 늘고 있는 반면 중형 교회들의 숫자와 등록 교인수가 줄고 있는 현상은 결코 바람직하지만은 않을 것이다. 소형 교회의 숫자와 등록 교인수도 소폭 증가하고 있지만, 그것은 중형 교회의 축소에 따른 불가피한 파생적 현상이다. 세상의 빛과 소금이라

---

13) 박종현, "한국 개신교 건축사의 신학적 비평", 『한국 교회 건축과 공공성』, 166.

는 대안적 공동체로서의 교회의 본질을 고려할 때, 교회의 규모는 참여와 헌신과 친밀한 교제가 가능한 수준이 되어야 한다. 곽호철은 이러한 친밀한 대안 공동체의 역할을 제대로 수행하기 위한 교회의 적절한 규모는 300명이라고 제안한다. 그 근거로 인간의 대뇌 크기를 고려할 때 인간이 친밀한 대면 접촉을 할 수 있는 최대 인원수가 150명이라는 로빈 던바(Robin Dunbar)의 토대 이론을 곽호철은 제시한다. 다른 동물들과 달리 인간은 대뇌 신피질의 크기를 고려할 때 상대적으로 강한 사회적 유대감을 가질 수 있지만, 인간에게 그러한 친밀한 대면 접촉은 최대치가 150명이라는 것이다.

> 인간의 대뇌 크기와 인류 역사를 고려할 때 150명 정도의 공동체가 친밀한 공동체를 구성하는데 적정 수준이기 때문에, 성인 150명과 그 미성년 가족들 150명을 포함한 300명 정도로 구성된 교회가 충실한 공동체를 위한 최적의 교회 규모라고 볼 수 있다.[14)]

교회 건축의 규모의 문제는 항상 논란이 되어 왔다. 자기중심성에 기초해서 지나치게 비대하게 교회 건축이 이루어지는 것은 신학적으로 볼 때 죄에 해당할 뿐만 아니라, 과학적으로 볼 때도 효율적인 목회를 불가능하게 한다. 공적으로 수용 가능한 교회 건축은 이제 메가처치(Megachurch) 건축을 넘어서 성인 150명, 자녀 150명 총 300여명 규모의 중소형 교회 건축 운동으로 이어져야 한다.

---

14) 곽호철, "공공성에 적합한 교회의 규모", 『한국 교회 건축과 공공성』, 301.

4. 담장을 헐고 외부인을 환대하자

"교회는 모든 사람들에게 언제든지 열려 있어야 한다" 건축가 정시춘의 말이다.15) 그는 20세기 후반의 교회 건축의 경향성을 "교회 건축의 민주화"라고 진단한다. 본당을 포함한 모든 교회 건축물이 만인을 위한 항시적 개방성의 원칙에 기초해서 설계되고 실제로 개방되는 것을 추구한다는 것이다. 교회 건축의 민주화란 교회 건축의 공공성을 가리키는 또 다른 이름인 것이다. "모두를 생각하고 이웃과 함께하는 열린 건축"으로서의 '공공성'을 21세기 미래 교회 건축이 지향해야 한다고 우리들은 제안한다.16)

건축학적 이유에서 교회는 담장이 없어야 한다. 우리나라 「건축법 시행령」(제27조의 2)에 따르면 연면적의 합계가 5천㎡ 이상인 종교 시설은 반드시 "공개 공지(公開空地)"를 두게 되어 있다. 공개 공지란 비록 특정인들의 사유지이지만 공공의 목적을 위하여 쉼터나 통로나 공원 등을 설치하여 일반 시민 누구나 사용하게 한다는 뜻이다. 공개 공지를 위압감 없이 시민이 편안한 마음으로 사용할 수 있도록 교회 안과 밖을 구분하는 담장은 없어져야 한다.

신학적 이유에서도 교회는 담장이 없어야 한다. 조직신학자 김정두는 하나님이 문 안과 밖을 구분하는 담장을 짓지 않으신 것처럼, 교회도 환대와 우정의 공동체로 담을 헐어야 한다고 주장한다. 하나님의 존재 자체가 삼위일체라는 사귐과 우정의 공동체이기 때문이다. 이처럼 교회

---

15) 정시춘, "기독교 교회건축의 역사와 그 의미", 『한국 교회 건축과 공공성』, 103 이하 참조.
16) 정석, "건축의 공공성과 도시 건축가의 역할", 「건축」 (1997), 39.

도 하나님의 온전하심을 모방하고 따라야 한다. 독일 신학자 몰트만이 말하듯, "하나님 자신이 밖에 있는 사람들을 위해 문 밖 골고다 위에서 죽은 자이라면, 하나님에게 있어서 '문 밖'은 없다."17)

교회는 어머니 같아야 한다. 타자와 외부인에 대한 환대성(hospitality) 을 가지는 것이 어머니 교회의 본질이다. 교회는 어머니의 품 같은 넉넉 한 곳이다. 세파에 떠밀리고 지친 모든 사람들이 찾아와 하늘 어머니 앞 에 자신의 약함과 눈물과 한숨을 두고 나올 수 있는 곳이어야 한다. 제1 대 감리교신학대학교 총장을 지냈던 홍현설은 이렇게 말했다.

교회는 결코 교회 자체만을 위해서 존재하는 것은 아니다. 교회는 본질 상 어디까지나 타자를 위해서 존재하며, 인류를 위해서 존재하는 단체 이고, 전체 세계를 위해서 존재하는 단체임을 잊지 말아야 한다.18)

교회는 기독교인만이 아니라 비기독교인을 위한 공간, 특히 사회적 약자를 위한 공간이 되어야 하는 존재 이유를 가진다. 미국 교회의 경우 소수 인종의 이민 교회 모임, 알코올 중독자 치료 모임(Alcoholic Anonymous), 노숙인 쉼터(homeless shelter)와 샤워실 등을 두어 항 상 교회 공간을 개방하려 노력한다. 이제 한국교회의 신앙의 성숙을 위 해서도 노인들과 노숙자를 위한 쉼터의 공간을 가질 필요가 있다. 다문 화가정과 맞벌이 부부 등을 위한 도서관과 교육 공간 운영이 필요하다.

---

17) Jürgen Moltmann, *The Crucified God* (Minneapolis: Fortress Press, 1993), 249; 김정두, "개방적 교회론과 교회 건축의 공공성", 『한국 교회 건축과 공공성』, 206에서 재인용.

18) 소금 유동식전집편집위원회, 『소금 유동식 전집 제4권: 신학사』 (서울: 한들출판사, 2009), 445.

장애인이 쉽게 접근할 수 있도록 설계해야 한다. 주변 환경과 어우러져 모두를 환대하고 보살피고 치유하는 환대의 공간이 되어야 한다. 교회 건축은 자신만을 위한 공간이 아니라 타자와 함께 하는 공간으로 재탄생되어야 한다. 교회 건축 설계 단계부터 지역사회를 위한 개방적 가변 공간을 마련하는 것이 중요하다.

교회에 공공성이라는 지나친 짐을 지운다고 생각할 수도 있을 것이다. 하지만 교회가 자기를 비우지 못하고 시인 윤동주가 노래했듯 어떻게 부끄럼 없이 하늘을 우러러 볼 수 있겠는가? 아픔을 모르는 교회는 울 줄 모른다. 울 줄 모르는 교회는 자기를 비울 용기가 없다. 자기를 비울 용기가 없는 교회를 하나님은 사용하지 않으신다. 오직 빈 교회만을 하나님은 거룩한 숨을 불어넣어 자신의 피리로 연주하신다. 함석헌의 「아름다운 돌」이란 시가 있다. 바닷가를 거닐다 발견한 차가운 조약돌을 하나 집어 들어 가슴에 품어보고 그는 이렇게 노래한다.

「아름다운 돌」

손은 점점 더 얼어가고 가슴은 점점 더 떨려오고
그러나 돌은 갈수록 더 따뜻해지고
바람 불고 물결 설레는 거친 바닷가에서
인제는 어는 손을 그 돌에 녹이며 나는 걸어가노라[19]

온기를 나눌 때 돌도 나도 따뜻해진다. 처음에는 손을 차갑게 하고

---

19) 함석헌, 『함석헌 저작집 23: 수평선 너머』 (파주: 한길사, 2009), 38.

가슴을 떨리게 하던 '외부인들'이라는 조약돌들이 차츰차츰 오히려 가슴을 녹이고 따뜻하게 데우는 하나님의 숨결이 될 것이다. 교회는 그렇게 담장 없이 세상을 안아야 한다.

5. 교회에 납골당을 마련하자

건축 신학은 이제 교회 내 납골당 설치를 고려해야 한다. 교회는 살아 있는 자들을 위한 공간만이 아니라 죽은 자들을 위한 추모의 공간이 되어야 한다. 초대교회는 카타콤이라고 하는 묘지에서 예배하였고, 순교자들의 무덤 위에 세워진 경우도 많았다. 그리고 기독교 신앙의 정체성을 표현한 사도신경에는 "콤무니오 상토룸"(*communio sanctorum*)을 고백한다. 이것을 천주교에서는 "성인의 통공(通功)"으로 번역했고, 개신교에서는 "성도가 서로 교통하는 것"이라 번역하였다. 콤무니오 상토룸에는 '성도들 혹은 성인들과의 친교'(fellowship with holy persons)라는 뜻이 포함된다. 여기서 거룩한 사람들이란 단지 생존해 있는 교인들만을 의미하는 것이 아니라 이미 하나님의 나라에 있는 모든 시대의 순교자들, 족장들, 예언자들, 신앙의 선조들을 통칭하는 것이다. 곧 성도들의 교제란 산 자와 죽은 자를 모두 포괄하는 우주적 교제이다.[20]

"그리스도께서 죽었다가 다시 살아나신 것은, 죽은 사람들에게도 산 사람에게도, 다 주님이 되려고 하신 것입니다(롬 14:9)"라는 성경말씀에 근거하여, 개신교 신학자 김경재는 사도신경에서 고백하는 "콤무니

---

20) 손호현, 『사도신경: 믿음의 알짬』 (서울: 동연출판사, 2014), 153-155.

오 상토룸"이 단지 생존하여 있는 사람들뿐만 아니라 이미 죽은 사람들
도 포함하는 영적인 교제라고 말한다. "생명의 영이신 성령 안에서, 부
활하신 그리스도 안에서, 산 자들과 죽은 자들의 시공의 제약을 넘어서
는 교통의 가능성을 포함한다고 해석되어야 한다."[21] 하나님 안에서는
하루가 천 년 같고 천 년이 하루 같다. 하나님 안에서의 성도들의 교제도
하루와 천 년, 삶과 죽음, 산 자와 죽은 자를 모두 포함하는 영원한 교제
이다. 그것을 상징하는 것이 바로 이 땅 위의 교회의 존재다. 교회는 단
지 산 사람들만의 교제가 아니라 모든 인생들의 우주적 교제가 되어야
한다.

기독교 상담학자 오화철은 심리적 이유에서도 교회가 산 자와 죽은
자의 만남의 장소라는 거룩한 공간으로 재탄생해야 하며, 죽은 자를 추
모하는 공간이 반드시 교회 건축의 설계에서 고려되어야 한다고 주장한
다. 신도들이 사랑하는 가족의 죽음이라는 엄청난 상실의 슬픔과 충격
을 심리적으로 극복하는 과정은 단기적인 목회적 돌봄을 넘어서서 교회
건물 내에 납골당과 같은 애도 공간을 마련해서 꾸준히 장기간에 걸쳐
이루어져야 한다는 것이다. "물론 목회자들이 심방을 하고 가까운 교인
들이 찾아가서 위로해줄 수 있지만, 결국 애도 과정은 개인이 혼자서 극
복해야 할 정신적인 과정이라는 점에서 기존의 목회 형태와 개신 교회
의 공간은 한계가 있음을 절감하게 된다. 그런 점에서 개신 교회가 건물
내부에 … 납골당을 아름답게 꾸미고, 그 옆에 소예배실을 두어 기도할
수 있는 공간을 마련해준다면, 상실감을 견디고 있는 교인들에게는 일

---

21) 김경재, "죽음과 영생 및 그 현존방식에 관하여: 개신교의 제례 토착화와 '성도의 교
제'(communio sanctorum) 재해석", 「문화와 신학」 2집(2008), 18.

정하게 애도와 위로의 공간이 될 수 있을 것이다."[22]

세계 교회들의 여러 예에서 보듯이, 장례 공간과 교회 건축은 유기적으로 결합되어져야 한다. 이웃 종교인 불교만 보더라도 납골당의 전통과 같이 죽음을 삶에서 배제하지 않는다. 그러나 개신 교회가 신학적 혹은 정서적 입장의 차이로 납골당 같은 죽은 자를 위한 공간을 교회 내에 수용하지 않고 있다는 사실과 더불어, 개별적으로 묘지를 구입해서 소속교인들에게만 매장할 수 있는 권리를 주고 있는 탓에 자칫 교회가 부동산투기를 한다는 의혹마저 받는 것은 안타까운 현실이다. 이제 한국 개신교회는 신자들의 두드러지는 죽음에 대한 공포와 의도적 외면을 교회 건축을 통해 치유하여야 하며, 또한 납골당 건축을 통해 사회를 위한 공적인 역할을 수행해야 될 때가 되었다. 실제로 개신 교회 중에서 대한 성공회 서울 주교좌성당은 교인들을 위한 납골당과 장례 예배를 위한 가족 채플 공간을 최근에 마련하였고, 기독교한국침례회 소속 백향목교회는 2009년부터 납골당 추모관을 두어서 교인들뿐만 아니라 지역사회의 주민들에도 개방하고 있다. 한국 교회는 이제 소속 교인들만을 위해서만이 아니라, 무연고자와 극빈자들을 위해서도 납골당을 구비할 수 있어야 한다.

쓰레기 매립장, 방사능 폐기물 매립장 등의 혐오시설을 반대하는 시위 모습을 우리는 종종 접하게 된다. 거기에 교회가 또 다른 혐오시설로 지역사회의 환영을 받지 못하고 있는 것은 씁쓸한 현실이다. 이미 교회 자체가 기피시설 혹은 혐오시설이라 여겨지는 형편에 납골당까지 그 안에 짓는다면 어떻게 하나 걱정할 수 있다. 그러나 사고의 전환과 역발상

---

22) 오화철, "한국교회건축에 관한 목회신학적 접근", 「신학논단」 73집 (2013), 177-178.

이 필요하다. 교회는 진정한 의미에서 최고의 혐오시설이 되어야 한다. 세상이 가장 혐오하는 것들과 세상이 가장 혐오하는 사람들을 최대한 많이 끌어안자. 그것만이 교회의 진정한 아름다움을 부활시키는 길이다. 그래야만 예수의 동생들이 찾아올 수 있다. 오늘날 우리에게 오는 예수의 동생들은 예의바르지 않게 무례할 수도 있고, 옷에 악취가 날 만큼 자신을 돌보지도 목욕하지도 않았을 수 있고, 삶의 파도에 이리 밀리고 저리 밀리다 자신의 마지막 남은 몸을 둘 공간조차 마련하지 못하였을 수도 있다. 교회는 깨끗해지려 하지 않아야 한다. 더러워지고 낮아질 때, 그때 교회는 따뜻하다.

6. 여성의 필요를 생각하자

여성을 위한 교회 공간은 식당만이 아니다. 여성은 수유 시설을 필요로 하며, 더 많은 화장실을 필요로 하며, 유모차를 쉽게 끌고 다닐 수 있어야 하며, 또한 곡선의 따뜻함에 내재적으로 더 잘 공감한다. 교회는 양성평등의 공간이 되어야 한다. 여성의 공간이 단지 주방에 제한되어지거나, 설교와 교육의 공간이 남성 공간화 되어서도 안 된다. 아직 일부 교단에서 여성의 강단 진입을 금하는 것은 하나님의 창조질서에 대한 신성모독이다.

여성신학자 김수연은 고딕 양식으로 대표되는 중세의 성당이 수직적 숭고미라고 하는 남성주의적 미학에 기초하고 있지만, "또한 중세는 여성에 대한 억압이 가장 심했고, 여성 혐오가 극단적으로 표현되었던 시기"였음을 기억시킨다. 이러한 연장선상에서 오늘날의 "높게 치솟는 교회 건물들이 혹시 생명의 파괴를 밑거름으로 하여 세워진 남성 중심적인 가치를 지닌 것은 아닌지 반성해야 한다"고 지적한다. 과거의 교회 건축이 '높고, 크고, 빨리' 짓는 남성적 미학을 선호하였다면, 이제는 여성의 필요를 생각하는 "낮고, 작고, 느린" 여성적 미학을 보완해야 한다고 제안한다.23) 어떤 교회 공간이 이러한 여성적 가치를 체현하는 공간일까? 김수연은 "생명을 길러내고 품어내는 살림의 공간", "수직적인 미"를 위계적으로 추구하기보다는 수평적인 "둥근-탁자 교회", "경외감과 숭고함"을 주는 공간보다는 "편안함과 친근함"을 주는 공간, 교회 내부와 외부가 상호 소통하는 "사이-공간", "보육과 교육의 공간", "효율성과 실용성"보다는 "관계성"을 중시하는 공간, "현재의 금방 헐고 새로 짓고 또 다시 부수는 소비주의 건축"보다는 "작고 느린 건축" 등을 특징으로 꼽는다. 요컨대,

서양-중심적인, 혹은 인간, 남성-중심적인 가치관을 넘어 이제까지 소외되고 배제된 자연, 약자, 여성들에 관심을 두고, 교회 건축은 구조적인 공간 배치뿐 아니라 창, 문, 통로 등 작은 부분을 통해 그리고 건축 재료를 통해 신학적 의미를 만들어 나가야 할 것이다.24)

교회 건축은 하나님의 인류에 대한 보편적 사랑을 건축학적으로 표현해야 한다. 사도신경에서 고백하고 있는 거룩한 공교회 혹은 "보편

---

23) 김수연, "교회 건축에 대한 여성신학적 읽기", 「한국조직신학논총」 제39집(2014), 86, 89, 90.
24) 김수연, "내부와 외부의 '사이-공간'으로서의 교회: 여성의 입장에서 본 교회 건축의 공공성 문제", 『한국 교회 건축과 공공성』, 276.

적"(Catholic) 교회는 남성과 여성을 포함한 모든 인류에게 개방되는 교회를 의미한다. 그러나 현재의 교회 건축은 마치 '여성의 집'으로서의 역할은 의도적으로 간과하고 오직 '남성의 집'의 역할만을 강조하는 듯하다. 기독교 안에 오랫동안 내재하고 있는 이러한 여성혐오주의는 신학적이자 교리적으로 수정되어져야 할 뿐만 아니라, 건축학적이고 미학적으로도 구체적으로 극복되어져야 한다. 그러자면 건축 설계에 있어서 여성의 성적인 특수성과 공공성이 고려되어져야 한다. 교회의 공간은 사회의 축소판처럼 성공과 경쟁의 공간이 아닌 생명과 치유의 공간으로 거듭나야 한다. 죽음과 상처를 밖으로 내몰 것이 아니라, 각각의 지역성이 지닌 아픔을 끌어안고 치유하는 공간이 되어야 한다. 우주 만물에 내재하는 하나님의 마음, 곧 연약한 것들에 대해 더욱 애틋해 하는 어머니 마음을 반영하는 신학적 건축이 고려되어야 한다.

7. 땅에 최대한 발자국을 적게 남기자

땅은 인간의 것이 아니다. 우리는 땅 위를 잠시 거니는 나그네며 잠시 앉았다 가는 임차인이다. 땅의 진정한 소유주는 따로 있다. 성경에 따르면 "땅을 아주 팔지는 못한다. 땅은 나의 것이다. 너희는 다만 나그네이며, 나에게 와서 사는 임시 거주자일 뿐이다(레위기 25:23)." 그런데 나그네인 우리가 마치 땅의 주인 노릇을 하려 한다. 경제 활동에서 우리는 인간의 이익과 관련된 적자에 대해 말할 때는 많지만 공기, 흙, 물, 식물, 동물에 대한 남용을 통해 지구의 기본적 생명 체계가 파괴되고 손실을 입게 되는 것에 대해서는 잘 말하지 않는다. 그렇기에 성서적 토지

관에 기초해서 토마스 베리(Thomas Berry)는 "지구 공동체의 경제학"으로 사고의 전환이 일어나야 한다고 주장한다.25) 현대의 경제학이 단지 인간에게 유리한 재정 적자와 무역 적자에만 매달리는 인간 공동체의 경제학이라면, 미래의 경제학은 인간을 넘어서 모든 생명체와 관련된 생명적자 곧 지구 자체의 적자(earth deficit)를 생각하는 지구 공동체의 경제학이 되어야 한다는 것이다. 참다운 진보는 단지 인간 자체의 생명에만 국한되는 것이 아니라 지구 자체와 모든 생명체들의 생명력을 얼마나 증진시키는가 하는 기준에 의해 평가되어져야 한다.26)

미래의 교회 건축은 성서적 토지관과 지구 공동체의 경제학에 기초한 생태적으로 지속 가능한 건축을 추구해야 한다. 건축학적으로 에너지 제로를 지향하는 건축이 되어야 한다. 또한 녹색 공간으로서의 상징성을 회복해야 한다. 생명 공동체의 한 부분이 지나치게 자기의 이익을 취하여 다른 부분을 희생시키며 비대하게 되는 것을 생태신학은 죄라고 본다. 생명을 무시하고, 물, 땅, 대기 등을 파괴하며 자신을 세우는 것이 현재의 여러 가지 위기를 가져왔기에, 채움이 아닌 '비움'의 신학을 의도하는 교회 공간을 설계하여야 할 것이다. 엄청난 재원을 들여서 이루어지는 교회 건축은 장기적으로 지속 가능한 모델을 추구해야 한다. 천 년이 넘은 불교의 사찰을 찾아볼 수 있지만, 현존하는 교회들 중에서 천 년을 바라보는 건축의 예를 찾기는 쉽지 않다.

생태신학자 전현식은 예수 그리스도의 성육신 사건은 인간만이 아니라 지구 전체를 하나님이 끌어안으신 지구적 사랑의 사건임을 강조한

---

25) 토마스 베리, "경제에 대한 종교적 이해", 「세계의 신학」 (95년 봄호), 202-221.
26) 손호현, 『인문학으로 읽는 기독교 이야기 (개정판)』 (서울: 동연, 2015), 11장 "효율, 평등, 생명의 경제학" 참조.

다. 요한복음 3장 16절의 성경말씀은 "하나님의 몸은 성육신의 생태적 의미, 즉 예수 그리스도뿐만 아니라 자연 안에 내재하시는 하나님의 성육신적 생태적 사랑을 체현하는 것을 강조한다."[27] 기독교 윤리학자 송용섭은 교회가 "새 예루살렘"이 되고자 하는 사치스러운 대형 건축의 욕망과 물량주의 건축의 유혹에서 벗어나고 저항하며, 베들레헴 말구유에서 태어나신 예수 그리스도를 본받아 "새 베들레헴"이 되고자 하는 겸손하고 가난한 아름다움을 추구해야 한다고 제안한다.[28] 박종현은 한국 교회 건축의 역사에서 근본적으로 부재하는 요소는 역사성을 생각하는 건축의 부재, 곧 우리 신앙의 선조들의 자취와 흔적을 담은 "공동체의 역사"를 낡은 것이라 성급히 허물어버리는 역사의식의 부재라고 꼽는다.[29] 기독교인을 포함한 모든 인류는 지구를 잠깐 여행하는 나그네이다. 김수연이 제안하듯,

부분적으로라도 폐목을 활용하며, 작은 것이라도 버리지 않고 낡은 것도 다시 고쳐 쓰는 영성을 실천해 공간을 설계할 수도 있다. 소비주의에 물들어 새 것, 새 집에 익숙한 현대인에게, 건물이 단순히 쓰고 버리는 소모품이 아니라는 것을 깨닫게 할 수 있을 것이다.[30]

자원 고갈과 교회 건물의 경매 매물의 증가 등을 목도하고 있는 현실에서 교회는 쓸 수 있는 건물과 폐자재는 재활용하고 에너지는 패시브

---

27) 전현식, "교회건축의 생태신학적 이해", 「신학논단」 제71집(2013), 351.
28) 송용섭, "교회건축 공공성 지표확립을 위한 기독교 윤리학적 제안", 『한국 교회 건축과 공공성』, 328.
29) 박종현, "한국 개신교 건축사의 신학적 비평", 『한국 교회 건축과 공공성』, 166.
30) 김수연, "교회 건축에 대한 여성신학적 읽기", 95.

하우스 수준으로 절감하는 등의 지속 가능한 건축을 생각해야 할 때가 왔다. 하나님의 소유인 땅에 우리의 발자국을 생태적으로 최소한 적게 남기자.

8. 한국적 교회 건축을 지향하자

천주교 신자 이벽은 믿지 않는 자들을 향해서 창조주 하나님이 우주라는 "퉁수(竹)를 불고, 거문고(絲)를 타며, 풍류로운 가락 맞춰 박자를 두드리나, … 너희는 악기가 있어도 불지 못하는 그 부끄러움을 모르는 구려"라고 꼬집었다.[31] 한국 산천의 아름다움은 "장인의 마음(匠心)"을 드러낸다.[32] 거기에 장단을 맞추어 최초의 조선 기독교인들은 집집마다 모여서 "성경을 암송하고 거문고로 노래"하며 예배하였다.[33] 하지만 조선 안에서 자생적인 기독교인들이 예배드리며 연주한 거문고 반주는 이제 세계 어디에서나 볼 수 있는 피아노 반주로 대체되었다.

교회 건축에서도 탈 한국화의 상황은 비슷하여 아쉬운 느낌을 준다. 초기 한옥 가정집 – 서당 – 사찰 등을 빌려 미사를 드린 천주교의 한옥 성당은 현재 보존된 것이 없다. 다행히 한국에서 성당 등 184개의 건축을 설계한 독일인 신부 알빈과 절두산 성당 등을 설계한 이희태 등이 한국적 교회 건축을 추구하였다. 개신교에서 한국적 건축 신학을 가장 성공적으로 토착화시킨 교회는 성공회가 될 것이다. 강화성당(1900)과 온

---

31) 이벽/하성래 옮김, 『성교요지(聖敎要旨)』(서울: 성황석두루가서원, 1986), 122.
32) 이벽/하성래 옮김, 『성교요지(聖敎要旨)』, 112.
33) 정하상/윤민구 옮김, 『상재상서(上宰相書)』(서울: 성황석두루가서원, 1999), 18.

수성당(1906) 같이 성공회의 초기 건축 양식은 한옥 건축이었다. 장로교 최초의 교회인 솔내교회(1884)는 전형적인 초가집을 그대로 사용한 교회였다. 초기 장로교회 건축의 특징은 남녀구분이라는 전통적 가치를 존중하여 기역(ㄱ) 자 형태로 건물을 만들거나 혹은 가운데 휘장이나 낮은 가리개를 두어 남녀 좌석을 구별한 점이다. 반면 초기 감리교회는 정동감리교회(1895-1897)의 예에서처럼 서구형 교회 건물을 선호하였다. 그러나 일제 강점기와 한국전쟁 시기를 거치면서 교회 건축은 교파적인 신앙의 특징을 표현하려거나 한국적 토착 건축을 고민하기보다는 거의 보편적으로 유사(類似) 고딕적인 교회 형태를 추구하였다.34)

교회 건축은 지역성(locality)을 살린 건축이 되어야 한다. 교회가 한국 사회에 공공적으로 공헌할 수 있는 또 다른 방식이 지역성을 살린 한국 문화의 교회 건축을 발전시키는 것이다. 흔히 교회 건물을 생각하면 떠올리게 되는 고딕 양식은 서구 중세의 문화적 표현이지, 모든 문화와 지역에 보편화되고 모방되어져야 하는 어떤 절대적인 표준일 수는 없다. 나아가 교회 건축의 토착화는 단지 외양만이 아니라 한국의 내면적 정신과 뜻을 함께 생각해야 한다. 김정신과 박종현이 제시하듯, 이전 교회 건축의 토착화에 대한 생각이 "이미지의 토착화"에 주력하며 주로 지붕 형태에 집착하는 경향을 보였다면, 앞으로는 이보다 더 근원적인 "신학적 토착화"가 건축학적으로 표현되어질 때 진정한 의미에서 한국이라는 "지역의 자연과 인문학적 풍토가 신학적 형식"으로 표현될 것이다.35)

---

34) 박종현, "한국 개신교 건축사의 신학적 비평", 『한국 교회 건축과 공공성』, 146-164.
35) 박종현, "한국 천주교회의 건축사와 공공성의 과제", 『한국 교회 건축과 공공성』, 134-135.

이웃 종교인 불교의 한 경전에 따르면, "중생을 이롭게 하는 보배비가 허공에 가득하지만, 중생들은 그릇에 따라 이익을 얻는다"고 하였다.[36] 하늘은 동일한 비를 내리지만 그 비를 받는 사람의 그릇 모양은 달라질 수 있다는 것이다. 『성경』에서도 하나님은 "악한 사람에게나 선한 사람에게나 똑같이 해를 떠오르게 하시고, 의로운 사람이나 불의한 사람에게나 똑같이 비를 내려주신다(마 5:45)"고 한다. 문제는 하나님의 동일한 은혜의 햇살과 비를 우리 문화의 건축학적 그릇으로 어떻게 아름답고 예술적으로 담아내고 표현하는가 하는 점이다.

9. 교회 건축의 공공성 지표를 적극 활용하자

교회는 '공공적'(public)이어야 하는가? 교회는 소속 교인들을 위한 공간, 혹은 조금 나아가 다른 기독교인들을 위한 공간을 넘어서서, 비기독교인과 일반 시민에게도 개방되는 공공적인 공간의 역할을 수행해야 하는가? 이것은 교회가 무엇인가라는 본질적 질문과 관련된다. 정용한에 따르면, 교회를 뜻하는 "에클레시아"(ἐκκλησία)라는 그리스어는 단지 '모임'의 뜻으로만 사용된 것이 아니라 사도행전과 바울 서신에서 "하나님의 교회"(행 20:28, 고전 1:2, 10:32, 11:22, 15:9, 고후 1:1, 갈 1:13) 곧 "하나님"과 결부된 모임이라는 의미를 근본적으로 가진다.[37] 교회라

---

36) "雨寶益生滿虛空(우보익생만허공), 衆生隨器得利益(중생수기득이익)." 의상, 『화엄일승법계도』.

37) 정용한, "초대교회 건축의 발전과 공공성에 관한 제언", 『한국 교회 건축과 공공성』, 43-46.

는 모임의 중심에는 항상 하나님이 있어야 한다는 것이다. 성서는 그런 하나님이 교회만이 아니라 세상을 너무도 사랑하시어 외아들을 죽기까지 내어주셨다고 한다(요 3:16). 그런 하나님을 따라 교회도 세상을 자신의 십자가처럼 지고 사랑할 수밖에 없는 모임이다. 그것이 교회의 기쁨이며 사명이며 자기 정체성이다. 그런데 지금의 기독교인은 하나님이 죽기까지 사랑한 세상을 조금도 사랑하지 않는 듯하다. 예수 그리스도의 희생을 본받기는커녕 건물조차도 같이 쓰려고 하지 않는 듯하다.

건축학자 정시춘은 콘스탄티누스 황제의 기독교 공인 이후 1700년 동안 기독교 교회 건축에서 뚜렷한 세 가지 전통이 형성되었음을 보여준다. ① 하나님의 집으로서의 "성전 전통"(domus Dei), ② 하나님의 백성들의 집으로서의 "회당 전통"(domus ecclesiae), ③ 말씀을 선포하는 복음 전도의 도구로서의 "설교 홀 전통"(preaching hall)이 그것이다.[38] 이러한 세 전통들은 '제의적 초월성'과 '신자들 간의 친교'와 '말씀의 중심성'을 강조하는 장점에도 불구하고, 초대교회가 보여준 예배의 평등성이 무너지고 신자들을 단지 구경꾼으로 만들어버리고 또한 외부인들에게는 폐쇄성을 보이는 건축학적 한계를 가진다. 이제 미래의 교회 건축은 이러한 세 전통의 유산을 발전적으로 이어받아 21세기의 시대적 사명을 감당하는 새로운 전통, 만인을 위한 교회 전통, 곧 '공적 교회 전통'(public church)을 발전시켜야 한다고 우리들은 제안한다.

한국교회사학자 소요한의 연구는 한국 개신교회가 그 시작부터 이러한 공적 교회 혹은 공공성의 교회를 의식적으로 추구하였던 사실을 잘 보여준다. ① 한국 개신 교회는 남녀차별이라는 사회적 질서를 넘어

---

38) 정시춘, "기독교 교회건축의 역사와 그 의미", 『한국 교회 건축과 공공성』, 108-112.

서서 "모든 이들에게 안식을 주었던 공간"이었다. ② 과부의 재혼을 허용하며 한국 최초의 서양식 결혼 장소로서 "모든 이들에게 계몽을 주었던 공간"이었다. ③ 신분 질서나 빈부의 차이를 넘어서 모두가 평등하게 차례차례 의료 혜택을 받은 "모든 이들에게 치유를 주었던 공간"이었다. ④ 고아들이나 양반의 자녀들이나 가리지 않고 "모든 이들에게 교육을 가르쳤던 공간"이었다. ⑤ 기독교인뿐 아니라 나라의 운명을 걱정하는 모든 애국지사들이 자유롭게 강연하고 토론하였던 "모든 이들에게 공감을 주었던 공간"이었다.[39] 교회는 조선인 모두의 공간이었다. 또한 기독교 교육학자 손문은 "종교를 지닌 시민과 그렇지 않은 시민의 상호 보완적이고 호혜적인 공존"을 위해서 교회 건축은 공공성이라는 비용 혹은 부담을 반드시 책임져야 하며, 동시에 이러한 공공성의 비용을 부담하는 자세가 시민들에게 자신의 종교적 발언을 할 수 있는 도덕적 근거가 된다고 주장한다.[40]

우리는 교회 건축의 공공성을 두 가지 차원에서 생각해야 한다. '건축학적 공공성'(architectural publicity)과 '신학적 공공성'(theological publicity)이라는 두 기둥을 가져야 한다. 단지 경제적이고 미학적인 고려만이 아니라 신학적이고 종교적인 가치에 대한 고려가 선행되어져야 한다.[41] 그러나 이러한 교회 건축의 종교성 때문에 그것이 지니게 될 사회적 혹은 건축학적 공공성이 가려져서도 안 될 것이다. 오직 이러할 때에 교회 건축은 단지 신자만을 위한 건축이 아니라 시민을 위한 건축

---

39) 소요한, "역사적인 관점으로 살펴보는 교회 공간의 공공성과 그 의미", 『한국 교회 건축과 공공성』, 173-187.
40) 손문, "교회건축의 공공성과 기독교교육", 『한국 교회 건축과 공공성』, 333-334.
41) 송용섭, "교회건축 공공성 지표확립을 위한 기독교 윤리학적 제안", 『한국 교회 건축과 공공성』, 323-325.

이 될 것이다.

　정부의 법제처에서는「공공부문 건축디자인 업무 기준」의 다섯 가지 주안점을 제시한 적이 있다. ① "좋은 건축물과 공간 환경은 친환경적이고, 장기간 사용이 가능하며, 재사용이 용이하여 저탄소 녹색성장에 부합하도록 지속 가능하게 기획-설계-개선되어야 한다." ② "좋은 건축물과 공간 환경은 누구에게나 쉽고 편리하게 이용되고, 재해-범죄-사고 등으로부터 안전하게 기획-설계-개선되어야 한다." ③ "좋은 건축물과 공간 환경은 성별, 연령, 소득 계층, 인종 등에 따른 차별 없이 누구나 공평하게 함께 사용할 수 있도록 기획-설계-개선되어야 한다." ④ "좋은 건축물과 공간 환경은 변화하는 사회적-시대적 요구에 유연하게 대응하도록 다양성과 융통성을 확보하고 장소의 특성에 따라 적정하게 이용될 수 있도록 기획-설계-개선되어야 한다." ⑤ "좋은 건축물과 공간 환경은 지역의 고유한 사회-문화적, 인문-지리적, 경제적 특성을 고려하고, 과거로부터 이어져온 전통적인 자산을 보존-활용하며 미래에 가치 있는 자산으로서 창조될 수 있도록 기획-설계-개선되어야 한다." 이러한 요소들을 고려해서 우리들은 건축학적 공공성 지표를 제시하고, 추가적으로 기독교 신학자들로서 신학적 공공성 지표를 제시하고자 한다.
　도시계획 전문가인 정혜진은 교회 건축의 건축학적 공공성 지표를 다섯 가지 가치로서 제공한다. ① "개방성"(open views), ② "접근성"(accessibility), ③ "쾌적성"(amenity), ④ "관계성"(relationship), ⑤ "장소성"(sense of place)이 바로 그것이다.[42] 종교적 건물로서의

---

42) 정혜진, "도시 건축의 공공성에 관한 논의",『한국 교회 건축과 공공성』, 388-392.

교회라 하더라도 사회 안에서 제공하는 물리적 공간으로서 공공성을 평가한다면 최소한 이러한 다섯 가지 건축학적 공공성 지표를 고려해야 하는 것이다. 추가적으로 송용섭은 이러한 환경—사회—경제의 측면에서의 정량적인 건축학적 공공성 평가에, 종교적 "거룩함"(sacredness, 관계성-예전적 기능성-종교적 상징성)과 신학적 "아름다움"(beauty, 조화성-심미성) 등의 신학적인 공공성 지표라는 정성적인 평가가 병행되어야 한다고 주장한다. 미래 교회 건축은 이러한 건축학적-신학적 공공성 지표를 적극 활용하여야 오랜 세월 항구성을 지닌 공적인 건축적 메시지 선포로서의 역할을 감당할 수 있을 것이다. 공공성 지표를 적극 활용하여 소속 교회를 스스로 진단하자. 고칠 수 있는 것은 즉각 고치자. 고칠 수 없는 것은 뼈아프게 후회하고 다음에는 깊이 계획하자.

10. 교회 건축에서 나아가 인생 건축을 하자

교회 건축에만 머물지 말자. 인생 건축(人生建築)을 하자. 인생 건축이 이루어져야 참으로 그때 교회 건축이 완성된다. 자기 건축의 진정한 스승 되시는 예수를 따라 '거룩한 가난함(聖貧)'이라는 기초 위에 범인류애의 생활이라는 일인(一人)의 건축, 내 자신의 인생을 교회로 건축해야 한다. 교회 건축은 자기건축에서 시작하여야 하며, 자기 건축으로 마쳐야 한다. "너희는 너희가 하나님의 성전인 것과 하나님의 성령이 너희 안에 계시는 것을 알지 못하느냐"(고전 3:16)고 바울은 우리에게 묻는다. 기독교인의 모든 건축 활동은 하나님의 성전으로서의 자기 건축, 일인 건축, 인생 건축이라는 생명의 예술 과정이 되어야 한다.

비극, 황홀, 숙명과 같은 인간의 기본적인 감정을 몇몇 색깔과 형태로 가장 잘 표현한 예술가라고 평가되는 마크 로스코(Mark Rothko)는 이런 질문을 스스로에게 한 적이 있다. '내 작품은 과연 언제 완성되는 것일까? 내 붓질이 캔버스를 떠나서 비로소 멈출 때 완성되는 것일까?' 로스코는 '아니다'는 대답을 얻는다. 어두운 공간에서 45센티미터의 거리를 두고 관람자가 자신의 그림을 대할 때, 그 그림에 압도되어 주저앉아 울음을 터뜨리며 자신이 느꼈던 감정과 동일한 "종교적 경험"을 관람자가 똑같이 느낄 때, 그때 자신의 작품은 비로소 완성에 이른다는 것이다.[43] 이때 작품은 작가의 소유가 아니며, 작가도 또 한 명의 관람자가 되는 것이다. 작품은 완결되지 않고 흐르는 감정의 공감 사건이기 때문이다.

나는 내 그림이 드라마라고 생각한다. 그림 안의 형태들은 연기자들이다. … 연기나 배우들은 예견될 수 없고, 미리 기술될 수도 없다. 그들은 낯선 공간에서 미지의 모험으로서 시작된다. 완성의 순간에만 그들은 의도된 양과 기능을 가진 것처럼, 어쩌면 섬광처럼 보일 것이다. … 그림들은 기적이다.[44]

한신대학교의 전신인 조선신학교의 교장으로 활약하다 6 · 25전쟁 때에 납북된 송창근은 "자기건축"(自己建築)의 신앙 예술인이었다. 1923년 북간도 용정에서 맞은 새해 다짐을 그는 이렇게 표현한다.

---

43) 강신주, 『Mark Rothko, Vol. 1: Works』 (서울: 민음사, 2015), 99.
44) 강신주, 『Mark Rothko, Vol. 2: Text』 (서울: 민음사, 2015), 106.

나는 가장 적극적으로 가장 진취적으로 일층 광대하게 일층 심원한 자기건축 예술에 손을 옮겨야 하겠습니다. 이것이야말로 지면에 그리는 예술, 돌에다 아로새기는 예술, 그것으로는 감히 바꿀 수 없는 생명의 예술인 것을 절실하게도 깨달았습니다.[45]

교회 건축에 머물지 말자. 자기 건축을 하자. 동양 고전의 가르침에 따르면 "물주공(勿住空) 하라", 곧 "공(空)에도 머물지 말라"고 한다.[46] 교회는 머무는 장소가 아니다. 교회는 아직 하나님의 나라가 아니기 때문이다. 교회를 건축하는 것이 곧 하나님의 나라를 이루는 것은 아니다. 오히려 교회는 거룩한 바람이 통과하는 길목이 되어야 한다. 교회 건축을 통해 자기 건축, 일인 건축, 인생 건축이 이루어져야 한다. 그때 비로소 교회는 참다운 의미에서 처음으로 존재하게 된다. 하나님이 주신 세월이라는 돌을 정성껏 깎고 다듬어 아름다운 인생의 교회를 함께 어울려 짓자. "너희가 하나님의 성전"이라는 바울의 가르침을 인생으로 건축하자.

---

45) 소금 유동식전집편집위원회, 『소금 유동식 전집 제4권: 신학사』, 157.
46) 장일순, 『무위당 장일순의 노자 이야기』, 265.

성 서 학

초대교회 건축의 발전과
공공성에 관한 제언

정 용 한*

I. 교회의 역사적 의미: 공동체인가, 공간인가?

교회(에클레시아)가 공동체를 의미하는지 건축으로서의 공간을 의
미하는지에 대한 진부해 보이는 질문을 다시 해야 하는 이유는 무엇일
까? 많은 교회는 '에클레시아'가 공동체를 의미한다고 가르치면서도 자
신들의 공간을 표현할 때에는 예배당이라는 용어 대신 교회라는 용어를
큰 문제의식 없이 사용한다. 교회의 공간을 준비하는 예배당 건축을 일
률적으로 교회 건축이라고 표현하는 것은 이러한 현상의 대표적인 예이
다. 교회라는 용어를 공동체적 의미와 공간적 의미로 함께 사용하고 있
지만 아무 문제를 못 느끼는 현실은 성도 누구나 교회의 의미를 상황에

---

* 한남대학교 교양융복합대학 교수, 신약학

맞게 적절히 이해하기 때문인지 묻지 않을 수 없다. 과연 교회라는 용어
는 역사적으로 어떻게 사용되었는지 확인하고 작금의 교회가 갖는 이중
적 의미를 어떻게 긍정 혹은 부정해야하는지 확인해야 할 때이다. 교회
라는 용어의 역사적 의미 규정은 한국 교회 건축의 공공성을 고민하는
연구의 일환으로 진행되는 본 소고가 맡아야할 가장 중요한 과제가 될
것이다.

　바울은 자신의 서신을 통해 성도들을 지칭하는 다양한 표현을 사용
하고 있다. "택하심을 입은 자들", "아신바 된 자들", "부르심을 입은 자
들", "하나님의 자녀들", "형제들"등이 대표적인 표현이다. "교회"는 초
기에 이와 같이 성도들을 지칭하는 대표적인 표현 중 하나로 사용되었
다. 하지만 "교회"로 번역된 헬라어 '에클레시아'가 새로운 메시아 신앙
을 갖게 된 일단의 무리들을 지칭하는 전문적 용어로만 사용된 것은 아
니다.

　희랍어 '에클레시아'는 칠십인역의 용례를 통해 구약 성경의 '모임'을
뜻하는 '카할'을 번역할 때 쓰인 용어로 잘 알려져 있다.[1] 칩십인역에서
이스라엘과 예루살렘을 중심으로 한 '회합'과 '모임'을 뜻할 때 사용되었
다. 신약 성경의 '에클레시아' 사용이 초기 예수 운동을 펼친 성도들이
자신들의 모임을 이스라엘의 종교적 모임에 준하는 것으로 이해했다는
주장이 가능한 이유이다.[2] 하지만 1세기 상황에서 희랍어 '에클레시아'
가 가진 일반적 의미에 보다 큰 비중을 두고 이해하려는 시도가 필요하
다. 사도행전의 개역개정은 '에클레시아'를 각 구절에서 "무리"(19:32),

---

1) K.L. Schmidt, 'ekklesia', *TDNT* 3:513-29; L. Coenen, 'ekklesia', *NIDNTT* 1:291-307.
2) '옛 이스라엘'이 '새 이스라엘'로 대체되었다는 이해를 '카할'이 '에클레시아'로 번역되었다
　는 사실에서 확인하려는 대체 신학적 이해와 관련 있어 보인다.

"민회"(19:39), "모임"(19:41)으로 다르게 번역한다. '에클레시아'가 1세기 말까지 교회 공동체를 가리키는 전문적 용어로 고착되었다고 볼 수 없는 증거이다.

바울은 새로운 신앙 고백을 가진 믿음의 공동체를 '에클레시아'라는 용어로 명명한다. 그것이 바울에게서부터 기인한 명명인지는 확인할 수 없으나, 그가 이 용어의 보편화에 일조했을 것은 자명하다. 그렇다면 '에클레시아'의 보다 보편적 의미는 무엇일까? '에클레시아'는 아테네 남성 시민들이 아테네인들의 삶과 관련 있는 사안들을 경청하고 논의하며 결정하는 정기적 모임을 의미하는 단어였다.3) 물론 과거 그리스의 민주 정치적 함의를 지닌 용어가 1세기 로마 제국의 지배 상황에서 어떤 의미로 사용되었는지 결정하기는 어렵다.4) 하지만 헬레니즘의 영향 하에 있는 소아시아와 그리스 지역에 걸쳐 있는 바울의 이방인 청중들에게 칠십인역의 종교적 전통에서 유추된 '에클레시아'의 의미 보다 당시의 정치적 의미를 내포한 시민들의 '민회'와 '집회'라는 의미로 이해되었을 가능성이 더 커 보인다.5)

그럼에도 바울과 당시 성도들이 '에클레시아'를 일반적 의미의 '모임'

---

3) Christopher W. Blackwell, "The Assembley," in *Demos: Classical Athenian Democracy*, edited by C.W. Blackwell (A. Mahoney and R. Scaife, eds., The Stoa: a consortium for electronic publication in the humanities [www.stoa.org] edition of March 23, 2003),
http://www.stoa.org/projects/demos/article_assembly?page=2&greekEncoding=, Young-Ho Park, *Paul's Ekklesia as a Civic Assembly: Understanding the People of God in Their Politico-Social World* (S.l.: Eisenbrauns, 2014), 2에서 재인용.
4) 박영호는 바울의 '에클레시아' 사용에서 고대 민주주의에 기초한 정치적 의미가 반영되어 있다고 주장한다. Young-Ho Park, *Paul's Ekklesia as a Civil Assembly*, 1장.
5) 박영호, "가정교회는 교회인가?-예배 공간과 공동체의 정체성의 상관관계에 대한 연구", 「한국기독교 신학논총」 94 (2014): 5-32.

이라는 뜻으로만 사용하지 않았다는 것은 사도행전과 바울 서신에서 등
장하는 특별한 표현을 통해 확인된다. 그것은 공동체를 "하나님의 교회"
라고 지칭하는 자기이해에서 드러난다(행 20:28, 고전 1:2, 10:32, 11:22,
15:9, 고후 1:1, 갈 1:13). 초기 예수 공동체의 모임과 그들의 정체성은
특정 지역이나 구성원, 혹은 정치 체제를 위한 모임이 아니라 "하나님"
과 결부된 모임이라는 것을 분명히 함으로 '에클레시아'의 의미를 새롭
게 정의해 나가고 있었다. 바울과 각 지역에 시작된 모임이 새로운 하나
님 이해에 기초하고 있음을 나타내며, 종말의 시대에 대안적 민회와 집
회로서의 자기 정체성을 당시에 사용되던 용어에 담고자 한 것이다.6)
그런 이유에서 '교회'를 공동체(모임)가 아닌 공간적 의미로 이해 할 수
있느냐에 대한 대답은 매우 부정적이다.7)

하지만 믿음의 공동체만을 의미해야하는 '교회'(에클레시아)가 공간
을 가리키는 의미로까지 사용하게 된 책임에는 바울도 자유로울 수 없
다. 바울 자신이 교회를 위한 목회적 가르침을 주기 위해 특히 공간적
은유를 적극적으로 사용한바 있기 때문이다. 교회를 이루는 성도들이
"하나님의 성전"(고전 3:16, 6:19, 고후 6:16), "하나님의 밭, 하나님의
집"(고전 3:9)이라는 그의 가르침은 2세기 초부터 확인되는 '에클레시아'
의 공간적 의미 사용과 관련 있다고 판단된다. 현존하는 자료 중에서는
2세기 초 알렉산드리아의 클레멘트가 사용한 용례가 '에클레시아'를 공
간으로 의미한 최초의 사례로 여겨진다.

---

6) Geurt Hendrik van Kooten, "Ekklesia tou Theu: the 'Church of God' and the
   Civic Assemblies (Ekklesia) of the Greek Cities in the Roman Empire: A
   Response to Paul Trebilco and Richard A. Horsely," NTS 58/4(2012): 522-548.
7) 초대교회의 인적 구성이 유대인과 이방인을 어우르고 있기에 '에클레시아'의 의미가 이중
   적으로 이해되었을 가능성까지 제한할 수는 없다.

"여자와 남자가 복장을 잘 갖추고 자연스러운 걸음걸이로 말을 아끼며 진정한 사랑과 몸과 마음의 순수함을 견지한 채 하나님께 기도하기에 적합한 모습으로 교회(에클레시아)에 간다"*(Paedagogus*, 3.11).[8]

클레멘트의 같은 글에서 공동체를 뜻하는 '에클레시아'의 의미가 같이 등장하고 있기에 '에클레시아'의 이중적 사용이 아주 초기부터 나타난 현상임을 확인할 수 있다. '공동체'와 '공간'을 동시에 나타내는 '에클레시아'의 사용은 이미 오랜 역사적 배경을 가진 현상인 것이다. 이에 대한 이유는 보다 면밀한 연구가 뒤따라야 할 것이다. 본 연구는 다만 교회가 모임을 특정 공간으로 제한하지 않고 공동체를 유지해갔던 역사적 상황에서 그 이유를 찾을 수는 없는지 조심스럽게 제안하고자 한다. 공동체 모임으로서 '교회'는 특정 공간, 예컨대 성전이나 회당과 같은 공간에만 국한되는 방식으로 발전하지 않았다. 초대교회는 일견 자신들의 모임(교회)이 있는 곳이면 어디나 그 공간(교회) 자체가 바로 모임(교회)이라는 이해를 갖고 있었던 것은 아닌지 묻게 된다. 초대교회가 '에클레시아'의 이중적 의미 사용을 통해 어떠한 공간적 교회론을 견지했는지 확인해 볼 것이다.

본 연구는 이를 위해 초대교회 공간의 발전과 그 이해를 위해 숙고해야 할 몇 가지 종교적 사회적 배경을 먼저 확인하고자 한다. 교회 건축의 발전에 대한 지금까지의 이해가 다소 도식적이지는 않았는지를 물으며, 초대교회가 당면한 중요한 종교적 사회적 상황을 재확인 할 것이다. 다

---

8) L. Michael White, *The Social Origins of Christian Architecture: Texts and Monuments of the Christian Domus Ecclesiae in its Environment* (Valley Forge, PA: Trinity Press International, 1997), 53 n.9.

음으로 초대교회 건축과 관련된 대표적 이해인 '초대교회는 가정 교회였다'는 전제의 의미를 재고하고 이 전제를 받아들임으로 간과한 역사적 상황은 없는지 살펴보도록 한다. 마지막으로 1세기부터 4세기까지 교회 건축이 가옥 교회에서 바실리카 양식의 교회로 발전하는 과정에서 유추할 수 있는 초대교회 공간의 공공적 요소는 무엇인지 시기별 교회 건축의 발전 과정을 되짚어 보며 제안할 것이다. 이후 초대교회가 던지는 한국 교회 건축의 공공성을 위한 시사점을 제안하려 한다. 본 논문의 방법론은 훈련된 상상력(Disciplined Imagination)을 통해 2차 자료에 의한 고고학적 증거와 문헌적 증거, 지금까지 이루어진 학문적 성과들을 분석적으로 고찰하여 역사적 상황과 증거들의 간극을 메꾸는 데 집중하는 것이다.

II. 초대교회 공간 발전의 종교적 사회적 상황

초대교회의 건축 발전에 있어 그 과정을 단계적으로 규명해 온 연구 결과들은 그 본래 의도와 달리 교회 건축의 발전을 다소 도식적으로 이해하려는 문제점을 드러낸다.[9] 이에 대해 콘스탄틴 대제의 밀라노 칙령(313년) 이후 등장하는 바실리카 교회 건축 이전의 상황에서 초대교

---

9) 홍순명은 지금까지의 연구가 단선적인 이론 전개로 논리상 무리가 있다고 비판한다. 홍순명, "초기 기독교 교회 건축의 형성 모델에 관한 연구", 「대한건축학회 논문집」 26, no. 1 (2010): 248. 반면 단계 이론의 대표자인 화이트는 초대교회 건축이 연속적으로 발전했다는 사실을 계속해서 강조한다. L. Michael White, *Building God's House in the Roman World: Architectural Adaptation among Pagans, Jews, and Christians* (Baltimore, Md.: Johns Hopkins University Press, 1990), 24-25.

회가 어떤 종교적 사회적 상황을 경험했는지를 우선 확인하는 것은 무엇보다 중요한 작업이 된다.

공동체인 '에클레시아'가 특정 공간으로서의 '에클레시아'를 마련하고 사용해 가는 데는 다음의 상황들이 고려되어야 한다. 첫째, 초대교회의 종교적 상황을 이해하는데 있어 가장 중요한 요소는 바울서신과 복음서가 반영하는 임박한 재림과 종말에 대한 기대이다. 예수의 십자가 사건과 부활을 종말의 중요한 사건으로 이해한 초대교회 성도들은 이어질 종말의 완성을 고대하는 상황 속에 놓여 있었다. 바울 또한 2차 성전 시대의 묵시적 종말론의 영향 하에서 예수 사건을 이해하고 궁극적인 역사적 종말을 기대하던 유대인이었다(롬 13:11, 16:20, 고전 7:29-31, 16:22, 빌 4:5). 그런 바울의 선교 사역에서 신앙 공동체를 위한 체계적이고 지속적인 공간을 확보해야겠다는 관심은 다분히 부차적이고 임시적인 것이었다. 그는 임박한 종말 상황에서 이방인까지 포함하는 더 많은 사람들이 예수를 그리스도(메시아)로 받아들이도록 하는데 온 힘을 모으고 있었다. 신약 성경은 종말을 기대하는 성도들이 자신들의 공동체를 유지하기 위해 건축적 관심을 체계적으로 견지했다는 증거를 제공하지 않는다.10) 더 본질적인 문제는 종말과 재림의 지연을 성도들에게 어떻게 이해시키느냐는 것이었다.11) 1세기 후반은 지연된/실현된 재

---

10) 오히려 신약 성경은 성도들을 특정 공간에 머무는 존재가 아니라, "외국인, 나그네, 거류민"으로서의 정체성을 가졌다는 것을 가르친다(히 11:13-16, 벧전 1:1, 17, 2:11, 클레멘트1서와 폴리캅의 순교서 인사말).

11) 이에 대한 관심은 다양한 직제와 예전의 발전을 통해 나타났다. 감독, 장로, 집사 등과 같은 다양한 직제가 등장했고, 예배의 구성과 성례에 대한 이해가 깊어짐에 따라 세례터와 제단과 같은 공간에 대한 필요가 자연스럽게 대두되었다. 크라우다이머(Krautheimer)는 교회 건축의 발전에 있어 영향을 끼친 세 가지 요소로 예전의 형성, 직제의 조직과 공동체의 다양한 기능들이 고려되어야 한다고 주장한다. Richard

림을 기다리는 상황 속에서 공동체의 정체성과 신앙을 유지, 전승시켜 나갈 수 있는 공간에 대한 관심이 최초로 발현된 시기라 할 수 있다. 공간에 대한 관심은 우선 지금까지 초대교회가 사용해 오던 다양한 공간들에 먼저 집중되었을 것이다. 이 공간들이 어떤 곳이었는지는 다음 장에서 살펴보도록 하자.

둘째, 초기 신앙 공동체의 정체성을 고려할 때 유대교와의 분리가 언제 어디에서 시작되었는지 특정하는 것은 매우 어려운 일이다. 그 역사성을 확인할 수 없으나 얌니아 공의회의 결정을 비중 있게 다룬다 해도 유대교와 기독교의 분리가 1세기말 로마 제국 전체로 광범위하게 이루어졌다고 볼 수 있는 근거는 희박하다. 이런 역사적 상황은 바울의 회당 중심 사역 패턴이 상당 기간 동안 유지되었고, 유대교의 공간 이해가 그동안 초기 공동체에서도 유효했을 가능성을 열어놓게 한다. 바울 선교는 먼저 회당에서 시작되는 특징을 보여 주었다(행 13:42-47, 14:1-6, 17:1-5, 18:4, 19:8-9). 그곳에서의 사역이 효과를 거두지 못했을 때 바울은 그곳에서 만난 일단의 무리들과 함께 새로운 모임을 시작하곤 했다. 그리고 회당장 출신의 소스데네가 바울과 동역하고 있다는 사실은 (고전 1:1, 행 18:17) 초대교회가 가졌을 유대교와의 직간접적인 영향 관계를 짐작하게 하는 증거이다.12)

Krautheimer, *Early Christian and Byzantine Architecture* (3rd ed, New York: Penguin, 1979), 27-30.
12) 여전히 건축학계에서는 유대교와 기독교의 분리(서기 70-136년)를 기정사실화하고 그런 전제에서 논의를 전개시킨다. 안재룡과 이종국은 "그리스도교 자체의 예배와 예배 공간 구조의 형성은 유대교와 분리되므로 시작되었다"고 주장한다. 안재룡, 이종국, "초기그리스도교회의 예배 공간 형성과 변화 과정에 관한 연구", 「대한건축학회 논문집」 12, no. 1 (2010): 22-23, 28.

정확히 사도행전에 등장하는 회당이라는 공간이 어떤 곳인지를 확인할 수는 없지만 기능적인 면에서 유대인들이 모여 함께 성경을 읽고 기도하며 교육을 받기위해 모였던 곳이라는 것은 분명하다(눅 4:16-30, 행 13:15, 14:1, 15:21, 17:2-3).[13] 이러한 기능은 초대교회의 발전에 있어 공동체의 역할과 기능이 어떠해야 할지에 대한 본보기로 작용했을 것이다. 하지만, 유대교가 성전 파괴 후에도 여전히 성전 중심적인 관심을 회당 건축에 반영했던 것과 달리, 초대교회는 예수의 죽음과 부활에 대한 신학적 이해를 통해 성전의 희생 제의로부터 자유로운 공간을 가질 수 있었다.

마지막으로 초대교회가 가옥에서 모였던 역사적 상황을 로마 제국의 기독교 박해 상황과 연관 지으려는 이해는 재고되어야 한다. 초기 기독 공동체가 제국의 박해를 피하기 위한 가장 효과적인 방편으로 가옥에서 모임을 가졌다는 것이다. 그러나 이것은 로마 제국의 기독교 박해에 대한 과장된 이해와 로마 시대의 가옥에 대한 파편적 이해에서 비롯된 잘못된 주장이다. 강조하거니와 3세기 중반 데시우스(Decius) 황제의 박해(250-251)가 있기 전까지 기독교에 대한 박해가 제국 전반에 걸쳐 이루어졌다는 증거는 없다.[14] 박해가 국지적이며 간헐적으로 이루어졌다는 사실을 비추어 볼 때 가옥이 공동체의 비밀성을 담보해 주는

---

13) 키에 따르면 회당으로 여겨질만한 고고학적 증거는 팔레스타인에서 200년 전까지 나타나지 않는다. Howard Clark Kee, "The Transformation of the Synagogue After 70 C.E.: Its Import for Early Christianity," *NTS* 36 (1990): 9.

14) Justo L. Gonzalez, *The Story of Christianity: The Early Curch to the Dawn of the Reformation* (San Francisco: Harper & Row, 1984), 86. 플리니와 트라잔 황제의 서신에서 확인하듯 그리스도인이 문제를 일으켜 문책을 받는 상황에 이르기 전까지 모든 그리스도인을 그들의 신앙 때문에 박해를 가했다는 증거는 없다.

효과적 공간이었다는 주장은 역사적 상황을 무시한 일반화의 오류에 지나지 않는다.15) 대부분의 경우 교회 모임은 비밀리에 이루어질 필요가 없었을 뿐만 아니라, 로마의 가옥의 특성상 비밀 결사가 이루어질만한 적합한 장소로 보기도 어렵다. 현대인들이 사적인 생활 공간과 공적인 작업 공간을 뚜렷이 구별해 이해하는 것과 달리 고대 로마인들은 가옥을 사용할 때 이러한 이분법적 이해를 갖고 있지 않았다.16) 로마 가옥이 갖는 특징과 고대인들이 가진 공간에 대한 이해를 고려할 때 정기적으로 가옥에서 이루어진 모임은 이웃들에게 인식되기가 쉬웠다. 바로 이러한 역사적 상황에서 고린도교회의 모임을 외부인이 확인하고 비판할 수 있다는 우려가 나온 것이다(고전 14:23).

III. 초대교회는 가정/가옥 교회인가?

이번 단락에서는 초대교회의 공간 이해와 관련되어 지금까지 이루어진 가장 중요한 전제를 논의해 보려한다. 초대교회는 가정 교회였다

---

15) 조병수의 가옥을 집회 장소로 선택한 이유가 박해 상황에서 안전을 보장 받을 수 있는 비밀 장소였다는 주장은 (조병수, "초기 기독교에서 가옥교회로서의 가정교회", 「신학 정론」 26/2 (2008. 6): 26-27.) 로마 가옥이 공무 집행의 공간이고, 사적인 성격이 희박한 곳이라는 자신의 주장과 배치된다. (조병수, "로마 세계에서 초기 기독교의 가옥 교회", 「Cannon&Culture」 3/2 (2009): 106-107.)

16) 도무스의 일부분을 이루는 타베르나(Taberna-그림 1의 ②)와 페리스타일 (Peristyle-그림 1의 ⑪)이 판매대와 수공업이 이루어지는 작업장으로 사용되었다는 사실 만으로도 도무스의 어느 부분이 언제 사적 공간과 공적 공간으로 구별되어 사용되었는지 판단하기 어렵다. Andrew Wallace-Hadrill, *Houses and Society in Pompeill and Herculaneum* (Princeton: Princeton University Press, 1994), 45, 47.

는 전제가 바로 그것이다.17) 중국과 함께 제3세계에서 교회 모임이 가정을 중심으로 활발하게 이루어지고, 가정 교회와 셀모임을 중심으로 한 사역들이 활성화되며 이러한 주장이 더 큰 관심을 불러일으키고 있다.18) 우리는 초대교회가 가정 교회였다는 주장의 근거가 무엇이며 가정 교회의 의미를 재확인하는 것으로 이 주장을 재고해 보려한다. 가정 교회(House Church)가 의미하는 가정이 가족(Family)이 아니라 가옥(House)을 의미하기에 본 논의는 초대교회의 구성원 보다 그 모임이 이루어진 공간을 중심으로 논의한다.19) 또한 이를 위해 고고학적 증거들이 면밀히 논의되어야 하겠으나 가옥(Oikos)이 교회로 쓰였는지에 대한 직접적 증거(예컨대 기독교 제의와 관련된 유물)가 출토되기 힘들고 확인 된 바 없기에 본 논의는 다분히 문헌적 증거에 의존할 수밖에 없다.

사도행전의 보고와 바울 서신을 고려할 때 초대교회가 가옥(Oikos)에서 모였다는 것은 분명하다.20) 그 증거는 먼저 바울이 그리스도인들

---

17) 다음 장에서 살피겠으나 대부분의 학자들이 50-150년까지를 교회 건축에 있어 '오이코스 교회' 시기로 규정한다. '오이코스 교회'가 영미권에서 'House Church'로 일관되게 번역되는 반면 국내에서는 '가정 교회', '가옥 교회', '하우스 교회' 등으로 다양하게 번역되어 혼란이 가중되는 상황이다. 김홍범은 초대교회의 리더쉽 구조를 설명하기 위해 '하우스 교회'라는 용어를 사용해 더 큰 혼란을 야기한바 있다. 김홍범, "예루살렘과 바울 공동체들에 나타난 하우스 교회들의 형태", 「한국개혁신학」 10 (2001): 162-174.
18) 가정교회와 셀교회 운동을 펴는 이들은 초대교회의 역사적 모습이 가정 교회였다는 주장에서 사역의 정당성을 찾고 있다. 그러나 그들이 그리는 1세기 초대교회의 모습이 다분히 이상적인 교회상의 투영에 그치고, 역사적 상황을 충분히 고려하지 않고 있다는 점에서 비판받아야 한다.
19) 조병수는 인적 구성원을 중심으로 직계 가족으로 구성된 '가족 교회'(Family Church)와 친구, 하인을 포함하는 '가정 교회'(House Church), 나아가 부하와 노예를 포함한 '가문 교회'(Household Church)라는 용어를 제안한다. 조병수, "초기 기독교의 가정교회-의미분석", 「신학정론」 20/2 (2002): 403-407.
20) 초대교회의 공간에 대한 많은 연구가 그리스와 로마 지역의 고고학적 증거를 중심으로

을 체포하기 위해 각 집을 수색했다는 보고에서부터 출발한다(행 8:3). 이후 바울은 스스로가 말씀을 전하고 가르치는 공간으로 가옥을 사용한다(행 16:40, 20:7-12, 20, 28:23, 30). 교회와 가옥과의 직접적 관계는 바울 서신에 등장하는 "~의 집에 있는 교회"라는 표현에서 추론된다(롬 16:3-4, 고전 16:9, 몬 1-2, 골 4:15). 모임 장소를 제공한 사람의 가옥에 있었던 교회를 뜻하는 표현으로 여겨진다.[21] 초대교회의 모임이 가옥에서 이루어졌다는 사실은 다양한 문헌적 증거를 통해 3세기 초까지 확인된다.[22]

이러한 본문에 대한 연구는 대표적인 로마 가옥인 도무스(Domus)에 대한 관심과 연구로 이어졌다. 도무스는 현관(Vestibulum-그림 1의 ①)을 지나면 천장이 개방된 내실인 아트리움(Atrium-그림 1의 ④)이 있고, 가장(Paterfamilias)이 손님(Clientes)을 접대하는 타블리눔(Tablinum -그림 1의 ⑥)과 가정 제의를 위한 공간(Lararium)으로도 쓰인 양편의 알라(Ala-그림 1의 ③), 연회장의 역할을 한 트리클리니움(Triclinium- 그림 1의 ⑤와 ⑭)이라는 공간 등으로 구성되어 있는 로마의 가옥 형태들 중 하나이다.[23] 그림 1은 전형적인 도무스의 평면도이다.

하고 있어 사도행전과 바울 서신으로만 논의를 제한해 진행한다. 복음서와 관련된 논의는 다음을 참고하라. Roger W. Gehring, *House Church and Mission: The Importance of Household Structures in Early Christianity* (Peabody, Mass.: Hendrickson Publishers, 2004).

21) 박영호는 고린도 교회의 경우 '오이코스'와 '에클레시아'를 대립시키려는 바울의 수사적 전략이 반영된 것으로 해석한다. 이 표현과 관련된 보다 자세한 논의는 다음을 참고하라. 박영호, "가정교회는 교회인가?-예배 공간과 공동체의 정체성의 상관관계에 대한 연구", 9-15.

22) Edward Adams, *The Earliest Christian Meeting Places: Almost Exclusively Houses?* (London: Bloomsbuy T. & T. Clark, 2013), 69-80. 특히 다양한 행전들의 본문들을 통해 3세기 초까지 가옥 교회가 존재했다고 주장한다.

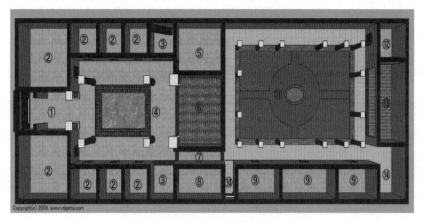

[그림 1] 전형적인 로마 도무스의 평면도

고린도전서에는 "온 교회"가 함께 모인 상황에 대한 기록이 남아 있다(고전 14:23). 가옥과 같이 작은 규모의 장소에서 모이던 모임들이 때때로 전체 모임으로 이어졌다는 가설이 받아들여진다.[24] 로마서에서는 그곳이 가이오가 제공한 공간이었다는 것을 암시한다(롬 16:23). 여전히 그곳이 어떤 곳이었는지 특정할 수는 없으나 많은 학자들은 가옥 중 하나인 도무스나 빌라였을 것으로 짐작한다.[25] 가옥에 대한 관심은 본문 해석에 있어 구체적인 공간적 배경이 되었다. 예컨대 고린도 전서가 보고하는 성만찬 진행(고전 11:20-22)과 관련된 고린도 교회의 갈등

---

23) 이미 로마의 가옥에는 수호신과 조상을 모시고 일종의 사당역할을 하는 공간이 있었다 (Cicero, *De domo sua*, 41.109). 또 다른 대표적 로마 가옥인 인슐라에 대한 논의는 다음을 참고하라. 정용한, "교회 건축을 위한 로마 가옥 연구: 상가 교회를 중심으로", 「신학논단」 74(2013): 243-271.

24) Gehring, *House Church and Mission*, 157.

25) 홍인규는 고린도의 가정 교회들이 "온 교회"의 일부로 자신들을 여겼고, 다른 이교도의 모임처럼 한 달에 한번 모였을 것이라는 주장에 동의한다. 홍인규, "바울과 가정 교회", 「신약연구」 2 (2003): 238.

은 빌라(도무스)의 트리클리니움이 약 9명만을 수용할 수 있는 구조적 한계 때문에 야기된 것이라는 해석이 있었다.[26] 먼저 온 부유층 교인들만이 접대 받는 트리클리니움을 차지하고 뒤늦게 온 하류층에 속한 교인들은 아트리움과 페리스타일(그림 1의 ⑪)에서 식사를 하거나 성찬에 참여할 수밖에 없는 상황이 문제를 초래했다는 것이다.

하지만 이러한 구체적 제안은 우리가 함께 주의를 기울여야 할 또 다른 역사적 사실을 간과한 문제가 있다. 초대교회의 모임이 가옥(도무스)에서만 이루어졌다고 볼 수 없기 때문이다. 이러한 이유는 신약성경을 통해서 먼저 확인된다. 예루살렘의 초대교회 성도들은 성전에서 모임을 가졌다(행 2:46, 5:12, 42). 그들이 유대교 성전 제의에 참여하기 위해 모였다기보다는 대규모의 모임을 위해 성전의 특정 구역을 자신들의 모임 공간으로 일정 기간 사용하고 있었다는 증거로 보는 것이 타당하다. 바울의 경우도 자신의 선교와 가르침을 위해 "장터"(아고라)를 사용하고(행 17:17), "공중 앞에서나 각 집에서나 거리낌이 없이" 전하고 가르쳤다(행 20:20). 에베소의 경우 바울은 "회당"에서 3개월을 가르치고 나서 그 다음 2년간을 "두란노 서원"에서 사역했다(행 19:9). 서원으로 번역된 '스콜레'의 정체에 대해서는 다양한 의견이 제시되지만 모임이 가옥이 아닌 다른 공간에서 이루어졌다는 것만은 분명하다.[27]

---

26) 오코너는 고린도에서 발굴된 바울 당시의 빌라(the villa at Anaploga)로 추정되는 가옥을 기준으로 본문을 해석하고 있다. J. Murphy-O'Connor, *St. Paul's Corinth: Texts and Archaeology* (Wilmington, Del.: M. Glazier, 1983), 178.

27) 호슬리는 '스콜레'를 장소가 아닌 두란노라는 인물과 관련된 학파라고 주장한다. G. H. R. Horsley, *New Documents Illustrating Early Christianity, 1: A Review of the Greek Inscriptions and Papyri Published in 1976* (Grand Rapids, Mich.: Eerdmans, 1997), 129-130. '스콜레'가 장소를 의미한다면, 수공업자들의 작업장을 뜻한다는 주장은 다음을 참고하라. Abraham J. Malberbe, *Social Aspects of Early Christianity*

아담스(Edward Adams)는 초대교회의 모임이 가옥이 아닌 다른 곳에서도 이루어졌다는 다양한 근거를 제시한다. 그는 고고학적, 문헌적 증거들을 분석할 네 가지 기준을 다음과 같이 제안하고 총 10곳에 이르는 가옥 외의 모임 장소를 제안하였다. 먼저 제안된 모임 공간을 이용가능성(availability)에 있어서 당시 신앙인들이 사용할 수 있었는지를 따지고, 그 공간이 유사한 공동체들에 의해 비슷한 목적(analogous usage)으로 사용되었는지를 고려하고, 초기 공동체의 모임(공동체 식사)과 목적에 적합한 공간(adequacy)이었는지를 염두에 두며, 마지막으로 많은 숫자의 구성원들이 모일 수 있는 유익한 공간(advantageousness)이었는지를 기준으로 검토하였다.28) 결론적으로 아담스는 초대교회가 가옥 외에도 가게와 작업장(Tabernae), 헛간, 창고(Horrea), 호텔과 여관, 대여식당, 공중목욕탕, 정원, 물(강, 호수, 바다)가, 도시 공공장소, 묘지에서 모임을 가졌다고 주장한다. 아담스는 4세기 초 바실리카 형식의 교회 공간이 들어서는 과정에 있어 다양한 장소가 신앙 공동체의 공간으로 사용되었음을 확인해 준 것이다. 물론 그도 초대교회의 주된 공간적 배경이 가옥이었다는 사실을 부정하지는 않는다. 다만 초대교회의 공간적 배경이 가옥이라는 이해로 초대교회의 공간적 배경 전체를 이해하려는 경향성을 문제시하고자 한다.29)

이러한 다양한 공간에 대한 이해는 고린도 교회의 공간 이해에도 반영되고 있다. 호렐(Horrell)은 초대교회 성도들의 경제적 사회적 위치

(Philadelphia: Fortress Press, 1983), 89-90.

28) Adams, *The Earliest Christian Meeting Places: Almost Exclusively Houses?*, 12.

29) Adams, *The Earliest Christian Meeting Places: Almost Exclusively Houses?*, 198-202, 특히 202.

를 고려할 때 오코너(Murphy-O'Connor)의 주장처럼 고급 빌라를 고린도 교회가 사용했다고 볼 수는 없다고 주장한다. 대신 1세기 고린도의 고고학적 발굴을 토대로 당시 대형 극장의 동편 거리에 위치한 건물들의 2층 공간을 가능한 모임터로 제안한다.[30] 1층에서는 고기와 같은 음식을 팔았고, 2층에서 모임을 가졌다면 50여명 정도가 모일 수 있는 공간이 있었다는 추론이다. 고린도의 경우 로마와 오스티아에서 발굴된 5-6층에 해당하는 대형 인슐라는 발굴되지 않았지만 드로아에서 유드고(행 20:9)가 떨어졌던 2, 3층 높이의 건물들이 다수 있었던 것으로 추정된다. 그렇다면 고린도 교회가 전체적으로 모인 공간은 가옥(도무스/빌라)이 아니라 작업장과 같은 넓은 2층이 있는 공간이었을 가능성이 높다. 교인들이 집이 아닌 다른 곳에서 모일 때, 바울이 고린도 교인들을 향해 가진 질책("너희가 먹고 마실 집이 없느냐? 너희가 하나님의 교회를 업신여기고 빈궁한 자들을 부끄럽게 하느냐?")을 보다 쉽게 이해할 수 있다(고전 11:22).

[그림 2]는 도무스의 입구 양편에 위치한 타베르나(Taberna)의 상상도이다. 그림에서 확인하듯 2층 공간은 거주나 작업을 위한 공간으로 사용되었고, 수공업에 종사한 바울과 브리스길라 내외도 이런 곳에 상주하며 교회 모임을 이끌었을 가능성이 크다. 이런 가옥은 각 채가 따로 존재했던 것이 아니라, 한 구역(Block)을 기준으로 여러 채가 붙어 있으며 같은 생활 공동체로 존재했다. 그런 의미에서 같은 구역에 있는 도무스와 인슐라에 사는 주민들은 긴밀한 관계성 속에 생활하고 있었다.[31]

---

30) David Horrell, "Domestic Space and Christian Meetings at Corinth: Imagining New Contexts and the Buildings East of the Theatre," *NTS* 50, no. 3 (2004): 349-369.

[그림 2] 타베르나와 2층의 거주 혹은 작업 공간

예컨대 가장 큰 도무스의 주인은 여러 타베르나(Taberna)와 인슐라에
서 벌어드린 세입금을 주 수입원으로 삼으며 상당한 부를 축적하고 있
었고, 같은 구역에 속한 주민들은 다양한 차이에도 불구하고 깊은 사회
적 경제적 관계성을 유지하며 살았다.

초대교회는 그 구성원들 중 가정(Family/Household)을 단위로 구
성된 경우가 있었다는 의미에서 '가정 교회'였고, 동시에 가옥(House)
에서 모인 모임이 많았다는 의미에서 '가옥 교회'였다. 고넬료(행 10:48),
루디아(행 16:15)와 빌립보 간수장(행 16:33) 등의 경우에서처럼 노예
까지 포함하는 가족 단위로 신앙을 받아들이는 경우가 있었기에 초대교
회의 구성원들이 가족 구성원들로 이루어졌다는 것은 사실이고, 그런
의미에서 구성원을 뜻하는 '가정 교회'라는 명칭은 받아드릴 수 있다. 하

---

31) Balch David L., "Rich Pompeiian Houses, Shops for Rent, and the Huge
Apartment Building in Herculaneum as Typical Spaces for Pauline House
Churches," *JSNT* 27, no. 1 (2004): 27-46.

지만 '가정 교회'가 초대교회의 공간적 배경이 가옥(오이코스)이었다는 의미를 담기 위해 사용된다면, '가정 교회'보다는 '가옥 교회'라는 용어로 구분해 사용할 필요가 있다. 초대교회는 모인 공간을 기준으로 이름을 붙일 때, '가옥 교회' 외에도 '스콜레 교회', '작업장 교회', '여관 교회' 등과 같은 여러 교회가 공존했다. 역사적으로 다양한 공간이 교회 모임을 위해 사용되었기에 초대교회를 가옥 교회로만 규정하는 것은 초대교회의 역사적 상황을 충분히 고려한 주장이라 할 수 없다. 1세기 말까지 임박한 종말론을 견지하고 유대교와의 뚜렷한 구별이 이루어지지 않은 상황에서 초대교회는 여러 공간을 사용하는데 큰 문제점을 느끼지 않았다. 1세기 후반 교회는 자신들의 공동체를 다음 세대까지 유지해나가야 할 필요성을 느끼면서야 자신들만의 공간에 대한 구체적인 고민을 시작하게 되었다.

IV. 초대교회의 공공적 요소는 무엇인가?

우리는 초대교회 건축의 공공적 요소를 제안하기 위해 지금까지 그 배경적 논의를 이어왔다. 이번 단락에서는 초대교회 건축의 발전사에 대한 지금까지의 연구를 재고해 보며 21세기 교회 건축을 위해 의미 있는 요소들은 어떤 것들이 있는지 살펴보도록 하겠다. 4세기 초까지 초대교회 건축과 관련해 확인 된 사실은 다음의 두 가지이다. 첫째는 신약성경의 내적 증거를 중심으로 교회가 개인들의 가옥에서 모임을 가졌다는 것과 둘째는 고고학적 증거를 통해 콘스탄틴 대제의 밀라노 칙령(313)이후 즉 교회가 제국의 인정을 받은 후부터 바실리카 양식의 교회

가 대거 출현했다는 것이다. 초대교회 건축과 관련된 지금까지의 연구
는 1세기 중반부터 4세기 초까지의 간극을 메우는 작업이라 평가할 수
있다.

지금까지의 작업 중 크라우다이머(R. Krautheimer)와 화이트(M.
White)의 단계 이론이 건축학계와 성서학계에서 광범위하게 인정받고
있다. 그들은 초대교회가 바실리카 양식으로 통일되기 전 크게 세 단계
의 발전 과정을 밟았다고 이해하며 다음과 같은 시기 구분을 제안한다.
첫 번째 시기는 50년부터 150년까지로 당시 개인 가옥(House-Oikos)
이 교회 모임 장소로 쓰인 시기이다.[32] 두 번째 시기는 150년부터 250
년까지로 몇몇 모임은 여전히 개인 가옥에서 이루어졌지만, 다른 모음
들은 가옥을 개조해 공동체의 소유로 삼고 예배와 공동체의 목적을 위
해 개조해 사용하기 시작한 시기이다. 그 대표적인 예로 두라 유로포스
(Dura-Europos) 교회를 들 수 있다(그림 3 참조).[33] 크라우다이머는
이 시기의 교회를 "도무스형 교회"(Domus Eccesiae-House of the Church)
라 불렀다.[34] 세 번째 시기는 250년부터 313년까지로 두라 유로포스
교회와 같은 형태가 여전히 사용되고 있었으나 더 큰 규모와 홀과 복도
형태의 교회 건축이 등장하는 시기이다.[35] 대표적인 예로는 로마의 초
기 성 크리소코노(S. Crisogono) 교회가 있다. 화이트는 이 시기의 교회

---

32) Krautheimer, *Early Christian and Byzantine Architecture*, 1-3
33) 전형적인 주택의 일부분을 개조해 65-75명 가량을 수용할 수 있는 큰 예배 공간(5.14m
　　X 12.9m)와 세례단을 포함한 또 다른 방을 가진 특징이 있다. 벽에는 다양한 성화가
　　장식되어 있으며, 250년 내외에 사용되었던 것으로 판단된다. D. L Balch and C.
　　Osiek, *Families in the New Testament World: Households and House Churches*
　　(Louisville, Ky: John Knox Press, 1997), 35.
34) Krautheimer, *Early Christian and Byzantine Architecture*, 3-12.
35) Krautheimer, *Early Christian and Byzantine Architecture*, 12-15.

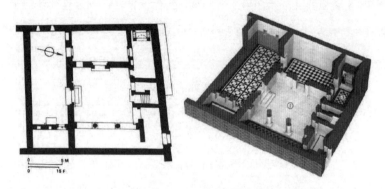

[그림 3] 두라-유로포스의 교회터 (서기 250년경)

[그림 4] 초기 성 크리소고노 교회의 모형(서기 310년경)

건축을 "Aula Ecclesiae"(홀형 교회)라고 명명한다(그림 4 참조).36)

　　이러한 3 단계 이론은 교회 건축을 로마의 도무스 양식에서 바실리카 양식으로 발전한 것이라고 단편적으로 이해하던 이전 이론에서 벗어나 그 사이에 어떤 단계들이 있었는지를 보여주는데 성공한 면이 있다.

---

36) White, *Bulding God's House in the Roman World: Architectural Adaptation among Pagans, Jews, and Christians*, 22.

하지만 이 이론이 상정하고 있는 시기적 구분이나 지리적 배경에 대해서는 보다 면밀한 논의가 요구된다. 예컨대 '가옥 교회'(Oikos Ecclesiae)의 시기로 상정한 50년에서 150년까지의 구분이 얼마나 설득력 있는지, 혹은 로마 제국 전체를 통해 성장한 초대교회를 과연 몇몇 도시들의 고고학적 증거들을 중심으로 일반화시키는 것이 정당화 될 수 있는지 묻지 않을 수 없다.[37] 본 연구는 위의 이론을 토대로 보다 광범위한 지역의 초대교회에서 경험된 공간에 대한 고민과 그 발전 과정을 새롭게 유추하고자 한다.

본 연구는 1세기 초대교회를 묵시적 종말에 대한 기대와 유대교와의 긴밀한 관계, 제국적 박해의 부재 속에서 활발한 선교 활동이 이루어진 시기로 특징지었다. 이것은 묵시적 종말에 대한 새로운 이해와 유대교와의 첨예한 갈등이 나타나기 전까지 초대교회가 특별한 공간적 관심을 가질 필요가 없었다는 사실을 말해 준다. 이 시기를 새로운 종말 이해가 대두되는 1세기 말로 특징짓는다면 초대교회 건축과 관련된 제1기는 50년부터 2세기 중반이 아니라 1세기 말까지로 구분 짓는 것이 보다 역사적이라 할 것이다. 이 시기 초대교회는 당시의 다른 조직과 모임들(Collegia)이 보인 공간 이해와 크게 다르지 않은 모습을 보인다.[38] 화이트는 유대교와 미트라교 또한 가옥에서 모임을 시작해 차츰 자신들만

---

37) 교회사 연구뿐만 아니라 건축사 연구에서도 서구 백인 중심의 관점과 관심만이 반영되는 현실은 무척이나 안타깝다. 팔레스타인과 시리아를 비롯 북아프리카 지역의 초대교회에 대한 연구 결과를 포함한 보다 세부적인 단계 이론이 지역별로 제시되어야 할 것이다.

38) 앨리킨은 정기적인 공동체 식사가 당시 여러 종교, 사회, 친목 모임에서 행해진 광범위한 사회 문화적 전통이라는 사실을 밝혔다. 그럼에도 초대교회의 모임이 유대교 식사나 회당 모임에서 진화한 것이라는 관점에는 동의하지 않는다. Valeriy A. Alikin, *The Earliest History of the Christian Gathering: Origin, Development, and Content of the Christian Gathering in the First to Third Centuries* (Leiden: Brill, 2010), 1장, 285.

의 공간을 갖는 과정을 밟았다고 주장한다.39) 특히 1세기 회당의 모임이 가옥에서 이루어졌다는 증거는 공간 사용에 있어 초기 기독교가 유대교와 가진 일종의 교감을 짐작하게 한다.40)

당시 로마 사회의 다양한 조직과 모임(Collegia)들이 가옥을 자신들의 모임 공간으로 사용한대는 그 나름대로의 이유가 있었다. 초창기 작은 규모와 경제적 이유 외에도 가옥은 가업이 이루어지는 공적 공간으로서의 역할과 집안의 수호신이나 조상신을 모시는 제의 공간(Lararium) 등의 다양한 기능을 감당하고 있었다. 이미 가옥은 다양한 종류의 모임과 회합이 이루어지기에 적합한 공간으로 여겨진 것이다.41) 초대교회는 무엇보다 임시적 시기를 보내는 동안 특별한 공간을 새롭게 준비하거나 혹은 가옥만을 모임의 장소로 규정해야할 특별한 이유를 갖지 않았다. 이런 상황에서 성도들이 더 많은 사람들과 만나고 소통할 수 있는 도시 지역과 이미 다양한 기능을 감당하는 도무스와 인슐라로 구성된 가옥(인슐라) 구역을 선호했을 것은 자명하다. 교회는 도시 지역에서 성찬의 공간이 필요하다면 대여가 가능한 숙박시설과 식당 등을 빌려 쓰고, 세례가 필요하다면 물이 흐르는 지역에서 야외 모임도 가졌을 것이다. 성도들이 다른 종교적, 사회적 모임의 경우처럼 가옥에서 모였다는 것은 새로운 신앙이 그들을 현실과 이웃으로부터 단절시키지 않았다는

---

39) Alikin, *The Earliest History of the Christian Gathering*, 3장과 4장.
40) 가옥에서 종교적 모임을 가진 증거는 기독교 외에도 유대교와 미트라교의 예에서 확인된다. 많은 유대인들이 자신의 집을 회당 모임을 위해 사용할 수 있도록 만들었다는 사실은 유사한 일이 초대교회에도 있었을 가능성을 짐작하게 한다. Bradley B. Blue, "Acts and the House Church," In *The Book of Acts in Its Graeco-Roman Setting*, edited by David W. J. Gill and Conrad Gempf (Grand Rapids, Mich.: Eerdmans, 1994), 199–222.
41) Adams, *The Earliest Christian Meeting Places: Almost Exclusively Houses?*, 115.

것을 보여주는 증거이다. 초대교회는 성전과 같은 특별한 공간을 통해서가 아니라 일상의 공간을 통해 자신들의 신앙과 정체성을 확장시켜 나갔다.

제1기가 끝나는 1세기 말 성도들은 드디어 자신들의 목적에 부합한 공간을 진지하게 고민하기 시작했다. 이러한 고민은 먼저 자신들이 사용해 온 다양한 공간들을 재고하게 만들었고, 그중 적합한 공간을 자신들의 필요에 부합하도록 변형시켜 나갔다. 이런 변화를 가장 잘 반영하는 증거가 바로 두라-유로포스 교회이다. 이 시기 교회는 교인들이 한자리에 모여 예배할 수 있는 공간(그림 3의 ②), 소규모 모임과 교육이 가능한 공간과 세례 의식을 베풀 수 있는 세례터(그림 3의 ③)에 관심을 갖게 되었다. 물론 두라-유로포스 교회의 발굴이 갖는 건축학적 의미가 크지만 그 교회가 존재한 시기를 기준으로 제2기(Domus Ecclesiae)를 150년에서 250년까지로 본 것은 문제가 있다. 새로운 공간에 대한 필요는 보다 이른 시기 예건대 1세기 말부터 나타났을 것이며, 충분한 재원과 규모가 갖춰지지 않은 교회들은 기존의 공간을 250년 이후에도 계속 사용할 했을 것이기 때문이다.[42]

그럼에도 초대교회가 다른 공간이 아닌 도무스(가옥)를 개조해 자신들의 공간으로 삼았다는 고고학적 증거는 의미하는 바가 크다. 그것은 교회가 희생제의가 필요 없다는 믿음에서 성전과 유사한 공간을 추구하지 않았다는 사실 외에 신앙의 유지와 전승을 위해 꼭 필요한 실용적인 공간만을 만들었다는 데 있다. 1기의 가옥 교회는 성도들이 함께 한자

---

42) 블루(Blue)는 신앙인들의 모임은 콘스탄틴 대제가 바실리카 양식의 교회를 세우기까지 계속해서 개인적인 가옥이나 교회를 위해 개조된 가옥에서 이루어졌다고 결론짓는다. Blue, "Acts and the House Church," 120.

리에서 말씀 강독과 성찬을 나눌 수 있는 필요를 절감했고, 제2기는 계속 유입되는 개종자들을 교육시키고 세례 줄 수 있는 공간에 대한 절박함을 느끼는 시기이기도 했다.[43] 도무스형 교회는 바로 이런 초기 가옥 교회의 경험을 반영한 공간인 것이다. 도무스형 교회의 성도들은 교회의 발전을 통한 역사적 경험을 공간에 반영할 줄 안 최초의 신학적 건축자들이었다. 2세기 후반 포피리(Porphyry)는 교회가 그들의 큰 건축물로 인해 비판받아야 한다는 글을 남겼다. 가옥 교회가 도무스형 교회로 발전하며 자신들의 목적을 건축에 반영할 때 이웃과 겪기 시작한 갈등을 담은 최초의 자료라 평가할 수 있다.[44]

제3기로 여겨지는 250년부터 313년까지의 특징은 기독교의 발전과 함께 보다 많은 인원을 수용할 수 있는 공간에 대한 필요가 절실해진 시기라는 것이다. 그러나 그것을 두라-유로포스 교회(도무스형 교회)의 존재가 확인된 250년부터로 상정한 것은 타당하지 않다. 그보다는 기존의 가옥을 개조해 교회 공간으로 사용하며 공동체의 양적 성장과 필요를 반영하게 된 시기가 언제부터인지를 유추하는 것이 더 중요하다. 그러기에 '홀'(Aula-Hall)형 교회의 출발 시기는 새로운 종말관을 정립한 성도들이 양적 성장을 경험하고 충분한 재원을 마련할 수 있었던 2세기 중반으로 상정하는 것이 타당하다. 홀형과 도무스형과의 직접적인 관계

---

43) 유대인들의 정결례를 위해 실내에 설치된 미크베(Mikveh)와의 관련성은 '가옥 회당'과 '가옥 교회'의 비교 연구를 위한 중요한 주제가 될 것이다.
44) 포피리(Porphyry)는 2세기 후반 다음과 같은 내용으로 당시 기독교를 비판하고 있다. "그러나 기독교인들은 성전들을 흉내내며 그들이 함께 모여 기도할 큰 건물들을 짓는다. 그들 자신의 집에서 기도한다해도 방해할 것은 아무것도 없는데 말이다. 주님은 어디에서나 그들의 기도를 듣고 계시지 않는가"(Porphyry, *Adversus Christianos*, frag. 76).

성을 찾기는 어렵지만 장방형으로 동시에 많은 사람을 수용할 수 있는 '서원' 혹은 '수공업 작업장'과 같은 '스콜레 교회'의 구조가 홀형 교회의 원형이 되었을 것이다.[45] 교회의 수적 성장과 함께 로마의 구조물 중 많은 인원을 수용할 수 있는 다양한 공간이 교회 공간으로 실험되었던 시기이기도 하다.

Oikos Ecclesiae (50-150년)	1기	1세기 중반-1세기 후반	다양한 공간이 공동체의 목적에 따라 사용되던 시기	그림 1, 2
Domus Ecclesiae (150-250년)	2기	1세기 후반-	공동체의 유지와 양육을 위한 관심이 반영된 시기 (예전 공간 등장)	그림 3
Aula Ecclesiae (250-313년)	3기	2세기 중반-	더 많은 구성원을 수용할 수 있는지에 대한 관심이 반영된 시기	그림 4
Basilica Ecclesiae (313년-)	4기	313년 이후-	바실리카 양식이 본격적으로 대두되는 시기	

마지막으로 4세기 초 콘스탄틴 대제의 공인으로 보다 왕성하게 선교 활동을 할 수 있게 된 교회들은 당시의 바실리카 양식을 자신들의 공간으로 삼게 된다. 당연히 지역과 여건에 따라 도무스형 교회와 홀형 교회를 사용하는 교회도 많았다.[46] 교회 건축에 있어 바실리카 교회의 갑작스런 등장은 여전히 난제로 남아있다. 홀형 교회의 구조가 대규모 장방형 구조를 지향해 가는 과정 속에서 바실리카와의 구조적 적합성이 제국과 교회에 모두 받아들여진 결과로 볼 수 있다.

제국과 교회가 '에클레시아'의 공간으로 '바실리카'를 사용하게 되었다는 것은 중요한 신학적 정치적 함의를 지닌다. 바실리카는 시민의 모

---

45) 화이트는 홀형 교회가 도무스형 교회에서 발전한 직적접인 관계성이 있다고 주장한다. White, *Bulding God's House in the Roman World*, 128.

46) White, *Bulding God's House in the Roman World*, 23.

임, 시장, 재판 등 다양한 목적으로 건설된 포럼(Forum)의 한 부분으로 사용된 장방형의 공간이다. 바실리카는 직사각형의 평면 구조가 일반적이고, 끝부분에 집회의 수장이 모임을 진행하는 앱스(Apse)나 엑세드라(Exedra) 형태의 공간이 있고, 많은 청중이 함께 모일 수 있는 신랑(Nave)과 측랑(Aisle)으로 구성되어 있다.[47) 시민들의 민회와 집회라는 의미의 '에클레시아'를 자신들의 공동체 이름으로 사용하게 된 기독교인들이 제국의 공인과 함께 시민들의 공간인 '바실리카'를 자신들의 공간으로 삼게 된 것이다. "하나님의 교회"(집회)라는 표현을 통해 대안 공동체로서의 자기 이해를 가진 초기 신앙인들의 바람이 공적 공간의 대표적 상징인 바실리카를 차지한 것으로 가시화 된 것이다.

초대교회는 4세기에 걸친 험난한 여정을 거쳐 성전(Temple)이 아닌, 정치적, 사회적, 경제적 일상 공간인 바실리카를 자신들의 공간으로 얻었다. 그리고 그곳을 자신들의 직제와 예전이 반영되고 행사될 수 있는 특별한 공간으로 만들었다. 초대교회의 공간 이해와 교회 건축의 발전 과정은 성도들이 변화하는 신학적 이해(종말론, 직제와 성례)와 현실 상황(제국의 핍박, 유대교와의 관계, 교회의 성장)에 능동적으로 대응하며 다양한 일상의 공간들을 공동체(교회)의 필요에 따라 지속적으로 변화시켜나간 과정이라 정리할 수 있다.

---

47) 홍순명은 바실리카 건물을 특징으로 "직사각형 형태, 장축의 구성, 목조 트러스 지붕, 노출이나 격자 천정, 고창 채광, 반원형 후진 등"을 꼽고 있다. 홍순명, "초기 기독교 교회 건축의 형성 모델에 관한 연구", 245.

V. 결론

지금까지 우리는 초기 기독 공동체가 자신들의 신앙을 유지 발전시키는데 있어 어떤 공간을 사용해왔는지 4세기 초반까지의 상황을 중심으로 논의했다. 교회가 가옥을 중심으로 발전해 바실리카 형태의 공간을 갖게 되었다는 문헌적 고고학적 다수 증거를 긍정하면서도 초대교회의 다양한 신학적 역사적 상황을 고려해 지금까지 간과해온 초대교회 공간에 대한 이해는 없었는지 살펴보았다. 특히 한국 교회 건축의 공공성을 논의하기 위해 초대교회 공간의 발전 과정이 의미하는 바가 무엇일지에 대한 관심을 견지했다.

논의의 대상이 되는 공공성의 개념이 고대 로마 사회에서 다르게 인식되었다 하더라도, 지금까지 확인된 역사적 상황들은 교회 건축의 공공성에 대한 논의에 필요한 몇 가지 시사점을 던진다. 첫째, 초대교회의 성도들은 기존의 가옥(도무스)뿐만 아니라 다양한 공간들을 자신들의 신앙적, 공동체적 목적을 위해 실용적으로 사용했다. 둘째, 성도들은 자신의 정체성을 그들이 모인 공간(예배당)에서 찾기보다 공동체 자체에서 찾으려 했다. 셋째, 교회는 신학적 이해와 현실 변화에 능동적으로 대응하며 주어진 공간을 선택, 발전시켜 나갔다. 마지막으로, 다양한 일상의 공간(가옥과 바실리카)을 자신들의 정체성을 확인하고 신앙을 전수시키는 거룩한 공간으로 만들어 나갔다.

한국 교회 건축의 대형화는 일면 공동체의 목적을 위해 공간을 적극적으로 사용해 온 초대교회 건축의 전통 위에 있다고 평가할 측면이 있다. 그러나 다른 건물들(공간)과의 차별화와 단절을 통해 교인들의 정체성을 확인시켜주려는 모습은 초대교회의 공간 이해와 너무나 동떨어져 있음을 명심해야 한다. 입으로는 성도의 모임인 '사람 교회'가 하나님의 성전이라고 말하면서, 삶으로는 '건물 교회'가 하나님의 성전이라고 행동하는 성도들 속에서 교회를 위한 공간을 마련하기 위해 애쓴 초대 교회 성도들의 노고를 곱씹을 때이다.

참고문헌

김홍범. "예루살렘과 바울 공동체들에 나타난 하우스 교회들의 형태." 「한국개혁신학」 10 (2001): 162-174.

박영호. "가정교회는 교회인가?-예배 공간과 공동체의 정체성의 상관관계에 대한 연구." 「한국기독교신학논총」 94 (2014): 5-32.

안재룡, 이종국. "초기그리스도교회의 예배공간형성과 변화과정에 관한 연구." 「대한건축학회 논문집」 12, no. 1 (2010): 21-28.

정용한. "교회 건축을 위한 로마 가옥 연구: 상가 교회를 중심으로." 「신학논단」 74 (2013): 243-271.

조병수. "로마 세계에서 초기 기독교의 가옥 교회." 「Cannon&Culture」 3/2 (2009): 91-122.

_____. "초기 기독교에서 가옥교회로서의 가정교회." 「신학정론」 26/2 (2008.6): 13-46.

_____. "초기 기독교의 가정교회-의미분석." 「신학정론」 20/2 (2002): 399-423.

홍순명. "초기 기독교 교회 건축의 형성 모델에 관한 연구." 「대한건축학회 논문집」 26, no. 1 (2010): 239-250.

홍인규. "바울과 가정 교회." 「신약연구」 2 (2003): 227-261.

Abraham J. Malberbe. *Social Aspects of Early Christianity*. 2nd ed. Philadelphia: Fortress Press, 1983.

Adams, Edward. *The Earliest Christian Meeting Places: Almost Exclusively Houses?* London: Bloomsbury T & T Clark, 2013.

Alikin, Valeriy A. *The Earliest History of the Christian Gathering: Origin, Development, and Content of the Christian Gathering in the First to Third Centuries*. Leiden: Brill, 2010.

Balch, David L. "Rich Pompeiian Houses, Shops for Rent, and the Huge Apartment Building in Herculaneum as Typical Spaces for Pauline House Churches." *JSNT* 27, no. 1 (2004): 27-46.

_____, and Carolyn Osiek. *Families in the New Testament World: Households and House Churches*. Louisville, Ky.: Westminster John Knox Press, 1997.

Billings, Bradly S. "From House Church to Tenement Church: Domestic Space and the Development of Early Urban Christianity—the Example of Ephesus." *Journal of Theological Studies* 62, no. 2 (2011): 541-569.

Blackwell, Christopher W. "The Assembley." in *Demos: Classical Athenian Democracy*, ed. C.W. Blackwell (A. Mahoney and R. Scaife, eds., The Stoa: a consortium for electronic publication in the humanities [www.stoa.org] edition of March 23, 2003), http://www.stoa.org/projects/demos/article_assembly?page=2&greekEncoding.

Blue, Bradley B. "Acts and the House Church." In *The Book of Acts in Its Graeco-Roman Setting*, edited by D. W. J. Gill and C. Gempf, 199-222. Grand Rapids, Mich.: Eerdmans, 1994.

Gehring, Roger W. *House Church and Mission: The Importance of Household Structures in Early Christianity*. Peabody, Mass.: Hendrickson Publishers, 2004.

Gonzalez, Justo L. *The Story of Christianity: The Early Curch to the Dawn of the Reformation.* San Francisco: Harper & Row, 1984.

Horrell, David. "Domestic Space and Christian Meetings at Corinth: Imagining New Contexts and the Buildings East of the Theatre." *New Testament Studies* 50, no. 3 (2004): 349-369.

Horsley, G. H. R. *New Documents Illustrating Early Christianity, 1: A Review of the Greek Inscriptions and Papyri Published in 1976.* Grand Rapids, Mich.: Eerdmans, 1997.

Kee, Howard Clark. "The Transformation of the Synagogue after 70 C.E.: Its Import for Early Christianity." *NTS* 36 (1990): 1-24.

Kooten, Geurt Hendrik van. "Ekklesia tou Theu: the 'Church of God' and the Civic Assemblies (Ekklesia) of the Greek Cities in the Roman Empire: A Response to Paul Trebilco and Richard A. Horsely." *NTS* 58/4 (2012): 522-548.

Krautheimer, Richard. *Early Christian and Byzantine Architecture.* 3rd ed. New York: Penguin, 1979.

Murphy-O'Connor, J. *St. Paul's Corinth: Texts and Archaeology.* Wilmington, Del.: M. Glazier, 1983.

Park, Young-Ho. *Paul's Ekklesia as a Civic Assembly: Understanding the People of God in Their Politico-Social World.* S.l.: Eisenbrauns, 2014.

Wallace-Hadrill, Andrew. *Houses and Society in Pompeii and Herculaneum.* Princeton, N.J.: Princeton University Press, 1994.

White, L. Michael. *Building God's House in the Roman World: Architectural Adaptation among Pagans, Jews, and Christians.* Baltimore, Md.: Johns Hopkins University Press, 1990.

_____. *The Social Origins of Christian Architecture: Texts and Monuments of the Christian Domus Ecclesiae in its Environment.* Valley Forge, PA: Trinity Press International, 1997.

교 회 사

기독교 교회 건축의 역사와 그 의미

정 시 춘*

I. 서론

기독교 교회 건축은 4세기 초 기독교 공인 이후 비로소 그 건축 양식을 형성한 이래 지금까지 그 시대의 정치, 사회, 문화, 예술, 경제적 상황과 긴밀한 관계를 맺으면서 그리고 그 시대 기독교 교회의 목회적, 신학적 요구들과 역사적 선례들의 교훈을 반영하면서, 건축 기술의 발전과 예술적 창작 과정을 통해 끊임없이 변화, 발전해 왔다. 결국, 교회 건축의 역사는 하나님과의 관계 및 세상과의 관계에 대한 교회의 생각과 태도 그리고 그 상호작용의 결과들이라고 볼 수 있다. 하나님과의 관계는 교회 내적 문제로 기독교 신학과 교회의 목회 및 예배 사역의 실천의 문

* 정주건축연구소 대표, 건축가

제이며, 여기서 교회 건축과 관련하여 그 신학적 상징성과 실천적 실용성의 문제가 제기된다. 반면에 세상과의 관계는 세상을 향해 복음을 전도해야 하는 교회가 세상 속에 그들과 공존하면서, 세상을 변혁하고 섬김을 실천하는 문제이며 여기서 교회 건축의 공공성의 문제가 제기된다.

이에 본 연구는 콘스탄틴 이후 지난 1,700년 동안의 기독교 역사 속에서 변화, 발전해 온 교회 건축이 그 시대적 상황 속에서 당시의 기독교 신학 및 교회의 실천을 어떻게 반영해 왔는지 그리고 교회와 세상의 관계를 어떻게 표현해왔는지를 살펴보고 그 역사적 의미를 평가해봄으로서, 교회 건축이 앞으로 나아가야할 방향을 찾아보고자 한다.

II. 초기 기독교 교회 건축

1. 바실리카 양식의 교회 건축

종말론적 세계관을 가졌던 초대교회는 상당한 기간 동안 교회 건물을 지을 필요도 없었고, 로마의 박해로 인해 짓기도 어려웠을 것이다. 그래서 처음에는 주로 신자들의 집에서 모였고, 3세기 초부터 로마의 주택을 개조한 도무스 에클레시아(domus ecclesiae)나 집회를 위한 작은 홀을 가진 아울라 에클레시아(aula ecclesiae)에서 예배를 드렸을 뿐, 4세기 초까지 변변한 교회 건물을 가지고 있지 못했다. AD 313년, 콘스탄틴 황제의 밀라노 칙령에 의해 공인되고, AD 380년에는 로마 제국의 국교로까지 승격될 만큼 사회적 지위가 크게 향상된 기독교는 황제의 적극적인 지원 아래 교세가 크게 확장되면서, 교회 조직이 강화되고 교리와 예전이 확립되어갔고, 성직자의 권위가 강화되고 위계화 되어 갔다. 이러한 변화로, 기독교는 급증하는 신자들을 수용할 수 있고 동시에, 기독교의 변화된 위상을 알릴 수 있으며, 후원자인 황제의 권위에 합당한 대규모의 건물이 필요했다. 이에 기독교는 로마의 다양한 건축 양식들 중에서 그들의 신앙과 예배를 위해 적합한 양식의 건물을 찾았다. 기존 주택을 개조하거나 새로 지어 사용했던 이전의 도무스 에클레시아 유형의 교회 건물들은 너무 작고 주거 건축 양식이어서 새로운 교회의 모델이 될 수 없었다. 종교 건축이라는 점에서 로마의 신전 양식이 유사했으나, 그 목적과 기능이 본질적으로 달랐고, 더구나 새롭게 일어난 기독교의 건축이 이교도의 신전들을 모델로 할 수는 없었다. 따라서 기독교는 자신의 교리와 예전에 합당한 예배 공간을 고안해 내어야 했다. 이리하여 기독교 교회 건축의 모델로 선택된 건물은 로마의 '바실리카'(basilica)이었다. 바실리카는 본래 시민들의 일상생활이 이루어지는 하나의 커다란 다목적 홀로서, 공회당, 법정, 공공 집회, 상업 거래 등 로마 중산 시민들의 다양한 활동을 위해 사용되던 공공건물이었고, 비종교적인 세속 건물이었다. 이러한 건물의 성격이 오히려 기독교 교회의 목적에 더 적합했고, 더욱이 이 바실리카는 사실상 거의 중요한 수정 없이도 기독교 예배가 가능했으며, 이전의 용도로부터 생기는 바람직하지 않은 의미를 거의 함축하지 않은, 그리고 상대적으로 낮은 가격으로 신속히 지을 수 있는 건물 유형이었다.[1] 한편, 바실리카는 황제 숭배를 위해 궁궐 부속 강당으로도 지어졌는데, 이런 국가적 용도의 건

---

1) John Musgrove, *Sir Banister Flercher's A History of Architecture*, 19th ed. (London: Butterworths, 1987), 268.

축물을 종교용으로 사용하는 것은 기독교에 대한 제국의 승인과 함께 기독교의 제국적 중요성과 새로운 공적 지위를 표현하기에도 적합했고, 나아가 '왕이신 그리스도'를 나타내는 시각적 증표가 될 수 있었다.

로마의 바실리카는 직사각형 평면의 건물로서, 그 내부 공간은 열주들에 의해 세로로 셋 또는 다섯으로 나누어졌는데, 중앙부는 천장이 높고 폭에 비해 길이가 매우 길어 통로같이 보이는 중앙홀(nave)과 그 양측에 열주들 밖으로 각각 천장이 낮고 네이브와 같은 방향으로 연속되어 회랑처럼 보이는 단일 또는 이중의 아일(aisle)들로 구성되었다. 그리고 중앙홀의 길이 방향의 양끝에는 앱스(apse)라고 불리는 반구형 돔을 씌운 반원형 평면의 공간이 직사각형에 덧붙어 있고 여기에 재판장 또는 행정관의 자리가 있었다. 중앙 홀 양측 열주들 위의 넓은 벽에는 창(clerestory)들이 일정한 간격으로 나 있어 중앙 홀을 밝게 비추었다. 내부는 화려하게 꾸미지 않았고, 단순하면서도 장엄한 공간을 구성하고 있어, 서방 기독교의 실용주의적이고, 단순한 예전의 정신에 부합했고2) 기독교의 집회 기능에도 잘 맞았다.

기독교는 이 바실리카를 기독교의 용도에 맞도록 변형하였다. 먼저, 직사각형 평면의 장변 즉, 광장을 면한 벽에 나 있던 출입구들을 폐쇄한 뒤, 양측 단변에 덧붙어 있던 두 개의 앱스 중 하나를 없애 이곳에 주 출입구를 설치하였고, 그 반대편의 앱스는 성소로 만들었다. 성소가 된 앱스의 반구형 천장에는 성인들과 순교자들로 둘러싸인 그리스도의 모습이 번쩍이는 황금 모자이크로 새겨졌다. 그곳은 그리스도의 왕국이었다. 이 성소를 구획하는 경계에는 2열로 이루어진 로마의 개선문 형태

---

2) John Musgrove, *A History of Architecture*, 268.

의 아치가 설치되었다. 이 아치는 그리스도의 승리 나아가 기독교의 승리를 상징하며, '죽음을 통해 영원한 삶을 얻음'이라는 의미를 가지고 '거룩한 장소'로 통하는 문을 상징하였고,3) 동시에 앱스를 순수한 성직자들만으로 이루어진 교회 안의 교회요,4) 구별된 거룩한 공간으로 만들었다. 그 한 가운데 즉, 황제의 신상이 놓이거나 행정관의 자리였던 앱스 안쪽 벽 중앙에 붙여 높이 들어 올린 주교좌를 두고 그 양옆에 장로들의 좌석을 두어 교회와 주교의 권위를 상징하였다. 이 주교좌는 또한 유대 회당의 모세의 자리를 연상시키기도 하였다.

출입문으로부터 성소까지 이어지는 네이브 공간은 홀이라기보다는 '세로축'(縱軸)을 가진 긴 통로였다. 이 공간은 열주들에 의한 강력한 투시도적 효과를 가진 공간이었으며, 열주 상부의 벽에 난 클리어스토리 창(clerestory window)들로부터 유입되는 빛으로 충만한 공간이었다. 이 창들 사이의 빈 벽에는 성서의 이야기를 그린 모자이크로 채워졌다.

따라서 교회당의 입구를 들어서면, 양측에 열주들이 도열해 있고 그 상부의 클리어스토리 창들로부터 유입되는 빛으로 충만한 네이브 공간 저 너머로 성소가 나아가야할 목표로 떠오른다. 성소를 향해 나아가는 이 통로는 어지러운 세상을 방황하다가 거룩한 성소 안으로 들어와 이제 그리스도께로 나아가기 위해 거쳐야 하는 마지막 과정이었을 것이다. 초기 바실리카 교회의 이러한 예배 공간 구성은 이미 상당한 정도로 확립된 예전 의식을 고려한 것으로 보이며 또한, 그 건축이 황제에 의해 주도됨으로써, 왕이신 그리스도에 대하여 당시 궁궐의 의전적 공간 개

---

3) John Musgrove, *A History of Architecture*, 351.

4) Louis Bouyer, *Liturgy and Architecture* (Notre Dame: University of Notre Dame Press, 1967), 51.

넘을 유추한 것으로 볼 수 있다. 따라서 입당 행렬이 입구로부터 긴 네이브를 걸쳐 성소로 나아갈 때, 그것은 세상으로부터 하나님의 나라로 나아가는 매우 단순하면서도 장엄하고, 감명적인 '통로'가 되었다.5)

그럼에도 불구하고, 성찬상은 처음에는 회중이 모이는 네이브 중앙에 배설했다. 이러한 배열은 초대교회 예배에서 식탁 교제이었던 성찬의 의미를 반영했을 것이다. 그러나 후에 순교자들의 무덤 위에 기념교회가 건축되면서 성찬상은 앱스의 전면 중앙의 위치로 이동되었다. 이는 성찬상을 그 무덤 위에 둠으로써 성찬 의식을 순교자들에 대한 제의와 통합하려는 의도에서였다.6) 이로써 예배에서 주교좌로 상징되는 말씀과 성찬상으로 상징되는 주의 만찬이 장소적으로 통합되어 예전의 중심 요소들이 예배 공간의 통일된 초점을 이루게 했다. 또한 성찬상 위에는 네 개의 기둥으로 받쳐진 닫집(*cibolium*)이 설치되어 예배 중심의 시각적 초점화를 더욱 강화했다.

건물의 방향은 동서축을 따라 배치되었는데, 처음에는 입구를 건물의 동쪽 벽에 두고, 앱스를 그 반대편 서측 끝에 두어, 주교가 동쪽 향해 기도했으며, 이는 주교가 네이브를 향해 즉, '회중을 대면하여' 집례했다는 뜻이기도 하다. 이러한 건물의 방향은 구약의 성막과 성전이 취했던 방향과 같은 방향으로, 고대 시리아의 교회에서 성찬상을 동측 벽 앞에 두었다는 점을 감안하면, 초기 바실리카 교회 건축은 상당 부분 구약의 성전 건축의 영향을 받았다고 볼 수 있을 것이다. 이 방향은 이후 6세기경부터 반대로 바뀌어 고대 시리아 교회와 같이 그리스도가 오실 방향이라고 생각했던 동측에 성소를 배설하여 성찬상을 그 안에 두고, 주교

---

5) 정시춘, 『교회 건축의 이해』(서울: 도서출판 발언, 2000), 105.
6) Louis Bouyer, *Liturgy and Architecture*, 46.

좌는 성소의 스크린 바로 안쪽 자리로 이동하였다. 이때부터 주교는 회중들을 등 뒤로하고 그의 동쪽에 있는 성찬상을 향하여 집례했다. 이러한 방향의 전환은 이제 성찬이 초대교회의 회중 안에서 이루어지는 식탁 교제라기보다는, 하나님께 드리는 희생 제사이며, 이에 따라 성찬상(table)은 제대(altar)로 그 의미가 바뀌었고, 그 안에서 사제는 회중을 대신하는 제사장으로서 집례하였음을 의미했다.

네이브와 성소 사이에는 하위 성직자들과 독서자들 그리고 성가대가 함께 서있는 스콜라(schola)를 배치하였고 그 양측에 독서대(ambos)가 설치되었다.[7] 후에 이 스콜라는 앱스의 성소와 통합되어 성단소(chancel)를 구성하였고, 그 주위는 난간으로 둘러싸서 회중의 공간인 네이브로부터 구별된 성직자의 배타적 영역이 되었다. 그 안에서 성직자들로 이루어진 성가대는 서로 마주 보도록 둘로 나누어 배치되었고, 그 사이에 통로를 두어 입당 행렬이 지나갈 수 있게 하였다. 이 성단소에 대해, 네이브와 아일들은 평신도인 회중 공간이었는데, 성소로부터 가까운 네이브의 동측, 네이브의 서측, 아일 등에 세례 받은 남자, 예비 신자, 여인들까지 신분에 따라 위계적으로 자리했다. 그리고 주 출입구 앞에는 가로 방향으로 현관홀에 해당하는 나르텍스(narthex)를 설치하고, 그 앞에 구약의 성전 뜰을 연상케 하는 아트리움(안뜰)이 그 주위를 둘러싸는 회랑(廻廊)과 함께 첨가되었고, 그 중앙에 성전 뜰의 물두멍을 연상시키는 연못이 설치되었다.

이처럼 아트리움-네이브-성소 등 3단계로 이루어진 바실리카의 위계적 공간 구성 또한, 뜰-성소-지성소로 이루어졌던 구약의 성전 건축

---

7) Louis Bouyer, *Liturgy and Architecture*, 46-47.

공간 개념과 유사하며, 공간이 신분에 따라 구별되었다는 것은 교회가 조직화, 제도화 되면서, 초대교회 예배의 평등성이 무너지고 계급화 되어가고 있음을 보여준다. 이러한 바실리카의 공간 구성은 초대교회의 '도무스 에클레시아'(domus ecclesiae) 즉, '하나님 백성들의 집'으로서의 개념을 벗어나 도무스 데이(domus Dei) 곧 '하나님의 집'이라는 개념으로 변해가기 시작했음을 보여준다.

또한, 예배의 시작에서 나르텍스에 모여 있던 성직자들이 네이브를 통해 성소까지 입당 행진을 하고, 아트리움에 모여 있던 회중들이 이를 따라 입장한 것은, 교회를 그리스도에게로 나아가는 지상의 통로로 인식한 것으로 볼 수 있다. 이는 또한 합리주의, 현세주의의 서방 교회가 교회의 공간을 수평적으로 인식한 것으로, 후에 나타나는 동방 교회 비잔틴 양식의 교회 건축에서 나타나는 수직적 공간 구성과 대조되는 부분이기도하다.

한편, 단순한 직사각형이었던 바실리카 평면은 옥외에 지어졌던 순교자 기념 시설을 교회 안으로 들여오면서, 이를 위해 네이브와 성소가 만나는 부분의 남북 방향으로 트란셉트(trancept)라고 부르는 공간을 달아내어 후에 라틴 십자형 평면으로 발전하는 계기가 되었다. 그럼에도 불구하고 초기 바실리카 양식의 교회 건축의 내부 공간은 실용적이고 절제되었으면서도 엄숙하고 장중하였고, 그 외부의 모습은 단순, 검소한 건축이었다. 이는 로마의 실용주의 정신과 정신적, 내면적, 영적 세계를 추구하는 기독교 정신이 결합하여 이루어낸 것이었다.

이후, 바실리카 양식의 예배 공간 개념은 중세 서방 교회 건축의 원형이 되었으며, 비록 16세기 종교개혁과 20세기 전례 운동 등 예배 개혁 운동에 의해 거부되기는 했지만, 그럼에도 불구하고 19세기 복고주의 교회 건축에서 고딕 부활로 다시 살아나기도 했으며, 오늘날까지 로마가톨릭교회는 물론, 개신교 교회에서까지도 그 영향을 엿볼 수 있다.

2. 비잔틴 양식의 교회 건축

AD 330년에 콘스탄틴 황제가 로마 제국의 수도를 로마에서 콘스탄티노플로 천도한 후, 로마는 고대 로마의 문화를 계승한 서로마와 헬레니즘 및 동방 문화의 영향 속에 있는 동로마 등, 두 개의 로마로 나누어졌다. 이와 함께 기독교도 서방 교회와 동방 교회로 나누어지면서, 그 문화적 배경에 따라 신학과 예전도 다르게 발전했다. 로마를 중심으로 한 서방 교회가 로마의 지적, 체계적, 실용주의 정신을 배경으로 현세에 관심을 가지고, 죄로부터의 자유와 의를 추구하고, 십자가의 고난과 죽으심을 강조한 반면에, 동방의 헬레니즘 문화 안에 있었던 동방 교회는 현세보다는 내세에 그리고 세상으로부터의 자유와 영생에 관심을 가졌으며, 부활과 승천 그리고 구원의 감격을 강조했다. 따라서 서방 교회의 예배가 단순, 엄숙, 장중하고 절제된 지상의 내재적 예배이었다면, 동방 교회의 예배는 신비적, 상징적, 심미적이며 풍부한 의식을 통해 경외감과 신비감을 주는 초월적인 천상의 예배를 상정했다. 또한 서방 교회의 예배가 점점 더 성직자 중심의 회목 제사로 변질되어가고 있었던데 반해, 동방 교회의 예배는 평신도 참여의 예배로 교제를 강조했다.8) 서로마가 멸망하고 6세기에 비잔틴 제국이 건설되었을 때, 유스티니아누스 황제는 이러한 동방 교회의 예전을 위해 비잔틴 양식을 개발했다. 그는

---

8) 박은규, 『예배의 재발견』 (서울: 대한기독교출판사, 1996), 86-97.

순교자 무덤이나 유골 위에 건축해 왔던 순교자 기념 건물(martyrium)
과 세례당 등의 건축양식에 주목했다. 그것들은 모두 중심을 가진 중앙
집중형 공간으로, 제단을 공간의 중심에 배치하고 그 주위에 신자들을
가까이 모일 수 있게 하여 집중성과 친밀성을 강화해 줌으로써, 신자들
의 평등한 참여와 교제를 촉진시켰고, 그 상부에 돔을 씌워 공간의 집중
성을 강화하고 수직성을 강조함으로써, 돔으로 상징되는 천국과 연합한
초월적인 예배를 상상했다. 그것은 죽음에서 부활한 성도들이 천상의
그리스도와 연합하는 예배였을 것이다. 이러한 중앙집중형 예배 공간은
기능적으로는 구약시대 유대 회당과 이를 기독교 예배에 합당하게 변형
시켰던 고대 시리아의 초기 기독교 교회들의 예배 공간 개념과도 일맥
상통했다. 그러나 고도로 의식적이며 화려하고, 아름답고, 신비로운 예
배 의식과 내부의 다채로운 색상으로 입혀진 프레스코(fresco)화, 성상
의 아름다움, 성직자의 화려한 예복들은 천국을 상징하는 돔의 공간 속
에서, 회중들로 하여금 마치 천상의 예배에 참여하고 있다는 확신을 가
지게 하였다.9) 이 양식은 사방으로 공간을 확장해 나감으로써 정 십자
형(Greek Cross) 평면으로 발전하였고, 이후 동방 교회 1,000년의 교
회 건축의 기본이 되었다.

9) Robert E. Weber/정장복 옮김,『예배의 역사와 신학』(서울: 한국장로교출판사, 1988),
   76-78.

III. 중세 기독교 교회건축

1. 로마네스크 양식의 교회 건축

이후 5-8세기 동안 유럽 사회는 민족 대이동과 전쟁으로 매우 불안정했지만, 선교가 활성화되면서 서방 기독교는 오히려 유럽 전체에 파급되어 교세가 급속히 팽창되어 갔다. 이와 함께 교회는 정치권력과 밀착하여 세속 권력화 되어 갔으며, 교권이 중앙 집중화 되면서 더욱 제도화되고 성직자 중심으로 운영되어 갔다. 불안정한 사회와 교회의 세속 권력화는 교회 개혁을 외치는 수도주의를 낳았고, 6세기 이후 수많은 수도원이 설립되었다. 그곳은 공동체적, 영적 수행의 장소였고, 그 안에서 수도사들은 매일 여러 차례의 공동 예배와 영적 독서, 명상 그리고 육체노동을 하면서 공동체의 삶을 살았다. 대체로 11세기까지 기독교는 수도원을 중심으로 발전했고 따라서 이 시기의 교회 건축도 수도원 교회를 중심으로 이루어졌다.

한편, AD800년에 샤를마뉴(Charlemagne) 대제가 로마 제국의 재건과 기독교 왕국의 건설을 목표로 신성로마제국을 건설한 후 11세기에 이르기까지 교회 건축은 로마 모델인 바실리카 양식을 기초로 로마네스크 양식의 시대를 열었다. 아직은 불안정한 상황 속에서 수도원 중심으로 지어진 초기 로마네스크 건축은 종종 요새나 보루를 닮아 육중하고 방어적이었으며 로마의 기술이었던 아치와 볼트를 사용했다. 평면은 앱스 즉, 성소를 목표로 긴 네이브를 가진 바실리카 평면을 사용했다.[10] 건물은 확장된 교세에 걸 맞는 권위와 위엄 그리고 증가된 신자들을 수용할 수 있도록 더 커지고 더 높아졌다. 조적식 석 구조이었던 건축

공법에서, 더 넓고 더 높은 건물을 짓기 위해서 로마네스크 양식은 내력벽이 더 두꺼워지고 개구부는 더 작아져야 했다. 그것은 침략자들로부터 방어적 목적을 위해서도 그러했다. 자연히 건물은 더욱 육중해졌고 여기에 수직의 탑이 첨가되어 건물의 외관은 요새의 이미지를 연상시켰고 전쟁으로부터의 보호와 천국에의 열망을 나타냈다. 규모를 확장하기 위해 네이브의 남북 방향으로 트란셉트들이 부가되었고, 그 교차부는 내부 공간에서 공간의 중심이 되었고, 그 위에는 탑이 설치되었다. 화재에 취약했던 바실리카의 지붕은 전쟁에 의한 소실을 막기 위해 로마 건축에서 개발되고 다른 유형의 건축에서 사용되었던 아치나 볼트 구조를 적용하여 발전되었다. 건물의 배치는 바실리카와 마찬가지로 동서 방향을 취하여 입구를 서측에 두고 그리스도가 오실 방향이라고 생각했던 동측에 성단소를 배설했다. 두꺼운 벽과 작은 창들은 내부 공간을 어둡고 침침한, 그래서 신비하고 영성적 공간으로 만들었다. 이러한 내부 공간 분위기는 수도사와 성직자들 중심으로 이루어지고 명상과 기도를 강조한 수도원 예배에 적합했다.

한편, 콘스탄틴 시대에 건축된 구 베드로성당에서 순교자들의 유골을 모시기 위해 네이브 전면의 양측에 별개의 공간으로 첨가되었던 트란셉트들은 로마네스크에서 네이브와 통합되었고, 많은 수도사들로 구성된 성가대 공간을 확보하기 위해 양측의 트란셉트들을 서측으로 이동시켜 성단소를 그 교차점까지 확장하였다. 따라서 전체 공간 안에서 성단소가 차지하는 비중은 더욱 커지고, 평면은 전체적으로 소위 라틴크

---

10) Jeanne Halgran Kilde, *Sacred Power, Sacred Space* (New York: Oxford University press, 2008), 61.

로스(latin cross)라고 부르는 십자가 모양이 되었다. 성단소와 네이브 사이에는 점점 더 견고한 스크린을 설치하여 성직자들과 회중들의 영역을 명확히 구별하였다. 예배의 성찬 의식은 이 스크린에 의해 가려진 성단소 안에서 이루어졌고, 그곳은 성직자들의 배타적인 영역이 되었다. 네이브에 있는 회중들은 그 스크린 안쪽에서 일어나는 일을 점점 더 보기 어렵게 되어 예배로부터 소외되어갔다. 이와 함께 순례자들을 위해 출입구로부터 네이브 양측의 아일들을 관통하여 트란셉트를 거쳐 성소 바깥의 회랑(ambulatory)을 통해 성소 주위를 돌아 나올 수 있도록 통로가 만들어졌다. 이 통로에 연하여 성인들을 모시는 부 제대를 가진 수많은 채플들이 설치되었고, 여기서 개인적인 헌신이 이루어졌다.

2. 고딕 양식의 교회 건축

11세기 동안 정치적 혼란이 상당히 안정되면서 기독교는 창조성과 개혁의 새로운 시기를 맞았다. 사회적 안정과 부의 축적은 교회 건축에 대한 새로운 추진력이 되었고, 유럽의 위대한 대성당의 시대를 열었다. 8, 9세기의 수도원들로부터 11세기의 위대한 교회들까지 기독교 건축의 변화는 신과 인간 그리고 힘에 대한 기독교적 시각에 엄청난 변화를 나타냈다. 신학적 질문들과 토론이 활발해졌고, 전례에 대한 새로운 강조가 다시 시작되었다.11) 이어, 12-13세기는 서방 기독교가 종교적 통일을 이루고 교회가 보편 교회로서 사회 질서의 중심이 된 시기였다. 유럽 대도시의 주교좌성당들은 사회적 기능을 포함했고, 사회 통합에 기

---

11) Jeanne Halgran Kilde, *Sacred Power, Sacred Space,* 61.

여했다. 교회는 사도 베드로의 계승권을 가진 그리스도의 신비적 몸으로서, 로마 교황을 정점으로 하는 사제단이 곧 교회라는 주장 속에 성직주의, 교권주의를 강화했고, 안수권, 성직임면권 그리고 영적 권위를 독점했다. 나아가 로마 교황의 권한이 극대화 되어 교황 지상주의가 나타났다. 로마 가톨릭교회는 로마 교회만이 하나님이 세운 교회이며, 이 교회 밖에는 구원이 없고, 교황은 예수그리스도의 대행자이며 교회와 세상의 통치자라고 주장했다.

예배는 초대교회의 삶을 통해 봉사하는 예배 신학으로부터 거룩한 장소에서 거룩한 행위로서의 예배 신학, 곧 구약의 제사장 중심의 예배 신학으로 변질되어 갔다. 따라서 예배는, 말씀의 설교보다 성찬 의식이 강조되면서, 성례전 중심의 미사로 변질되어 갔고, 성찬에서, 교제보다는 희생제사의 의미가 더욱 강조되면서, 성직자의 제사장적 권위가 더욱 강화되었다. 로마 교회의 단순하고 아름다운 참여적 예배 의식은 점점 더 복잡하고 정교해지고, 화려하고 장엄한 예배 의식으로 발전해갔다. 제4차 라테란공의회(1215)에서는 미사를 산자와 죽은 자를 위한 화목 제사로 정의하고, 화체설을 통해 성찬을 신비화하는 등 예배는 더욱 신비주의적인 의식이 되었다. 또한, 의식을 통한 사제의 신비화, 거룩함, 두려움을 강조하고, 사제는 구원의 중재자로 인식되면서 예배는 더욱 성직자 중심화 되어 갔고, 성직자의 권위는 더욱 강화되었다. 미사는 성소 안에서 사제에 의해 수행되었다. 신자들은 다만 스크린 사이로 사제가 수행하는 의식을 멀리서 볼 수 있을 뿐이었다. 봉헌 행렬이 사라졌고, 신자들의 성찬은 드문 일이 되었으며, 노래의 대부분은 성가대에 의해 불렀다. 말씀의 예배도, 그때 이미 죽은 언어이었던 라틴어의 사용으로, 성직자들에 의해서만 이해되었을 뿐 신자들은 이해할 수 없었으며,

따라서 더 이상 신자들이 예배 안에서 담당할 수 있는 역할은 없었다. 경건한 신자들은 전례와는 무관하게 묵주 기도를 하거나 또는, 조금 더 배운 몇몇 사람들은 개인 묵상을 위해 책을 읽으며 그들 자신의 헌신들을 수행하도록 가르침을 받았다.[12] 결국 예배는 성직자들의 전유물이 되었고, 회중은 관객으로 전락되었다.

이 시기에 대학이 등장하고 스콜라주의가 나타나면서, 특히 신학을 중심으로 한 지적 부흥의 시대가 열리고 인간의 이성 능력을 확신하기 시작했다. 공동체 의식이 약화되고 개인주의가 발달했다. 그럼에도 불구하고, 이 시기는 종교적, 초월적 열망의 시대, 신앙의 시대였다. 이러한 사회적, 종교적 변화와 함께 교회 건축의 열기가 뜨겁게 달아올랐고, 로마네스크 양식을 변형, 발전시켜 새로운 고딕 양식을 개발함으로써, 초기 로마 바실리카 교회 건축 양식의 연속선상에서 로마가톨릭을 대표하는 교회 건축 양식이 완성되었다. 고딕 시대의 교회 건축은 이제 대도시들을 중심으로 이루어졌다. 그것은 신의 영광을 위한 기독교 왕국의 궁전 곧 성전이었으며, 경건한 회중들에게 위대한 교회의 모습을 보여주고 그들을 감동, 교화시킬 필요에 의해 고위 성직자들에 의해 고무되었고, 오랜 기간에 걸쳐 진화된 석공들의 기술과 숙련도가 이루어 낸 결과물이었다.[13]

고딕 시대의 교회 건축은 로마네스크 시대의 교회 건축에 비해 규모가 훨씬 더 커지고, 더 길고 더 높아졌다. 뿐만 아니라, 어두컴컴한 로마네스크 교회당의 공간 대신 빛으로 충만한 공간을 원했다. 빛은, 세상의 빛이신 그리스도의 성육신으로 절정에 달한, 하나님의 자기 전달의 직

---

12) Louis Bouyer, *Liturgy and Architecture*, 71.
13) John Musgrove, *A History of Architecture*, 387.

접적인 매개체로 간주되었다.[14] 이러한 빛을 예배 공간 안으로 끌어들이기 위해서는 로마네스크의 육중한 벽 대신 가능한 한 넓은 개구부(창)를 만들어야했다. 돌을 쌓아 올려 건축하는 조적식 구조에서 벽을 해체하는 일은 엄청난 기술의 발전을 요구했다. 고딕의 건축자들은 이를 위해 플라잉 버트레스(flying buttress)와 뾰족 아치(pointed arch) 및 리브 볼트(rib vault) 등 다양한 새로운 구조 공법을 개발해내어, 벽 대신 가느다란 기둥들만으로 건물의 하중을 지지시켰다. 그리고 이 기둥들 사이에 넓은 창을 만들어 여기에 여러 가지 색유리를 이용한 스테인드글라스를 끼워 신성한 빛으로 충만한 예배 공간을 창조하였다. 그곳은 천국의 환유이었고,[15] 고딕의 위대한 성취이었다. 수많은 조상(彫像)들도 설치되었다. 스테인드글라스와 조상들은 창조부터 최후의 심판까지 구속의 전체 드라마를 묘사했다.[16] 그것은 성서를 구할 수도, 읽을 수도 없었던 평신도들에게 성서 교육을 위한 교재였다. 육중한 로마네스크의 탑은 하늘로 치솟아 오르는 첨탑으로 대체되었고, 기둥들은 잘게 세로 홈을 내거나 여러 개의 가느다란 기둥들을 집합시켜 만든 속주(clustered pier)들로 이루어졌다. 이 세장한 수직선들은 천장까지 높이 솟아올라 천장의 리브들과 연결되어 고딕 건축을 수많은 수직선들의 집합으로 이루어진 건축으로 만들었다. 그것은 하늘에 계신 하나님께 올리는 신자들의 기도였고, 하나님께서 신자들에게 내리시는 한없는 은혜였다. 1248년에 착공하여 1880년에 완공된 독일의 퀄른성당은 예배당의 길이가 144.5m, 폭은 86.25m, 천장 높이는 43.35m, 탑의 높이가

---

14) 롤란드 베인튼/ 이길상 옮김, 『기독교의 역사』 (서울: 크리스챤다이제스트, 1997), 203.
15) Jeanne Halgran Kilde, *Sacred Power, Sacred Space*, 69.
16) 롤란드 베인튼/ 이길상 옮김, 『기독교의 역사』, 203.

157m에 이르렀다.

예배는 더욱 성례전 중심, 성직자 중심으로 이루어졌다. 성찬은 떡과 포도주가 기적적으로 주님의 몸과 피로 변화되는 과정이었으며, 그리스도의 희생의 반복으로 해석되었다.[17] 더 많은 성직자들과 더 장엄한 의식을 위해 성단소 영역이 로마네스크에 비해 훨씬 더 커져야 했다. 네이브 전면의 양측에 덧붙인 트랜셉트는 성단소를 확장하기 위해 서측으로 거의 네이브의 중앙부까지 더 이동하였고, 성단소는 이제 예배 공간 전체 길이의 절반을 차지했다. 성단소를 네이브와 분리시켰던 스크린은 견고한 벽으로 발전하였다. 그 벽 위에는 풀핏텀(pulpitum)이라고 불리는 다리가 만들어졌고 거기서 낭독자들이 네이브의 회중들을 향해 서신서와 복음서를 낭독했고, 때로는 장엄한 공 예배를 위해 주교나 교구 사제의 자리가 이 위에 올려지고 거기서 설교를 하기도 했다.[18] 그 중앙에는 거대한 십자가가 높이 세워져 회중들의 공간인 네이브의 전면에 강력한 초점을 만들었고 그래서 루드 스크린(rood screen)이라 불렸다. 14세기부터 영국에서 주 제대의 배후에 그림과 조각들을 정교하게 조합한 장식 벽(reredos)이 설치되기 시작했다. 돌이라는 고도의 반사성 재료와 크고 작은 수많은 공간, 엄청난 공간 볼륨 등은 극도의 소리 울림을 만들어내어, 그 안에서 설교를 알아듣기 어렵게 만들기도 했지만, 반면에 파이프 오르간의 음악을 장엄한 천상의 소리로 승화시키기도 했다. 이렇게 고딕 성당은 건축과 구조 기술은 물론, 회화, 조각, 음악까지 완벽한 통합을 이루었다.

한편, 고딕 시대의 대성당은 교회당 이상의 것이었다. 그것은 공중

---

17) 유스토 곤잘레스/서영일 옮김,『중세교회사』(서울: 은성출판사, 2007), 163.
18) Louis Bouyer, *Liturgy and Architecture*, 74.

집회소이자 시청이었고, 그 안에서 시 행정도 이루어졌다. 교회의 신성한 구역은 성단소뿐이었고, 네이브는 현세적 용도를 겸했다. 그것은 많은 경우에 주교구 전체 인구를 수용할 만큼 넓었다. 도시 주민들 모두가 열심히 건축에 참여했고 서로 경쟁했다. 그만큼 대성당 건축은 사회를 통합하는데도 크게 기여했다.[19]

3. 르네상스 시대의 교회 건축

이탈리아에서 시작된 르네상스(Renaissance) 운동은 14-15세기 동안, 유럽 사회 전체에 파급되었다. 13세기말부터 탄생한 군주 국가들은 교황청과 대립하였고, 교회의 타락과 함께 교회의 권위는 극도로 약화되었다. 상공업 발달로 도시의 인구가 증대하여 고도의 경제적 발전을 이룩했고 세력화 되었다. 이러한 변화와 함께, 학문과 사상이 보다 더 자유롭고 체계 있게 탐구되었고, 고고학이 발달하면서 인문주의 사상과 고전주의가 나타났다. 인문주의 사상은 중세 이래 망각되었던 인간의 가치와 존엄성을 새롭게 평가하였다. 고딕 시대의 신(神) 중심의 세계관은 인간 중심의 세계관으로 대체되었고, 고딕 시대의 종교적 열정과 환상주의는 현세의 자연세계 및 인생과 관련된 것을 추구하는 쪽으로 변해갔다. 고고학의 발달은 그리스와 로마 유적들의 발굴을 통해 고전주의를 태동시켰다.[20]

이런 상황 속에서 인문주의와 고전주의를 바탕으로 이루어진 르네상스 시대의 교회 건축은 신본주의를 바탕으로 이루어졌던 중세 고딕

---

19) 롤란드 베인튼/이길상 옮김, 『기독교의 역사』, 204.
20) 정시춘, 『교회 건축의 이해』, 121-122.

양식을 부정하는 데서부터 출발하였다. 르네상스의 건축가들은 그들의 교회 건축에 고딕의 라틴 십자형 평면과 첨탑 대신, 비잔틴 양식으로부터 세상의 '중심'과 하늘을 상징하는 원 또는 돔(dome)과 그리스 십자형 평면을 채택하여 중앙집중형 공간을 추구했고, 그 정면에는 고대 로마나 그리스 신전의 정면 파사드의 양식을 차용했다. 그러나 중앙집중형 평면은, 서측의 출입구로부터 동측의 앱스까지 긴 통로(네이브)를 따라 장엄한 행진을 하고 동측의 제대를 향해 희생 제사를 드려온 서방 교회의 전통적 전례 방식과 맞지 않았다. 성직자들은 르네상스 건축가들이 만든 중심형 공간의 서측에 바실리카로부터 이어져 온 긴 네이브를 첨가했다. 결국, 예배공간은 라틴 십자형 평면을 취하여 그 교차점에 제대를 두고 그 위에 거대한 돔을 씌움으로써 바실리카의 '통로'와 비잔틴의 '중심'을 결합한 공간으로 나타났다. 또한 건축가들은 예술적으로 가장 완벽한 건축으로 하나님께 영광을 돌리려 했지만, 교회의 중요한 목적은 쇠퇴해져 가는 교황의 권위를 회복시키고자 하는 열망의 표현으로 '신을 위한 기념비'를 만드는 데 있었다. 교회당은 고딕 시대와 똑같이 '신의 집'이며, 그의 옥좌가 있는 장소이지, 그를 만나기 위해 나오는 '사람들을 위해 지은 집'은 아니었다. 게다가 수많은 대규모의 교회당 건축은 막대한 재정을 필요로 했고 이를 위해 면죄부 판매라는 극단적인 방법이 동원되어 종교 개혁의 한 빌미를 제공하기도 하였다.

4. 바로크 양식의 교회 건축

16세기 초, 종교개혁 운동이 전 유럽으로 확산되자, 로마 가톨릭교회의 자체 개혁을 위해 소집된 트렌트 종교회의(1545-63)가 기존 교리를 재확인하면서 반동 종교개혁 운동으로 이어졌다. 또한 이 시기에 강력한 근대적 민족 국가들이 탄생되었다. 바로크 건축은 17세기와 18세기 초에 이러한 가톨릭교회의 반동 종교개혁을 통한 새로운 자기 확신과 중앙집권적 국가들의 절대 권력을 반영한 것이었다. 로마 교회와 국가의 권력자들은 예술을 통해 자신의 세속적 영광을 나타내고 싶어 했다. 따라서 아름답고 호화스러운 성당이나 예배당, 수도원 등 새로운 교회건물들이 눈에 띄게 많이 지어졌다. 로마 가톨릭교회의 예배는 더욱 의식적이고 장엄하고 화려해 졌고, 마찬가지로 예배 공간도 장엄하고 화려해지고 역동적이 되었다.

그럼에도 불구하고 종교개혁의 영향을 받은 예배와 예배 공간은 이전의 것과는 크게 달라졌다. 성찬 의식은 회중들에게 개방되었고, 그동안 무시되어왔던 설교가 되살아났다. 네이브의 중앙까지 길게 확장되었던 성단소는 앱스 안으로 축소, 통합되어, 높이 들어 올리어지고 더욱 화려해져서, 교회 안의 전체 공간을 지배하는 중심 공간으로서 여전히 회중들의 공간으로부터 분리된 거룩한 영역, 성직자들의 영역으로 남아 있었지만, 성소 전체가 네이브를 향하여 열려 있었고 그 아래 교차부와 네이브는 모두 평신도들의 자리가 되어, 회중들은 성소 가까이에 앉아 개방된 성소에서 전해지는 설교를 듣고 제대에서 이루어지는 성찬 의식을 볼 수 있었다. 성소를 포함하여 네이브와 아일, 트란셉트 등 여러 개의 분리된 공간으로 구성되었던 이전의 예배 공간은 전체가 '하나의 홀'로 바뀌었다. 그것은 이미 종교개혁자들에 의해 추구되었던 예배 공간과 유사한 공간 개념이었지만, 장식과 웅대함, 화려함, 역동성이라는 점에서는 프로테스탄트의 예배 공간과는 뚜렷이 구별되었다. 바로크 양식은 주로 로마 가톨릭교회가 사용한 건축 양식이었으나, 후에 루터교를 포함한 일부 개신교의 교회 건축에서도 나타났다.

IV. 종교개혁과 개신교 교회 건축

16세기 초, 마틴 루터(Martin Luther)를 중심으로 시작된 종교개혁
운동은 중세 교회가 권위의 근거로 여겨온 교황의 권위와 성직자와 평
신도라는 위계구조를 부정하면서, 모든 신자가 사제임을 주장하고 성직
자와 평신도 모두를 포함하는 그리스도의 전체의 몸으로 이루어진 교회
를 추구했다.21) 미사의 희생 제사와 화체설을 비판하여 성례전주의를
거부하고, 은총과 성서 그리고 '성도의 교제'로서의 교회를 강조했다. 성
서를 자국어로 번역, 인쇄하여 보급함으로써 평신도들도 이제 성서를
가질 수 있고 읽을 수 있게 되었다. 성직자 중재를 거부하고 신과 인간의
직접적, 개인적 관계를 강조함으로써 성직자와 평신도의 관계가 변화되
면서 성직자의 권위는 약화되었고, 반면에 평신도의 참여와 역할이 증
대되었다. 이와 함께 예배의 개혁도 이루어졌다. 개혁자들은 초대교회
의 교의와 예배의 회복을 원했고, 예배의 중심점을 이제까지의 '신비와
경건'으로부터 '이해와 경험'으로 변화시켰다. 그들은 중세에 사라졌던
설교를 회복시켜 말씀과 성찬의 균형 잡힌 예배를 추구했고, 공동 예배
에 하나님 백성 공동체로서의 회중의 참여와 집중 그리고 성직자와 평
신도를 포함하는 모든 예배자의 하나님 앞에 평등성을 강조하여 '보는'

---

21) James F. White, *Protestant Worship and Church Architecture* (Eugine, OR: Wipf
and Stock Publishers, 2003), 79.

것과 '듣는' 것 그리고 가까이 '모이는' 것의 중요성을 강조했다.

이러한 예배 개혁에 따라 필연적으로 예배 공간도 개혁되었다. 개혁자들은 종교개혁이 일어난 16세기 동안은 유산으로 물려받은 중세의 교회당을 개조하여 사용했다. 우선, 예배 공간 안의 다양한 성상, 스테인드글라스, 오르간 등은 교파에 따라 전적으로 파괴되거나 선별적으로 제거되기도 했다. 기존의 성단소는 없애거나, 그대로 둔 채 다른 용도로 사용하고, 네이브 중앙의 한쪽(대체로 북측) 기둥에 기대어 설교대를 설치하고, 그 앞에 제대가 아닌 식탁으로서의 성찬상을 두어, 회중들이 이들을 중심으로 둘러앉아 예배를 드렸다. 이렇게 성직자들과 평신도들 사이의 공간적 구별이 제거됨으로써 초기 기독교 예배의 공동적 속성을 회복하였다.22) 성찬 의식은 이제 집례자가 회중을 등 뒤에 두고 그들과 함께 제대가 있는 동측을 바라보며 집례 했던 중세 교회와는 반대로, 성찬상을 사이에 두고 회중과 서로 마주보며, 중세의 희생 제사 대신 초대 교회의 식탁 교제로서의 성찬식을 거행했다.

17-18세기 동안에 많은 새로운 교회당을 건축하게 되었을 때 그들은, 긴 통로 축을 가지고 성단소와 회중석을 분리했던 중세의 바실리카식 공간개념을 버리고, 하나의 통일된 그리고 평등하며 공동체적인 예배 공간을 만들었다. 그들은 새롭게 개혁된 예배에 맞추어, 예배 중심을 향해 최대한 많은 회중들을 가까이 배열할 수 있도록, 가로로 긴 직사각형, T자형, 십자형, 정사각형, 원 또는 타원형, 팔각형 등의 다양한 평면들을 사용해 중앙집중형 예배 공간들을 실험하였고, 거의 모든 경우에

---

22) Harold W. Turner, *From Temple to Meeting House* (The Hague, Mouton Publisher, 1979), 157.

회중석 주위에 중층 갤러리들을 설치하였다. 또한 그들은 건물의 모양이나 장식보다는 기능적 측면을 강조했다. 예배 공간 배열은 설교대와 성찬상을 중심으로 이루어졌다. 중세의 돌 제대는 이동 가능한 목제 테이블로 대치되었다. 설교와 성찬의 균형 잡힌 예전을 강조한 루터파 교회들은 설교대와 성찬상을 하나의 초점으로 통합시키기 위해 설교대와 성찬상을 같은 장소의 상하로 연결시킨 설교-제대(pulpit-altar)를 개발했다. 반면에 설교 중심의 예배를 드렸던 칼빈파 교회들은 설교대를 높이 들어 올려 시각적으로 강조하거나, 설교대와 독서대를 결합한 이단, 또는 삼단 설교대(two decker or three decker pulpit)를 개발하기도 했다. 그들은 일 년에 몇 번 특별한 절기에만 성찬식을 시행하였고, 따라서 성찬상은 적당한 테이블을 창고에 보관하거나 다른 용도로 사용하다가 성찬식 때에 설교대와 회중 사이의 공간이나 회중 공간 안에 배치하여 사용함으로써, 성찬이 설교보다 덜 중요한 것으로 인식되기도 하였다. 성찬과 함께 프로테스탄트들의 또 하나의 성례전이었던 세례를 위한 세례반은 중세 교회의 출입구 근처에서 예배 중심지역에 설교대와 성찬상과 함께 적절히 배치되거나 경우에 따라서는 설교대의 한 부분으로 첨가되기도 했다.

한편, 설교가 강조됨에 따라 프로테스탄트 교회의 크기는 설교자의 목소리가 정상적으로 들리는 범위에 의해 결정되어야했다. 따라서 그들은 회중들이 설교자를 가까이에서 잘 보고 들을 수 있도록 단순한 중앙집중식 홀 형의 예배 공간을 선호했고, 설교자 가까이에 보다 많은 회중석을 확보하기 위해 예배실 주위에 갤러리(중층)를 설치했다. 또 설교가 길어짐에 따라 예배 시간이 길어지면서 회중들을 위한 걸상이 도입되었다. 건물의 외관은 소박하고 검소했다. 내, 외부 모두에서 일체의 장식은 배제되었다. 대부분 벽돌조 건물에 내부는 주로 회반죽으로 하얗게 칠한 평이한 건물이었다.

이러한 변화는 프로테스탄트들의 교회 건축과 예배 공간이 교회와 예배의 본질에 집중하여 새로운 개념들을 표현하기 시작한 것이며, 교회는 이제 중세의 거룩한 성전(temple)이 아니라, 초대교회 회중들의 집회 장소였던 회당 곧 미팅하우스(meeting house)가 되었다. 그것은 공동체의 집으로서 진정한 하나님 백성들의 집(domus ecclesiae)이었으며, 교인들은 물론 시민들의 집회나 모임의 장소로도 사용되었다. 미팅하우스는 청교도들을 통해 새로운 대륙 뉴잉글랜드의 교회 건축의 원형으로 정착되었고, 후일 20세기 전례운동과 함께 로마 가톨릭 교회들의 교회 건축에도 중대한 영향을 주었다.

V. 19세기 복음주의 부흥운동과 강당형 교회 건축

1,666년 런던 대화재 후, 런던 시내에 50여개의 영국 국교회 건물을 디자인하였던 영국의 대표적인 건축가 크리스토퍼 렌(Christopher Wren, 1632-1723)은 성단소가 없는 단순한 하나의 통일된 직사각형의 홀 공간 앞에 수찬 난간으로 둘러싸인 성찬상을 두고, 이를 중심으로 그 앞에 설교대와 독서대가 시각적 균형을 이루어 배치됨으로써, 예배의 말씀과 성찬의 통일성을 이루는 설교 홀(preaching hall)을 디자인하였다. 그는 나아가 설교의 소리를 보다 더 잘 전달하기 위해 음향의 물리적 특성을 고려하고, 자연광을 충분히 도입한 밝은 예배 공간을 만들었다. 그것은 소리의 효과적인 전달이라는 점에서 강당의 속성을 가진 예배

공간이었다. 이 설교 홀의 개념은 그 후 한 세기 반 동안 영국 국교회의 표준 양식이 되었고,23) 18세기에 영국의 복음주의 부흥운동을 주도했던 요한 웨슬리(John Wesley)에 의해 그의 설교의 집(preaching house)에 적용되었다.

19세기 미국의 제 2차 대각성 운동을 성공적으로 주도했던 찰스 피니(Charles Grandison Finney, 1792-1875)에 의해 새롭게 개발된 예배는 설교 중심의 예배였고, 개인의 회심을 최고의 목표로 삼았다. 따라서 예배에는 비신자인 청중들을 회심시키기 위해 모든 수단이 동원되었다. 설교자가 청중들과 얼굴을 대면하여 직접 호소하고, 전문적 음악인들로 구성된 성가대의 음악과 모든 연극 예술을 활용한 극적인 퍼포먼스가 이루어졌다.24) 예배는 공연화 되어갔고 거룩한 음악의 중요성이 증대되었으며, 뛰어난 웅변적 설교가와 탁월한 음악가 그리고 최첨단 오르간이 요구되었다. 이와 함께 설교 중심의 예배에서 청중화 되어가는 회중들의 참여를 위해 성시 교독과 시편 찬송, 서창 그리고 찬송도 포함되었다. 회중들은 예배의 '소비자'이면서 동시에 '참여자'이었다. 이러한 예배 방식은 19세기 후반, 미국의 전 복음주의권 교회들에 막대한 영향을 주었다. 이런 예배 방식을 위한 공간은 이전의 미팅하우스 같은 공간은 아니었다. 그것은 설교 홀과 극장이 결합된 강당형 예배 공간이었다. 피니에 의해 처음에는 원형극장 같은 형태로 시작된 이 강당형 예배당은 많은 회중들이 설교자와 설교자의 메시지를 더 가까이서 보고 들을 수 있게 하였다. 극장의 무대 같은, 그리고 설교자가 자유롭게 돌아다닐

---

23) Harold W. Turner, *From Temple to Meeting House*, 232

24) Jeanne Halgren Kilde, *When Church beame Theater* (New York: Oxford University Press, 2002), 197-199.

수 있는 넓고 개방된 강단이 회중들 쪽으로 내밀어 설치됨으로써 회중들이 강단의 삼면에서 둘러싸도록 하고 회중석 후면 위로 삼면에 갤러리를 설치하였다. 강단 위에는 설교대만 두었는데, 설교자를 더 잘 드러낼 수 있는 작은 책상 같은 설교대를 사용하였고, 강단 뒤에는 성가대 공간이 강단보다 높이 계단식으로 배치되었고, 그 뒷벽에 거대한 파이프 오르간이 치솟아 강단의 배경을 이루었다. 반면에 성찬상은 강단 아래 바닥에 설치하여 소홀히 다루어졌다. 이러한 강당형 예배 공간은 그 목적을 위해서는 효과적이었으나, 오히려 지나치게 설교자 중심적이고 개인주의적인 예배가 되어, 결과적으로 협동적이고 이해력 있는 예배를 상실하는 결과를 낳았고, 그것은 결국 기독교 공동체로서의 공동 예배를 포기함으로써, 중세의 '하나님의 집'(domus Dei)과는 정반대이지만, 그렇다고 종교개혁자들이 추구했던 '하나님 백성들의 집'(domus ec-clesiae)도 아니었다.25) '강당형 교회 건축'은 한동안 널리 파급되었고 고딕 부활과 함께 사라졌다가 현대의 메가처치(mega church) 안에서 되살아났다.

VI. 고딕 복고주의 교회 건축

1833년에 영국의 옥스퍼드 대학을 중심으로 일어난 전례 회복운동은 종교개혁 이후 프로테스탄트들이 추구해왔던 미팅하우스 개념의 예배에서 다시 중세의 예배로의 회기이었으며, 종교개혁자들이 하나님 앞

---

25) Harold W. Turner, *From Temple to Meeting House*, 240.

에서 그 평등성을 강조했던, 성직자와 평신도의 구별과 성사의 중요성을 다시 강조했다. 고딕부활의 선도자였던 영국의 건축가 퓨진(August Welby Northmore Pugin, 1812-1852)은 중세가 사회적으로 통합되고 영적, 신앙적으로 충만한 경건의 시대라고 보았고, 그러한 시대 속에서 태어난 고딕 양식을 선하고 도덕적인 건축으로 보았다. 따라서 그는 중세의 가치를 회복하기 위해서 교회를 고딕 양식으로 지어야한다고 주장했다. 옥스퍼드 운동을 뒤이어 1836년에 시작된 캠브리지 캄덴 소사이어티(Cambridge Camden Society)의 교회 건축 운동은 바로 이 중세 고딕 양식의 부활 운동이었다. 이 운동에 참여한 많은 교회들은 중세의 미사와 중세 교회 건축 양식에 대한 거의 맹목적인 추종을 보여주었다. 교회의 평면은 다시 세로축을 가진 긴 직사각형의 바실리카식 평면으로 환원되었다. 성직자와 평신도는 다시 위계화 되었고, 성단소와 회중의 공간은 계단과 스크린에 의해 다시 분리되었으며, 성단소는 제대가 있는 성소와 성가대공간으로 구별되어 중세의 거룩함의 위계적 공간으로 돌아갔다. 사제는 중세 시대의 미사에서와 같이 다시 회중을 등 뒤로하고 동측을 바라보며, 동측벽에 붙어 있는 제대를 향해 의식을 거행했다. 형태는, 중세의 장식은 없지만, 전체적으로 고딕의 형상을 재현했고, 뾰족아치나 첨탑 등 고딕의 특징을 담아냈다. 교회 건물은 다시 하나님 백성들의 집(domus ecclesiae)가 아닌, 하나님의 집(domus Dei)이 되었고, 성전 전통에 따라 건물 그 자체가 경외감과 신비감을 불러일으킬 뿐만 아니라, 인간이 하나님께 드릴 수 있는 가장 풍부하고 화려한 봉헌물로 환원되었다.[26] 그 후 고딕 부활 양식은, 그 내부의 위계적 공간 구성은

---

26) Harold W. Turner, *From Temple to Meeting House*, 244.

곧 포기되었으나, 오히려 그 외부 형태에서 20세기 중반까지 한 세기 이상, 지역과 교파를 막론하고 거의 모든 교회 건축을 지배했다. 그리고 20세기 전례운동과 건축의 모더니즘(modernism)을 따라 많은 실험을 거친 후에야, 교회 건축은 전혀 새로운 모습으로 나타났다.

VII. 20세기 전례 운동과 교회 건축

전례 운동(Litergical Movement), 에큐메니칼 운동(Ecumenical Movement)과 평신도 운동 등 20세기 초반에 나타난 다양한 기독교 신학과 개혁 운동들은 교회의 본질, 예배 의식, 성직자와 평신도의 관계, 평신도의 역할 등에 대한 새로운 방향들을 제시하였다. 그것들은 교회와 예배에 대한 새로운 인식이었고, 기독교 예배와 예배 공간의 진정한 의미를 회복하는 것이었다.

제2차 바티칸공의회가 1963년에 발표한 거룩한 전례에 관한 헌장(Constitution on the Sacred Liturgy)은 초대교회 예배의 회복과 함께, 예배의 중요성과 거룩성 그리고 모든 신자들의 사제직과 하나님 백성됨을 강조하고, 성직자 중심의 전례에서 공동체의 전례로의 전환을 요구하면서 전례의 민주화를 추구했다. 모든 사람들에 의한 전적이며 능동적인 예배 참여를 위해 성경의 자국어 번역과 자국어 미사를 권장하고, 설교와 성찬의 균형 잡힌 예배를 추구하였으며, 희생 제사로서 행해져왔던 성찬에 대해 그 공동식사로서의 친교적, 사회적 측면을 강조하여, 사제가 성찬상 너머에서 회중들을 바라보며(versus populum) 성찬의식을 거행하도록 권장했다. 또한 예배는 전례적 응답들을 회복하고 전례의 구조와 언어를 단순화시켰으며,27) 회중 찬송과 시편 낭독 그리고 중보 기도를 회복시켰다. 그것은 가히 혁명적인 예배 개혁이었다.

같은 시기에 개신교 안에서도 예배 갱신의 노력이 있었는데, 그것은 지나친 개인주의적, 주관적 그리고 합리적 요소들로부터 예배를 정결케 하고, 예배의 공동적 측면을 회복시키고, 평신도 참여를 위한 보다 더 의미 있는 기회들을 제공함으로써 성직자 지배적 예배들로부터 평신도를 해방시키고, 초기 기독교인들의 태도 안에서 성찬을 보다 더 자주 기념하도록 강조했다.28)

이러한 예배의 개혁에 따라, 예배 공간은 예배의 통일성의 의미를 북돋아주고 회중들의 참여를 촉진하도록 단순하고 통일성을 가진 공간 구성을 추구하였고, 사람들과 전례 중심들 사이에 거리를 줄이고, 예배의 공동체적, 친교적 속성을 높이도록 성찬상을 중심으로 한 중앙집중형의 공간 배열을 추구하였다. 또한, 로마 가톨릭의 제2차 바티칸공의회가 중세 고딕을 '시대착오적인 건축'으로 규정함으로써 고딕 부활의 양식은 종지부를 찍었다. 로마가톨릭과 개신교의 이러한 예배 및 예배 공간의 개혁을 위한 노력은 기본적으로 종교개혁자들이 추구했던 예배 및 공간 개혁과 동일한 방향이었으며, 그것은 '하나님의 집'이 아닌, '하나님 백성들의 집'으로서의 교회 건축이었다.

한편, 전례 운동과 같은 시기에 모더니즘(modernism)을 기반으로 한 근대 건축 운동은 역사주의의 틀을 벗어나 인간의 이성에 따른 규범과 윤리를 바탕으로 기능주의, 합리주의의 새로운 근대 건축 이념을 탄생시켰고, 산업혁명 이후 기술의 발달과 함께 개발된 새로운 건축 재료

---

27) Harold W. Turner, *From Temple to Meeting House*, 314.
28) Harold W. Turner, *From Temple to Meeting House*, 311.

인 철과 콘크리트는, 오직 석재에만 의존했던 과거와 달리, 전혀 새로운 창조적 건축을 가능케 했다. 이 시기에 신학적, 영적, 건축적으로 준비된 창조적인 건축가들이 나타나, 목회자, 신학자, 예술가들과 함께 교회 건축에 관한 논의를 활발하게 진행하면서 새로운 교회 건축에 적극적으로 참여했다.

이러한 건축과 교회의 혁명적인 변화 속에서, 20세기의 전반의 교회 건축은 과거를 부정하고, 새로운 전례적 아이디어들을 건축의 모더니즘과 결합시키는 것으로부터 새롭고 독창적인 교회 건축을 실험하기 시작했다. 두 차례의 세계대전을 거치면서 수많은 교회 건물들이 파괴되었고, 인구 증가와 이동성 증가, 경제적 번영과 뉴타운 개발 그리고 비 서방 국가들에서의 기독교도 증가 등으로 인하여 엄청난 수의 교회 건물들이 건축되었다.29) 이러한 일들은 교회 건축의 다양한 실험들을 가능케 했다. 이 과정에서 교회 건축에서의 노력은 그 종교개혁 자체의 노력만큼이나 격렬했다. 과거, 종교개혁 시대의 교회 건축이 시대착오적이고 새로운 상황에 더 이상 적절하지 않게 된 고딕 건물들의 집단에 대한 반작용이었다면, 20세기 전례운동은 그들에게 유용한 가장 현대적인 건축을 사용함으로써, 저질화된 역사주의적 어휘와 새로운 전례적 인식과는 무관했던 일단의 건물들에 대한 대응이었다.30)

---

29) Harold W. Turner, *From Temple to Meeting House*, 309-310.
30) Edwin Heathcote and Iona Spens, *Church Builders* (Chichester, UK: John Wiley & Sons, 1997), 32.

VIII. 20세기 후반의 교회 건축

　제2차 바티칸공의회 이후, 신학자들과 교회 건축가들은 교회 건축의 기능, 상징, 미술, 지역사회와의 관계 등 다양한 주제를 논의하였다. 이러한 논의들을 통해 이루어진 그 첫 번째 변화는 교회 건축의 민주화이었다. 이제까지의 일반적이었던 교회 형태의 기념비적인 이미지 대신 친근감을 주는 교회로의 변화가 나타났다. 내부는 예배에서 전체 회중들의 적극적인 참여를 촉진시키는 데 관심이 모아졌다. 따라서 예배실의 평면은 전통적인 바실리카식 직사각형 평면 대신 정사각형이나 원, 타원형, 또는 다각형 등 중앙집중형 평면과 배열이 보다 더 적극적으로 시도되었다. 그것은 교회 건축이 오랜 방황 끝에 다시 초대교회의 '하나님 백성들의 집'이라는 도무스 에클레시아(domus ecclesiae) 개념의 회복이었다. 역사적으로 하나님의 영광과 교회의 권위를 강조해 왔던 교회 건물의 크기와 높이, 거대함 그리고 화려함에 대한 생각도 달라지기 시작했다. 교회는 더 이상 성전이 아니었다.

　한편, 이 시기에 사람들은 사회문제에 본격적으로 관심을 가지기 시작하였다. 교회는 지역사회와 밀접하게 관계를 맺게 됨에 따라, 교인들의 모든 다양한 활동을 수용하게 되었고, 교육과 친교 그리고 지역사회 문화 활동들이 교회의 중요한 기능이 되었다. 따라서 교회 건축은 예배당과 함께 교육, 친교 시설과 지역사회 시설 등을 포함하게 되었다. 교회는 모든 사람들에게 언제든지 열려 있어야한다고 생각했다. 교회의 사회적 영역은 본당과 직접적으로 연결되어야 했고, 예배 후나, 평소에는 교인들이 함께 교제할 수 있기를 원했다. 이러한 생각들은 과거에 가장 성스럽게 생각했던 예배 공간조차도 다목적으로 활용할 수 있도록 요구했다. 이에 따라 교회 건축에 또 하나의 중요한 변화가 나타났는데, 그것은 교회를 예배 외에도 회중들의 다양한 활동들을 위하여 다목적으로 활용될 수 있도록 융통성 있는 공간을 만드는 일이었다. 교회는 공중예배 이외에도 교구 의회의 선거나 미술 전시회, 음악회 그리고 여러 종류의 축하회 등 지역사회의 다양한 활동들을 위해 활용되었다. 31)

교회 예술에 대한 생각도 변했다. 제2차 바티칸공의회의 거룩한 전례헌장은 교회 건축에서 "합당한 존경과 위엄"을 보여주는 것 외에는 건축가의 창조적 예술 행위를 존중할 것을 권고했다. 종교개혁 이후 교회 안에서 모든 시각 예술을 우상시하여 제거했던 개신교도 예술을 그 자신의 시대에 기독교와 교회 정체성을 위한 지극히 중요한 수단들의 하나로 생각하기 시작했다.32) 이는 당시 위대한 창조적 건축가들로 하여금 교회 건축을 예술 작품으로 승화시킬 수 있는 길을 열었다.

한편, 1960년대 이후 세계의 건축도 다양한 관점의 신학적 교회론만큼이나 다양성의 시대를 맞았다. 60년대 초부터 그 징조가 나타나기 시작한 포스트모더니즘(post-modernism)은 1970년대 이후 20세기 전반동안 진행되어 온 모더니즘 건축의 합리주의적, 기능주의적 그리고 규범적 건축의 틀에서 벗어나, 역사주의, 절충주의, 표현주의, 지역주의, 구조주의 등 모든 가능한 건축적 개념들을 실험하였다. 이러한 건축 사조의 변화 과정 속에서 교회 건축 또한 예전을 넘어 새로운 도전을 시도한 전 세계의 여러 건축가들에 의해 다양한 모습으로 나타났으며, 그

---

31) Reinhard Giesemann, *New Churches* (New York: Architectural Book Publishing Co., 1972), 20-22.
32) Hugo Schnell, *Twentieth Century Church Architecture in Germany* (Munich: Verlag Schnell & Steiner, 1974), 121.

것은 다양성과 창조의 시대이었다.33)

IX. 메가처치(Mega Church)의 등장과 새로운 강당형 교회 건축

최근에 급성장하는 미국의 대형 교회들은 전통적인 예배 중심의 목회에서 벗어나 교육과 교제 그리고 지역사회 봉사를 강조하는 사용자 중심의 목회 방법을 채택하고 있다. 이와 함께 예배 형식도 회중의 주의를 집중시키고 메시지를 보다 더 효과적으로 전달하기 위한 다양한 수단들을 도입하고 있다. 이는 소비자 중심적이며 매우 실용주의적인 접근으로, 목표 그룹의 필요와 욕구를 식별해내고, 그것들을 최대한 충족시키는 것으로 수요-공급적 목회 방법이다. 교회는 매일의 삶과 종교 사이에 위치하여 교인들의 매일의 고단한 삶으로부터 안식처나 피난처 또는 오아시스의 역할을 한다. 이들 메가처치의 예배는 19세기 말 강당형 교회에서의 웅변술이나 음악 공연 등의 공연적 요소들에 무대 및 조명, 음향, 영상 기술이 더 해짐으로써 하나의 정교한 연극이 되었다. 예배 공간은 이렇게 연극화된 예배를 위한 공연장이 되었다. 교회 건축의 배치는 대규모 주차장 확보와 그 동선에 의해 결정되며, 내부 공간은 편리성과 쾌적성에 의해 결정되고, 예배 공간은 연극화된 예배를 위한 무대로서의 강단과 관람객으로서의 회중의 안락함과 편리함 그리고 예배의 환대성을 높이는데 효과적인 최신의 음향과 영상 기기들과, 특수 조

---

33) 정시춘, 『교회 건축의 이해』, 154.

명 설비들을 갖추었다. 쾌적하고 편리한 환경과 교인들을 포함한 지역 주민들의 욕구를 충족시키는 다양한 프로그램들 그리고 한편의 드라마 같이 철저히 기획된 예배와 안락한 관람석은 이제 소비자의 일상의 필요를 만족시키기 위해 쇼핑센터와 공연장을 가진 상업 시설에 비견된다. 그것은 하나님의 집(domus Dei)도 하나님 백성들의 집(domus ec-clesiae)도 아니었다.

X. 결론

기독교가 처음에 신자들의 가정집에서 모였고, 콘스탄틴에 의해 처음 교회 건축이 시작되었을 때, 로마의 '신전'이 아닌 '시민의 집'이었던 바실리카를 모델로 삼았다는 것은 초대교회의 모임이 결코 신에게 제사 드리기 위한 것이 아니라, 그리스도 안에서 신자들의 친교와 나눔과 구제를 더 강조했다는 것을 의미한다. 따라서 교회 건축은 공공성이라는 개념과 함께 시작되었다고 해도 과언이 아닐 것이다.

그러나 교회 건축이 본격적으로 시작된 콘스탄틴 이후, 교세가 확장 되고 세상 속에서 힘을 가지게 되면서, 중세의 교회 건축은 거룩한 '하나 님의 집' 곧 성전이라는 개념으로 포장되었고 성직자들의 권력을 정당 화시키는 중요한 도구가 되었다. 그럼에도 불구하고 도시의 중심 광장 에 면한 거대한 성당들은 기능적으로는 그 내부의 성단소 영역 외에는 시민들에게 개방되었으며 시청의 역할까지 겸하면서 여전히 교회 건축 은 공공적 장소이었다.

16세기 종교개혁 운동이 추구한 교회 건축은 초대교회의 '하나님 백성들의 집' 곧 회당 개념이었고, 그것은 건물 전체가 신자들의 모임은 물론 지역 주민들의 모임과 사회적 목적으로 개방되어 공적 장소가 되었고, 건물의 모습도 지역사회의 건물들처럼 평이하고 소박하게 지어져 '미팅하우스'(Meeting House)라고 불렸다.

19세기 전반에 영국 국교회를 중심으로 일어난 전례 회복 운동과 교회 건축 운동은 다시 중세의 전례와 '성전' 개념으로 돌아갈 것을 주장하였고, 유럽과 미국의 로마 가톨릭과 개신교 대부분의 교파에 크게 영향을 미쳤다. 그러나 뒤이은 20세기 전례 개혁 운동은 교회 건축을 다시 종교개혁자들의 개념 곧, 초대교회의 건축 개념으로 돌려놓았다.

이처럼 교차 반복되어온 교회 건축의 개념들은 하나님을 위한 의지보다는 인간 자신(교회)의 권력을 드러내고자 하는 욕망과 교회의 본질을 회복하려는 개혁 의지가 주기적으로 반복되어온 역사의 결과라고 볼수 있을 것이다.

그 사이에 미국의 개신교에서는, 2차 대각성 운동과 함께, '하나님의 집'이나 '하나님 백성들의 집'이라는 전통적인 교회 건축의 이해와는 다른, 설교를 통한 복음전도의 도구로서의 강당형 교회가 출현하였다. 사실 이 개념은, 이미 종교개혁 시기인 16세기 프랑스의 위그노들에 의한 교회 건축에서 시작되어 17세기 영국국교회에서 크리스토퍼 렌에 의해 발전되고, 18세기에 요한 웨슬리에 의해 이어진 '설교 홀'로부터 유래된 것으로, 찰스 피니에 의해 극장의 특성을 교회 건축에 가미하여 개발한, 전적으로 복음전도와 성서 교육을 위한 집회홀 이었다. 이 강당형 교회의 개념은 19세기 말에 고딕 양식의 부활과 함께 잊혀지고, 일부 강단구성의 개념이 고딕부활의 교회 건축 속으로 흡수되었다가, 20세기 말에 미국을 중심으로 등장한 메가처치들에 의해 부활되었고, 여기에 현대의 첨단 음향, 영상, 조명 설비를 첨가함으로써 교회 건축을 대규모 공연장으로 만들었다. 그러나 오늘날 구도자들을 대상으로 한 전도집회가 아닌 한, 이러한 예배 방식이 예배의 본질을 벗어났다는 비판이 일고 있다.

이렇게 지난 1700년의 기독교 역사 속에서 나타난 교회 건축은 성전 곧 '하나님의 집'과 미팅하우스 즉 '하나님 백성들의 집' 그리고 설교를 위한 강당 등 크게 세 가지 개념으로 나눌 수 있으며, 이들 서로 다른 개념들의 교회 건축의 특징은 다음과 같이 정리될 수 있다.

1. 성전 전통의 교회 건축

성전 전통의 교회 건축은 구약의 성전으로부터 신약시대의 바실리카로 이어져 중세의 고딕 양식에서 그 절정을 이루었으며, 19세기말에 고딕 부활로 이어져 근세에까지 영향을 미쳤다. 그 특징은 다음과 같다.

첫째, 교회 건물은 '하나님의 집'(domus Dei)이었으며, 인간이 하나님께 드릴 수 있는 가장 풍부하고 화려한 봉헌물이었고, 하나님의 영광을 드러낼 수 있는 기념물이었다. 그리고 거기서 예배는 '희생제사'로서 드려졌다.

둘째, 이러한 성전 개념의 교회 건축은 폭에 비해 길이가 길고 세로축에 대해 대칭을 이루는 직사각형의 바실리카식 평면으로 구성되었고, 바실리카라고 불렸다.

셋째, 내부공간은 앱스(성단소)와 네이브(회중의 공간) 등 두 개의 구별된 공간으로 구성되었고, 성단소는 다시 제대 공간인 성소와 그 앞에 배설한 성가대 공간으로 구별되었다.

넷째, 이 성단소는 스크린에 의해 회중들의 공간으로부터 거룩한 영역으로 구별되었고, 제대가 놓인 성소는 더욱 거룩한 곳 즉, 성찬을 통해 하나님의 임재가 일어나는 곳이었다. 이러한 공간 구성은 구약의 성전의 공간 개념을 유추한 것으로 보인다. 따라서 그곳은 제사장인 성직자들의 배타적 영역이 되었고, 회중들은 성찬 의식을 스크린을 통해 엿볼 수 있었을 뿐, 그 안에서 이루어지는 성찬 의식에 참여할 수도, 심지어는 볼 수도 없었다.

다섯째, 성찬상은 돌로 만든 제대이었고, 동측 벽에 붙여 설치했으며, 제대 뒤에는 배후 장식벽(reredos)을 설치했다. 사제는 회중을 등 뒤로하고 이 제대를 향해 의식을 거행하였다(ad- orientem).

여섯째, 네이브는 서측의 출입구로부터 동측의 앱스(성소)에 이르기까지 긴 통로이었으며, 이 통로는 예배에의 입당 행진 통로로 사용되었다. 그것은 세상으로부터 하나님께로 나아가는 행진이었고, 장엄한 의식으로서의 예배를 강조했다.

일곱째, 내부 공간은 모든 사람들의 시선과 움직임이 제대가 있는 성소를 향하여 집중될 수 있도록 투시도적 효과를 활용하였고, 또한 제대, 성소 또는 성단소를 예배 공간의 시각적 초점으로 강조할 수 있도록 디자인되었다.

여덟째, 그럼에도 불구하고, 이 성전 개념의 바실리카 교회 건축 양식은 로마 시민의 공회당 건물이었던 로마의 바실리카를 모델로 이루어졌으며, 도시의 중심에 위치했던 중세의 대성당들도 성전 개념이 극도에 달했고, 지나치게 기념비적이었음에도 불구하고, 성단소 이외에는 시민을 위한 공공장소로 활용되었다.

2. 회당 전통의 교회 건축

동방 교회의 비잔틴 양식의 교회 건축에서 나타난 중앙집중형 공간 개념은, 유대 회당을 모델로 구성된 고대 시리아 교회 등, 초기 기독교 집회 홀(aula ecclesiae)의 예전적 공간 배열과 로마의 무덤 건축을 모델로 한 순교자 기념 성당이나 세례당의 중심형 공간 개념을 결합한 것으로 보이며, 이는 후에 종교개혁자들의 미팅하우스와 20세기 전례 운동의 교회 건축들에 의해 부활되어, 현대의 예전적 교회들의 예배 공간의 원형이 되었다. 그 특징은 다음과 같다.

첫째, 교회 건물은 '하나님 백성들의 집'(domus ecclesiae)이었으며, 그곳은 하나님 백성들이 모여서 하나님을 예배하고 서로 교제하는 건물일 뿐, 결코 그 자체로 거룩한 집은 아니었다. 따라서 교회당은 소박하고 검소하며, 예배 공간은 신자들이 함께 모여 말씀과 성찬의 예배를 잘 듣고, 잘 보고, 능동적으로 참여할 수 있는 실용적인 건물이었다.

둘째, 예배당은 회중들이 설교대와 성찬상 주위에 가까이 모일 수 있는 중앙집중형 배열이 가능한 원형, 팔각형, 정사각형, 가로로 긴 직사각형, T형, 십자형 등의 중심형 평면을 취했다.

셋째, 내부 공간은 성소와 회중 공간의 구별이 없는 '하나의 통일된' 예배 공간으로, 예배 중심은 오직 기능적 목적으로 정해졌으며 성직자와 평신도 모두가 제사장으로서 평등한 자격으로 참여하는 공동체의 예배를 추구하였다.

넷째, 성찬상은 돌 제대 대신 식탁을 상징하는 목제 테이블을 사용하였고, 뒷벽에서 충분히 떼어 배치하거나 회중석 앞 또는 회중들의 가운

데에 배치하였으며, 성찬 집례자는 성찬상을 중심으로 회중들을 마주보며 성찬식을 집례했다(versus populum).

다섯째, 내부 공간에서 장식과 상징 등 시각예술은 우상이라는 이름으로 배제되었고, 모든 벽과 천장의 디자인은 오직 예전 중심의 배경 역할만을 하도록 특별한 장식을 하지 않았다.

여섯째, 회당 개념의 교회 건축은 유대인 디아스포라 공동체의 집이었던 유대 회당으로부터 고대 시리아 회당으로 이어진 것으로 보아 처음부터 공회당 개념의 건물이었으며, 종교개혁 이후의 미팅하우스도 이 공회당 개념을 회복시켜 지역사회에 개방된 교회 건축이었다. 이러한 개념은 20세기 전례 운동에서 다시 확인되었다.

3. 설교 홀 전통의 강당형 교회 건축

설교홀 전통의 강당형 교회 건축은 '하나님의 집'도, '하나님 백성들의 집'도 아닌, 단지 설교를 효과적으로 전달하기 위한 도구로서, 하나님을 예배하는 공간이라기보다는 오히려 복음 전도 또는 성서 교육을 위한 공간으로 이해될 수 있다. 그 특징은 다음과 같다.

첫째, 초기 '설교홀' 개념의 교회 건축은 사용자보다는 설교자의 메시지를 보다 많은 사람들에게 잘 전달하기 위해 만들어졌다. 그러나 현대 메가처치는 사용자의 편리와 안락 그리고 그 필요를 충족시키는 것에 초점을 맞춘 사용자 중심의 건축이었다.

둘째, 설교홀 전통의 강당형 교회 건축은 극장의 무대 형식의 넓은 강단(pulpit platform)을 두고 이를 중심으로 회중석을 동심원적으로 배열한 중앙집중식 공간 배열을 채택하였다.

셋째, 넓은 강단은 설교자의 자유로운 움직임이나, 설교를 돕는 다양한 음악, 연극 등을 위한 장소로 활용되었고, 이를 위해 오늘날 메가처치에서는 극장과 똑같은 음향, 영상, 조명 기술을 적극 활용하고 있다.

참고문헌

김정신.『유럽 현대 교회 건축』. 서울: 가톨릭출판사, 2004.

박은규.『예배의 재발견』. 서울: 대한기독교출판사, 1996.

은준관.『신학적 교회론』. 서울: 대한 기독교서회, 1998.

은준관.『실천적 교회론』. 서울: 대한 기독교서회, 1998.

임석재.『서양건축사2, 기독교와 인간』. 서울: 북하우스, 2003.

임석재.『서양건축사3, 하늘과 인간』. 서울: 북하우스, 2006.

정시춘.『교회 건축의 이해』. 서울: 도서출판 발언, 2000.

정시춘.『세계의 교회 건축 순례』. 서울: 도서출판 발언, 2009.

정시춘. "초기 기독교 교회 건축의 신학적 고찰." 햇불트리니티 신학대학원대학교 석사학위 논문,
      2009.

곤잘레스, 유스토/서영일 옮김.『초대교회사』. 서울: 은성출판사, 2006.

곤잘레스, 유스토/서영일 옮김.『중세교회사』. 서울: 은성출판사, 2007.

베인톤, 로버트/이길상 옮김.『기독교의 역사』. 서울: 크리스찬 다이제스트, 1997.

웨버, 로버트/정장복 옮김.『예배의 역사와 신학』. 서울: 한국장로교 출판사, 1991.

클라센, 위난드/심우갑 옮김.『서양건축사』. 서울: 대우출판사, 1992.

프랭클, 폴/김광현 편역.『건축형태의 원리』. 서울: 기문당, 1989.

화이트, 제임스/정장복 · 조기연 옮김.『기독교예배학 입문』. 서울: 예배와 설교 아카데미, 2007.

화이트, 제임스/정장복 옮김.『예배의 역사』. 서울: 쿰란출판사, 2000.

화이트, 제임스 · 화이트, 수산/정시춘 · 안덕원 옮김『교회 건축과 예배공간』. 서울: 새물결플러스,
      2014.

Bouyer, Louis. *Liturgy and Architecture*. Notre Dame: University of Notre Dame Press, 1967.

Britton, Karla C. *Constructing the Ineffable, Contemporary Sacred Architecture*. New Haven: Yale
      University Press, 2010.

Bruggink, Donald J. and Droppers, Carl H. *Christ and Architecture*. Grand Rapids: William B.
      Eerdmans Publishing Company, 1965.

Christ-Janer, Albert and Foley, Mary Mix. *Modern Church Architecture, A guide to the Form and
      spirit of 20th century religious buildings*. New York: McGraw-hill Book Company, Inc., 1962.

Clowney, Paul & Tessa. *Exploring Churches*. Grand Rapids: William B. Eerdmans Publishing Co, 1982.

Doig, Allan, *Liturgy and Architecture, From the Early Church to the Middle Age*. Surrey: Ashigate
      Publishing Limited, 2009.

Gieselmann, Reinhard. *New Churches*. New York: Architectural Book Publishing Co., 1972.

Hammond, Peter. ed., *Towards a Church Architecture*. London: Architectural Press, 1962.

Hammond, Peter. *Liturgy and Architecture*. New York: Columbia University Press, 1961.

Jordan, R. Furneaux. *A concise history of Western Architecture*. London: Thames and Hudson Limited, 1969.

Kilde, Jeanne Halgren. *Sacred Power, Sacred Space, An Introduction to Christian Architecture and Worship*. New York: Oxford University Press, 2008.

Klanten, Robert and Feireiss, Lukas. *Closer To God*. Berlin: Gestalten, 2000.

Krautheimer, Richard. *Early Christian and Byzantine Architecture*. New Haven: Yale University Press, 1986.

Musgrove, John. ed., *Sir. Banister Fletcher's A History of Architecture*. 19th ed. London: Butterworths, 1987.

Pallister, James. *Sacred Space, Contemporary Religious Architecture*. London: Phaidon Press Ltd. 2015.

Pevsner, Nikolaus. *An Outline of European Architecture*. Middlesex: Penguin Books Ltd, 1966.

Pichard, Joseph. *Modern Church Architecture*. New York: Oregon Press, 1960.

Schnell, Hugo. *Twentieth Century Church Architecture*. Munich: Verlag Schnell & Steiner, 1981.

Short, Ernst. *A History of Religious Architecture*. London: Eyre & Spottiswoode, 1955.

Smith, G, E, Kidder. *Church Architecture*. London: Architectural Press, 1963.

Stock, Wolfgang Jean. ed., *European Church Architecture 1900-1950*. Munich: Prestel, 2002.

Stock, Wolfgang Jean. ed., *European Church Architecture 1950-2000*. Munich: Prestel, 2002.

Torgerson, Mark A. *An Architecture of Immanance: Architecture for Worship and Ministry Today*. Grand Rapids: William B. Eerdmans Publishing Co., 2007.

Turner, Harold W. *From Temple to Meeting House: the Phenomenology and Theology of Places of Worship*. The Hague: Mouton Pubishers, 1979.

White, James F. *Protestant Worship and Church Architecture, Theoretical & Historical Consideration*. Eugene: Wipf and Stock Publishers, 2003.

Yates, Nigel. *Liturgical Space, Christian Worship and Church Buildings in Western Europe 1500-2000*. Lampeter: University of Wales, Ashigate Publishing Ltd, 2008.

한국 천주교회의 건축사와
공공성의 과제

I. 서론

한국 천주교회는 조선 후기 정조 치세인 1784년 북경에서 이승훈이
베드로라는 이름으로 영세를 받고 귀국하여 전교 활동을 시작함으로써
시작하였다. 그 후 2세기가 지난 지금 한국 천주교회는 단일 교파로서
는 한국의 장로교회와 버금가는 거대 교단으로 성장하였다. 이 글은 한
국 천주교회의 교회 건축의 역사적 성격을 살펴보고 천주교회 건축의
공공성에 관한 논의를 소개하려 한다.

한국 천주교회 건축 역사에 대한 연구는 김정신의 연구가 선구적 역
할을 하고 있다.[1] 그의 연구를 토대로 한국 천주교회 건축사 연구가 진
행되고 있다. 김정신에 의하면 한국 천주교회 건축의 역사는 다음의 다
섯 시기로 나뉜다.

---

* 가톨릭 관동대학교 교수, 한국교회사
1) 김정신, 『한국 가톨릭 성당 건축사』 (서울: 한국 교회사연구소, 1994).

1. 개화기 이전 시대 1785-1886년

2. 개화기의 교회 건축 1886-1910년

3. 일제 강점기의 교회 건축 1910-1945년

4. 해방과 격동기의 교회 건축 1945-1962년

5. 현대의 교회 건축 1962-1992년2)

처음 박해의 시대는 천주교회가 한국에 전래되었으나 보수적 유교 정치 세력에 의해서 박해를 당하던 시기를 말한다. 그러던 것이 1886년 한국과 프랑스의 국교가 수립되고 명동성당이 건축되던 시기가 1886년으로 하나의 획기를 긋는다. 1910년부터 1945년까지는 일제강점기로서 한국의 모든 정치 문화가 일제에 강제로 종속되던 시기이다. 그리고 1945년 해방 이후 1962년 로마 가톨릭교회의 제2 바티칸공의회의 선언이 선포되어 현대 가톨릭교회의 변화가 크게 나타났고 이러한 요소가 교회의 건축에도 영향을 미치게 된다. 그리고 1962년 이후에는 한국에 이른바 모더니즘 건축 사조가 나타나서 성당 건축에도 영향을 주게 되었던 것이다. 이 글에서는 위의 다섯 시기로 구분된 시대에 따라서 한국 천주교회 건축사를 조망한다.

그리고 1990년대 중반부터 한국 사회에 공공성이 사회적 문화적 철학적 과제로 제기되기 시작하였다. 이러한 공공성의 철학은 교회 건축에도 영향을 주게 되었다. 교회 건축이 공공성에 어떻게 기여하고 그 바람직한 방향은 무엇인가를 묻는 논의들이 나타나기 시작하였다. 이 글

---

2) 김정신의 연구가 1992년 당시까지 진행되었기 때문에 이렇게 시기 구분이 되었고 1962년 이후의 시기 구분의 과제는 따로 논의할 필요가 있을 것이다.

에서는 이러한 천주교회 건축의 공공성 담론을 소개하여 교회 건축과 공공성의 담론에 기여하고자 한다.

II. 개화기 이전 시대 성당: 1785-1886년

조선 천주교회는 1783년 남인 출신 선비 이승훈이 청나라로 건너가 북경에서 영세를 받고 돌아와 전교 활동을 함으로써 시작되었다. 이러한 이승훈의 활동은 수년 내에 다수의 천주교 신자를 모으는데 성공하게 되었다. 그러나 평신도인 이승훈이 영세를 베풀고 성사를 집행한 것이 문제가 되어서 이는 북경 교구와 조선 천주교인들 사이의 전례 논쟁을 일으키기도 하였다.[3]

윤지충과 권상연의 진산사건에서 촉발된 박해는 1791년 신해교난과 1801년 신유교난을 거쳐 기해교난과 병인교난으로 이어지는 극심한 가톨릭에 대한 박해로 이어지게 되었다. 이러한 시대적 배경으로 인해 이 박해 시대에는 규모와 체계를 갖춘 성당을 건축할 수 없었다. 그럼에도 불구하고 미사를 드리고 전례를 집행하여야 했기 때문에 신부들이 기거하는 주택이나 일부 천주교 신자들의 주택이 성당으로 사용되었다. 즉 가톨릭의 전례를 충족시킬 수 있는 고유한 성당 공간을 확보할 수 없었던 시대를 반영하는 사례였다.

다만 일반 주택을 성례의 공간으로 사용하기 위하여 지정된 장소가

---

3) 윤민구 편역, 『한국 초기 교회에 관한 교황청 자료 모음집』 (서울: 가톨릭출판사, 2000), 22-28.

미사 공간이 되면 성화상이나 수난상을 게시하고 방안에 방석을 깔고 탁자와 촛불을 마련하여 경배 공간의 의미를 두었다. 여 교우들은 방 밖에서 미사에 참여하였다.[4]

조선 정부의 박해가 극심해지자 산촌 벽지로 피난한 천주 교우들은 화전민이 되거나 옹기를 구워 생계를 유지하였다. 이 옹기를 굽는 가마 속에서도 미사를 드리는 경우가 있었다. 이와 유사한 경우는 산간벽지의 천연 동굴을 예배처로 사용하기도 하였다. 즉 박해 시기의 천주교회 건축은 건축물을 지을 수 없었기 때문에 병풍, 휘장 그리고 족자 등 가변적인 요소들을 사용하여 일상적인 공간을 전례 공간으로 전용하였다. 그것은 마치 고대 교회의 카타콤(catacomb)과 유사한 시대적 공통성을 지니고 있었다.

III. 개화기의 교회 건축: 1886-1910년

1876년 일본에 의한 강화도조약으로 조선이 개화를 하게 되면서 쇄국으로 일관되었던 조선은 외국에 문호를 개방하게 된다. 1882년 미국, 1883년 영국과 독일 그리고 1886년 프랑스와 국교를 맺음으로써 조선은 외국의 문물을 받아들이게 된다. 1886년 조선의 프랑스와 수교는 그동안 박해를 받았던 천주교에 대한 박해가 종식되었음을 의미하였다. 특히 19세기 초반에 조선에서 일어난 일련의 박해들은 다수의 프랑스 신부들의 순교를 불러왔기 때문에 프랑스 정부는 조선과의 수교 과정에

---

4) 김정신, 『한국 가톨릭 성당 건축사』, 19-20.

서 천주교의 수용과 박해의 중지 및 선교의 자유를 획득하려 하였다.[5]

그러나 완전한 종교의 자유를 얻지는 못하였고 박해와 같은 상황을 방지하는 조건을 획득하는데 그쳤다. 이 조약으로 프랑스인 성직자들은 성직자로서가 아닌 프랑스인으로서 조선에서 주거와 정착의 권리를 획득하였다. 나아가 천주교회는 명동성당을 건축하게 되어 1899년에 교민조약이 체결되어 신자와 비신자의 차별이 철폐되었다. 그리고 1904년 선교조약으로 천주교의 선교의 자유가 획득되어 성당 건축과 프랑스 선교사들의 지방 정착이 법적으로 허용되었다.

개화기 건축은 지난 세기에 축적된 건축 철학과 지식을 바탕으로 조선시대의 건축에서 한 단계 발전된 형태를 지향하게 되었다. 먼저 실학자들은 벽돌의 사용을 강조하여 전통적 건축 방식에서 진일보한 주장을 하였고 그 일례로 수원의 화성과 같은 새로운 형식의 건축을 시도하였다. 한 세기 후 개화파들은 이러한 실학사상을 계승하여 실용성과 근대적 건축을 지향하는 사고를 보여 주었다.

1876년 개화가 단행되고 나서 서구식 건축이 한국에 유입되기 시작하였다. 우선 종교 건축으로 천주교와 개신교의 건축이 고딕 양식을 중심으로 소개되었고 각국의 공사관들이 지어지면서 르네상스 양식의 건축이 소개되었다. 일본을 통해서도 새로운 건축 양식이 소개되었는데 그것은 서구적 외형을 보이지만 목조로 마감을 하는 의양식(擬洋式) 건축이 소개되었다. 특히 벽돌의 사용은 근대 건축의 전환점에서 가장 주목할 만한 변화였다.

원래 한국 전통의 벽돌은 1세기경부터 사용되었다. 그러나 조선의

---

5) 장동하,『한국 근대사와 천주교회』(서울: 가톨릭출판사, 2006), 260.

전형적 장방형 벽돌이 사용되기 시작한 것은 실학자들이 벽돌의 유용성을 주장하기 시작한 조선 후기였고 본격적인 사용은 19세기에 시작되었다. 중국과 일본에 수입된 벽돌을 사용하였으나 명동성당은 건축 주체가 벽돌을 스스로 제조하여 사용하였다.[6]

개화기 천주교회 성당은 주로 한옥 성당이었다. 어느 정도 종교의 자유가 주어지면서 규모가 큰 한옥을 구입하여 가운데 휘장을 치고 남녀 좌석을 구분하였고 외형은 한옥이지만 내부를 가톨릭의 전례에 맞춘 과도적 건축이 한옥 성당이다.

한옥 성당의 출현은 전통 한국 건축에 존재하지 않았던 회중이 모이는 넓은 공간이 요구됨에 따라 횡축으로 개방성을 확보하여 한옥의 내부 공간 확장에 기여하였다. 횡축으로 제단과 입구를 대비시켜 한옥 내부의 전례 공간 확보를 통해 기독교 신학과 전통 건축을 연결하였다. 내부 공간을 3량식으로 분할하였고 전통적 건축 요소와 전례적 요소를 결합하여 토착화의 성과를 이룩하고 개화기의 보편적인 성당 양식으로 자리 잡게 되었다. 이는 초기 서구 기독교가 바실리카 양식을 도입하여 기독교회의 최적의 공간으로 전용한 것과 유사한 토착화의 전형이라 할 수 있다.

개화기 한옥 성당은 평양(1895), 황해도 청계(1898), 공세리(1897), 옛 대구 계산동(1899), 고산 되재(1895), 강원도 이천(1895), 황해도 매화리(1899), 제주(1899), 경기도 왕림(1901), 장호원(1903), 전북 화산(1906), 전북 수류(1907) 등이 있다.

이러한 한옥 성당은 한국 교회 건축의 토착화라는 측면에서 긍정적

---

6) 김정신, 『한국 가톨릭 성당 건축사』, 27.

평가를 받는다. 전통 건축 문화와 기독교 문화가 조화를 이루는 토착문화화라는 관점에서 그 의미를 찾을 수 있다. 이러한 평가는 천주교 한옥 성당뿐 아니라 성공회의 한옥 성당에서도 교회 건축의 토착화라는 호의적 평가를 받고 있다.7)

개화기 성당 건축의 또 다른 측면은 서양식 건축의 도입이라고 할 수 있다. 로마네스크 양식 또는 고딕 양식과 같은 서구의 기독교 건축 양식이 도입된 것이 그 대표적인 예이다. 이는 한국의 근대 건축 양식에 큰 전환점이 되었고 건축의 재료 및 설계에도 큰 변화를 야기하였다.

그 대표적인 건축이 약현(1892), 명동(1898), 인천 답동(1899), 평양 관후리(1900), 대구 계산동(1902), 풍수원(1907) 등이 있다.

약현성당은 3랑식으로 한국에서 지어진 최초의 서구식 성당 건축이다. 로마네스크 양식으로 건축되었고 내부는 단층으로 지어졌다. 명동성당은 1892년 착공하여 1898년 완공되어 한국 천주교회를 대표하는 건축으로 자리 잡게 되었다. 프랑스 신부 코스트(Eugine Jean G. Coste) 신부가 설계와 시공을 맡았다. 명동성당은 벽돌을 사용한 고딕 양식 건물로 벽돌 제작을 위해 중국인 벽돌공을 데려와 시공을 감행하였다.8) 건축의 형태는 3랑식 라틴십자가형 고딕 양식의 건축물이다. 계산동성당은 원래의 한옥 성당이 소실되고 나서 재건축한 성당으로 고딕 양식과 로마네스크 양식을 혼합한 건축물로 1902년 지어졌고 1918년 증축되었다. 인천 답동성당과 풍수원성당은 약현성당과 규모와 양식 면에서

---

7) 김정신, "한국 가톨릭 성당 건축의 토착화와 당면과제", 「신학전망」, 102호 (1993), 39-40.

8) 김정신, "한국 천주교 성당건축의 변천과정과 토착화에 관한 연구", 「대한건축학회지」, 28권 116호 (1984), 64.

유사하다.

IV. 일제강점기의 교회 건축: 1910-1945년

1910년 한국이 일본에 합병됨으로 인해 한국은 식민 초기 정치적 경제적 종속에서 시작하여 일제 말기로 가면서 문화적 말살로 이어지는 식민화를 경험하였다. 그러나 기독교의 측면에서는 일제에 대항하기 위한 정신적 토대로서 종교적 열기가 확산되었다. 그러나 개신교가 3·1 운동에 적극적으로 참여하여 민족과 사회 운동에 참여한 것과는 달리 천주교회는 이러한 과제에 소극적이었기 때문에 3·1운동 이후에 천주교회의 교세의 성장은 둔화되었다.

천주교회는 1911년 하나의 교구에서 경성 교구와 대구 교구로 분할되었고, 1940년경에는 9개의 교구로 분할되었다. 프랑스 파리외방전교회 관하의 서울, 대구 교구, 독일계 베네딕트 수도회 관하의 덕원, 함흥, 연길 교구, 미국 메리놀 외방전교회 관하의 평양 교구, 아일랜드 콜롬바노 외방전교회 관하의 광주, 춘천 교구 그리고 한국인 주교 관하의 전주 교구가 있었다.

일제강점기의 천주교회의 건축 양식은 한국과 양식의 절충식과 벽돌조 양식 건축으로 구분되지만 여러 선교회의 문화적 특징이 성당 건축에 반영되었다. 프랑스 파리외방전교회 선교사들의 사고 방식은 근대문화에 대한 부정적 의식, 성속의 이분법적 태도와 경건주의적 영성 그리고 선교지의 문화와 전통에 대한 배척과 편견뿐 아니라 사회 참여적 신앙에 대한 부정적 입장을 갖고 있었다.9) 이런 이유 때문에 프랑스 신부들은 근대적 건축이 아닌 고딕 양식을 선호하고 토착적 건축을 배척하는 입장을 보였다.

베네딕토 수도회는 1909년 한국에 진출하여 한국 가톨릭 선교의 여러 분야에서 활동하였다. 특히 출판, 건축, 농장, 사회사업과 교육 사업에 공헌하였다. 이들은 일제 강점기에는 덕원, 연길, 함흥 교구를 맡았고 로마네스크 양식의 건물을 선호하여 성당 건축을 추진하였다.

메리놀 외방전교회는 1911년 미국에서 설립된 극동 지역 선교단체였다. 뉴욕 북부의 메리놀(마리아의 언덕) 언덕에서 그 이름이 유래한 이 단체는 미국 특유의 자유로운 분위기와 형식에 얽매이지 않는 태도도 대중적 접근성이 뛰어난 선교 방식을 채택하였다. 건축에 있어서도 형식에 매이지 않는 토착화적 건축을 선호하였고 공간 활용에 합리적 사고를 가미하였다. 한국에는 1923년 평양에 진출하였고 해방 후에 인천과 청주 지역에서 활동하였다.

성 콜롬바노 외방전교회는 1918년 아일랜드에서 설립된 선교단체로서 1933년 한국에 도래하여 호남 지역에서 활동하였다. 이들의 건축적 특징은 영국식 고딕 양식으로 이중라틴 십자가 모양의 평면 구조를 가진 성당을 건축하였다.

일제 강점기 성당 건축의 특징은 벽돌 생산이 국내에서 이루어지면서 공급이 확대되었고 토착화의 영향으로 한·양 절충식 성당이 출현하였다. 개화기의 한옥 성당에 변화되어 수용된 결과였다. 절충식은 벽체를 한옥 형식에서 벽돌로 쌓는 양식으로 전환하는 것이 일반적인 경우였다. 아니면 벽돌로 종탑을 높이 쌓아 양식의 특징을 강화하였다. 전통

---

9) 김정신, 『한국 가톨릭 성당 건축사』, 58.

한옥에서 외형적으로 종교적 상징이 부족하였기 때문에 종탑을 높이 쌓아 종교성을 강화하는데 그 목적이 있었다. 이 한양 절충식 건축은 미국의 메리놀 외방전교회가 평양 교구를 맡으면서 많이 건축되었다. 식민지 시대 성당 건축의 또 다른 특징은 강당형 성당의 출현이었다. 한국 천주교회 성당은 대규모 성당은 명동성당을 모델로 지어졌고, 소규모 성당은 약현성당을 모델로 건축하였다. 그러나 식민지 시대 중기에는 어떤 건축 양식에서 이탈하여 단순한 박스형 건축으로 퇴행하는 성당 건축 경향이 두드러지게 나타났다. 그것은 초월성에 대한 공간적 표현이 최소치의 전통과 일제 강점기의 물적 토대의 약화에 기인한 것이었다. 이 시기에도 고딕 성당을 재현하려는 요구는 있었으나 그것을 충족시킬 수 있는 기술적 물적 한계로 인해 성당 건축은 단순하고 불완전한 형태를 띠게 되었다.

일제강점기 한·양 절충식 성당은 화산(1906), 안성 구포동(1922) 등이 대표적인 건축이다. 화산성당은 벽체를 벽돌조로 축성하였고, 지붕과 종탑에 한옥식으로 기와를 얹어 동서양의 조화를 시도하였다. 이 성당은 양대 문화의 조화가 절제를 이루며 어우러진 완성도 높은 건축물로 평가되고 있다. 화산성당과 구포동성당 외에도 은율, 강서, 마산성당 등은 한옥에 서양식 벽체를 조합한 소규모 성당들이었고 신의주, 진남포, 평양 서포성당 등은 한옥 지붕과 서양식 벽체로 절충적 형태이지만 전체적으로는 서구적 요소를 더 많이 가미한 건축이었다.10)

일제강점기 완전 서양식 성당은 장방형으로 건축된 성당으로 용소막(1915), 대전 목동(1921), 낙산(1923), 명동 일본인 성당(1928), 왜

---

10) 김정신, 『한국 가톨릭 성당 건축사』, 63-64.

관성당(1928), 합덕성당(1929), 장호원성당(1930), 예산성당(1934), 공주성당(1936), 서산성당(1937), 인천 답동성당(1937), 서정리성당 (1938) 등이 있다. 내부 기둥이 없는 단일 공간으로 디자인된 성당은 성 유스티노신학교성당(1916), 대구 샤르트르 바오로 수녀원성당(1927), 하양성당(1931), 완월동성당(1932), 영천성당(1936), 언양성당(1936), 문산성당(1937), 광주 북동성당(1937), 전주 옥봉성당(1938), 가양성 당(1939) 등이 있고 T자형 평면으로 공세리성당(1921)이 있다.

일제 강점기 서양식 성당은 개화기에 도입된 서양식 고딕과 로마네 스크 양식이 점차로 상실되는 과정을 보여준다. 일제 후반기로 갈수록 이러한 경향은 더욱 두드러지게 나타났다. 특히 외형적인 부분에서 보 다 성당 내부 공간 구성에서 고딕 양식이 주는 분절적 요소는 사라져 가 고 단일 공간화 되는 경향을 보였다. 다만 종탑과 정면의 디자인에서 고 딕적 요소를 부각시키려 하였다. 이는 일제 말기의 퇴행적인 상황과 역 동성을 상실한 일제 치하 천주교회의 모습이 건축에 투영된 결과라고 할 수 있다.11)

V. 해방과 격동기의 교회 건축: 1945-1962년

1945년 해방과 뒤 이은 한국전쟁 그리고 1960년대의 재건기는 한 국 현대사의 격동을 보여준다. 한국전쟁으로 인한 민족적 위기는 종교 심에 대한 귀의 및 보호 요청의 소망을 낳았고, 이러한 시대적 정신은

---

11) 김정신, 『한국 가톨릭 성당 건축사』, 76.

건축에도 반영되어 나타났다. 해방의 기쁨도 잠시 한국전쟁의 참화는 민족적인 비극으로서 신앙심으로 하느님에게 보호를 요청하는 태도가 증대되어 그것이 성당 건축으로 이어졌다. 그리고 1960년대가 되면 민주 혁명과 경제개발 시대로 접어들면서 해방 후 산업화의 시대를 맞이하였고 이러한 시대적 정신도 성당 건축에 반영되게 되었다.

이 시기의 성당 건축은 세 가지 형식으로 전개되었다. 첫째는 원래 도입되었던 양식에서 변형된 서양식 성당 건축과 모더니즘의 영향을 받아 지어진 근대 지향적인 건축 그리고 일제강점기부터 지속되어 온 한·양 절충식 성당이 건축되었다.

먼저 일제 강점기 서양식 성당 건축의 특징은 해방 후에도 지속되었다. 외형상으로는 종탑을 강조하고 정면의 외관의 특징은 강조하지만 공간 내부의 분절과 구획은 단순화되어 단일 공간으로 표현되었다.

이 시기의 중요한 건축물로는 춘천 죽림동성당(1952), 의정부성당(1953), 용산성당(1954), 원주 원동성당(1954), 완주 삼례성당(1955), 돈암동성당(1955), 군산 둔율동성당(1955), 강릉 임당동성당(1955), 횡성성당(1956), 김포성당(1957), 안동 목성동성당(1957), 제기동성당(1957), 홍천성당(1957), 여산성당(1958), 함열성당(1959), 수원 고등동성당(1960), 강경성당(1961) 등이 있다.

한국 천주교회의 근대적 성당은 1950년대 이후에 출현하기 시작하였다. 한국 성당 건축의 모더니즘의 출현은 베네딕토 수도회 소속 신부인 알빈(Alwin Schmidt)과 한국인 건축가 이희태의 설계로 도입되었다. 알빈 신부는 1958년 김천의 평화동성당과 점촌성당을 건축하여 한국에 성당 건축에서 모더니즘을 소개하였다. 알빈 신부는 이후 1961년부터 한국에서 본격적인 성단 건축을 시도하여 17년간 79개의 성당을 포함하여 모두 184개의 교회와 관련된 건축을 설계하였다.

그리고 한국인 건축가 이희태는 1954년 명수대성당과 1960년 혜화동성당을 건축하여 입방체형의 모더니즘 건축을 시도하였다. 이러한 모더니즘 계열의 성당 건축이 가능하게 되었던 것은 무엇보다도 1962년부터 1965년까지 이어진 제2 바티칸공의회의 정신의 영향이었다.[12]

알빈 신부가 1958년 처음 설계한 김천 평화동성당은 벽돌조 건축물로서 좌우의 비대칭을 실현하였고 단순한 기하학적 형태를 띠었다. 전체적으로 검소한 재료와 디자인을 채용하였고 전통적 성당이 스테인드글라스를 통해 신비스런 분위기를 띠게 하였던 것과는 달리 자연광을 채용하여 솔직한 공간 구현을 보여 주었다.

알빈 신부의 두 번째 작품은 1959년 건축된 점촌성당이다. 점촌성당은 평화동성당이 긴 종축형으로 건축된 것과는 달리 좌우로 넓게 펼쳐진 부채꼴 모양의 형태로 건축되었다. 건축의 개성이 너무 축소되어 교회의 외형적 특성이 거의 나타나지 않았고 주변과 조화도 어색하다고 평가된다.

혜화동성당은 장면 총리, 유홍렬, 정지용 등 한국의 유력한 인사들이 출석하던 성당이다. 1957년 착공하여 1960년 완공되었다. 모더니즘이 강조된 건축으로, 전례를 위한 공간 구성에는 미흡하다는 평가를 받는다. 전통적 교회 건축 양식을 벗어난 전형적인 모더니즘 건축이다. 성당 전면과 종탑에는 성 베네딕토의 입상이 부조되어 있고, 이것은 당시의 김세중 ,최만린, 송영수, 장기은 등 조각가들이 조각한 것이었다. 내부의 스테인드글라스와 제대 벽면 등 내부 장식도 당시의 미술가들의 참

---

12) 김정신, 『한국 가톨릭 성당 건축사』, 87.

여가 있었다.

한·양 절충식 성당은 개화기와 일제강점기 초기까지 명맥을 유지하고 있었다. 그러나 일제강점기 중반이 지나면서 이러한 형식의 건축 점차 사라져 단절되고 말았다. 일제강점기 평양 교구를 맡았던 미국의 메리놀외방전교회에서 이런 방식을 시도하여 그 명맥을 유지하였다. 해방이 되면서 메리놀전교회는 청주 교구를 관할하게 되었는데 그때부터 한·양 절충식 건축이 다시 시도되었다.

1961년 건축된 청주 내덕동성당은 메리놀전교회 주교좌성당으로 건축되었다. 평면은 고딕의 라틴 십자가형을 고수하고 있지만 내부 공간은 고딕의 문법을 전혀 따르고 있지 않고 자유롭게 구성되었다. 적벽돌 건축물로서 종탑은 미국의 메리놀 본부의 것을 모방하였다. 지붕은 기와로 되어있으나 한국식이 아닌 중국식 기와 지붕에 가깝다.

청원군의 부강성당은 1961년 건축된 성당으로서 이 시기의 메리놀전교회가 건축한 청주 지역의 성당들은 소규모가 되는 경향이 있었다. 내덕동성당의 평면적 구조를 모방하여 설계되었으나 지붕의 외관은 중국풍을 벗어나 외관의 완성도가 높아진 건축물이다.

VI. 현대의 교회 건축: 1962-1992년

1960년대는 한국 사회의 급진적 변화의 계기가 마련된 시기였다. 경제성장 계획이 본격적인 궤도에 오르고 사회의 제도가 전반적으로 그틀을 잡아가는 시기였기 때문이다. 천주교회도 1962년 한국 천주교회는 전교지 교회에서 정식으로 독립된 교구로 교황청에서 승인을 받았다. 천주교회의 이러한 조직의 발전은 1977년 전국에 16개의 교구로 재편되었다. 또한 같은 시기에 제2 바티칸공의회가 열려 세계 천주교회 역사의 새로운 막이 열리던 시기이기도 하였다. 거기에 건축 기술의 발전과 전문적 건축가들이 출현하여 활동하기 시작하였고, 본격적으로 모더니즘이 건축계에 나타났다.

제2 바티칸공의회 결과 나타난 가장 큰 변화는 전례의 변화였다. 한국 천주교회는 1964년부터 새로운 기도서를 작성하여 배포하였고 교리서도 재편하여 새롭게 출간하였다. 1965년 1월 1일부터는 라틴어 미사 대신 한국어 미사가 정식으로 진행되게 되었다. 그 외에도 미사 중 무릎을 꿇는 행위 대신에 몸을 숙여 경의를 표하는 방식으로 간소화되었고 1971년부터 토요 미사가 제정되어 산업화 시대에 맞는 변화를 추구하였다. 전통적 성가 외에도 한국어 성가가 등장하고 오르간뿐 아니라 기타와 같은 청년 세대가 애호하는 악기가 성당에서 사용되게 된 것도 이 시기부터였다.[13]

1960년대 이후 한국 천주교회 성당의 가장 큰 변화는 모더니즘의 수용이었다. 서구에서는 1930년대부터 성당 건축에 모더니즘이 도입되고 있었다. 그러나 그것을 전격적으로 수용하게 된 것은 제2 바티칸공의회를 통해 전례의 다양성과 융통성을 허용하는 방향으로 결정되고 나서였다. 한국 천주교회는 보수적 성격이 강해서 제2 바티칸공의회의 결정을 전폭적으로 수용하지 못하였다. 모더니즘 계열의 건축이 한국 천주교회에서 대폭적으로 수용되지 못한 것도 이러한 보수적 성향에 기

---

13) 김종수, "제2차 바티칸공의회와 한국천주교회 전례의 토착화", 「교회사연구」, 제5집 (2005), 164-167. 한국 천주교회 토착화에서는 평신도 설교의 허용까지 논의되었다.

인하는 것이었다. 이희태와 유희준과 같은 건축가들에 의해 성당 건축에서 모더니즘이 시도 되었으나 한국 천주교회는 능동적으로 새로운 변화를 추구하지 못하였다.

한국 천주교회의 모더니즘의 수용은 독일인 신부 알빈의 개인적 노력의 결과로 볼 수 있다. 알빈은 1904년 독일 슈바헨(Schwahen) 출신으로 뮌헨과 빈 대학에서 미술을 공부하였고 1936년 사제가 되었다. 1937년 북간도의 연길 교구에 베네딕토회 선교사로 파견되어 활동하였다. 한국어에 서툴렀던 그는 사목에는 별다른 성과를 거두지 못하였으나 성당 건축과 미술에서 눈에 띠는 공헌을 하였다. 해방 후 북한 공산정권에 체포되어 1949년 독일로 추방되었다. 독일에 거주하는 동안 그는 모더니즘 미술 사조에 영향을 받았고, 성당 건축에 모더니즘을 도입하는 실험적 활동을 펴지만 바로크 양식을 선호하는 보수적 성직자들의 반대에 직면한다.

1958년 김천 평화동성당과 1959년 점촌성당 설계를 계기로 다시 한국에 온 알빈 신부는 베네딕토회 선교사로서 건축과 미술 분야에서 탁월한 업적을 남기게 되었다. 그는 17년간 한국에서 성당 79개, 공소 30개, 부속 성당 14개, 학교, 병원 등 모두 184개의 건축에 대한 설계를 하였고, 9개 건축의 증축 설계를 시행하였다. 성당 내부의 벽화도 그렸고 제대, 감실, 고해실, 의자 및 여러 성구를 디자인하기도 하였다. 그는 1978년 왜관 분도수도원에서 74세를 일기로 세상을 떠났다.

알빈의 성당 건축의 특징은 모더니즘을 수용하되 교회 공간이 신자들이 삶이 하느님의 신앙을 전례를 통해 체험하는 공간이 되어야 한다고 보았다. 그는 전통적인 종축 장방형 공간 설계를 대신하여 친근성이 보완된 공간을 설계하였다. 그 외에도 부채꼴, 십자형, 마름모, 타원형,

방사형 공간을 설계하여 신도들이 성당 안에서 전례를 더욱 친근하고 가깝게 느껴지게 하는데 주력하였다. 그러나 전반적으로 보수적인 한국 천주교회와 신자들은 알빈이 제시한 새로운 공간 개념에 익숙하게 반응하지 못하는 경우도 많았다.[14]

알빈 신부 외에도 한국인 건축가들에 의해서 모더니즘 건축이 시도되기도 하였다. 1970년대에 되면 모더니즘 건축은 한국 천주교회 성당 건축에서 일반적인 현상으로 나타나게 된다. 이 시기에 나타난 한국인 건축가들의 모더니즘 계열의 건축은 건축가 자신의 신앙고백과 개성이 나타나기 시작하였다. 성직자 중심의 전례에서 평신도 중심을 선언한 바티칸공의회 결정에 따라 교회 공간도 평신도 중심을 지향하였다. 모더니즘 건축은 전통적 건축 양식에서 벗어나려는 경향을 보여 기하학적 형태, 조소적 형태, 유기적 형태 등 다양성을 시도하게 된다. 교회가 지역사회와 관계를 인식하기 시작하여 지역사회와 연관된 다기능적 공간을 추구하기 시작하였다. 도시 성당 들은 좁은 공간에 다양한 공간적 필요를 충족시키기 위해서 고층화 경향이 나타나기 시작하였다. 그리고 전통적 벽돌조 건축에서 탈피하여 콘크리트 구조, 철골, 유리 등 다양한 건축 자재를 이용하게 되었다.

대표적인 성당으로는 1967년 지어진 절두산성당이 있다. 절두산성당은 1866년에 있었던 병인박해를 기념하기 위해 건축되었다. 형태는 포물선의 형태로 되어있는데 중심점인 제단에서 말씀과 성찬이 반사되어 세계로 뿌려지는 것을 형상화하였다.

1973년 건축된 정릉성당은 공간의 협소함을 삼각형의 설계로 극복

---

14) 김종수, "제2차 바티칸공의회와 한국천주교회 전례의 토착화", 111.

한 경우이다. 제단이 삼각형 모서리에 위치하여 협소해 보이기는 하지만 전체적으로 노아의 방주를 형상화하여 교회 건축의 의미를 살린 건축으로 평가된다. 1975년 건축된 나자로성당은 부채꼴 형태의 건축물로서 흰색의 마감을 통해 날아오르는 백조의 형상을 묘사하고 있다.

1978년 건축된 마산성당은 전통적 벽돌을 사용한 건축이지만 전통의 잠재적 이미지와 현대의 기하학적 이미지가 조화를 이룩한 한국 모더니즘 성당 건축의 백미로 알려져 있다.

한국의 전통적 미학을 건축에 도입한 경우도 이 시기에 상당한 진전을 이룩하였다. 개화기 한옥 성당이나 일제 강점기 한·양 절충식 성당에서 전통 한국 건축이 차용되었는데 그러한 전통이 이 시기에 더 창조적으로 적용되었다.

이희태가 설계한 절두산성당은 철근 콘크리트 건물인 이 성당은 한옥의 지붕 형태의 곡선을 건물의 지붕에 차용하였고, 전통 건축적 요소를 요소요소 도입하여 건축의 토착화를 시도한 것으로 평가 받는다. 1969년 지어진 수원 서둔동성당도 종탑과 지붕 처마를 한옥의 기와 형식으로 마감하여 토착화를 깊게 추구하였다.

현대 한국의 성당 건축의 특징 중에 하나는 모더니즘을 넘어서 포스트모더니즘 건축을 추구하는 경향도 나타나고 있다는 것이다. 1980년대에 나타나기 시작한 포스트모더니즘 경향 건축의 특성은 형태에서 전통적 양식으로부터 완전히 벗어나고 있다는 것이다. 성당의 내적 구조와 아무런 연관이 없는 외관의 형태를 지향하여 시각적 의미만을 추구하는 건축 경향이 나타나게 되었다. 내부 공간은 중앙 집중적 전례를 1970년대 건축이 수용하는데 한계가 있었기 때문에 장방형으로 회귀하는 경향을 보인다. 대도시의 거대한 성당에서 포스트모더니즘 경향이 나타났으며 고급스런 장식과 마감재를 사용하여 감각적 기교를 강조하였다. 성당의 세속화, 민주화, 인간화를 강조하였으나 신학적 정체성의 약화가 지적되었다. 이는 한국 교회의 세속화 경향과 맞물려 있는 현상으로 공동체적 갈망과 개인주의적 욕구의 상충적 현상이 나타난 1980년대 이후 한국 교회와 신자들의 신앙 형태를 반영한다고 보인다.

포스트모더니즘을 대표하는 성당은 성북동성당(1982), 압구정동성당(1982), 신천동성당(1984), 방배동성당(1986), 논현동성당(1986), 당산동성당(1988), 수유동성당(1989), 부산 안락동성당(1989), 불광동성당(1985), 마산성당(1978), 한강성당(1992), 잠실성당(1981), 마천동성당(1983), 봉천1동성당(1985), 서초동성당(1987), 대치동성당(1991), 개초성당(1992), 가락동성당(1987), 길동성당(1991), 미리내 순교복자성당(1989), 부산 남천성당(1991), 부천 상동성당(1993), 광주 임동성당(1984), 신제주성당(1989), 남해성당(1990), 영암성당(1992) 등이 있다.

한국 천주교회 성당 건축사의 특징은 서구 기독교 건축사의 역사의 축소판으로 인식되고 있다. 서구에서는 카타콤과 바실리카 양식처럼 고대 기독 교회는 교회 독자적 건축을 갖지 않았다. 그러나 고딕 양식과 바로크 양식이라는 교회 건축의 전형적 양식이 나타나고 현대적 표현주의에 이루게 된다. 이와 마찬가지로 한국 천주교회의 성당 건축도 초기의 한옥 성당에서 시작하여 한·양 절충식을 거쳐 고딕 양식과 로마네스크의 양식주의 시대를 지나 모더니즘을 거쳐 포스트모더니즘에 이르게 된다. 그러나 차이가 있다면 서구에서는 건축 운동의 내재적 논리가 일관되게 작동하였다면 한국에서는 도입된 양식이 상실되는 과정을 밟아왔다고 할 수 있다.15)

VII. 한국 천주교회 성당 건축의 과제

한국 천주교회 성당 건축의 과제는 주로 세 가지 관점에서 제기되어 왔다.

첫째 한국 성당 건축의 토착화의 과제이다. 김정신은 이러한 한국 천 주교회 건축의 토착화 과제에 집중적 연구와 문제를 제기하였다.16) 김 정신은 한국 천주교 건축의 토착성이 초기 천주교회의 역사 속에 나타 났다고 본다. 최초의 박해 시대에는 한옥에 아무런 건축학적 변화를 주 지 않고 전례에 필요한 최소한의 도구를 사용하여 고대 카타콤 전례가 이루어졌다고 본다. 이후에 나타난 한옥 성당은 건축적 토착화가 심화 되는 과정으로서 한옥이 가지는 건축학적 특성과 전례적 공간의 필요성 이 조화를 이룬 건축적 성과라고 평가한다. 이러한 것이 서양식과 한국 식의 결합으로 나타난 한·양 절충식 성당에서 토착화가 정점에 이르렀 다고 보았다. 다만 일제강점기를 거치면서 이러한 토착화가 소멸되고 메리놀전교회를 통해 명맥이 유지되다가 1960년대 모더니즘 건축의 등 장과 함께 절두산성당, 수원 서둔동성당을 통해 토착화 건축이 다시 구 현되기 시작한 것을 매우 고무적으로 평가하였다.17)

그러나 성당 건축의 토착화가 당면한 문제점도 제시하였다. 한국 성 당 건축의 토착화는 이미지의 토착화에 주력하며, 특히 지붕 형태에 집 착하는 경향이 있고, 고건축의 요소 및 전통 건축 재료와 공간의 토착화 에 집중하는 경향을 보이고 있다고 진단한다. 그는 건축의 형태를 넘어

---

15) 김정신,『한국 가톨릭 성당 건축사』, 133.
16) 각주 6), 7)을 참조하라.
17) 김정신, "한국 가톨릭 성당 건축의 토착화와 당면과제", 43.

서 신학적 토착화가 있어야 한다고 주문한다. 그리스도의 복음이 한국 문화 속에서 성장한 모습을 토착화로 담아내야 하고, 그러기 위해서는 한국 고대 건축의 모방과 재현이 아닌 현대 건축의 맥락에서 지역의 자연과 인문학적 풍토가 신학적 형식으로 표현되어야 한다고 주문한다.18)

한국 천주교회 성당 건축의 두 번째 과제는 공간과 전례의 문제이다. 사실 천주교회의 공간 사용 문제는 개신교회가 갖는 공간 사용의 개방적 태도에서도 영향을 받았다. 그러나 개신교회는 설교가 중심이 되기 때문에 교회 공간 구성은 청중의 집중도라는 한 가지 요소에 집중한다.

반면 천주교회는 미사라는 전례를 통해 종교 의례를 진행하기 때문에 전례 공간이라는 요소는 천주교회에서는 필수적인 고려 사항이 된다. 제2 바티칸공의회 이후 천주교회에서는 공의회의 성당 구조와 제단 장식에 관한 1969년도의 「미사경본의 총지침서」(Institutio Generalis Missalis Romani)의 규정에 의해 전례의 원칙을 수립하였다.19)

천주교회의 성당 건축은 본질적으로 전례가 최우선이 된다. 교회가 '하느님의 집'으로 정의되지만 하느님의 집으로서의 교회의 현실적 표현은 전례의 집행이다.20) 그리고 그리스도인들의 공동체적 삶이 경험되는 공간이 교회이며 마지막으로 지역사회와 소통은 후순위를 차지하게 된다. 그만큼 전례가 천주교회 공간에서 차지하는 의미는 절대적이다.

제2 바티칸공의회 이후 한국 천주교회의 전례 공간의 변화를 연구한 논문에 따르면 한국 천주교회는 전통적 장방형 평면 건축에서 마름모꼴

---

18) 김정신, "한국 천주교 성당건축의 변천과정과 토착화에 관한 연구", 72.
19) 송현섭, "한국 천주교 성당건축예술에 대한 제언", 「신학전망」, 102호 (1993), 4.
20) 송현섭, "한국 천주교 성당건축예술에 대한 제언", 5-6.

이나 부채꼴 형식을 선호하는 형식으로 변화되어 왔다고 보고한다. 그것은 전례에 평신도의 참여를 적극적으로 이끌어내기 위한 공의회의 지침에 대응하기 위한 건축적 대응이라고 보고 있다.[21] 즉 천주교회의 건축은 항상 전례 공간으로서의 교회라는 개념이 최상위 과제라는 것을 보여준다.

셋째는 1990년대 이후 등장한 성당 공간의 공공성의 개념이다. 건축 연구에서 공공성에 대한 담론은 여러 측면에서 강조되고 있는 것으로 보인다. 해방 후 한국의 도시의 성장과 건축에서 나타난 여러 형태의 난개발에 대한 반성과 자본주의 시장경제의 부작용에 대한 우려 속에 주목받고 있는 것이 공공성의 개념이다.

공공성(公共, publicity)이란 사적이지 않고 공적이며, 개인적이지 않고 공중에 개방되고 폐쇄되지 않는다는 개념으로서 건축의 공공성은 '모두를 생각하고 이웃과 함께하는 열린 건축'이 공공성이 있는 건축이라고 정의된다.[22] 그러나 한국의 건축은 거대 건축 회사와 소비 집단의 이해관계가 얽히면서 공공성과 공정성을 상실하였다는 평가를 받고 있다. 특히 한국에서는 공공성을 국가와 관련지어 사고하는 경향이 강한데 공공성의 본질은 국가가 아닌 시민 사회의 다수의 구성원이라는 점이 간과되고 있다는 것이다.[23]

승효상은 현대 한국 교회 건축의 과제를 공공성에서 찾고 있다. 그는 현대 한국의 교회 건축이 포스트모더니즘의 유행 속에서 건축의 정체성

---

21) 황용운, "성당건축 전례공간에 관한 기초연구", 「대한건축학회 학술발표논문집」, 제24권 제2호 (2004), 302.
22) 정석, "건축의 공공성과 도시 건축가의 역할", 「건축」, (1997), 39.
23) 함인선, "우리 건축의 공공성과 공정성 회복을 위하여", 「건축」, (2014), 16 이하.

을 상실하였다고 평가한다. 그리고 현대 교회 건축의 과제는 미학에서 윤리학으로 전환이라고 일갈한다. 건축 미학이 건축 자체의 의미를 추구하는 것이라면 건축 윤리학은 그 안에 거주하는 인간을 위한 건축, 즉 인간을 진실하게 하고 선하게 만들며 아름답게 만들어주는 건축이 건축의 참된 가치라고 주장한다.[24] 공공성의 과제는 건축의 개방성 곧 공간의 개방성이라고 결론 내리고 있다.[25]

그러나 한국 사회에서 공공성 회복의 현실적으로 쉽게 이루어지기 어려운 과제임도 확인된다. 건축의 공공성 논의의 본질은 근대 자본주의 사회가 도래하면서 사적 영역이 사회 전체를 잠식하여 갈 때 이에 대한 비평과 반성의 시각에서 공공성의 개념이 출현하였다는 것이다. 즉 공간과 물질의 사유화가 심화되어 가는 과정에 대해서 공동체적 사회적 개념으로 나타난 것이 공공성이다.[26]

이러한 공공성을 지닌 건축은 개인 소유이나 대중에게 개방된 상점, 주차 건물처럼 일반 대중을 위해 공적 자금으로 건축된 것, 학교나 도서관 등 공적 자금이 투입된 건축, 광장이나 스타디움처럼 다중이 모이는 장소, 정부 기관의 건물을 공공 건축이라 할 수 있다.[27] 그러나 자유시장경제 체제 속에서 건축의 공공성 확보는 어려운 과제라고 진단되며 한국에서 건축의 공공성을 본질적이고 국가나 사회 단위에서 추구하는 것은 현 단계에서 가능한 작업이 아니라고 평가된다. 그렇기 때문에 건축가 사이에서 공론의 형성 그리고 일정한 구역을 모델로 정하여 공공

24) 승효상, "교회 건축의 윤리와 공공성", 「기독교 사상」, (2013), 56-57.
25) 승효상, "교회 건축의 윤리와 공공성", 59.
26) 이종건, "건축과 공공성", 「건축과 사회」, (2014), 19.
27) 이종건, "건축과 공공성", 22.

성 리모델 작업 등을 통해 시도해야 한다고 보는 것이 현재 한국의 건축의 공공성에 대한 현실적인 견해다.[28)]

천주교회 건축의 공공성 담론의 출발은 제2 바티칸공의회였다. 그 이후 출현한 천주교회 건축의 경향은 1) 평면 및 내부 공간의 중앙 집중화, 2) 형태의 민주화, 3) 기능의 사회화, 4) 스케일의 인간화, 5) 개신교 교회 건축의 영향 등이 나타났다.[29)] 이 논문에서는 성당의 공공성 증진을 위한 몇 가지 지침을 제시하였다. 1) 현대 사회의 변화를 예측하고 공공 부문의 수요를 예측한다. 2) 수요 예측에 따른 전체 계획을 수립한다. 3) 공공부문 건축 면적을 획일적으로 적용하지 않고 지역의 특성에 맞게 조정한다. 4) 도심지 내의 도시민을 위한 공간 제공을 고려한다.[30)]

천주교회의 성당 건축의 공공성 활용에 관한 지역 연구의 사례를 보면 천주교회의 공간의 공공성 활용 실태를 파악할 수 있다.[31)] 동작구와 관악구는 서울대교구 내의 제13지역으로 할당된 지역으로서 상업 지역이나 업무 지역으로 평가받지 않고 주로 주거 지역으로 구분되는 곳이다. 이 연구에서 조사된 천주교회들은 공간 사용의 다섯 가지 영역에 기초해 있다고 본다. 전례 기능, 교육 기능, 친교 기능, 행정과 주거 기능 그리고 전교 및 봉사 기능이 성당 건축의 중요한 기능이라고 정의한다. 또 성당의 공공적 사용은 지역 커뮤니티를 위한 봉사의 기능을 수행할

---

28) 이종건, "건축과 공공성", 24.
29) 윤지애, 민현준, "도심지 내 가톨릭 성당의 공공활용성에 관한 연구", 「대한건축학회 추계학술발표대회논문집」, 제31권 제2호 (2011), 31.
30) 윤지애, 민현준, "도심지 내 가톨릭 성당의 공공활용성에 관한 연구", 32.
31) 이준혁, 임창복, "지역 커뮤니티 시설로서 가톨릭 성당의 공공활용성에 관한 연구", 「대한건축학회논문집」, 제16권 제8호 (2000), 11-18 참조.

때 공공적 기능을 수행한 것으로 본다. 이 연구에 따르면 지역 커뮤니티를 위한 공간은 식당, 주방, 노인대학, 유치원, 영안실, 혼례실, 독서실, 신용협동조합의 순서로 개방되고 있다고 보고하고 있다.[32] 천주교회 13구역 성당들이 운영하는 주목할 만한 사회복지 시설들은 농아학교, 알콜중독 치료시설, 청소년 보호시설, 결손가정 놀이방, 탁아시설, 정신지체보호 작업장, 여성 보호시설, 어린이 교육 시설 등을 운영하고 있었다. 이러한 사례들은 13구역 천주교회들이 지역사회의 특성에 맞는 사회복지 시설들을 적절하게 운영하는 사례로서 주목할 필요가 있다.

그러나 이 연구에 따르면 현대 한국의 천주교회는 일반적으로 성당 건축 초기부터 공공성 확보를 위한 건축 설계를 하지 않고 건축이 되고 난 후에 지역과 시기적으로 발생하는 요구에 따라 공간을 전용하는 형식으로 공공성에 기여하는 것으로 보고되고 있다. 따라서 성당 건축물이 지역사회를 위한 준 공공적 건축으로서 역할을 하기까지는 많은 과제들이 남아 있다고 진단한다.

한국 천주교회의 급격한 성장과 발전에 비해 성당을 전례의 공간으로 보려는 신학적 견해는 확고하게 유지되고 있는 편이다. 그러나 지역사회와 소통을 위한 공공성 확보는 성당 건축 계획에 포함되는 경우는 많지 않은 실정이다. 그러나 최근 들어 성당의 공공 활용에 대한 논의와 기대는 점진적으로 증가하고 있다.[33] 즉 공공성에 대한 논의는 어느 정도 진행되었으나 한국 사회의 건축의 공공성 부문의 자율적 참여는 미

---

32) 이준혁, 임창복, "지역 커뮤니티 시설로서 가톨릭 성당의 공공활용성에 관한 연구", 15.
33) 그 일례로 성당 내에 추모 공간을 설치하려는 시도를 들 수 있다. 정동욱, 이강업, "현대 도시에서의 종교시설을 통한 장소성 구현에 관한 연구", 「대한건축학회 학술발표대회 논문집」, 제27권 제1호(통권 제51집) (2011), 459-462.

미한 정도라 할 수 있다. 정부가 도시 건축에 적용하는 공개 공지를 법제화하여 이를 통한 법률적 공공성의 개념은 어느 정도 진행되고 있으나 시민 사회의 자율성에 기초한 건축의 공공성 활용은 미진한 편이라고 할 수 있겠다.

VIII. 결론

한국 천주교회 성당의 건축의 역사는 그 시대의 산물로서 그 시대의 여건과 물질적 토대 그리고 사회적 정황을 반영하게 된다. 한국 천주교회는 처음 정조 치세에 가정 교회로서 출발하였기 때문에 한옥에서 미사를 드렸다. 그 후 천주교회의 성장에 따라 한옥 성당이 출현하였고 건축 기술과 재료의 변화로 한·양 절충식 성당이 나타나게 된다.

개화기와 일제 강점기에는 전통적 서양식 성당 건축이 출현하게 되었다. 전체적으로 고딕 양식이 압도적인 가운데 로마네스크 양식이 혼재하여 있는 형태로 천주교회 성당 건축이 이루어지게 되었다. 일제강점기가 되면서 서구식 건축의 퇴조와 공간의 단순화가 이루어지고 침체기가 지속되었다.

해방 후에는 서구 양식의 부활과 모더니즘 건축의 출현이라는 성당 건축의 다양성이 나타나게 되었고, 1960년대 이후로는 실험적인 토착화 건축이 한편에서 이루어졌으며, 포스트모더니즘 사상을 대표하는 표현주의적 건축이 대거 등장하여 한국 천주교회 건축의 추상적 성격이 강화되었다. 한국 천주교회 건축의 역사는 한국이라는 지역 문화의 정체성과 신앙고백의 조화가 어우러지는 토착화의 요구를 받고 있다.

1990년대 이후 한국 사회의 민주적 변화 및 사회적 요구의 증대 속에서 건축의 공공성에 대한 논의가 진행되어 왔다. 한국 천주교회도 성당 건물의 공공성 활용을 위한 점진적 노력을 시행하여 왔다. 그러나 성당의 공공적 기여는 대부분 건축 초기에 이루어지지 않았고, 지역사회의 발전과 변화에 대응하는 형식으로 진행되어 왔다. 향후 교회의 공공성 참여 요구는 증대될 것이다. 교회는 이러한 사회의 공공적 요구를 예측하고 적절하게 계획을 수립하여 공공적 수요를 충족시킬 방안을 선제적으로 모색할 필요가 있다.

이를 위해서는 공공 신학과 공공 윤리학이 선행되어야 할 것이다. 한국교회의 고속 성장의 부수적 효과로 나타난 것은 종교의 사유화, 세속화 및 교회 공동체성의 약화와 게토가 된 내향성이다. 하느님 나라를 지향하는 신학이 약화되어 왔다는 것이다. 공공 신학은 영적 언어로서의 하나님 나라를 사회 윤리적 언어로 번역하여 교회의 성육신적 행위를 교회 건축이라는 형식으로 표출하려는 과정을 통해 표현될 것이기 때문이다.

참고문헌

김정신. "한국 가톨릭 성당 건축의 토착화와 당면과제." 「신학전망」 102 (1993): 30-51.

김정신. "한국 천주교 성당건축의 변천과정과 토착화에 관한 연구." 「대한건축학회지」 28/116 (1984): 62-72.

김정신. 『한국 가톨릭 성당 건축사』. 서울: 한국 교회사연구소, 1994.

김종수. "제2차 바티칸공의회와 한국천주 교회 전례의 토착화." 「교회사연구」 5 (2005): 119-175.

송현섭. "한국 천주교 성당건축예술에 대한 제언." 「신학전망」 102 (1993): 2-29.

승효상. "교회 건축의 윤리와 공공성." 「기독교 사상」 (2013): 56-60.

윤민구 편집. 『한국 초기 교회에 관한 교황청 자료 모음집』. 서울: 가톨릭출판사, 2000.

윤지애, 민현준. "도심지 내 가톨릭 성당의 공공활용성에 관한 연구." 「대한건축학회 추계학술발표대회논문집」 31/2 (2011): 31-32.

이종건. "건축과 공공성." 「건축과 사회」 (2014): 16-25.

이준혁, 임창복. "지역 커뮤니티 시설로서 가톨릭 성당의 공공활용성에 관한 연구." 「대한건축학회논문집」 16/8 (2000): 11-18.

장동하. 『한국 근대사와 천주 교회』. 서울: 가톨릭출판사, 2006.

정동욱, 이강업. "현대도시에서의 종교시설을 통한 장소성 구현에 관한 연구." 「대한건축학회 학술발표대회 논문집」 27/1 (통권 제51집) (2011): 457-462.

정석. "건축의 공공성과 도시 건축가의 역할." 「건축」 (1997): 39-41.

함인선. "우리 건축의 공공성과 공정성 회복을 위하여." 「건축」 (2014): 16-19.

황용운. "성당건축 전례공간에 관한 기초연구." 「대한건축학회 학술발표논문집」 24/2 (2004): 299-320.

한국 개신교 건축사의
신학적 비평*

박 종 현**

I. 서론

서구 기독교 건축의 역사는 시대정신의 표현이라는 과제를 역사적
으로 잘 보여주고 있다.[1] 초기 바실리카 양식, 비잔틴 양식, 로마네스크
양식, 고딕 양식, 르네상스 양식, 바로크 양식 및 현대 양식 등 시대마다
독특한 교회 건축을 이어왔다. 그것은 교회 건축이 시대적 문화의 핵심
을 표현하는 양식이며[2] 시대정신을 담는 그릇의 역할을 하였다는 것을
보여준다.[3]

---

* 이 논문은 「대학과 선교」 28집(2015. 6)에 게재되었습니다.
** 가톨릭 관동대학교 교수, 한국교회사
1) G. E. Kidder Smith/김호준 옮김, 『教會建築』(서울: 1986, 대신기술); 정시춘, 『교회
   건축의 이해』(서울: 도서출판 발언, 2000). 교회 건축은 그 시대의 물질문명의 상황과
   더불어 정신적 사상적 영향을 배태할 때 진정한 건축이 된다.
2) J. Dahinden, *New Trends in Church Architecture* (New York: Universe Book, 1967)
   참조.
3) M. Child, *Discovering Church Architecture* (Aylesbury, Bucks: Shire Publication,

이 글은 한국의 기독교 건축 즉 교회 건축에 나타난 시대상에 대한 개괄적 검토를 목표로 한다. 필자는 건축학 전공이 아니라 신학 부문 교회사 전공으로서 이 글에서 교회 건축에 대한 건축사적 비평이 아니라 교회사적, 신학적 비평을 시도한다.

한국의 기독교는 1784년 천주교의 전래와 그로부터 100년 뒤인 1884년 개신교의 전래로 각 200년과 100년이 넘는 역사를 갖게 되었다. 한국은 기독교가 뿌리를 내리는 동안 구 한국의 개화 시대, 일제강점기 그리고 해방 후라는 역사적 격변기를 겪었다. 이는 정치적, 사회적 변동과 더불어 물리적인 분양에서도 격렬한 변화를 경험하였다. 한국 사회의 이러한 급격한 변화에 따라 한국 기독교 역시 많은 변화를 겪었다. 이 글은 이러한 사회적 변화에 따른 한국 교회 건축의 변화의 양상이 어떠한지를 고찰하고자 한다.

한국 교회 건축의 시대 구분은 이미 건축 전공자들이 심도있게 논의하였다.[4] 한국 기독교의 역사를 모두 여덟 시대로 구분하고 그에 따른 연구자들의 시대 구분을 소개하고 교회사를 개괄한 후 다섯 시대로 다시 구분하였다.

1) 1863-1904년: 선교의 실현 및 교회 건축의 도입기

2) 1905-1912년: 교회 건축의 발전과 정립기

3) 1913-1953년: 교회 건축의 침체기

4) 1954-1970년: 교회 건축의 부흥기

1976), 9.

[4] 최성연, 도선봉, 한규영, "韓國 敎會建築의 時代區分과 그 特性에 關한 硏究",「건설기술연구소 논문집」제16집 제1호 (1997), 167 이하.

5) 1954-1990년: 교회 건축의 다양화 및 전성기

　그러나 본고에서는 이러한 다섯 단계의 시대 구분을 사용하지 않고 네 시기로 나누었다. 즉, 선교 이전의 시기에 교회 건축으로서 천주교회의 건축을 이해하고, 초기 선교 시기를 소개하고 일제강점기와 해방 이후로 구분하였다. 그 이유는 한국 개신교 역사에서 일제강점기와 해방 후를 역사적으로 구분하기 때문에 개신교 역사 구분에 따라 건축사를 재구성하려 시도하였고 일제와 한국전쟁 시기를 침체기라고 묶기 보다는 구분하는 것이 낫다고 보았기 때문이다. 그리고 1970년 이전과 이후를 구분하는 것은 건축 비전문가인 필자의 능력 범위에 있다고 보기 때문이다.5)

1) 개신교 이전 천주교회의 건축 양식
2) 선교가 시작된 1884년부터 1910년 한일합방까지
3) 한일합방부터 1945년 광복까지
4) 1945년 이후부터 현대까지

　이 글에서는 이렇게 네 시기로 구분하여 그 시대의 건축사를 개괄하여 보고자 한다. 그리고 한국 교회 건축에 주된 특성으로 존재했던 것들과 현재 교회 건축에 반영된 사상들 그리고 아직도 우리 교회 건축에 부재한 것이 무엇인지를 살펴보아 한국 교회 건축의 성격을 드러내려 한

---

5) 건축학자들은 1970년대를 한국 건축사에서 해외에서 유학하고 돌아온 신진 건축가들에 의한 모더니즘 건축이 본격화된 시기로 본다.

다. 그러한 전망은 교회 건축사적 연구에 한국 교회사의 신학적 비평을 시도하는 형식이 될 것이다.

II. 천주교회의 건축 양식: 1894-1910년

개신교회의 선교 이전에 이미 1784년 이승훈이 북경에서 구베아 주교에게 베드로라는 이름으로 영세를 받고 귀환하여 조선에 첫 수세자가 탄생하였다. 이것이 한국 천주교회의 시작이다. 개신교보다 꼭 100년이 앞선 천주교회는 나름의 천주교회의 건축 양식을 가지고 있었다. 천주교회는 1791년 신해박해로 시작하여, 1801년 신유박해 1829년 기해박해, 1868년 병인박해 등 연이은 박해로 정규적인 신앙생활이 불가능하였다. 따라서 이 시기의 천주교회는 천주교회 신학에 근거한 규범적인 성당을 지을 수 없었다.

천주교회는 박해 시기에는 한옥 사가(史家), 서당 그리고 일부는 사찰을 빌려 미사를 드렸다. 1900년 이전에 건축된 한옥 성당은 현재 보존된 것은 없다. 다만 기록에 의하면 고산 되재성당(1894)과 대구 계산동성당(1899)이 한옥 성당이었다고 전해진다.[6] 되재성당은 팔작지붕의[7] 단층 목조건물이었고, 계산동성당은 그리스 십자형 평면에 팔작지붕으로 전체 45칸의 대형 건물로서 단청을 구비하였다고 한다. 현존하

---

6) 문홍길, "한국에서 프랑스 교회 건축양식의 수용과정", 「교회사연구」 제5집 (1987), 359-360.
7) 위쪽 절반은 박공지붕처럼 세모꼴이고 아래쪽 절반은 우진각 지붕처럼 네모꼴로 된 지붕. 합각(合閣)지붕.

는 한옥 성당은 화산성당으로 건축 연대는 1906년이다. 정남북 종축 건물로 긴 직사각형 건물이고 홍콩과 마카오의 성당 건축 양식을 도입한 종탑과 십자가를 설치하였다.

이러한 한옥 건축이 생성된 요인은 전통문화에 대한 토착화 추구, 재정의 빈곤, 건축 경제의 미발달과 기술자 부족, 전통 사찰 건축의 영향과 교육 건축인 서당의 영향을 꼽을 수 있다. 초기 한국에 온 프랑스 신부들이 한옥 건축을 지었던 요인들이 이러한 배경에서 시작된다고 보는데 특히 기술자 부족과 자금의 부족이 가장 큰 원인이었을 것이다.

1910년대가 지나면서 한옥 지붕과 서양식 벽체를 결합한 절충형 양식이 나타나기 시작한다.8) 비슷한 상황에서 재정 형편이 나아지고 기술이 축적되면서 새로운 건축 양식이 나타나기 시작하였다. 특히 당시에 출현한 지붕은 한옥 벽체는 양옥으로 짓는 한·양 절충식 2층 건물이 대거 출현하기 시작한 것도 절충식 성당의 출현과 깊은 관련이 있다.

절충식 성당은 주로 파리외방전교회9)의 선교 지역에서 활발하게 건축되었다. 대개 평안도 지역에 많이 지어졌다. 파리외방전교회 선교사들은 만주 지역에서도 활발하게 활동하였기 때문에 이 절충식 건물은 한국과 서양식 절충 형식보다는 한국과 중국의 절충적 형태를 띠게 되었다. 1916년 절충식으로 개조한 화산성당과 구포동성당(1922), 충무성당(1929) 등이 있다.

1886년 조선과 프랑스 정부 사이에 정식으로 한불수호조약이 체결

---

8) 한·양 절충식(韓洋折衝式)은 한옥과 양옥의 절충형으로 일반적으로 지붕은 한옥 벽체는 양식을 채택하였다.
9) 파리외방전교회는 1829년 기해박해 이후 조선 교구의 독립이 논의되면서 한국 교회의 선교를 맡은 프랑스 선교부였다. 한국 천주교의 전례와 건축 양식에 압도적 영향을 주었다.

되어 프랑스의 한국 내 토지 구입과 건물 건축이 가능하게 되었다. 프랑스 신부들은 박해 시대와 역사적 연계가 있는 지역 그리고 프랑스 선교부의 활동이 활발했던 지역들에 활발하게 새로운 성당을 건축하였다. 당시 한국의 서양식 건축 양식은 르네상스 양식이었으나, 성당 건축은 고딕 양식을 따랐다. 고딕 양식은 원래 서구의 중세적 건축 양식을 대표하는 것이었다. 그러나 건축 기술이 축적되지 못한 당시에는 벽돌을 사용한 고딕 부흥(Gothic Revival)의 형식을 띠게 되었다.10) 당시에 지어진 성당들은 약현성당(1892), 명동성당(1898), 인천 답동성당(1899), 평양 관후리성당(1900), 대구 계산동성당(1902), 강원도 풍수원성당(1907), 전주 전동성당(1914) 등이다.11)

프랑스 신부들에 의한 성당 건축의 수용의 특징은 전국에 등간격으로 분포되고 도시 집중률이 높다. 건축을 주도한 것은 주로 프랑스 신부들이었다. 프랑스 신부들은 성당 건축 모양을 본국에 있는 자신들의 성당을 모방하였다. 이러한 경향은 초기부터 일제강점기 내내 계속되었다. 한국에 프랑스 건축 양식의 도입 과정은 박해 받던 교회가 종교 자유를 얻으며 신앙을 지켜냈다는 자부심이 건축에 자연스레 배어났다. 그 결과 본국의 건축 양식을 강조하게 되었다.

또한 어느 경우이든지 해외에 거주하는 사람들의 경우 본국의 건축 양식을 선호하는 경향이 있다. 파리외방전교회 신부들의 경우에는 한옥

---

10) 문흥길은 유사 고딕 혹은 잔류 고딕(Gothic Survival)이라고 표현하고 있다. 잔류 고딕과 고딕 부흥(Gothic Revival)의 차이는 잔류 고딕은 현대 건축에 잔존하는 고딕 양식의 잔류 형식으로 회고적 건축 양식을 의미하고 고딕 부흥은 중세의 고딕 양식을 부흥시켜 현대화하려는 시도이다. 그러나 고딕 건축의 본질적 성격을 지켜내지 못하고 고딕 양식을 모방하는 수준에 그치게 되었다.
11) 문흥길, "한국에서 프랑스 교회 건축양식의 수용과정", 362.

의 불편함을 여러 면에서 호소하였고, 또 한국에서 성당 건축비를 대거 담당하는 등 건축 주체로서의 역할을 했기 때문에 본국에서 익숙한 고딕 양식을 선호하게 되었던 것이다. 이러한 건축 주체가 프랑스 신부이기 때문에 때로는 한국에서 건축주와 한국인들 사이에 건축 과정에 갈등이 일어나기도 하였다.[12]

그러나 한국에서 고딕 성당은 고딕이 의미하는 중세적 위계와 전례라는 관점이 한국에서 그대로 수용되었는가에 대한 의문을 낳고 있다. 한국에서 중세적 보편 사상이나 신학이 고딕 양식을 통해 표출될 만큼 보편화되었는가의 문제가 제기된다.[13] 그럼에도 불구하고 건축사적으로 한국의 프랑스식 고딕 성당은 몇 가지 의의를 가진다. 일본의 근대 건축 양식에서 독립된 한국의 근대 건축 양식이라는 점이다. 그리고 당시에 한국에 소개된 르네상스 양식[14] 속에서 중세의 전통을 가져온 고딕 양식과 로마네스크 양식을 수용하였다는 것이다. 건축에 한국인 교우들이 참여하여 건축의 토착화가 일정 부분 이루어졌다는 것 그리고 한옥 성당 절충식 성당에서 보이듯 토착화 건축의 가능성이 나타났다는 점도 중요한 요소이다.

---

12) 명동성당은 풍수설, 토지매입, 특히 왕궁보다 높은 위치에 지어짐으로 인한 위압감은 한국 조정과 심한 갈등을 노출하였다. 이것은 성당 건축이 한국 사회와 갈등한 대표적인 경우이다.
13) 문홍길, "한국에서 프랑스 교회 건축양식의 수용과정", 368.
14) 덕수궁 석조전이 대표적인 건축이다.

III. 초기 성공회의 건축 양식: 1892-1920년

성공회는 개신교회이면서 전례를 강조한다는 점에서는 천주교회와 유사한 측면이 있다.15) 따라서 건축에 대한 신학 혹은 철학적 관점을 가진 개신교회가 우리 건축사에서는 성공회가 될 것이다. 성공회의 초기의 건축 양식은 한옥 건축이었다. 그 대표적인 예가 코르프 주교가 지은 장림교회(1892), 드레이크와 힐러리 신부가 지은 강화성당(1900), 힐러리가 건축한 온수성당(1906), 쿠퍼 신부가 지은 부대성당(1920), 충남 천안의 병천성당(1921),16) 휴렛 신부가 건축한 진천성당(1930), 역시 휴렛 신부가 지은 충주성당(1931) 등이 있다. 성공회 성당 건축은 1800년대 후반부터 1930년대까지 오랫동안 한옥 성당의 토착화 건축을 하였던 것을 알 수 있다.

정동(正東) 방향에 제단을 설정하는 전통적 성공회교회 건축 방식과는 달리 강화성당 온수리성당 등을 제외하면 대개는 방위에 큰 비중을 두지 않았다. 즉 한옥 성당은 전통 한옥의 배치를 구대로 수용한 측면이 많았던 것이다. 또한 재료의 측면에서도 전통 한옥의 재료를 거의 그대로 사용하였다. 그러다가 1900년대가 되면서 지붕은 기와로 이고 벽체를 벽돌로 쌓는 절충식 건축이 등장하기 시작하였다. 강화성당이 대표적인 예이다. 벽체가 벽돌로 바뀌면서 창문 역시 한지 창문에서 유리창으로 전환이 나타난다. 성당 건물 꼭대기에 십자가를 얹었고,17) 한옥에

---

15) 김성우, 한광선, 송석기, "한옥교회 건축형식의 성격과 전개 과정: 가톨릭과 성공회를 중심으로",「대한건축학회논문집」, 제17권 제9호 (2001), 177-184. 건축사적으로 성공회교회와 천주교회의 시기적 발전의 유사성에 관한 이 연구는 이런 유사점을 보여준다.
16) 병천성당은 현대식 벽돌조 건물로 신축하여 옛 성당 건물은 교육관으로 사용 중인데 지방 문화재로 지정받지 못해 보존 상태가 좋지 못하다.

서는 원래 없던 종탑을 세우는 경우도 있었다.[18] 건물의 규모도 커지고 지붕의 형태도 전통적 곡선에서 직선이 더 강조된다. 한옥이면서 서양의 교회 건축의 특징을 건축에 반영하려는 경향이 더욱 강해진다.[19]

1930년대가 되면 그동안 축적된 건축 기술이 새롭게 반영된다. 지붕을 한옥으로 유지하는 것은 그대로지만 벽체를 좀 더 서구적인 형태로 변형시키게 된다. 그리고 전통 한옥과 달리 측면 중앙에 출입구를 배치하였기 때문에 출입구를 중심으로 측면이 정면처럼 보이게 하려는 경향이 강해진다. 이렇게 되면 1900년대 이전의 한옥 성당과 1930년대 한옥 성당은 상당히 다른 모양을 보이게 되었다. 즉 성공회 성당은 천주교회의 한옥 성당과 더불어 적어도 세 단계의 변화를 거쳤다는 것을 보여준다.

특히 강화지역은 성공회의 발전에 매우 특별한 관련이 있는 지역이다. 강화는 우선 섬 지역으로서 섬나라 출신인 영국성공회 신부들에게 익숙하고 친숙한 환경이었다. 그리고 초기 선교사들은 서울에서 100리 이내에서만 자유로운 활동을 할 수가 있었는데 그 100리 되는 지점이 바로 강화였다.[20] 성공회 첫 번째 주교 코르프(C. J. Corfe)는 워너(L. O. Warner) 주교의 강화 지역 보고를 듣고 강화 선교를 1892년 개시하였다. 뒤이어 트롤로프(M. N. Trollope), 힐러리(F. R. Hillary) 의료선교사 로오스(A. F. Laws) 등이 강화도에 파견되어 사역을 시작하였다.

---

17) 성공회는 토착화된 연꽃모양 십자가를 사용한다. 대한성공회 기도서 표지의 십자가 문양을 참조하라.
18) 종탑과 십자가는 초기 건물부터 일반 한옥과 구별하기 위하여 설치하였다.
19) 김성우 외, "한옥교회 건축 형식의 성격과 전개 과정", 183.
20) 최영기, 한규영, "江華지역 聖公會 敎會建築의 土着化에 관한 연구", 「대한건축학회논문집」 제17권 제9호(2000): 539.

강화도의 성공회 건축은 초가한옥 형태의 건축으로 냉정리성당 (1938), 삼흥리성당(1907), 석포리성당(1906), 흥황리성당(1920) 등이 있다. 이후에 점차적으로 초가지붕을 양철 지붕으로 교체하는 추세이다. 한옥 성당으로는 단층 삼랑식 성당으로 온수리성당(1906), 석포리성당(1906), 삼흥리성당(1907), 내리성당(1907), 흥왕리성당(1920), 장화리성당(1952)이 있고, 단층 일랑식 성당으로는 넙성리성당(1965), 초지성당(1915), 냉정리성당(1938), 선수리성당(1965) 등이 있다. 강화의 성공회 한옥 성당은 1950년대 이후에도 출현하고 있다. 즉 강화에서 한옥 성당은 현대화의 추세 속에서도 토착화의 한 유형으로 정착해 왔다.[21] 초가지붕에서 양철 지붕으로 변화는 신학적인 것이 아니라 건축 재료의 변화를 직접적으로 반영한다.

성공회의 교회 건축은 서울 주교좌성당처럼 전례 중심의 공간 구성을 시도한 로마네스크 양식의 압도적인 규범적 건축이 있는 반면 많은 경우는 그 시대의 일반적 한국 건축을 차용하는 등 혼합적인 형식을 띠었다. 그 이유는 성공회가 선교 상황에 따라 유동적으로 교회 건축 양식을 채택하였기 때문이다. 그런 점에서 성공회의 건축 역시 영국성공회의 건축 양식과는 달리 한국 토착화 과정을 밟아 왔다고 할 수 있다.

---

21) 그러나 1980년대 이후 현대화의 추세가 나타나면서 성공회에서는 장방형의 성당 석포리(1991) 삼흥리(1988) 장화리(1988) 송산(1990) 냉정리(1991) 흥황리(1992) 넙성리(1993) 또는 정방형 교회는 내리(1983)교회가 신축되었고, 물고기 모양의 초지성당(1986), 강화의 민가 지붕 모양의 석포리성당(1986) 등 새로운 토착화가 진행되고 있다.

IV. 선교 초기 개신교의 교회 건축: 1884-1910년

한국의 개신교 전래는 문화적으로 이중적 의미를 가진다. 하나는 새로운 문화의 전래와 유입이라는 변화의 과정의 시작이고, 다른 하나는 그에 대한 반발로 일어나는 전통을 유지하려는 힘이다. 건축이라는 것역시 그러한 전래적 요소와 그에 상응하는 전통을 유지하려는 힘의 대립과 조화 속에서 일종의 문화적 혼종성(hybridity)을 경험하게 된다. 한국 개신교회의 교회 건축의 역사는 초창기 선교사들이 기거 숙식을 해결하기 위하여 한옥을 사용할 수밖에 없었던 환경에서 출발하여 서구식 건축이 유입되고 또 한국과 서구식이 절충되거나 토착화되는 과정을 밟게 된다.

흥미로운 것은 한국 개신교의 가장 큰 교파인 장로교와 감리교의 경우 장로교는 초기 한옥 교회가 대세를 이룬 반면에 감리교회는 서양식 건축이 이식되는 형식을 띠고 있는 점이 독특하다고 할 것이다.[22] 근본적으로 반가톨릭적인 칼빈주의의 성향과 당시 한국에 도래한 장로교 선교사들이 복음주의적 경향을 강하게 띠고 있어서 반가톨릭적 경향을 강하게 보여준 것과 어떤 관련이 있다고 추측된다.

반면 감리교 선교사들도 복음주의적 경향이 있었으나 장로교회보다는 좀 더 신학적 개방성이 있었던 것으로 보인다. 특히 북감리교회가 신학적으로 더 개방적이었던 것으로 보이는데 이러한 요소가 감리교회의 건축이 성공회 또는 천주교회의 예전 전통을 장로교회보다 더 수용했기

---

22) 이점은 선교부의 재정적 여력과 관련이 깊다. 19세기 후반 미국 감리교회의 교세는 미국 장로교회 교세의 열배를 넘고 있었다.

때문에 변형된 고딕 양식의 건축을 했다고 해석할 여지가 있다 하겠다.

미국에서 파송된 선교사들은 대개 무디(D. L. Moody) 부흥운동의 영향을 받았고, 이들 복음주의자들의 보기에 고딕 양식은 중세 천주교의 영향이라는 점에서 수용이 어려웠다. 그래서 주로 미국 내에서도 19세기에 로마네스크 양식이 성행하였다. 이러한 미국 본토의 영향과 더불어 만주 선교에서는 중국과 서양식의 절충형 교회 건물이 일반적인 추세였고, 산동에서는 토착화된 중국식 건물을 교회로 사용하는 경우가 많았다.23)

한옥 건축은 한국 장로교회 최초의 교회인 솔내교회(1884), 새문안교회(1887), 의주서교회(1886), 솔내 기와교회(1894), 선천북교회(1897), 장대현교회(1900), 강계읍교회(1900), 청주 신대교회(1901), 청주읍교회(1904), 서울 연동교회(1907), 대구 남성로교회(1908), 선천남교회(1910), 묘동교회(1910), 서울 남대문교회(1910) 등이 설립되었다.24)

한국 교회의 요람으로 알려진 솔내교회는 전형적 초가집 2칸짜리 건물이었다. 초가 한 채를 구입하여 교회로 쓰다가 1895년 경 기와집으로 개축하였고, 8칸으로 확장하였다. 용마루에 십자가를 달아 교회로 표시하였다. 한옥의 장변 진입 방식을 그대로 유지하였다.25) 한옥교회의 최초의 형태로서 한옥을 개조 없이 그대로 사용한 전형적인 사례가 된다.

---

23) 옥성득, "초기 한국 개신교 예배당의 발전 과정과 특성: 기독교 근대성과 토착화 문제, 1885-1912", 『동방학지』, 141권(2008), 269-278.
24) 도선봉, 최성연, 한규영, "開化期 韓國 改新敎會 建築의 形成에 대한 研究", 「建築技術 硏究所 論文集」 제16호 제1권 (1997), 159-160.
25) 측면에 출입구를 배치하는 한옥의 형식.

새문안교회는 원래 언더우드가 정승 강노의 저택을 구입하여 쓰던 것을 사랑채를 개조하여 교회로 사용하였다. 사랑채 2칸을 서양식 발코니로 개조하여 사용하였다. 건물을 개조한 흔적은 전혀 없고 다만 건물의 공간을 새롭게 사용하였다.

평양 장대현교회는 대동강변의 높은 언덕에 위치하였다. ㄱ자 형태를 유지한 건물이다. ㄱ자 형태를 유지한 이유는 남녀의 좌석을 구분하기 위한 것이었다. 한국 교회 건물에서 1920년대 이전까지 ㄱ자 형을 유지하거나 휘장을 가리거나 혹은 예배당에 낮은 장벽을 세워 남녀 좌석을 구분한 것은 한국 교회의 전형적인 특징이었다. 장대현교회는 모두 72칸의 규모로 방대한 크기를 자랑하였다. 좌는 남자석 우는 여자석으로 구분하였고 여자석 앞에 성가대석 의자는 장의자를 창측에 붙여 배열하였다. 강단은 40cm 높이로 높여 구분하였다. 출입문을 장변부에서 단변부로 옮겨 전형적인 한옥 건축의 형태에서 벗어나 교회 건물로서의 특징을 갖춘 최초의 교회 건축물이 되었다.

전주 서문밖교회는 1897년 전주 성문 안 은송리 초가에서 시작하였다. 그러다가 1905년 교인의 증가에 따라 서문 밖에 30칸짜리 한식 기와집을 지었다. 1907년 부흥운동으로 교회가 급성장하자 ㄱ자형 교회로 증축하였다. 광주 북문 안 교회 역시 ㄱ자형 교회로 건축되었다.

초기 장로교회 건축의 일반적 특징은 한옥을 그대로 사용하다가 교인 수가 증대하면서 증축해 나가는 방식을 선호하였다. 대부분은 남녀석의 구분을 이유로 ㄱ자형 교회가 건축되었고 아니면 긴 장방형 평면도를 유지하는 건물로 확대되었다. 내부 공간의 진입은 전통적인 한옥의 진입 방식을 유지하였다. 교회의 상징성을 위해서 종탑이나 현관을 달게 되었다. 건축에 있어서 토착적 성격을 확연하게 보여주었다.

반면 감리교회는 서구 건축의 이식 과정을 그대로 보여주고 있다. 정동교회(1897), 서울 상동교회(1901), 인천 내리교회(1901), 평양 남문밖교회(1903), 평양 창동교회(1905), 평양 서문밖교회(1909), 서울 새문안교회(1910), 서울 종교교회(1910), 서울 동대문교회(1910) 등 주로 감리교회들이다.

가장 대표적인 것이 정동감리교회이다. 건물은 정서쪽을 향해 건축되었는데 이것이 구약성서의 성전의 방향과 일치하지만 그것이 의도적인 신학적 배치인지는 알 수 없다. 정동교회는 1895년 착공하여 1897년 준공하였다. 약현성당(1892), 명동성당(1889) 등 천주교회의 건축이 거대하게 이루어지자 거기에 개신교회가 자극을 받아 건축하였다. 건평 115평의 건물로 라틴 십자가형 평면을 유지하였다.

서울 상동교회는 1900년 착공되어 이듬해에 준공하였다. 긴장방형 건물로 남녀 입구를 구별하는 두 개의 현관을 목조로 만들었다. 입구 정면에 커다란 아치로 장식하고 강단은 반원형으로 구분하여 강단과 회중석을 구분하였다.

원산 감리교회는 1903년에 준공되었다. 캐나다 출신의 하디 선교사가 미국 남감리회 선교부로 이적하였고, 원산을 중심으로 활동하여 원산교회를 건축하였다. 목재로 건물을 지었고 고딕 복고 양식으로 건축하였다. 양철 지붕에 고딕형 창문을 측면에 배치하였다. 두 개의 문을 달라서 왼쪽은 남자용, 오른쪽은 여자들이 사용하였다. 장의자를 배치하지 않고 마룻바닥에 앉아서 예배를 드렸다.

새문안교회는 감리교회가 아닌 장로교회로서 기존의 한옥 교회를 헐고 1910년 준공하였다. 전체적으로 고딕형 외관을 취하였고, 적색 벽돌로 쌓아지었다. 별다른 장식이 없는 내부 공간과 창문은 반원형 로마네스크 양식으로 3연창을 내었다. 출입구를 대칭으로 두 개를 내어 남녀 출입구를 구분하였다. 연동교회도 서울에 소재한 장로교회로서 양철 지붕에 서양식 창문으로 장식하였다.

서울 종교교회 미국 남감리교 켐벨에 의해서 1910년 80평 규모의 단층 벽돌 건물로 건축하였다. 두 개의 높이가 다른 고딕형 탑을 세웠다. 높은 탑 아래 출입구는 남성용, 낮은 탑 아래 출입구는 여성용으로 구분하였다.

감리교회의 건축들이 주로 서구형 건물을 이식하였는데 초기에는 십자가 형태의 장방형 건물이 주종을 이루었다. 정면에서는 탑을 건축하여 남녀의 입구를 구분하였다. 기단부 처리나 창호 형태에 한국적 문양을 삽입하여 매우 부분적으로 토착화된 건축의 형식을 유지하려 시도하였다. 남녀 출입구를 구분하고 남녀 좌석을 구분하는 것은 한국 교회가 유교적 가치관을 계속하여 유지하고 있었음을 보여준다.26)

초기 개신교 건축의 가장 중요한 특징은 자본과 재료 그리고 건축 기술의 축적에 따른 것이라고 보아야 할 것이다. 19세기 말 미국에서 가장 큰 교파는 미국 북감리교회였다. 그런 이유로 장로교 선교사 언더우드는 연희전문을 설립하고 지속적으로 감리교회와 연계하여 학교를 운영하였다. 그래서 감리교회는 서구형 건물을 주로 지을 수 있었다. 그것은 자본의 우위의 결과였다. 장로교의 경우는 한옥 교회가 많았던 이유도 감리교회에 비해 비교적 적었던 자본력과 관련이 있고, 자립, 자치, 자전의 네비우스 원리가 감리교회가 아닌 장로교회의 선교 정책이었던 이유도 본국에서 장로교단과 감리교단의 교세의 월등한 차이에서 비롯

---

26) 도선봉 외, "開化期 韓國 改新敎會 建築의 形成에 대한 硏究", 354-355.

했다고 보아야 할 것이다.

초기에나 현재나 개신교회의 경우는 천주교회나 성공회에 비해서 신학과 예전을 교회 건축과 연관 짓는 경우는 거의 없었기 때문에 교회 건축은 자본력과 입수 가능한 재료들 그리고 건축 기술이 허용하는 범위에서 교회가 건축되었던 것이다.

그것은 교회 규모에서 먼저 드러난다. 교회는 교회가 자립할 수 있는 만큼 성숙하여 지어지고 그 교회당을 유지할 수 있는 규모로 건축되었다. 교회 건축은 기존의 토착적 한국의 종교 문화와 충돌하는 경우가 많았다. 제국주의라는 과격한 용어는 굳이 사용할 필요는 없겠으나 개신교의 문화적인 우월성은 성황당과 같은 마을의 토착 신앙을 소멸시키는 데 앞장섰다.[27]

개신교회의 건물이 수축되는 과정은 천주교회나 성공회처럼 동일한 과정을 밟았다. 대도시의 경우는 양식에 관계없이 규모가 방대한 교회를 건축하였고 지방에서는 개인의 주택의 일부를 예배 처소로 사용하다가 가정집 한 채 규모로 교회를 건축하였다. 그러다가 교회의 규모가 커지면 언덕 위에 교회를 건축하였다.[28] 언덕 위가 선호된 이유는 우선 가시적으로 높은 곳에 있어 시각적 상징성이 컸다. 그리고 언덕은 청결한 공기와 접해 있어 위생적으로도 적절한 곳이었다.

개신교회의 일반적인 한·양 절충식 건물은 천주교회나 성공회의 그것과는 달랐다. 천주교회와 성공회는 지붕을 한국식으로 유지하고 벽체를 벽돌조로 시공하여 한양 절충식 건물을 만들었으나, 개신교회는 지

---

27) 이러한 개신교의 요소는 미신타파와 문화적 계몽이라는 주장과 함께 문화 제국주의의 반성을 요하는 부분이기도 하다.
28) 서울의 선교부도 정동 북쪽 언덕에서 서대문을 거쳐 아현동에 이르는 언덕에 정착하였다.

붕을 양철 지붕으로 이고 벽체를 한국식으로 만들기도 하고, 지붕을 한옥으로 하고 벽체를 서서히 서양식으로 만드는 등 경우에 따라 자유롭게 절충하여 건물을 지었다.

교회의 내적 통일성이 강한 천주교회와 각 개교회의 독립성이 강한 개신교회가 건축 과정에서도 그러한 교파의 특성을 잘 보여주는 부분이라 할 것이다. 평면도 상의 형태도 처음에 대개 장방형에서 ㄱ 자형으로 변화하는 것은 교인의 증대와 남녀 좌석의 구분의 필요성이 시대의 흐름에 맞아 들어간 결과라 할 것이다. 십자가형 교회도 있었지만 개신교회의 경우는 그것이 어떤 신학적 전례적 필요에서 나온 것은 아니었다.

교회 건축 공간에서 남녀 구분은 매우 철저하게 지켜졌다. 신약성서가 말하는 급진적 남녀평등의 윤리는 초창기 한국 교회의 경우에는 없었다고 할 수 있다. 건축 형태를 매우 불편한 ㄱ자로 유지한다는 것, 남녀 출입구를 구분하는 것 ㄱ자형 건축이 되지 않은 곳에서는 휘장과 병풍을 사용하여 남녀 좌석을 구분하는 등 남녀를 구별하는데 철저하였다. 일상화된 유교 윤리가 한국 교회에 깊이 들어 온 까닭이었다.[29]

교회 안에 양반석과 천민석이 구분된 것은 한국 교회에 여러 이야기가 전해진다. 그만큼 신분 전통은 쉽게 해소되기 어려운 과제였다. 1905년 승동교회가 설립되고 여기에 일부 천민들이 출석하면서 양반들이 연동교회로 옮겨가고, 결국 승동교회에서 안동교회가 연동교회에서 묘동교회가 독립하여 양반 교회를 이루게 된다. 이런 요소는 교회 건축과 젠더(Gender)의 과제 그리고 계층 문제와 교회 건축 사이의 중요한

---

29) 남녀 좌석을 가른 휘장이 없어진 것은 1910년대 이후의 일이었다. 옥성득, "초기 한국 개신교 예배당의 발전 과정과 특성: 기독교 근대성과 토착화 문제, 1885-1912", 310.

상관관계를 보여준다.

V. 1945년 해방 이후 현대의 건축 양식

일제강점기는 교회 건축 역사에서 암흑 시대로 구분된다. 그만큼 교회 건축이 쉽지 않고 한국인의 자율성이 억압되었기 때문일 것이다.[30) 게다가 해방 후 남아있던 건물들은 한국전쟁으로 파괴되고 말아 한국 교회 건축은 긴 암흑기를 거쳤다. 그러나 이 시대의 건축의 흐름은 그전 시대의 흐름의 연장선에서 추론할 수 있을 것이다.[31) 개신교회의 교회 건축은 전례나 신학의 흐름을 따르지 않는 매우 융통성 있고 실용적인 관점에서 건축된다는 점이 그것이다. 따라서 일제강점기에는 한국 사회의 생산력의 흐름에 따라 교회 건축이 이루어졌다. 일제강점기의 교회 건축은 주로 벽돌조로 점차 변모되어 갔다.[32) 이러한 경향은 하나의 추세를 이루었는데 사실 1960년대 말까지 지속되어 고딕 양식을 변형하여 짓는 방식을 이어 왔다. 그 예가 영락교회(1950), 아현감리교회(1961), 평안교회(1965), 아현성결교회(1955) 등이 대표적인 건물이다.

영락교회는 고딕 양식을 추구하였다. 창호의 첨두아치와 출입구 상두의 첨두아치들은 전형전인 고딕 양식의 표현이다. 그러나 교회를 증

---

30) 이글의 서론 참조. 1910년부터 1953 한국전쟁이 끝날 때까지를 침체기로 분류하였다.
31) 실지로 일제강점기에 건축된 교회에 대한 연구 조사나 결과가 거의 없다.
32) 김현용, 홍승재, "근대 벽돌조 교회 건축의 구조와 의장특징 연구", 「대한건축학회 2004년도 추계학술대회」 제24권 제2호 (2004), 849-850. 이 연구에 의하면 일제강점기 건축은 긴 소강상태를 보이다가 한국전쟁이 끝나면서 교회 건축이 폭발적으로 늘어나는 것으로 보고하고 있다.

축하고 난 후의 여러 건물에 포위된 현재의 영락교회는 고딕적인 요소들이 많이 감소해 보인다.33) 한 가지 의문인 것은 왜 이 시기에 영락교회가 중세의 고딕 양식을 추구하였느냐는 것이다. 거기에는 명료한 신학적 이유가 없다. 고딕 양식이 원래 죄 의식을 강조한 속죄 신학에서 구원의 상승을 향한 열망의 표현이었지만 영락교회라는 개신교회가 고딕 양식을 추구해야할 시대적 이유는 없었다.34)

아현감리교회는 쌍탑 형식과 창호의 첨두아치와 창호의 창살 형식 그리고 출입구 상단의 장미창(Rose Window)에서 고딕 양식을 찾아 볼 수 있다. 특히 쌍탑은 중세적 첨탑 분위기를 느끼게 하여 고전적 고딕 양식을 모방하고 있다.

평안교회는 고딕 양식을 취하였지만 특히 높은 종탑을 강조한 건물이었다. 그리고 종탑 위에 축조된 뾰족한 첨탑은 수직성을 강조하여 고딕 양식을 강조하였다. 지붕의 급경사 첨두아치와 장미창을 넣어 고딕 양식을 강조하였다.

아현성결교회의 경우는 석재를 주재료로 사용하여 고딕의 형식을 고조시키려 시도했다. 종탑을 높여 장엄한 부분을 강조하여 고딕 양식을 강조하였으나 건물 외관에 내부 기능의 표출이 도드라져서 약간의 부조화를 이룬다.

1960년대 한국 개신교회 건축에 나타난 고딕 양식 열풍은 한국전쟁의 참화를 딛고 일어나는 한국 사회의 건축의 다양성 속에서 도시의 대형 건축들이 들어서고 도시가 확장되는 과정에 교회의 건축적 정체성을

---

33) 이호진, 『한국의 교회 건축』(서울: 산업도서출판공사, 1996), 16.
34) 해방 직후 한경직 목사의 설교가 대부분 새로운 한국의 건설에 초점이 맞추어져 있었던 것을 보면 고딕 양식의 영락교회 건축은 신학적 연관성을 거의 없다고 보인다.

강조하려는 시도라고 추론된다. 일반 건축과 구분되는 교회의 고유한 시각적 이미지를 고딕 양식에서 찾은 것으로 보인다.

교회 건축의 전환점은 1970년대로 이때부터 교회 건축은 그 이전에 건축이 갖던 제약의 상당 부분을 벗어나 다양하고 성찰적이며 여러 가지 미적인 요소들도 도입된 교회 건축의 전성기가 열리게 된다. 우선 교회 건축의 수적 증가가 가파르게 일어났다. 그리고 교회의 규모도 상당히 커졌기 때문에 교회 건축의 르네상스가 시작되었다.35)

그런 건축의 경향은 크게 세 가지 형태로 나타났다. 서양의 고전적 건축의 형식을 빌려 교회 전통의 이미지를 나타내려 한 양식, 둘째는 전통적인 서양 건축의 이미지를 현대화한 표현 양식을 추구한 것이다. 예를 들면 고딕 양식처럼 높은 첨탑과 수직을 강조하지만 그 형태를 현대화한 것을 들 수 있다. 셋째는 전통적 교회 건축의 의장이나 감각에서 벗어나 자유스런 의미의 기능적 건축적 표현을 시도한 경우로 대별된다.

상동감리교회(1974)는 감리교회 건축의 보수성에서 벗어나 고딕 양식을 탈피하였다. 그리고 남대문 시장의 지역적 특성을 살려서 다용도 복합 건물을 건축하였다. 그럼에도 건물 외양은 고딕의 특징을 반영하여 현대화하였다. 지하 2층 지상 9층으로 당시에는 전국에서 규모가 가장 큰 교회 건물이었다.

노량진교회(1975)는 전면에서 볼 때 삼각형의 구도를 하여 수직적 의미를 부여하였고, 교회 건축의 상징성을 부여하려 하였다. 내부도 현대화하여 장방형의 전통적 양식이 아니라 강단과 회중석을 부채꼴로 만

---

35) 정시춘은 1960년대 이후 이 시기를 한국건축의 모더니즘 시대의 개화라고 부른다. 정시춘, 『교회 건축의 이해』, 165.

들어 강단과 회중석의 간격을 친근하고 가깝게 표현하였다. 전통적 공간이 강단과 회중석 사이의 위계를 강조했다면, 노량진교회는 강단과 회중석의 교제와 친근감을 강조했다고 할 것이다.

연동교회(1977)는 전면에서 볼 때 삼각형을 유지하여 외부를 적색 벽돌로 마감하고 수직적 요소를 강조하여 교회 건축의 상징성을 드러냈다. 광림교회(1978)는 상동교회처럼 전면에 아치를 배치하여 고딕적 형식을 현대화하였다. 종탑을 높이 올려 수직성을 강조하였고 전면 기둥을 회랑과 연결하여 경건성을 표현하려 하였다.

여의도순복음교회(1973)는 다수의 회중을 수용하기 위하여 돔형 지붕을 사용하고 내부 공간을 가능한 크게 확보하려는 실용적 건축을 시도하였다. 새로이 건축된 새문안교회와 소망교회 건물은 교회의 형식을 가능한 드러내지 않으려 한 건축이라고 보인다. 장방형의 건물은 건축 자체는 교회로서의 이미지를 최소화하였다. 다만 전면에 화랑을 두고 종탑을 설치하여 교회 건물임을 표현하였다.[36]

1980년대 이후의 건물은 건축가의 개인적 창의성이 건축에 더욱 반영되기 시작하였다. 고전적 형식의 건축이 대체로 줄어들었고, 고전미는 현대화된 디자인으로 재현하여 표현하였다. 그리고 교회의 의미를 추상화하여 표현한 건축이 강화되었다. 아니면 부분적으로 교회의 상징과 이미지를 건축에 삽입하는 형식을 추구하기 시작하였다.

1984년 건축된 덕수교회는 적색 벽돌로 외장을 마감하였고 둥근 아치가 있고 정면에 원형창을 배치한 로마네스크 양식의 건물이다. 장방형 평면을 유지하여 보수적 형태를 고수하였다. 1985년 건축한 사랑의

---

36) 정시춘, 『교회 건축의 이해』, 18-21.

교회도 적색 벽돌조 건물이다. 출입구의 둥근 아치와 창호의 수직적 요소 구조벽의 수직적 요소들이 교회의 전통적 이미지를 나타낸다. 1981년 건축된 경동교회는 외부 벽돌을 거칠게 깨뜨려 붙여서 자연미를 강조하고 있다. 이런 이미지는 경동교회의 저항적 민주화 시대의 역할을 돋보이게 한다.

해방 후 한국 개신교회 건축은 1950년대 이후 나타난 고딕 양식의 유행기를 지나서 1960년대 이후 미적 감수성, 제약 없는 표현성 등이 새로운 모더니즘 건축 사조를 통해 다양하게 표현되기 시작하였다.

VI. 결론

한국 기독교 건축의 역사를 요약하자면 구한국 시대에는 천주교회, 성공회, 장로교 등 대개 교파들의 건축이 한옥 교회가 주류였다. 다만 감리교회는 초기부터 서구식 건물을 유입시켜 독특한 특징을 보여주었다. 1900년대 이후에는 절충식 건물로 한옥 지붕에 벽체가 양식이거나 양식 지붕에 한식 벽체를 쓰는 식으로 절충적 형식을 취하였다. 시대의 변화에 따라 생산력이 증대되고 벽돌조 건물이 증대되어 왔다. 일제강점기와 한국전쟁 시기의 건축 활동의 침체기를 제외하고, 1950년대 후반부터 한국 교회의 건축은 활기를 띠게 되었다. 그 후에 1970년대 이후에는 한국 교회 건축의 르네상스가 열려 건축의 수, 규모와 질적 변화가 나타나게 되었다.

한국 교회 건축에는 한국 교회의 역사가 그대로 반영되었다. 그것은 한국 교회 건축에 존재 양식으로 나타났다. 한국 개신 교회는 초기부터 하나의 집회 장소로서 사용되고 건축되었다. 천주교회나 성공회의 교회 건축이 전례를 중심으로 공간의 내부 배치가 의도적으로 조성된 것과는 달리 개신교는 정교한 예배 형식이 아닌 일종의 집회 형식의 건축이 주도하였다.

1907년 대부흥운동은 한국 개신 교회의 성격을 극적으로 규정하였다.[37] 한국기독교의 예배의 형식과 설교의 형식을 부흥집회의 형태로 뿌리내리게 하였다. 그래서 결과적으로 성례전이 극도로 약화된 교회가 되고 말았다. 따라서 한국 교회는 교회의 외형이나 내부 구조가 교회의 신학과 그 맥락을 일치시키지 못하는 경우가 많은 구조가 되었다. 한국 교회는 일반적으로 고딕 양식 교회를 선호했지만, 고딕 양식이 의미하는 전례 공간이라는 개념은 한국 개신교회에는 전무하였다. 이것이 건축과 신학의 깊은 불일치를 가져왔다고 할 수 있다.[38]

한국 개신교의 주류 흐름은 교회를 집회의 공간으로 인식하였고 성장 위주의 정책을 펴왔다. 초기 장로교 선교부의 네비우스 정책이 시간이 지남에 따라 자급이라는 개념에서 성장이라는 개념으로 그리고 거대화라는 개념으로 확산되어 왔다고 할 수 있다. 한국교회는 거대한 고딕 양식, 고딕 부흥으로 표현되는 고딕 건물의 유행과는 달리 고딕 건물이 상징하는 전례 또는 예식이 극도로 약하여 내부는 강당처럼 사용된다는

---

37) 한국의 부흥운동에 영향을 준 미국의 무디 부흥운동도 사실 야외집회에서 기원하였다. 18세기와 19세기의 미국의 부흥운동은 천막집회가 선호되었다. 한국에서도 1930년대 3천명 이상을 수용하는 천막집회가 감리교의 정남수 목사에 의하여 성결교회 부흥운동의 한 축을 이룬다. 뿐만 아니라 1970년대 이후 교회 개척시대에 천막에서 시작했다는 전설들이 대개의 한국 교회에 상당히 유포되어 있다. 이런 요소는 교회 건축의 의미를 상당히 제한적으로 바라보게 하였을 것이다.

38) 이정구, 『한국 교회 건축과 기독교 미술 탐사』(서울: 동연, 2009), 106.

특징이 있다.

선교와 성장의 혼동 역시 이러한 경향을 부채질하였다. 교회 안에 깊이 내면화된 영성이 세계를 하나님 나라로 만들어 간다는 선교 개념이 아니라 단순하게 요약된 교리를 전파하고 그것을 기초로 일반인을 교인으로 만들고 세계를 교회화(Churching) 하는 것을 선교라고 생각하는 개교회의 제국화라는 선교 개념이 팽배한 것도 교회 건축에 나타난 영향이라고 할 수 있다. 개체 교회가 제국화하는 것은 시장화된 사회에서 교회가 자본주의적 확충을 경험함으로써 자본주의 도시 계획에 편입되어 있음을 보여주는 것이다.[39]

다행스런 것은 최근 들어 교회의 사회적 책임에 대한 경각심이 늘어나는 것이다.[40]지역사회와 소통이 강조되고 그래서 위압적인 건축이 아니라 친근한 건축으로 전환이 나타나고 있는 점은 고무적인 것이다.[41] 또한 주위 환경을 고려하는 건축이 늘어나는 것도 매우 긍정적인 현상이라 할 수 있을 것이다.

그럼에도 불구하고 한국 교회의 건축에 근본적으로 부재하는 것이 있다. 그것은 본질적인 신학적 탐구를 통해 드러난다. 먼저 한국 교회 건축에 부재하는 것은 역사 혹은 공동체의 역사이다. 일부 교회에서 역사관을 만들어 교회의 역사를 재구성하려는 시도를 한다.[42]그러나 교회의 역사를 역사관으로 재구성하는 방법도 있지만 건축에 반영하는 방

---

39) 최병두, 한지연 편역,『자본주의 도시화와 도시계획』(서울: 한울, 1989), 60; 90 이하. 자본 축적(성장)과 도시계획에 관한 하비와 몰렌코프의 글을 참조하라.
40) 이서영,『지역사회와 교회 건축』(서울: 프리칭아카데미, 2008). 이 연구는 교회 건축과 지역사회와 연계성을 체계적으로 보여주는 신학적 연구의 고무적인 성과이다.
41) 정시춘,『교회 건축의 이해』, 197-202.
42) 새문안교회의 역사관이 대표적인 시도이다.

법을 모색할 필요가 있다고 본다.

한국 교회에 공동체의 역사의 부재는 오랜 동안 한국 교회가 걸어온 실용주의, 성장주의, 현실주의를 반영한다. 한국 교회가 질적 인격적 변화보다 양적 성장을 추구하고 영적 내면적 구원을 추구하기 보다는 현세의 필요와 욕망을 충족시키려는 기대에 부응한 것이 한국 교회의 현실이다. 따라서 개인의 인격 영성 죽음 역사 등 인간의 내면에 대한 탐구가 적었다고 할 수 있다.

원래 교회는 죽음 혹은 죽은 자와 깊은 관계를 구성하였다.[43] 예수 그리스도가 십자가에 죽으셨다가 부활하신 분이다. 신약성서에 따르면 그리스도인들 역시 예수와 함께 죽고 부활하는 존재로 상징된다. 따라서 공동체가 죽은 자를 기억하는 것은 역사를 구성하는 행위이며 동시에 영적 행위가 된다. 이정구의 주장처럼 교회에 납골당을 구성하는 것은 혐오시설로 여겨지는 납골당을 교회에 안치하여 신학적 의미를 부여하고, 그 망자의 가족을 교회로 전도하는 매우 중요한 과제를 함유하고 있다.[44]

일례로 일본 가미고리 복음교회(上君 福音敎會)에는[45] 2층 교제실에 교회 출석한 후 서거한 교우들의 사진을 순서대로 벽면에 항시 게시하고 있다. 이는 교회가 성도의 죽음을 기억하고 역사를 보존하며 죽은 성도들과 함께하고 있음을 보여주는 매우 유용한 시도라고 할 수 있다. 죽은 자들을 기억하지 않는 한국 교회 건축에 납골당이나 죽은 자들의

---

43) 이정구, "교회 건축에서 죽은 자의 공간", 「長神論壇」, 제40집 (2011), 172 이하.
44) 이정구, "교회 건축에서 죽은 자의 공간", 178-179.
45) 일본 효고 현 가미고리 마을에 있는 교우 200명의 교회이다. 건축은 전형적인 미국식 목조식 3층 건물 교회다.

사진을 항구적으로 게시하는 것은 교회가 영적으로 연대하며 죽음에 대한 신학을 건축에 반영하는 유용한 시도가 될 것이다.

또 하나 한국 교회 건축에 반영해야 할 것은 양성평등의 과제이다. 신약 문서는 급진적인 양성평등을 보여준다. 그러나 한국 기독교는 성장주의와 말하는 자와 듣는 자 사이에 성적 불평등을 심화시켰다. 그 중에 교회 내부 공간의 위계화를 들 수 있다. 오래전 남녀를 구분하는 출입구의 문제가 아니라 이른바 강단에 여성의 출입을 통제하는 것을 지적할 필요가 있다. 여성 목사 안수가 일반화된 만큼 교회의 양성평등 지표는 공간 배치를 통해 나타나야 한다고 본다. 우선 강단의 위계화가 우선적으로 철폐되고 오래전 남녀 사이의 휘장을 폐기한 것처럼 교회의 여성 공간이 주방만 존재하는 것이 아니라 양성평등에 근거한 공간 배치를 의도적으로 할 필요가 있다고 본다.

사회적 개방은 최근의 한국 개신교 공간 구성에서 실현되기 시작한 고무적인 시도이다. 최근에 건축된 서초동 사랑의교회는 그 규모의 압도적 요소 및 건축 과정에서 일어났던 지역 주민들과의 마찰에도 불구하고 교회 1층 중심부에 시민을 위한 개방형 공간을 설계하고 제공했다는 점에서 한국 대형 교회에서 일어나는 교회 공간의 사회적 배려의 시도라는 점에서 그 변화를 엿볼 수 있다.

이러한 요소는 개신교회의 지속 가능성을 공간에 반영한다는 측면에서 교회가 닫힌 공동체가 아니라 열린 공동체이며, 교회가 내적 결속과 구원의 게토라는 개념에서 교회가 세계를 환대하는 공동체로서 존재할 때 그 지속성의 가능성이 열린다는 점을 한국 개신교회가 서서히 이해하기 시작하고 있다는 가능성으로 볼 수 있다. 그리고 이러한 건축의 변화는 지역 교회 중심을 벗어나 1990년대 이후 전개된 다양한 에큐메니칼 운동으로[46] 확산되어 한국 교회의 건강성과 건축의 상관성을 높일 필요성 또한 제기된다.

---

46) 김주한, "한국 교회 에큐메니칼운동의 담론 분석", 「대학과 선교」, 제26집.(2014) 186-188.

참고문헌

Kidder Smith, G. E./김호준 옮김. 『教會建築』. 서울: 대신기술, 1986.

Child, M. *Discovering Church Architecture*. Aylesbury, Bucks: Shire Publication, 1976.

Dahinden, J. *New Trends in Church Architecture*. New York: Universe Book, 1967.

김성우, 한광선, 송석기. "한옥교회 건축형식의 성격과 전개과정 가톨릭과 성공회를 중심으로."
「대한건축학회논문집」 17/9 (2001): 177-184.

김주한. "한국 교회 에큐메니칼운동의 담론 분석." 「대학과 선교」 26 (2014): 167-198.

김현용, 홍승재. "근대 벽돌조 교회 건축의 구조와 의장특징 연구." 「대한건축학회 2004년도 추계
학술대회 자료집」 24/2 (2004): 849-852.

도선봉, 최성연, 한규영. "開化期 韓國 改新教會 建築의 形成에 대한 研究." 「建築技術研究所
論文集」 16/1 (1997): 153-165.

문홍길. "한국에서 프랑스 교회 건축양식의 수용과정." 「교회사연구」 5 (1987): 357-371.

옥성득. "초기 한국 개신교 예배당의 발전 과정과 특성: 기독교 근대성과 토착화 문제, 1885-1912."
「동방학지」 Vol.141. (2008): 267-321.

이서영. 『지역사회와 교회 건축』. 서울: 프리칭아카데미, 2008.

이정구. "교회 건축에서 죽은 자의 공간." 「長神論壇」 40(2011): 167-185.

이정구. 『한국 교회 건축과 기독교 미술 탐사』. 서울: 동연, 2009.

이호진. 『한국의 교회 건축』. 서울: 산업도서출판공사, 1996.

정시춘. 『교회 건축의 이해』. 서울: 도서출판 발언, 2000.

최병두, 한지연 편집. 『자본주의 도시화와 도시계획』. 서울: 한울, 1989.

최성연, 도선봉, 한규영. "韓國 教會建築의 時代區分과 그 特性에 關한 研究." 「건설기술연구소
논문집」 16/1(1997): 167-175.

최영기, 한규영. "江華지역 聖公會 教會建築의 土着化에 관한 연구." 「대한건축학회논문집」
17/9 (2000): 537-540.

역사적인 관점으로 살펴보는 교회 공간의 공공성과 그 의미

소 요 한*

I. 들어가는 말

얼마 전 서울 잠실의 스카이라인이 바뀐 사건이 있었다. 110층 이상의 고층 건물이 들어서면서 주변 동네 사람들을 비롯해 한국의 수많은 시민들이 심리적 저항감을 표현했기 때문이다. 1898년, 서울 명동에도 이와 비슷한 사건이 일어났다. 명동성당이 완공되어 자리를 잡을 시기 명동 일대의 수많은 건물이 한옥식 단층 건물이었던 반면 중간에 우뚝 솟은 고딕 첨탑에 당시 조선인들은 거센 반감을 드러냈기 때문이다. 당시 명동성당은 언덕 위에 지어졌고 고딕 양식으로 높이 치솟아 그 모습도 과히 위협적인 데다 그 형세가 국왕이 거주했던 궁들을 내려다보았기 때문이었다.[1] 한국의 역사 가운데 교회 건축은 이렇게 한국인과 낯

---

* 명지대학교 객원교수 및 교목, 한국교회사

1) 정희선, "종교 공간의 장소성과 사회적 의미의 관계: 명동 성당을 사례로", 「한국도시지리학회지」 7 (2004), 101-102.

역사적인 관점으로 살펴보는 교회 공간의 공공성과 그 의미_ 소요한 | 171

우측에 당시 명동성당의 건축 모습이 있다. 단층으로 지은 한옥과는 달리 어디서나 성당의 첨탑이 보이도록 지었다. H.G. 아펜젤러가 촬영한 사진이다.

설게 조우되기도 하였고 당시 한국의 스카이라인을 바꾸어 놓았던 장본이었다. 하지만 1970년대가 되면서 명동성당이 가지고 있었던 고압적인 태도는 약자와 호흡하며 불의에 저항하는 장소로 변화되었고 양심선언을 이어가면서 약자들의 성역(聖域)으로 변하였다.[2] 한국의 개신교가 정착한지 130주년을 맞이하는 시기에 현재 한국 개신교회는 어느 위치에 서야하는지 그 의미를 본 소고에서 찾고자 한다.[3]

---

2) 장신근, "교회의 민주시민교육 — 공교회와 공적 신앙의 관점에서", 「기독교교육논총」 21(2009).

3) T. Barton Thurber, "Architecture and civic identity in late sixteenth-century Bolongna," *Renaissance Studies* vol.13(1999); Stefanio Merlo Perring, "Reformation of the English cathedral landscape:negotiation change in York Minster Close c. 1500-1642," *World Archaelogy* vol.45(2013).

II. 역사적인 관점으로 살펴본 교회 공간의 공공성

1. 모든 이들에게 안식을 주었던 공간

1885년 4월 5일 미국의 개신교가 한국에 전래되었다. 개신교의 선교는 한국인에게 이질감을 안겨다 주었다. 그 대표적인 예가 "영아 소동"이었다. "영아 소동"은 문화적인 충격이 주었던 오해에서 비롯되었다. 기독교의 사상은 둘째 치더라도 서양인의 외모와 생활을 본 한국인은 이들의 파란 눈동자, 흰색 피부뿐만 아니라 플래쉬가 터지는 카메라, 안경 등 생전에 처음 보는 것들로서 호기심을 넘어 겁을 먹었기 때문이다. 이러한 이질감은 오해를 불러왔다. 한국 유아를 잡아다가 음식 및 실험 도구에 사용한다는 괴 소문이 삽시간에 퍼지게 된 것이다.[4] 실재로 중국에서는 "영아 소동"으로 서양인들이 현지인의 폭력에 죽임을 당하는 사례까지 있었다.

이질감은 종교 행위를 하는 예배당도 마찬가지였다. 더군다나 선교가 쉽게 허용되지 않았던 상황에서 한국인이 개신교 공동체에 자발적인 선택과 결단이 있어야 예배를 드릴 수 있었다. 하지만 정작 한국인들이 교회 안으로 몰려 들 때 이들을 어떻게 수용해야 하는지 그 방법을 모르고 있었다. 한국의 교회 공간은 한국인에게 마음의 평안을 주기 위해 기독교의 예전으로는 상상할 수 없는 일을 만들었다. 그것은 한국에 오랫동안 관습으로 남아 있던 문화로서 가운데 휘장을 치고 남녀의 자리를

---

4) Lillias Horton Underwood, *Fifteen years among The Top-Knots*, (Seoul: American Tract Society, 1908), 15-16.

선교가 전파되었던 초기 예배당의 풍경이다. 가운데 휘장이나 병풍을 치고
남녀의 자리를 구분하여 예배를 드렸다.

구분하여 예배를 드리는 방법을 선택했기 때문이다.

조선 시기 남녀가 같은 공간에서 오랫동안 모였던 것은 흔한 모습이
아니었다. 교회라는 공간은 서구 종교의 예배를 드리는 곳으로 한국인
들에게 많이 낯설던 존재였기 때문에 남녀 자리를 구분·배치하는 방법
을 통해서 이질감을 줄여 주었다. 이같은 방법으로 교회는 한국인에게
편안함과 익숙함을 제공하여 안식을 주기 위한 공간으로 환골탈태하였다.

역사적인 관점에서 살펴본 공공성의 특징 가운데 하나는 일방적이
지 않다는 것이다. 공간을 실재로 사용하는 사람들과 양방향 소통이 이
루어지는 공간이 되어야 한다는 것을 살펴볼 수 있다. 당시 조선 사람들
이 남녀의 구분과 위치를 구분하는 것이 얼마나 중요한지를 보여주는
사례가 있다. 금산교회의 크리스마스 행사에서 그 의미를 찾아 볼 수
있다.

"금산 기독교회에서는 12월 10일 오후 칠시 동예배당에서 이춘원 씨의

사회로 성탄 축하식을 거행 하였는데 특히 본 군의 유지 정병선 씨의 엽자오십근주 시계 1개, 박천표 씨가 제등 100개, 김성재 씨가 귤 7상자를 박찬수 씨의 모친이 강연상보 2개를 기증하였다. 그런데 24일에는 여자가 26일에는 남자에 한하여 입장을 허락하고 밤마다 12시까지 성찬축하보응극을 행하였다. 김현근 씨의 상세한 설명으로 복음이 널리 전파되었고 김영인 씨의 단소, 문신복 여사의 독창이 있고 폐하였다."[5]

12월 24일 행사에는 여성들만 참석하고, 12월 26일 행사에는 남성들만 참석하여 크리스마스를 기념했다는 것은 당시 남녀가 자리를 구분하여 앉는다는 것은 예수가 태어난 성탄일이라도 당시 한국문화 가운데 하나였던 남녀칠세부동석(男女七歲不同席)이라는 관습을 피해 갈 수 없다는 것을 보여준다.

2. 모든 이들에게 계몽을 주었던 공간

"예배당은 연애당이다!"는 별칭을 가지고 있던 적도 있다. 연애당이라고 일컫는 이유는 조선 시대에 그렇게 남녀가 많이 모이는 공간이 없었기 때문이다.[6] 남녀가 모이는 가운데 교회 공간은 남녀(男女)의 성별이 차별 받지 않는 인간 대 인간의 모습으로 상대방을 인식해 갔다.

---

5) "금산교회성탄축하", 〈동아일보〉, 1922년 1월 8일 제4면.
6) 교회 외에 근대교육기관이었던 학교도 남학교와 여학교가 있었고 교회보다 한참 뒤에 남녀공학이 생기기 시작했고 남녀공학이 있던 학교도 초기에는 남자반, 여자반이 구분되었다.

교회 공간에서 남녀에 관한 평등한 관계를 주장하고 여성의 억압된 권리를 해방시켜 여성에게도 자유를 주자는 의견이 계속 나왔기 때문이다. 당시 파격적인 교회 내 제안은 다음과 같다.

"대한의 여인들은 내외법에 묶여 집안에 갇힌 채 남편에게 종속되어 노예와 같은 인생을 살고 있지만, 예수교인들은 하나님이 짝지어주신 아내를 사랑하고 보호하며 자유권을 주어 마음대로 다니게 할 것이며 옳은 일은 서로 협력하여 행하되 함께 교회에 출석하기를 힘쓸 것."[7]

여성이 남성에게 종속되었다는 풍습은 조선 후기에 만연했던 풍습이다. 이러한 풍습이 오랫동안 지속될 수 있었던 이유는 남녀가 하나의 공간을 쓰지 않고 남녀를 유별(有別)로 보았던 공간의 구분에서 비롯되었음을 살펴 볼 수 있다. 하지만 당시 교회는 남녀에게 하나의 공간을 제공하여 서로를 종속의 관점이 아닌 평등의 관점에서 살펴보는 기회를 제공하였다. 결국 교회 공간은 오랫동안 남아있던 사회적인 폐단을 해결했던 사건을 만들어 냈다. 한국 최초의 서양식 결혼이 교회 공간에서 이루어졌던 것이다.

1888년 3월 14일 아펜젤러는 한국 최초의 서양식 결혼식을 집례했다. 일제 강점기 잡지인 '별건곤(別乾坤, 1928. 2)'에서는 최초의 서양식 결혼은 1890년이라고 언급하지만 아펜젤러의 일기에는 이보다 2년 거슬러 언급하고 있다.[8] 일기에 따르면 결혼 당사자는 한용경으로 아펜

---

7) 한국기독교역사연구소, 『신학월보 1903』 (서울: 한국기독교역사연구소, 2000), 187-190.
8) 헨리 G. 아펜젤러/노종해 역, 『자유와 빛을 주소서 — H. G. 아펜젤러의 일기(1886-

경북 최초의 서양식 결혼으로 1914년 대구제일교회에서 결혼식이 있었다.

젤러에게 두 번째로 세례 받은 인물이다. 한용경의 상대 배우자는 과부 박 씨(박시실)였다. 당시 윌리엄 스크랜턴의 시병원(施病院)에서 일하던 한용경은 그의 부인이 불과 4개월 전 세상을 떠나자 기독교인 친구들의 소개로 25세인 과부 박 씨와 혼인을 맺기로 하였다. 한용경은 박 씨에게 마가복음서와 십계명을 보내 신앙을 소개했고 그녀도 마가복음과 십계명을 좋게 생각했다. 이에 한용경은 결혼 식순을 신부에게 보내 결혼식을 함께 준비하도록 했다.

조선 후기에 접어들기까지 과부는 수절(守節) 즉 정절을 지켜야 하는 사회적 인식이 팽배해 재가(再嫁)는 사실상 괄시를 받았다. 물론 이는 계층에 따라 달랐다. 양반 집안 과부는 대부분 수절을 선택했다. 그러나 양인 이하의 계층은 과부로 살아가는 경우가 많았다. 또한 재가를 하더라도 불리한 조건에서 결혼하는 경우가 많았다. 재가한 여성에 대해서는 마을과 이웃에서 쉽게 받아주지 않았다. 과부 재가에 대한 편견은

1902년)』(서울: 대한기독교서회, 1988), 87.

1894년 6월에야 비로소 깨진다. 고종이 갑오경장을 통해 과부 재가를 언급하면서 악습은 공식적으로 폐지됐다. 그런데 한국의 교회 공간은 이보다 6년이나 먼저 과부 재가를 실천했고, 신부인 과부 박 씨에 대하여 차별이 아닌 남녀를 평등한 위치에 놓고 결혼식을 했다는 점에서 의미가 크다. 아울러 결혼으로 인한 무리한 가계 지출을 지양하고 결혼의 좋은 모델을 제시했다는 점에서 당시 사회에 신선한 충격을 주었다.

이처럼 한국의 교회가 가지고 있는 공간은 한국의 전통을 받아들이고 동시에 폐단을 타파하기 위해 노력했던 공간이었다. 한국 교회의 본당은 예배를 드리는 처소뿐만 아니라 한국의 역사 가운데 형성되었던 공간이다. 지금도 그 공간이 예배만을 위한 공간으로 인식하고 있다면, 아직도 교회의 정체성을 모르고 있는 것이다.

3. 모든 이들에게 치유를 주었던 공간

1883년 한국 선교를 위해 미국 북감리교의 일본 선교사였던 매클레이(R. S. Maclay)가 방문을 하였다. 그가 선교지였던 한국을 방문하면서 미국 공사와 상의 중에 선교 부지를 마련하였는데 미국 북장로교 의료 선교사였던 알렌(H. N. Allen)이 의료 선교를 시작하면서 이 부지를 받게 된다. 알렌은 선교를 위해 치유라는 도구를 가지고 민중에게 다가갔다. 한국 교회의 생성 근원이 치유라는 목적에서 비롯될 수 있음을 알 수 있는 상황이다. 알렌의 입국 이후 교회는 기독교를 금교하는 상황에서 간접 선교였던 의료 활동으로 그 기능을 수행하였다. 알렌은 그 이면의 근본적인 목적에는 기독교 복음을 전하는 1차적인 목적을 잊지 않았다.9) 병들고 가난한 이들을 위해 교회가 하였던 역할은 이들의 육체적

1899년 서울 정동의 모습이다. 사진은 당시 미국 북감리교선교사 구역을 보여준다.

치유뿐 아니라 정신적인 치유를 위해 적극적으로 다가가 힘쓰고, 사회 구성원으로 회복되도록 돌보아 주었다.[10] 광혜원의 전신으로 시작되었던 병원은 곧 목사 선교사였던 언더우드(H. G. Underwood)와 아펜젤러(H. G. Appenzeller)가 도착하면서 그곳을 기점으로 선교를 시작하였다. 병원은 낮은 계층의 사람들을 치료하며 발전하였는데 당시 콜레라 및 장티푸스 등 풍토병으로 고생하는 이들을 치료하였다. 치료를 받은 대다수가 기독교에 호의적인 반응을 보였고 복음을 받아들인 자도 있었다. 민중이 복음을 받아들였던 이유는 기독교가 이들에게 필요한 것을 주며 함께 호흡하는 공간이었기 때문이다. 스크랜턴의 의료 선교 보고서는 다음과 같은 내용을 담고 있다.

---

9) 백낙준, 『韓國改新敎史 1832-1910』(서울: 연세대학교출판부, 1973), 103.

10) T. Stanley Soltau, *Korea The Hermit nation and It's response to Christianity* (Toronto: World Dominion Press, 1932), 44.

"버려진 가장 극빈층 사이에게 다가가 일하는 것이 나의 주된 임무이다."

턱이 낮은 한옥식 병원 건물은 개방된 형태를 유지하였다. 돈이 없는 사람은 무료로 진찰하기도 하였고 돈을 지불 할 수 있는 사람들은 유상 진료를 하여 누구나 진료를 합리적으로 받을 수 있는 곳이었다.

"남녀노소 누구든지 병이 있을 때는 언제든지 낮 10시에 빈병을 가지고 와서 미국 의사를 찾아오십시오."11)

당시 조선 사회의 오래된 계층 문화는 극빈층에게 더욱 심한 차별을 했다. 이러한 관습은 개신교 선교가 실시되기 전에도 고착되었고 민중의 불만은 가중되었다.12) 하지만 초기의 교회 공간은 그러지 않았다. 교회는 극빈층에게 무료라는 혜택을 제공하였고 돈이 있는 계층에게 합리적인 지불을 요구했다.13) 치료는 누구에게나 혜택이 제공되어야 한

---

11) 한국기독교역사연구소, *Annual Report of the Board of Foreign Missions of the Methodist Episcopal Church-Korea Mission 1884-1943* (서울: 한국기독교역사연구소, 2001), 15.

12) 조선 후기 정부는 군역제도 및 조세 제도를 평민 이하에게 가중 부과를 했다. 1862년 조선의 남부에서는 군역 및 조세 제도로 인해 봉기가 일어나 기도했다; James B. Palais, *Politics and Policy in Traditional Kora* (Cambridge, Massachusetts, and London: Havard University Asia Center, 1999), 152-162.

13) 한국기독교역사연구소, *Annual Report of the Board of Foreign Missions of the Methodist Episcopal Church-Korea Mission 1884-1943*, 12; 광혜원의 병원 규칙 10조를 보면 이렇다. "환자는 다음 4등급으로 구분하는데 1등급은 개인전용 병실로 일당 1000냥, 2등급은 1병실에 환자 1-2명을 수용하여 일당 현금 500냥, 3등급은 1병실에 3명 이상 수용하며 일당 300냥, 극빈환자용 병실은 무료."; 김원모 역, 『알렌의 日記』(서울: 단국대학교 출판부, 2008), 77.

위 사진은 초기 시병원 모습이다. 시병원은 "남녀노소 누구든지 오시오"
라는 현판을 걸고 극빈층을 상대로 선교했다.

다는 것이 교회 공간이 존재하는 이유이다.

4. 모든 이들에게 교육을 가르쳤던 공간

교회 건물은 누구나 모여서 근대 교육과 문화를 배우고 수용하는 당
(堂-넓은 공간을 가지고 있는 건물)으로서의 역할을 하였다. 사랑방과 안
방을 중심으로 모였던 공간은 교육의 기회조차 제공받지 못했던 계층에
게 다가갔던 공간이었다. 특히 사회에서 소외되었던 고아와 여성들에게
교육을 실시했다. 언더우드는 1886년 5월 11일에 500불이 넘는 금액
으로 한옥을 준비하여 고아들을 상대로 교육하고 예배를 드리는 장소로
활용하였다.[14]

스크랜턴 부인(Mary Scranton)은 1888년 1월 교회에서 최초의 여

---

14) 최재건, 『언더우드의 대학 설립 — 그 이상과 실현』(서울: 연세대학교 출판문화원,
    2012), 64.

1899년 서울에 있는 교회의 사진이다. 언더우드는 여기서 고아들의 교육도
담당했다.

성 교육을 시작하였는데 이것이 이화학당의 출발이었다.15)

1892년, 평양을 중심으로 사역하였던 감리교 선교사 노블(W. A.
Noble)은 유년 교회학교를 개척하여 교사 1903년 5-13세 아동을 모아
한글과 성서 공부를 지도하였고, 발전된 교회의 교육 방식을 1909년,
서울과 전국으로 확산시켰다.16) 1915년에는 교회가 설립되지 않는 곳
에 교회 청년들이 주일 낮 예배를 보고 오후에 촌락에 들어가 교육을 시
작으로 교회를 창설했다. 정규학교에서 교육을 받은 청년들 중 우수한
이들이 교회에서 교사로 봉사를 지원하였다. 이들의 참여로 인해 교회
공간에서 이루어진 교육이 그냥 사장되었던 것이 아니라 정식교육 기관
에 진학하는 디딤돌 역할을 하였다.17) 정규학교 학생의 교회학교 참여

---

15) 곽안전 · 심재원 옮김, 『韓國敎會史』(서울: 대한기독교서회, 1961), 52.

16) 이만열, 『한국기독교문화운동사』(서울: 대한기독교출판사, 1987), 253; 한춘기, 『한국
   교회 교육사』(서울: 대한예수교장로회출판부, 2004), 55.

17) 한국기독교사연구회 편, *The Korea Mission Field 1922*, 81, 95, 96, 103, 107.

이화학당의 초기 학생들의 모습이다. 좌측 3번째가 김활란 박사의 유아 시절이다.

는 교회학교에 들어왔던 사회 평민 계층에게 정규 학교에서 교육의 기회를 열어주었고 교회학교 교사들이 중심이 되어 글방에서 한문과 한글 등을 문맹자에게 가르치고 난 후, 수업에 참여했던 학생들은 정규학교를 진학하기 위해서 관심을 보였던 것이다. 교회 공간에서 이루어진 교육은 정규학교에 있던 학생들은 자연스럽게 이들에게 정규학교를 안내, 교육의 기회를 확장시켜주는 계기를 만들어 주었다.[18]

---

18) 한국기독교사연구회 편, *The Korea Mission Field 1922*, 41; "The Kulbang an Evangelistic Agent: In addition to the schools in the city and the two country schools mentioned, we have eight kulbangs scattered throughout the district. These are very real factors of evangelistic value. The teachers are Christians. They are interested in the students all through the week, giving instruction in Chinese and other studies while on Sunday they attend Sunday school with the students and usually teach a class. This work is supported largely by tthe community in which the kulbang is located. A small amount of Mission funds each month is used to supplement the salary of the teachers. The results of this phase of work have been encouraging. After completing the studies of the kulbang many of the students ask to gain entrance into schools of higher

교회는 어린이 교육에도 앞장섰다. 교육을 위해 공과 및 「아이생활」이라는 잡지를 만들었다. 총회록을 살펴보면 1934년 당시 장년부 공과 37,604부 유년부 공과 15,943부가 팔렸다. 교회는 적극적인 사회 참여로 아동문학과 어린이 운동의 선도를 이루었는데, 「아이생활」이라는 잡지가 발행되었다. 「아이생활」은 당시 일반 잡지였던 「어린이」, 「별」, 「소년세계」 등의 부수를 능가하여 발간 부수 4000부라는 실적을 낳기도 하였다.[19]

초기 한국 교회가 지역사회의 교육 장소로서 소임을 다하였던 예전 모습을 통해서 알 수 있는 것은 교회가 기독교만의 소유물이 아니라 지역사회와 함께 소통하였던 모습이었고 지역 주민들의 필요를 위해서 공간을 개방하였다는 것이다.[20] 뿐만 아니라 지역 주민들의 정신적 유익이었던 한글, 영어, 역사, 지리, 철학 등 일반과목뿐 아니라 성경학교, 사경회 등 가정생활 같은 백성의 기초 교육을 위해 교회는 망설이지 않고 공간을 앞장서서 개방하고 지역사회를 위해 제공했다.[21]

5. 모든 이들에게 공감을 주었던 공간

교회 공간은 지역 소통을 위한 산파의 역할을 하였다. 교회는 국가의 국민, 지역의 주민이 원하는 근본적인 소리에 귀를 기울였다. 교회 건물은 이를 위해 독립협회, 신민회, 앱윗(Epworth)청년회의 강연, 토론의

---

grade.

19) 엄요섭, 『韓國基督教教育史小考』 (서울: 대한기독교교회, 1959), 18; 이만열, 『한국기독교문화운동사』, 256.

20) 장신근, "교회의 민주시민교육 — 공교회와 공적 신앙의 관점에서-."

21) T. Stanley Soltau, *Korea The Hermit nation and It's response to Christianity*, 43-65.

1899년, 서울 정동에 있는 정동제일교회의 모습이다. 1897년에 건축
되어 한국 개신교 최초의 서양식 건물을 짓게 되었다.

장소가 되었다. 1895년에 착공되었던 현 정동제일교회 예배당은 1897
년에 이르러 거의 완공 단계가 되었다. 여기서 배재학당의 종강 행사가
있었다. 배재학당 학생들과 고관 대신들, 신분이 낮은 부모들까지 참여
를 하는 가운데 학생들은 "한국의 독립"에 대하여 열띤 웅변과 토론을
하였는데 내각의 대신과 고관들은 이들의 열정과 비전을 보았고, 이 가
운데 희망이 있다는 것을 발견하는 계기를 마련하였다. 보수와 진보 할
것 없이 학생들이 가지고 있던 소명에 감동을 느꼈고 "이 어린 학생들이
우리의 자리까지 넘보겠다"는 칭찬어린 고백이 있었다.[22)]

　바로 이들이 한국의 계몽과 근대화를 주도하였던 배재학당의 협성
회(協成會)였다. 협성회는 아펜젤러, 갑신정변으로 도미하였던 서재필
이 귀국하여 배재학당에 특강과 토론회를 주도하면서 만들어졌다. 협성
회는 충군애국과 회원 간 친목, 학문 발전을 위해 구성되었다. 점차 이들
은 토론회와 유명 인사의 초청 강연회를 개최하여 민중의 의식을 일깨

---

22) 이만열, 『아펜젤러 ― 한국에 온 첫 선교사』 (서울: 연세대학교 출판부, 1985), 392.

우는 역할을 하였다. 이들은 토론과 참여 계층, 운영 방식을 〈협성회회보〉, 〈매일신문〉에 기고하였고 정치, 경제, 사회, 문화 분야의 굵직한 주제들을 날카롭게 통찰하여 이 나라의 계몽과 개혁에 이바지하였다.

아울러 교회안의 청년을 중심으로 인천내리교회, 상동교회와 정동교회에 엡윗(Epworth)청년회가 조직되었다. 엡윗청년회는 미국의 감리교에서 시작된 청년 운동으로 신앙과 사회봉사를 실천하는 것을 목표로 하고 있는 청년회였다. 한국의 엡윗청년회는 기도회에서 성경 말씀과 논의할 토론 주제를 중심으로 모임을 가졌다. 그리고 〈죠션그리스도인회보〉를 통해 이들의 활동 내용을 발표하였다.

기독교는 교회 공간을 통해 한국의 시대적 문제와 공감하며 근대화에 영향을 미쳤다는 것은 엄연한 사실이지만 이들의 역할이 일반 학계에서는 지나치게 축소되는 경우가 많다. 하지만 독립협회의 정치, 언론 활동을 살펴보면 이들을 중심으로 움직였음을 알 수 있다. 물론 독립협회는 시기에 따라 그 규모와 형태가 복잡하여 단순명료화 시킬 수는 없지만 기본적으로 협성회, 엡윗청년회의 구성원이 주도하였던 것은 분명하다. 특히 독립협회는 당시 기독 청년이었던 서재필과 이상재, 이승만, 윤치호를 중심으로 정부의 고관이었던 이완용, 안경수, 박정양 등이 참여하였다. 이들은 기본적으로 청의 간섭으로부터 독립을 이끌어 반청을 표명하고 있다. 영은문을 허물고 독립문을 세우기도 하여 자주 국권을 표명하기도 하였으나 구성원들이 각기 친러, 친일, 친미파 등이어서 제각기 외세를 끌어오기 위해 논란도 있다. 이러한 가운데 균형 잡힌 시각으로 독립협회 내부의 친일파 이완용 등을 을사오적으로 지목하여 이들의 처단을 요구하였던 배경에는 교회 공간을 중심으로 활동하였던 배재학당, 상동, 정동교회의 청년들이 있었다. 의식 있는 기독교인들로 상동

협성회회보 제1권의 모습. 매주 토요일에 발간되는 주
보로서 자주독립, 자유민권, 자강개혁의 주제를 놓고 토
론했던 내용을 담고 있다.

교회의 담임목사 전덕기, 박승규, 이은덕, 정순만, 이동녕, 이필주는 기
독교 민족운동의 대표 주자였다.

III. 나오는 말

역사적인 관점으로 살펴보았던 한국 교회 공간은 한민족의 모든 필
요와 어려움을 외면했던 곳이 아니라 국가의 재난과 고통을 대변하고
희망을 제시하는 곳이었다. 한국의 근·현대기에 있었던 을미사변, 국권
찬탈 등을 겪은 민족에게 한국교회는 국가적 재난과 고통을 예배와 기

도로서 애통하였다. 이를 계기로 교회는 이들의 애통을 표출하였던 장소뿐만 아니라 국가가 하지 못하는 일을 대신하는 공간이 되었다. 3 · 1운동, 일제 지도자의 처형 등을 주도하고 도모하였던 민족의 공간이었고 좌절에 빠져있는 민중들에게 희망을 심어주었던 장소였다.[23] 또한 한국 교회 건물은 민중들의 사회 개혁 및 복지를 하는 공간이었다. 교회는 장례 및 혼례 등으로 인한 폐단과 악습으로 고통스러워하는 이들을 위해 건전한 문화 등을 소개하고 실행하였다. 뿐만 아니라 여성의 인권 신장을 위해 이를 가르치고 의식화하였던 곳이 교회 건물이다.

본 소고는 역사적인 관점으로 한국 개신 교회의 공간을 되돌아보고 한국 교회 공간이 공공성에 어떻게 기여했는지 살펴보고자 하였다. 이러한 고찰을 근거로 한국 교회 공간이 어떻게 공공성을 추구 할 수 있는지 그 대안을 제시하고자 한다.

첫째, 교회 공간은 여성과 사회적 약자의 소리를 대변해 주어야 한다. 약자들의 고충과 소리는 개인적인 차원에서 목소리를 내기에는 그 파급력이 약하다. 한국 교회는 초기부터 이들의 목소리에 귀 기울여왔고 이들을 대신하여 언론 매체와 정부기관, 외교적 노력까지 힘써왔다. 현대 한국 교회는 이들의 소리를 애써 외면하고 있으며 수평 이동하는

---

23) 1897년 2월 24일 조선그리스도인회보에는 다음의 내용이 있다. "대군주 환어라- 우리 대 조선국 대군주 폐하와 왕태자 전하께서 작년 이월 십일일에 러시아 공관에 파천 하심은 부득이 하여 하신 일이라 그동안 외관에 계시다가 이달 이십일에 경운궁으로 환어 하시오니 지금 이후로는 조만간 인심이 안정이 될뿐 아니라 정치가 날로 문명에 달하고 태서 제왕국과 동등이 되어 동양에 유명한 나라가 될 것이니 신민간에 누가 감사하고 경축할 마음이 없으리요 배제학당 학원들이 환어 하옵실때에 국기를 길가에 상하로 세우고 꽃가지를 길에 펴고 일백 오십명의 학도가 일제히 만만세를 불고 본 국가를 불렀으니…";한국감리교회사학회, 『죠션그리스도인회보 1』 (서울: 한국감리교회사학회, 1986), 16.

기존 교인들의 소리에 민감해 있다. 한국 교회의 공간은 이들의 안식처와 사회적 소통의 매개체가 되어야 한다.[24]

둘째, 교회 공간은 시민 누구에게 치료를 제공 할 수 있는 공간과 프로그램을 제공해야 한다. 이러한 혜택은 주일 봉사에만 국한하는 것이 아닌 평일에 주도해야 한다. 교회는 시민들의 육체와 정신적인 건강을 책임져야 할 의무가 있다.

셋째, 교회 공간은 기독교적 가치에 따라 세상에 빛과 소금의 역할을 하여야 한다. 이를 위해서는 약자의 필요에 다가가야 한다. 이는 교회가 속한 사회와 마을에 복지적 차원의 기여뿐 아니라 공감하여 함께 아파하고 웃는 공간을 말하고자 한다. 한국에 전래된 기독교는 사회의 질적 향상을 위해 많은 노력을 기울여 왔다. 뿐만 아니라 교회 공간은 이를 위한 모처로 활용되었기 때문이다.

---

24) 권기봉, 『다시, 서울을 걷다』 (파주: 알마, 2012), 304-305.

참고문헌

곽안전 · 심재원 옮김.『韓國教會史』. 서울:대한기독교서회, 1961.

권기봉.『다시, 서울을 걷다』. 파주: 알마, 2012.

백낙준.『韓國改新教史 1832-1910』. 서울: 연세대학교출판부, 1973.

엄요섭.『韓國基督教教育史小考』. 서울: 대한기독교교회, 1959.

이만열.『한국 기독교문화운동사』. 서울: 대한기독교출판사, 1987.

_____.『아펜젤러-한국에 온 첫 선교사』. 서울: 연세대학교 출판부, 1985.

장신근. "교회의 민주시민교육-공교회와 공적 신앙의 관점에서-."「기독교교육논총」21 (2009): 109-152.

정희선. "종교 공간의 장소성과 사회적 의미의 관계: 명동성당을 사례로."「한국도시지리학회지」7 (2004), 97-110.

최재건.『언더우드의 대학설립-그 이상과 실현-』. 서울: 연세대학교 출판문화원, 2012.

한국감리교회사학회.『죠션그리스도인회보 1』. 서울: 한국감리교회사학회, 1986.

한국기독교역사연구소『신학월보 1903』. 서울: 한국기독교역사연구소, 2000.

한국기독교역사연구소. *Annual Report of the Board of Foreign Missions of the Methodist Episcopal Church-Korea Mission 1884-1943.* 서울: 한국기독교역사연구소, 2001.

한춘기.『한국교회 교육사』. 서울: 대한예수교장로회출판부, 2004.

헨리 G. 아펜젤러/노종해 옮김.『자유와 빛을 주소서-H. G. 아펜젤러의 일기(1886-1902년)』. 서울: 대한기독교서회, 1988.

H.N. 알렌/김원모 옮김.『알렌의 日記』. 서울:단국대학교 출판부, 2008.

Palais, James B.. *Politics and Policy in Traditional Kora.* Cambridge, Massachusetts and London: Havard University Asia Center, 1999.

Perring, Stefanio Merlo. "Reformation of the English cathedral landscape:negotiation change in York Minster Close c. 1500-1642." *World Archaelogy* vol.45(2013):186-205.

Soltau, T. Stanley. *Korea The Hermit nation and It's response to Christianity.* Toronto: World Dominion Press, 1932.

Thurber, T. Barton. "Architecture and civic identity in late sixteenth-century Bolongna." *Renaissance Studies* vol.13(1999):455-474.

Underwood, Lillias Horton. *Fifteen years among The Top-Knots.* Seoul: American Tract Society, 1908.

"금산교회성탄축하." <동아일보>. 1922년 1월 8일 제4면.

조 직 신 학

개방적 교회론과
교회 건축의 공공성

김 정 두*

I. 들어가는 말

교회 건축의 공공성에 관한 담론을 제기하고 발전시킨다는 것은 교회 건물이 공공성을 결여해온 측면이 있다는 자각을 전제한다. 그런데 사실 교회만큼 열린 공동체를 사회에서 찾아보기는 쉽지 않다. 예외와 한계는 있겠지만 교회는 기본적으로 사람들 누구나가 기독교 신앙을 가질 수 있고, 마음을 조금만 열면 신분과 배경에 상관없이 자유롭게 들어오고 나가고 만남을 가질 수 있는 공동체이다. 그리고 최근에 많은 교회들이 공간을 사회를 향해 더 개방적으로 만들어 가면서 이웃에게 가깝게 다가가려는 노력들이 확대되고 있는 것을 볼 수 있다. 하지만 아직도

---

* 연세대학교 강사, 감리교신학대학교 외래교수, 조직신학

많은 교회들은 교회 건축과 사용에 있어서 교회 건물의 공적 차원과 사회적 책임성에 대한 인식을 결여하고 있고, 교회와 사회 사이에 있는 공간적이고 심리적인 담을 낮추기를 주저하고 있다.

그 대표적인 이유들 중 한 가지는 그리스도인들이 가지고 있는 '성전'에 관한 의식 때문이라고 할 수 있을 것이다. 초대교회 시기에는 별도의 교회 건물 없이 가정집에서 모이고 예배를 드렸다. 그러나 이후에 기독교의 오랜 역사 속에서 신앙과 교회 공동체를 지키고 유지해 가는 과정 속에서, 구약에 나타나 있는 성막과 성전 중심의 신앙을 교회 건축과 건물 사용에 적용해왔다. 그래서 예배 공간을 성소로서 구별되게 지키고자 노력해 온 경향이 강했다. 이러한 자세는 그리스도인으로서 합당하고 의미 있고 또한 필요한 것이다. 그렇지만 이러한 생각이 성과 속의 이분법과 결부되면 교회 건물은 폐쇄적이고 사적인 공간이 되어버릴 수밖에 없다. 여기에 더하여 강한 자기 의, 불안, 안전의 문제, 개교회주의, 배타적 신앙, 성직자 중심적 교회, 설교에 편중된 교회, 선교보다는 교회 유지 위주의 교회, 운영과 관리의 현실적 어려움 등의 요소들까지 추가되면 교회 건물은 공적이고 개방적으로 건축되고 사용되기에는 많은 한계가 있을 수밖에 없을 것이다.[1]

그런데 신약성서에 나타난 예수 그리스도의 삶과 복음에 기초한 교회는 율법과 성전 중심의 신앙 양태와는 다른 차원들을 가지고 있다. 예수는 의로운 자들과 불의한 자들, 정한 것과 부정한 것을 분리시키는 율법의 문자들에 가두어져 있는 사람들의 시선을 하나님 사랑과 이웃 사

---

1) Jürgen Moltmann, *The Open Church: Invitation to a Messianic Lifestyle* (London: SCM Press Ltd, 1978), 29-33.

랑의 새 계명을 향하도록 바꾸어 주었다. 예수는 건물 안에 머무르거나 건물 안으로 사람들을 불러 모았던 분이라기보다는 오히려 건물 밖 갈릴리 사람들 속으로 들어가셨던 분이셨다. 십자가와 부활 사건 후 그의 가르침과 사역과 복음에 기초하여 생성된 교회는 예수를 메시아로 고백하는 신앙 위에 세워진 "새로운 공동체"[2]로서 삼위일체 하나님의 교제와 선교에 참여하는 것을 주요 본질로 삼기에[3] 구약의 성전과는 차이성이 있음을 발견할 수 있다. 물론 성전 중심의 신앙이 불필요하다는 의미는 아니다. 예수도 성전 중심의 전통을 존중하였다. 중요한 것은 교회에 대한 바른 이해를 위해서는 교회의 기초와 본질을 구성하는 예수의 인격과 사역으로부터 생각해야 한다는 것이다.

교회의 본질과 정체성과 사명에 대한 이해는 교회 건축에 있어서 매우 중요한 요소이다. 교회의 회중이 모여서 어떤 형식의 예배를 드리고 어떤 모임과 활동과 가치를 지향하면서 교회 생활을 하는가 하는 것이 어떤 교회 건물을 건축할 것인가에 결정적 영향을 줄 수밖에 없기 때문이다. 예를 들면, 바로크 교회는 기독교 승리주의를 표현하였고, 고딕 양식 교회 안의 깊은 챈슬(chancel)은 구별된 성직자의 영역으로서 평신도와의 구별을 강조한 것이었다.[4] 또한 역으로 한번 지어 놓은 건물은 오랜 세월 동안 회중들의 예배와 실천의 스타일에 계속 영향을 미치고 특징과 한계를 규정짓게 된다.[5] 이런 의미에서 신학 또는 교회론의

---

2) 한스 큉/정지련 옮김, 『교회』 (서울: 한들출판사, 2011), 107.
3) 다니엘 L. 밀리오리/신옥수 · 백충현 옮김, 『기독교 조직신학 개론: 이해를 추구하는 신앙』, 전면개정판(제2판) (서울: 새물결플러스, 2013), 432-443.
4) James F. White, *Introduction to Christian Worship*, 3rd ed. (Nashville: Abingdon Press, 2000), 82.
5) White, *Introduction to Christian Worship*, 103.

역사와 교회 건축의 역사는 상호 관계 속에서 발전해 왔다고 말할 수 있을 것이다. 그렇기 때문에 예배학자 제임스 화이트는 교회 건축을 준비하는 과정을 강조하면서, 교회 지도자들과 회중들이 많은 공부와 연구를 하고 신학적 성찰과 비전을 담아내는 건축을 해야 한다고 주장한다.6) 그는 다음과 같이 힘주어 말한다. "교회가 무엇인지 그리고 교회가 예배에서 무엇을 하는 것인지에 대한 근본적인 질문들이 제기될 때까지 회중은 건축할 준비가 안 된 것이다."7)

그러면 교회란 무엇인가? 교회 건축에 대한 담론에 있어서 반드시 숙고해야할 가장 근본적인 질문이다. 그런데 사실 교회의 본질과 정체성과 사명은 고정적인 것이 아니다. 초대교회부터 오늘에 이르기까지 교회는 각 시대의 다양하고 실제적인 컨텍스트 속에서 적응하고 반응하면서 계속 발전의 과정을 지나왔다. 오늘날 교회는 크게 두 가지의 과제에 직면해 있다. 먼저는 성서적인 또는 복음적인 교회상의 회복이다. 다시 말하면, 교회의 생명인 "근원적인 복음"8)의 진정성으로 돌아가고 거기에 근거해서 새로운 변화를 시도하는 것이다. 또 다른 하나는 바로 교회와 사회 사이의 소통의 확대와 교회의 공적 신뢰의 획득, 즉 교회의 공공성의 고양이다. 첫째 과제는 교회 내적인 자각이라면, 두 번째의 것은 교회 외적인 요청이라고 할 수 있을 것이다. 한국 사회 속에서 교회의 고립화와 신뢰의 상실과 교인수의 감소 등은 그런 외적 요인 중 하나이다. 교회의 공공성을 더 확대하고 발전시켜야한다는 목소리는 세계 속

---

6) White, *Introduction to Christian Worship*, 102-103.

7) James F. White, *Protestant Worship and Church Architecture: Theological and Historical Considerations* (Eugene: Wipf and Stock Publishers, 2003), viii.

8) 한스 큉, 『교회』, v.

에서 하나님의 선교와 하나님 나라의 실현을 지향하는 공적 신학,[9] 내재적 초월을 강조하는 범재신론적 신학 그리고 성과 속, 영혼과 육체, 교회와 사회의 이분법을 극복하면서 전인적 영성과 통전적 구원을 추구하는 신학과 궤도를 함께한다.

교회 건축물의 공공성에 관한 담론은 개방적 교회론에 의해 신학적 지지를 받는다. 본 논문은 교회 교의학 또는 조직신학적 관점에서 개방적 교회론을 고찰해봄으로서 교회 건축의 공공성에 대한 이론 신학적 토대와 타당성과 의미를 검토해보고자 한다. 최근에 실천의 영역에서는 열린 예배와 열린 교회라는 이름이 인기를 얻어 많이 사용되고 있지만, 사실 열린 교회 또는 개방적 교회에 대한 신학적 연구가 많았던 것은 아니다. 이 시대의 대표적인 기독교 조직신학자이자 정치신학자인 위르겐 몰트만은 공적 신학과 개방적 교회를 가장 설득력 있게 주장해온 신학자들 중 한 사람이다. 필자는 몰트만이 개방적 교회론을 주장하는 신학적 근거는 무엇인지, 그에게 있어서 개방적 교회란 어떤 교회인지를 살펴봄으로서, 그러한 교회를 위한 건축의 방향은 어떠해야 하는지를 논하기 위한 신학적 기초 작업을 해보려 하는 것이다. 우선 교회론의 역사적 발전 과정을 간략히 정리해보고, 다음으로 몰트만이 이해하고 있는 교회의 공공성과 개방적 교회론에 대하여 살펴볼 것이며, 마지막으로 구체적 교회 건축 사례를 통해 개방적 교회의 모습과 교회 건물의 공공성을 잘 구현해내는 교회 건축의 방향에 대해 생각해 보고자 한다.

---

9) 이형기 외, 『공적 신학과 공적 교회』(용인: 킹덤북스, 2010), 151.

II. 교회의 개방성과 공공성 개념의 형성 배경

교회의 본질과 정체성에 대해 다루는 신학적 담론을 교회론 (ecclesiology)이라고 부른다. 교회론의 역사는 꽤 오래되었다. 신약성 서 안에 이미 교회에 대한 이해와 해석이 담겨있다. 신약성서에서 교회 를 언급하는 희랍어 단어는 에클레시아($\dot{\epsilon}\kappa\kappa\lambda\epsilon\sigma\acute{\iota}\alpha$)이다. 희랍어에서 이 단어의 본래 의미는 "부름을 받은 자들", "부름을 받고 모인 자들의 모 임", "백성들의 모임"이다.10) 이 에클레시아라고 하는 단어를 사용해서 신약성서가 의미하고 있는 교회란 어떤 존재였나? 한스 큉에 의하면, 신약성서에서의 교회는 "모인 공동체"를 의미할 뿐만 아니라 "예배를 위 한 모임", "공동체의 실제적인 모임"을 지칭한다.11) 공동체는 이 모임들 이 계속 "지속될 수 있도록 만드는 지주"가 되었다. 또한 신약성서에서 의 교회는 "인간들의 모임인 동시에 하나님의 모임"12)을 의미한다. 즉, 인간적 모임인 동시에 신적 모임인 것이다. "하나님 아버지와 예수 그리 스도 안에 있는" "하나님의 에클레시아"였다. 교회는 "하나님의 부르심 에 의해 세워지고 규정되는 실재"요, "신앙의 공동체"라는 것이다. 따라 서 신약성서에서의 교회는 "예수 그리스도의 사역과 죽음과 부활의 복 음에 대한 반응으로 성령의 권능 안에서 하나님을 찬양하고 섬기기 위 해 모인 신자들의 새로운 공동체"13)였던 것이다. 알리스터 맥그래스에 의하면 신약에 나타난 교회상은 다음 다섯 가지로 분류해 볼 수 있다:

---

10) 한스 큉, 『교회』, 109.
11) 한스 큉, 『교회』, 112.
12) 한스 큉, 『교회』, 115-116.
13) 밀리오리, 『기독교 조직신학 개론』, 417.

"하나님의 백성(the people of God)으로서의 교회", "구원의 공동체(a community of salvation)로서의 교회", "그리스도의 몸(the body of Christ)으로서의 교회", "섬기는 사람들(a servant people)로서의 교회" 그리고 "성령의 공동체(the community of the Spirit)로서의 교회."[14)

이상과 같은 특징들이 처음 교회의 모습이었다. 초대교회와 교부 시대에는 공동체를 지켜나가기 위한 일종의 조직과 직분이 있었지만 고정적이고 획일적이고 단일한 구조가 있었던 것은 아니었다. 그러나 콘스탄틴의 회심 후 세속 권력과 국가에 의해 지배되지 않고 교회에 대한 공격으로부터 교회를 독립적으로 보호하기 위해 교회는 자신을 또 하나의 독립적 사회(society)로 규정하면서 교황권을 중심으로 점차 제도화되었다.[15) 이렇게 제도화된 교회 이해는 가톨릭교회 전체를 지배하고 있었고, 그것이 절정에 달한 것은 19세기였다. 당시 가톨릭교회는 교회를 "무오한 사회", "완벽한 사회", "위계질서적 사회" 그리고 "군주적 사회"로 이해하였다. 제1차 바티칸공의회는 이러한 교회 이해를 구축해낸 공의회였다. 그 공의회는 "목자들과 양떼들", 성직자와 평신도의 분명한 분리에 기반한 매우 "강한 계급적 교회 개념"을 확립하게 되었다.

한편, 16세기 종교개혁자들은 중세 가톨릭교회가 복음의 본질인 "은혜의 교리"와 "믿음에 의한 칭의"를 놓침으로써 본질적인 교회의 모습을 상실했다고 보면서, 교회의 개혁을 시도하였다.[16) 그들은 하나님의 말씀을 강조하고 만인사제직을 제안했다. 물론 루터와 칼빈도 적당한 교

---

14) Alister E. McGrath, *Christian Theology: An Introduction*, 5th ed. (West Sussex: Wiley-Blackwell, 2011), 376-377.
15) 이하 교회론의 변화의 역사 개관은 다음 문헌을 참고하였음. McGrath, *Christian Theology: An Introduction*, 377-390.
16) McGrath, *Christian Theology: An Introduction*, 381.

회 치리나 조직의 필요성을 주장하였지만, 그들에게 있어서 결정적으로 중요한 것은 교회 제도가 아니라 복음이었고 회중들이었다.17) 존 웨슬리는 영국국교회의 고교회 전통과 제도에서 벗어나 교회 밖으로 나아가, 교회의 중심으로 들어오지 못하는 서민들의 삶의 자리로 들어가서 야외 설교를 실시하였다. 그리고 그는 평신도들에게도 설교의 기회를 주고 빈민들과 옥에 갇힌 자들을 구제하고 돌보는 일을 실천하였다. 이러한 모습은 종교개혁 정신을 잘 보여주고 있는 것이다. 하지만 종교개혁 전통에 속한 개신 교회들 중 규모가 커진 주요 교단들은 결국 경직된 제도화의 길을 가게 되었다. 특히, 개신교회는 제도화 외에도 사유화의 경향을 나타내기도 했다. "공적인 일의 세계로부터 분리되어" 자기중심적이고 자기내면적인 경건에 치중되어 교회는 "사적 영역에 속한 (privatized)" 것으로 간주되어 온 것이다.18) 따라서 교회의 메시지나 모임이나 활동들도 개인과 개체 교회의 필요를 채우는 것에 초점을 맞추어옴으로써 사회로부터 소외되는 결과를 가져오게 된 것이다.

20세기 중반, 위와 같은 교회의 제도화(institutionalization)를 반성하고 성서적 교회의 회복을 주장하는 목소리들이 가톨릭 진영에서 두드러지게 출현하기 시작했다. 그러한 새로운 인식과 신학적 전환을 담아 제2차 바티칸공의회는 에큐메니즘과 복음주의에 기초하여 *Lumen Gentium*(A Light to the Gentiles)이라는 문서를 발행하였다. 이 공의회가 도출해 낸 교회의 방향성은 이후 개신교를 포함하여 전 세계 교회의 교회론에 큰 전환점을 가져오게 되었다. 제2차 바티칸공의회가 표방한 교회 이해 중 대표적인 것 네 가지를 상기해보면 다음과 같다. 첫째, "성

---

17) McGrath, *Christian Theology: An Introduction*, 389.
18) 밀리오리, 『기독교 조직신학 개론』, 414.

례전(sacrament)으로서의 교회"[19]이다. *Lumen Gentium*은 다음과 같이 진술한다. "교회는 그리스도 안에서 일종의 성례—즉, 하나님과의 교제와 모든 인간 사이의 일치의 기호이자 도구이다." 둘째, "교제(communion)로서의 교회"[20]이다. 교제(*koinonia*, fellowship)야말로 교회의 본질에서 중요한 성서적 요소라는 발견이다. 이것은 "삼위일체 그 자체의 삶" 속에서나 "교회 안에 있는 신자들의 공동의 삶"에 있어서 "공동의 삶을 나누는 것"을 의미한다. 이것은 그리스도의 십자가와 부활을 통해 "수직적"으로는 하나님과 신자 사이에 이루어지고, "수평적"으로는 신자들 사이에 살아내어지는 관계성이다. 셋째, "하나님의 백성(the people of God)으로서의 교회"[21]이다. 이것은 구약과 신약 모두를 아우르는 이해로서, 교회는 "이스라엘과 연속선상에 있는 하나님의 새로운 백성"이라는 이해이다. 이러한 교회론은 "하나님의 구원의 계획 속에서" 유대인들의 위치를 인식하고, 확장된 하나님 나라의 관점에서 교회와 유대인들 간의 화해를 지향하고 있다. 마지막 네 번째로 "은사적 공동체(a charismatic community)로서의 교회"[22]이다. 제2차 바티칸 공의회가 이루어질 당시 은사 운동이 광범위하게 점증하고 있었는데, 공의회는 교회 안에 있는 이러한 은사들의 중요성을 인식하고 그것들에 대해 "개방성"(openness)을 가지게 되었다. 다양한 은사들은 서로 보완하며 봉사와 섬김의 목적을 위해 사용되는 각각의 개인에게 부어진 선물들이라는 것이다. 이러한 인식은 주변화된 회중들, 평신도들, 여성들

---

19) McGrath, *Christian Theology: An Introduction*, 385.
20) McGrath, *Christian Theology: An Introduction*, 389-390.
21) McGrath, *Christian Theology: An Introduction*, 390.
22) McGrath, *Christian Theology: An Introduction*, 390.

이 공동체의 중요한 일원으로 함께 사역하게 되는 토대가 될 것이다.

위와 같은 교회론에서는 제도로서의 교회 이해와 확연히 다르게 초대교회와 교부 시대의 근원적인 교회의 본질을 회복하고자 하는 새로운 교회 이해를 보게 된다. 이러한 교회론은 이후로 세계 교회들과 신학자들이 보다 개방적인 교회론을 전개하는 데 있어서 중요한 전초기지 역할을 해왔다. 한스 큉은 제2차 바티칸공의회의 기본 기조에 동의하면서 교회의 네 가지 표지 중 하나인 가톨릭성(catholicity, 보편성)과 관련하여 다음과 같이 주장한다.

> 교회의 가톨릭성을 입증하기 위해서는 교회 안에 있는 사람뿐 아니라, 밖에 있는 사람도 염두에 두어야 한다. … 하나님은 유대인과 기독교인의 하나님일 뿐 아니라, 전 인류의 하나님이시기도 하다. 그리스도 안에서 전 세계에 하나님의 은혜가 주어졌다. 하나님의 구원 계획에 밖이란 존재하지 않으며, 오직 안 만이 있을 뿐이다. … 교회는 세계 내에 존재한다. 그러나 교회는 세계에 대해 자신만이 구원과 영적 지배권을 가졌다고 배타적으로 주장해서는 안 된다. … 교회는 겸손하고 사심 없는 자세로 이 세계의 구원을 위해 봉사해야 한다. 진정한 가톨릭교회라면, 자신을 단지 세계와 동일시하거나 구원을 소유한 자들의 폐쇄적인 공동체로 이해해서는 안 된다. 교회는 오히려 전 인류의 구원을 위해 봉사하고 돕는 자들의 개방적인 공동체로 이해되어야 한다.23)

이는 교회의 보편성을 세계를 향해 더 확장시키는 이해이다. 큉은 교

---

23) 한스 큉, 『교회』, 454-455.

회가 예수 그리스도의 복음의 진정성과 독특성을 지켜가되 미래를 가지기 위해서는 배타성을 줄이고 포용성과 개방성을 넓혀가야 한다고 논하고 있는 것이다.

교회의 개방성은 교회의 '제도화'를 극복하는 방안일 뿐만 아니라 동시에 교회의 '사유화'를 지양하는 태도이기도 하다. 따라서 교회의 개방성에 대한 논의는 교회의 공공성에 대한 담론과 공조하는 것이다. 특히, 정치신학자 몰트만은 교회의 사유화를 비판하면서 공적 신학과 교회의 공공성을 가장 강력히 주장하는 신학자 중 한 사람이다. 몰트만에 의하면 신학은 "하나님-나라의-신학"이기에 그 대상은 "하나님과 세계"이며 그렇기 때문에 "공적인 신학"(*theologia publica*)일 수밖에 없다.24) 여기에서 공적인 신학이란 세상과의 "공적인 관계성"에 관심을 가지고, "사회의 공적인 일에 관여"하는 것을 의미한다. 보다 구체적으로는 "사회의 공공 복리(공익)"에 참여하는 신학이다. 몰트만은 다음과 같이 표현한다. "복음 선포, 신앙 공동체 그리고 사랑의 디아코니아에 있어서 중요한 문제는 하나님 나라 안에서 이 세계와 이 세계 안에서 하나님 나라이다."25) 여기서 몰트만이 의미하는 하나님 나라는 "이 세계의 공공복리(공익)를 위한 성서의 희망에 대한 포괄적 지평이다." 그가 주장하는 공적 신학은 이 세상을 살기 좋은 곳으로 만들어가는 신학인 것이다. 그러므로 공적 신학은 "정치적, 문화적, 경제적 그리고 생태학적 삶의 영역들"을 아우르는 "이 세계의 모든 영역"과 관계하고, 교회 자신의 일 뿐만

---

24) 위르겐 몰트만/곽미숙 옮김, 『세계 속에 있는 하나님: 하나님 나라를 위한 공적인 신학의 정립을 지향하며』(서울: 동연, 2009), 9-10.
25) 몰트만, 『세계 속에 있는 하나님』, 351. 이하 공적 신학과 교회의 공공성에 관한 몰트만의 주장에 대한 설명과 인용은 같은 책 351-355를 참고한 것이다.

아니라 "세계의 보편적인 관심사"에 관심을 가지는 신학이다.

이러한 공적 신학의 관점에서 몰트만은 교회가 사적인 차원에만 머물지 아니하고 "공공성의 특성"을 가져야 함을 역설한다.[26] 그렇다면 보다 실제적으로 몰트만이 교회의 공공성을 통해 의미하는 바는 무엇인가? 이는 교회의 영역을 사회까지 확장시켜 "이 세계의 교회화"를 의도하는 것은 아니다. 먼저 그것은 사회 안에 있는 "소외된 자들의 해방"[27]에 관심을 가지는 것이다. 교회의 기관과 시설들이 "하나님-나라의-관심사들"을 사회적으로 담아내는 것이다. 그래서 이 세계의 모든 영역들이 "하나님 나라와 그의 의에 상응"하게 변화되도록 힘쓰는 것이다. 그러기 위해서는 평신도들이 각자의 전문적 능력을 사용하여 사역에 참여할 수 있도록 격려하는 일이 중요하다. 교회의 공공성은 또한 보통 사람들로 하여금 "복음, 신앙, 사랑"을 향해 보다 "친근하게" 관심을 가지고 다가올 수 있도록 눈높이를 맞추는 일도 포함한다. 이와 같은 신학과 교회의 공공성에 관한 인식과 함께 몰트만은 제2차 바티칸공의회의 관점과 연속선상에서 개방적 교회론을 발전시켜 왔다.

III. 몰트만의 개방적 교회론

1. 삼위일체적 공동체

몰트만의 교회론의 가장 큰 특징은 교회의 본질, 정체성, 사명, 구조

---

26) 몰트만, 『세계 속에 있는 하나님』, 354.
27) 몰트만, 『세계 속에 있는 하나님』, 353.

등 교회와 관련한 모든 진술들이 그의 삼위일체 이해에 근거하고 있다는 것이다. 그가 쓴『성령의 능력 안에 있는 교회』[28]의 주 내용도 삼위일체론적 교회론이다. 그러면 그의 삼위일체론의 핵심은 무엇인가? 기존에 가장 널리 수용되어 온 삼위일체론은 터툴리안이 정립한 오래된 개념인 "하나의 실체, 세 개의 위격"(*una substantia, tres personae*)에 근거한 이해였다. 즉, 성부, 성자, 성령 세 위격이 구분되지만 궁극적으로는 하나의 일치된 본질을 가진 한 분 하나님이라는 교리이다. 몰트만에 의하면 이러한 삼위일체론의 출발점과 강조점은 결국 한 분 하나님에게 맞추어져 있다.[29] 이와 같은 일신론에서 신은 희랍 철학과 만나 최고 실체로 이해되었고, 근대 철학을 통해서는 절대 주체로 해석되었다.[30] 몰트만에 따르면 바로 이 유일한 "최고 실체"이자 "절대 주체"로서의 신 이해가 정치에서는 단일군주론적 권력 구조를 지지하고 교회에서는 단일 군주론적 교권 구조를 강화해왔다고 지적한다. 그래서 정치 영역에서는 "한 하나님―한 황제―한 교회―한 제국"에 대한 생각을 유발하였고, 교회에서는 "한 교회―한 교황―한 베드로―한 그리스도―한 하나님"의 폐쇄적이고 제도 중심의 지배 구조를 정당화하였다는 분석이다.[31]

이러한 문제의식을 가지고 몰트만은 기독교의 신론은 일신론이라기보다는 삼위일체적 신론임을 시종일관 강조한다. 즉, 하나님은 세 개의 위격이 사랑으로 하나의 공동체를 이루고 있는 삼위일체적 하나님이라

---

28) 위르겐 몰트만/박봉랑 외 옮김,『성령의 능력 안에 있는 교회』(서울: 한국신학연구소, 1982).
29) 위르겐 몰트만/김균진 옮김,『삼위일체와 하나님의 나라』(서울: 대한기독교출판사, 2014), 29-33.
30) 몰트만,『삼위일체와 하나님의 나라』, 22-29.
31) 몰트만,『삼위일체와 하나님의 나라』, 228-242.

는 것이다. 이러한 삼위일체론을 가리켜 몰트만 스스로 "사회적 삼위일체론"(a social doctrine of the Trinity)이라 부른다. 사회적 삼위일체론에 있어서 출발점과 강조점은 '삼위'에 더 있다고 할 수 있다. 이렇게 성부, 성자, 성령의 삼위가 각각의 개별성을 상실하지 않은 채 상호관계성을 통해 일체를 이루듯이, 교회도 그러한 공동체를 이루어야 한다는 것이다. 그래서 "권위와 순종 대신에 대화와 의견의 일치와 조화"가 이끌어가야 하고, 통일성을 유지하기 위한 "계급 제도 대신에 그리스도의 공동체의 형제애"가 중심을 이루어야 한다. 몰트만에 따르면 사제 중심의 제도보다는 "장로 제도", "노회 제도" 또는 "형제 관계" 등의 조직체가 "사회적 삼위일체론"과 더 상응하는 형태이다. 몰트만은 교회가 힘에 의한 지배 구조가 아닌 "자유로운 사귐"과 "동의"와 삼위일체론적 관계성에 의한 공동체가 될 때, 세상이 믿을 수 있는 "신빙성 있는 교회"가 될 수 있다고 주장한다.[32]

사회적 삼위일체론에서 세 개의 위격이 하나의 공동체를 이루기 위해 상호 간에 맺는 관계성을 설명하기 위해 몰트만이 사용하는 개념이 "페리코레시스"(perichoresis)이다. 이 용어는 다마스쿠스의 요한이 기독론과 삼위일체론을 설명하기 위하여 사용한 개념이다. 특히, 삼위일체론에서 페리코레시스는 성부, 성자, 성령의 동등한 인격들이 상호 간에 역동적으로 침투하고 내주하는 것을 의미한다. 페리코레시스의 상호관계성 속에서 세 인격들은 서로 "섞이지도 않고 분리되지도 않으면서" 하나의 공동체를 이룬다. 즉, 각자의 차이성이 유지되고 구분되지만 그러나 분리되는 것은 아닌 "소통 안에 있는 공동체"를 이루고 있는 것이다.

---

32) 몰트만, 『삼위일체와 하나님의 나라』, 242.

"획일성 없는 공동체와 개인주의 없는 인격성"이 페리코레시스적 관계성의 특징인 것이다.33) 몰트만은 이러한 관계성이야말로 하나님의 사랑의 특징을 나타내는 것이라고 해석하면서 그의 삼위일체론을 다음과 같이 요약한다.

삼위일체 하나님은 풍성한 내적 관계들과 외적 관계들을 가진 하나의 공동체적 하나님이다. 오직 이 하나님에 대하여 우리는 이렇게 말할 수 있다. "하나님은 사랑이다", 사랑은 고독하지 않으며, 오히려 다른 것들을 전제하며, 다른 것들을 결합시키며, 결합된 것들을 구분하기 때문이다. "성부와 성자와 성령"이 영원한 사랑을 통하여 서로 결합되어 있다면, 그들의 하나 됨은 그들의 일치성에 있다. 그들은 서로를 향한 희생을 통하여 그들의 독특한, 신적 사귐을 형성한다. 넘치는 사랑을 통하여 그들은 그들 자신 바깥으로 나가며, 유한하고 모순되며 사멸하는 피조물들의 다른 본질을 위하여 창조와 화해와 구원 속으로 그들 자신을 개방한다. 이리하여 그들은 피조물들에게 그들의 영원한 삶 속에 있는 공간을 내어 주며, 그들의 영원한 기쁨에 참여하게 한다.34)

세 위격들은 사랑의 일치와 사귐과 공동체를 이루기 위해 서로에게 자기를 내어주고, 자기를 개방하고, 자기를 비운다. 그렇게 함으로써 상호 내주를 위해 서로에게 삶의 공간을 열어주는 것이다. 또한 삼위일체

---

33) 이상과 같은 페리코레시스에 관한 설명은 다음을 참고하였다. Jürgen Moltmann, "Perichoresis: An Old Magic Word for a New Trinitarian Theology," in *Trinity, Community, and Power*, ed. by M. Douglas Meeks (Nashville: Kingswood Books, 2000), 113-114.

34) 위르겐 몰트만/김균진 옮김, 『신학의 방법과 형식』 (서울: 대한기독교서회, 2011), 330.

하나님은 그들 자신 안에서만 사귐을 나누는 것이 아니라, 지상의 인간과 세계를 향해서 자신을 개방함으로 피조물들이 그 안에서 "방(room)과 쉼(rest)과 영원한 생명(eternal life)" 또는 "삶의 공간"(life-space)과 "집"(home)과 "열린 공간"(open space)과 "넓은 장소"(broad place)35)를 얻을 수 있도록 한다. 그리하여 삼위일체 하나님과 세계 사이에도 페리코레시스적 관계성이 이루어지게 된 것이다. 이것을 몰트만은 "개방적 삼위일체"(open trinity)라고 부른다. 필자는 이러한 열린 삼위일체야말로 개방적 교회론을 위한 최고의 모형이 된다고 생각한다. 특히 십자가 사건은 열린 삼위일체와 열린 하나님의 사랑을 가장 결정적으로 나타내는 사건이다. 이것을 몰트만은 다음과 같이 표현한다.

열린 상처받을 가능성으로서 그리고 사랑이 없고 사랑받지 못하며 비인간화된 인간들을 위한 하나님의 사랑으로서 이해되는 골고다 위의 세속적 십자가에 의해, 하나님의 존재와 하나님의 생명은 실제 인간에게 개방된다. 하나님 자신이 밖에 있는 사람들을 위해 문 밖 골고다 위에서 죽은 자이라면, 하나님에게 있어서 '문 밖'은 없다(W. Borchert).36)

십자가 사건은 문 안과 밖, 성과 속의 경계를 허물고 연결시키는 삼위일체 하나님의 사랑의 사건이라는 것이다. 그러므로 몰트만이 그의 교회론에서 강조하는 바는 교회는 세계와 함께하는 삼위일체 하나님의 사귐과 삶(생명)과 역사 안에 있는 공동체로서 그 사귐과 삶과 역사에

---

35) Moltmann, "Perichoresis," 117-120.
36) Jürgen Moltmann, *The Crucified God* (Minneapolis: Fortress Press, 1993), 249.

참여하고 그것을 교회 안에서 살아내며 세계 속에 확장시키는 것을 본질과 사명으로 삼아야 한다는 것이다. 특히, 몰트만은 메시아적 공동체로서 교회가 참여해야할 가장 중요한 사명 중 하나로 가난한 자, 소외된 자, 버려진 자, 고통 받는 자, 죄인, 생태계 등의 "해방"(liberation)을 제안한다. "그리스도의 은혜, 하나님의 사랑 그리고 성령의 공동체는 참된 생명을 향한 인간의 해방 안에서 함께 역사한다. 그리스도는 은혜 안에서 우리를 용납하고, 하나님은 제한 없이 사랑하며, 성령은 우리에게 새로운 생명력을 준다."37) 교회는 이러한 삼위일체 하나님의 사역에 상응하는 공동체가 되어야 할 것이다. 역으로 교회가 "분리하라 그리고 정복하라"라는 세상의 지배 논리를 따라 세상으로부터 분리하여 세상을 지배하고자 한다면 스스로의 존립이 어렵게 될 수도 있을 것이다.38) 삼위일체 하나님을 예배하는 공동체는 밖을 향해 "배타적이지 않으며, 개방적이고 초청하는 공동체"39)가 되고 모든 육체와 모든 피조물을 환대하고 품는 교회가 되어야 하는 것이다. 특히 몰트만은 젊은 사람들, 노인들, 여성들, 장애인들 등에게 열린 교회가 되어야 함을 강조한다. 오늘날 공공의 영역, 특히 직장에서 젊은 사람들과 노인들의 자리가 점점 사라지고 있으며, 다문화 사회가 되어가지만 외국인들을 위한 삶의 공간이 너무 부족한 한국 사회에서 그들을 위한 공간을 제공하는 교회가 된다면 이것은 공공적 의미가 큰 일이 될 것이다.

위와 같은 몰트만의 삼위일체적 교회론에 영향을 받은 다니엘 밀리오리는 오늘날 기독교의 문제를 "개인주의화", "사유화", "관료주의화"

---

37) Moltmann, "Perichoresis," 120.
38) Moltmann, "Perichoresis," 124-125.
39) Moltmann, "Perichoresis," 121.

로 진단하면서, 이러한 문제들은 "삶의 상호 연관성"에 대한 이해와 의식의 부족 때문이라고 비판한다. 그에 의하면 교회가 생명을 잃어버리고 "교회의 신비"를 잃어버린 이유는 기독교 신앙이 본래 가지고 있는 "사회적 의미"를 외면하고, "신앙과 실천을 결합"시키지 못함에 기인한다고 논한다.[40] 그는 교회가 교회다운 교회의 신비를 진정으로 회복하는 길에 대해 다음과 같이 주장한다.

교회의 신비란, 하나님이 세상 속에서 성령의 권능에 의해 예수 그리스도 안에서 역사하는 하나님의 새로운 은혜를 통해 모든 분리적인 장벽을 철폐하며 "하나의 새로운 인간"(엡 2:15)을 만들고 계신다는 점이다. 또한 교회의 신비란, 교회가 하나님의 삼위일체적 사랑을 증언하고 그것에 참여하기 위해 부름 받았음을 의미한다. 하나님은 타자를 존재하게 하고 삶과 힘을 공유하며 사랑을 주고받는 상호적 관계 속에 사시는 분이다. 따라서 교회는 모든 개인주의, 계급주의, 인종차별주의, 성차별주의를 초월하여 관계성과 연대성과 우정으로 맺어진 새로운 인간의 삶을 개시하도록 부름 받는다.[41]

다음 부분에서는 이러한 삼위일체적 열린 사귐을 성육신적으로 구현한 예수의 우정의 특징에 관해 살펴봄으로써 그의 삶과 가르침에 기초한 교회가 어떤 삶을 살아내야 하는지에 관해 계속 살펴보고자 한다.

---

40) 밀리오리, 『기독교 조직신학 개론』, 413-417.
41) 밀리오리, 『기독교 조직신학 개론』, 417.

2. 열린 우정의 공동체

산업화와 도시화로 인해서 현대인들은 고향을 상실하고 편하게 쉬고 호흡할 수 있는 생명의 공간, 안정감을 누릴 수 있는 공간을 상실해 가고 있다. 서울시 곳곳에서 시도하고 있는 마을가꾸기 운동들은 바로 그런 삶의 공간 회복을 위한 노력일 것이다. 빠져나올 수 없이 극단화되어가는 자본주의와 상업주의 구조 그리고 빠른 이동과 극심한 경쟁과 냉담함 속에서 비인간화는 가속화되고 있다. 이러한 시대 속에서 생존하고 있는 개인들의 틈새에서 우정이란 말은 너무 낭만적인 사치가 되어 버렸다. 교회도 수많은 구호와 프로그램 속에서 정작 사람을 놓치는 경우가 허다하다. 예수의 삶은 이러한 시대 속에서 교회가 어떤 모습을 회복해야 할 것인가에 관해 매우 중요한 교훈과 모델을 보여준다.

몰트만에 의하면 예수의 사역의 가장 중요한 특징 중 하나는 열린 우정(open friendship)이었다. 몰트만은 전통적으로 교회는 예수를 "왕의 왕, 주의 주, 수퍼 스타"로 칭송해 왔지만, 이것은 권위주의적인 사회의 반영이며, 예수와 회중들 사이의 거리감을 조성해 온 차원도 있다고 지적한다. 예수는 그러한 타이틀이 아니라 오히려 그의 겸손과 가난과 힘없는 인내 속에서 진정한 높음과 부유함과 전능함이 나타나고 있다.[42] 성서에 보면 예언자, 제사장, 왕 등의 타이틀과는 대조적으로 예수가 친구로 칭하여지는 두 부분이 나온다. 먼저, 누가복음 7:34에서 그는 "세리들과 죄인들의 친구"라고 불리고 있다. 그는 미래적 하나님의

---

42) Moltmann, *The Open Church*, 54-55. 이하 예수의 열린 우정에 관하여는 주로 다음 문헌을 참고하였다. Moltmann, *The Open Church*, 54-63.

나라 잔치의 기쁨과 자유함 속에서, 인간의 율법적 분리에 따른 공적인 죄인들, 즉, 범죄자들, 버림받은 자들, 병든 자들, 실패한 자들, 친구가 될 수 없는 자들을 용서해 주고 용납해 주었다. 그래서 그들의 진정한 친구가 되었다. 역사적 예수 연구가 존 도미닉 크로산(John Dominic Crossan)에 의하면 예수의 사역의 가장 두드러진 특징은 "급진적 박애주의"(radical egalitarianism)에 기초한 "열린 식탁친교"(open com-mensality)였다.[43] 식탁은 일종의 "사회의 수직적 차별과 수평적 분리"의 축소판처럼 이용될 때가 있다. 그러나 예수는 그렇게 하지 않았다. 어느 누구와도 함께 식사를 했으며, 그의 식탁은 누구에게나 열려 있었다. 또한 요한복음 15장에 보면, 예수는 자신을 제자들의 친구라도 부르면서 그들을 우정의 삶으로 부르고 초청하고 있다. 그리고 친구를 위해서 자신의 생명을 희생하는 것이 가장 고귀한 사랑임을 가르쳐 주었다. 결국 예수는 그가 가르친 우정과 사랑으로 십자가에서 목숨을 버렸고, 그의 계명을 따르고 다른 사람들의 친구가 되는 사람들의 영원한 친구가 되었다. 우정 안에서의 삶을 제자들의 소명으로 남겨준 것이다.[44]

예수가 보여준 우정은 일반적 우정과는 다른 우정이다. 사실 일반적인 우정은 의외로 폐쇄적이고 사적인 특징을 가진다. 아리스토텔레스는 그의 니코마코스 윤리학에서 우정(*philia*)은 "오직 상호성(reciprocity) 속에서만 가능케 되는" 것이기에 그것은 본질적으로 동료들 간에 이루어지는 것이라고 설명한다. 즉, 우정은 마음이 맞는 "동료들 간의 닫힌 범위 안에서만" 이루어지는 것이라는 의미이다.[45] 이것이 사회에서 이

---

43) John Dominic Crossan, *Jesus: A Revolutionary Biography* (New York: HarperSanFrancisco, 1994), 66-74.
44) Moltmann, *The Open Church*, 56-57.

루어지는 일반적인 우정의 모습이다. 그러나 예수의 우정은 그러한 배타적 우정이 아닌 "불의한 자들과 멸시당하는 자들을 위한 열린 공적 우정"(open and public friendship)[46]이었다. 사적인 우정이 아니라 열린 공개적 우정이었던 예수의 우정은 우정의 "비사유화"(deprivatized)를 요청한다. "동료들 간의 우정의 닫힌 서클은 그리스도에 의해 원칙적으로 깨어졌다. … 그의 성육신과 그의 죄인들과 세리들과의 우정은 배타적 서클들을 돌파하였다."[47] 그러므로 교회의 우정도 "신실하고 경건한 동료들의 폐쇄적인 서클 안에서"만 가두어져서는 안 되며, "타자들을 향한 개방적 애정과 공적 존중 속에서" 이루어져야 하는 것이다. 이러한 우정을 몰트만은 "적극적 연대"라고 부르기도 한다. 그 실천적 실례로서 몰트만은 퀘이커 교도들이 영국 빈민가에서 사회 봉사활동을 하고, 미국에서 노예제도를 반대하는 정치적 운동에 참여한 사례를 들고 있다.[48]

위와 같은 관점을 바탕으로 몰트만은 교회가 "친구들의 공동체"가 되는 것이 바람직하다고 주장한다. 즉, 우정의 공동체가 되어야 한다는 것이다. 그래서 교인들 사이의 단절을 극복할 뿐만 아니라, 소위 "악한 세상과 불신자들"에 대한 배타성을 타파하고, "친구 없는 자들"에게 친구가 되어주는 공동체가 되어야 한다는 것이다. 교회 밖에 있는 "풀뿌리 공동체들" 속의 사람들 한 가운데로 더 가까이 다가감으로써 니체의 짜라투스트라가 가르쳐 주었듯이 "이웃이 아니라, 친구"가 되어야함을 제

---

45) Moltmann, *The Open Church*, 57-58.
46) Jürgen Moltmann, *The Church in the Power of the Spirit: A Contribution to Messianic Ecclesiology* (Minneapolis: Fortress Press, 1993), 120.
47) Moltmann, *The Open Church*, 61.
48) Moltmann, *The Open Church*, 61-62.

안한다. 그래서 그들과 함께 진정으로 기쁨을 함께 나눌 수 있을 때 그들을 얻을 수 있다는 것이다. 그러할 때 교회는 복음이 사람들 속에서 복음되게 하고, 하나님의 나라의 잔치가 이 땅에서도 이루어지도록 할 수 있을 것이다. 몰트만은 교회가 다른 부류의 사람들까지 환대(hospitality)하는 개방적 친구됨의 실천을 확대시켜갈 때 사회 속에서 "더 우호적인 세계" 형성을 위해 기여할 수 있을 것이라고 논한다.[49]

몰트만은 교회의 가장 중요한 본질 중 하나인 친교라는 개념을 우정의 개념을 통해 더 구체화시키고 현실 적합하게 제안하고 있다. "교회는 그리스도의 친교로부터 성립되었다."[50] 그리스도와의 사귐 그리고 그리스도께서 무리들과 나누시고 보여주셨던 사귐에 기초되어 있는 것이다. 그리스도의 친교의 특징은 열린 우정의 개념에 의해 잘 드러난다. 우정은 "자유로운 결합"이고 "사회적 지위를 초월하는 새로운 관계"이며 "호의를 펼치는 개방된 관계"이다. 이러한 우정의 관점에서 몰트만은 교회를 다음과 같이 정의한다. "성도의 집회 즉 형제들의 공동체는 예수의 우정 안에 살면서, 버림받은 자를 사랑으로, 멸시받는 자를 존경으로 대함으로써, 사회에서 우정을 펼치는 친구들의 친교이다."[51] 몰트만은 교회 위기의 극복과 개혁의 길을 그리스도의 "우정의 정신"으로 돌아가는 데에서 찾아야 한다고 주장한다. 성례의 개혁, 성직의 개혁, 형식주의 극복, 복음화 등의 주요 과제들의 성공 여부는 교회 공동체 안에서 그리스도의 친교와 우정을 회복시키고, 회중들의 적극적인 참여를 회복시키며, 지역 공동체를 향해 개방되는 데에 달려 있다고 보는 것이다.[52]

---

49) Moltmann, *The Open Church*, 62-63.
50) 몰트만, 『성령의 능력 안에 있는 교회』, 339.
51) 몰트만, 『성령의 능력 안에 있는 교회』, 339.

이상에서 살펴보았듯이 몰트만은 교회가 예수의 열린 우정을 실천하는 "개방적이고 환대적인 공동체"가 되어야함을 제안한다.[53] 그래서 누구나 함께 참여하고 치유되고 나눌 수 있는 "열린 문"을 가진 열린 공동체가 되어서, 예수 그리스도의 성육신, 우정, 성만찬 그리고 삼위일체적 사귐을 세계 속에서 실현시키고 확장시켜가는 공동체로서의 교회상을 제시하고 있는 것이다.

3. 메시아적 공동체

몰트만은 자신의 교회론을 메시아적 교회론으로 칭하고 있다.[54] 그는 교회를 메시아적 삶을 사는 공동체로 규정하고 있는 것이다. 여기에서 메시아적이란 말은 크게 두 가지 의미를 지닌다. 하나는 '해방적'이란 의미이며, 또 하나는 '오고 있는'(coming), 즉 '종말론적'이란 의미이다. 즉, 교회는 "메시아적 해방과 종말론적 갱신"[55]의 두 가지 차원을 가지고 있다는 것이다. 따라서 교회는 세계의 해방을 위해 선교하고 봉사하는 공동체이며, 오고 있는 하나님 나라를 향해 열려서 하나님의 전 우주적 통치를 지향하며 자신의 사역의 범위를 삶의 모든 영역으로 확장해가고, 부단히 자신의 새로운 변화를 추구하는 공동체인 것이다.

교회는 그리스도의 공동체이다. 즉, 나사렛 예수를 그리스도로 믿고,

---

52) 몰트만, 『성령의 능력 안에 있는 교회』, 339-340.
53) Moltmann, *The Open Church*, 33.
54) 몰트만의 메시아적 교회론에 관하여 다음 논문은 잘 정리하여 논하고 있다. 이상직, "몰트만의 교회론: 하나님의 영광과 세계의 해방을 위한 교회론", 한국조직신학회 편, 『몰트만과 그의 신학: 희망과 희망 사이』 (서울: 한들출판사, 2005), 219-245.
55) 이상직, "몰트만의 교회론", 236.

고백하고, 기대하는 것 위에 교회가 서 있기 때문이다.56) "그리스도의 공동체"(Christian community) 또는 "메시아적 공동체"란 말은 "해방적 공동체"(liberating community)라는 의미를 이미 포함하고 있다.57) 그리스도 또는 메시아라는 개념 자체가 포함하고 있는 의미 때문만이 아니라, 예수 그리스도의 사역이 그 무엇보다 인간 해방이었기 때문이다. 누가복음 4:18-19은 예수의 메시아적 사명을 잘 요약하고 있다. "주의 성령이 내게 임하셨으니 이는 가난한 자에게 복음을 전하게 하시려고 내게 기름을 부으시고 나를 보내사 포로 된 자에게 자유를, 눈 먼 자에게 다시 보게 함을 전파하며 눌린 자를 자유롭게 하고 주의 은혜의 해를 전파하게 하려 하심이라." 예수는 생애를 통해서 가난한 자에게 복음을 전하고, 갇힌 자를 해방시키며, 병자를 치유하는 사역을 하였다. 그리고 고난과 죽음을 통해서는 "죄의 압박으로부터의 해방", "권세의 우상으로부터의 해방", "하나님께 버림받은 상태로부터의 해방"의 길을 열었다.58) 그러므로 교회는 세상에서 해방과 자유가 확장되는 일을 위해 봉사하고 "그리스도의 메시아적 역사에 참여하는 교회"59)가 되어야 한다.

메시아적 공동체는 성령의 공동체이며, 종말론적 공동체로서 하나님의 통치 속에 다양한 은사들이 주어지고 각각의 은사를 따라 회중들이 동등하게 함께 사역한다.60) "성령은 경계를 넘어서고 분리와 소외를 극복하는 하나님의 능력이다."61) 성령의 공동체 속에서는 "성별적 · 인

---

56) 몰트만, 『성령의 능력 안에 있는 교회』, 80.
57) Moltmann, *The Open Church*, 32.
58) 몰트만, 『성령의 능력 안에 있는 교회』, 100-113.
59) 이상직, "몰트만의 교회론", 231.
60) 밀리오리, 『기독교 조직신학 개론』, 421.
61) 밀리오리, 『기독교 조직신학 개론』, 440.

종적·계급적 분열이 철폐되고(갈 3:28) 낯선 자들이 환영을 받으며 권력의 공유가 지배를 대체한다."[62] 코이노니아(*koinonia*)의 교제 안에서 "새롭고 포용적인 공동체"[63]를 이루는 것이다. 그러므로 "도래하는 하나님의 통치의 표시인 교회는 '대안의 공동체'로서, 여기에서는 자유의 새로운 영이 다스리고 가장 비참한 자들도 포용되며 심지어 원수들도 환영을 받는다."[64] 몰트만은 이렇게 교회 밖에 희망 없는 사람들을 받아들여 희망을 주는 공동체가 될 때 교회에도 희망이 있음을 강조한다.[65] 또한 성령의 공동체는 교회 안에 있는 사람들끼리 만의 배타적이고 협소한 모임이 아니라, 밖에 있는 사람들을 향해 나아가는 선교 공동체이다. 더 나아가 생명의 영의 새롭게 하는 역사는 창조 세계와 우주 전체의 새 창조와 변형까지 확대되는 것이며, 교회는 궁극적으로 하나님이 모든 것 안에 모든 것이 되시는 종말론적 완성의 날을 지향하는 것이다. 따라서 교회는 교회 자신을 위한 교회로만 남아 있을 수 없으며, 성령의 역사를 따라 온 세계 속에 도래하는 종말론적 하나님 나라를 향해 끊임없이 자신을 개방하고 섬겨야 하는 것이다. 이것은 "이 세계 속에서 행하시는 하나님의 해방시키는 선교"에 동참하는 교회로서의 모습이며, 선교적이고 봉사적인 교회의 차원이다.[66]

그리고 교회는 스스로 종말론적 관점 속에서 끊임없는 변화에 열려 있어야 한다. 종말론적 과정 중에 있는 열린 교회의 자세를 잃지 말아야 하는 것이다. 지상에 완전한 또는 완성된 교회는 없으며, 미래로부터 오

---

62) 밀리오리, 『기독교 조직신학 개론』, 421.
63) 밀리오리, 『기독교 조직신학 개론』, 440.
64) 밀리오리, 『기독교 조직신학 개론』, 421-422.
65) Moltmann, *The Open Church*, 35-36.
66) M. Douglas Meeks, "Introduction," in Moltmann, *The Open Church*, 13-18.

고 계시는 하나님에 대해 개방적 자세를 가지고, 하나님의 우주적 통치와 하나님 나라의 빛에 비추어 더 좋은 교회를 모색하며 항상 새로운 모험 중에 있는 것이다. 몰트만은 다음과 주장한다.

> 신학적 교회론은 교회의 살아 있는 모습을 나타내기 위해서 이 세 차원들—하나님 앞에서, 사람들 앞에서, 미래 앞에서—을 주시할 것이다. 왜냐하면 그리스도의 교회는 '열린 교회'이기 때문이다. 교회는 하나님을 위해서, 사람들을 위해서 그리고 하나님과 인간의 미래를 위해서 열려 있다. 교회가 이 열려 있는 것들 가운데 하나를 포기하고 하나님, 사람들, 또는 미래에 대해서 닫혀지는 때 교회는 쇠약해진다.[67]

교회는 "폐쇄적인 전통"을 극복해가며 "외부 지향적" 공동체를 지향하고, 동시대와 오는 미래를 향해 자신을 개방하여 소통하고 계속 변화되어 갈 때, "인간을 노예생활로부터 해방하시는 하나님의 종말론적 통치에 순종"하고 참여하는 사명을 잘 수행할 수 있을 것이다.[68] 그러한 의미에서 한스 큉은 다음과 같이 말한다. "자기 자신에게, 즉 자신이 정당화시킨 이론과 표상 그리고 자신의 형식과 법에 사로잡힌 교회가 아니라, 주께 사로잡힌 자로서 진정한 자유를 누리며 항상 새로운 인류의 요구와 곤궁과 희망에 자신을 개방하는 교회만이 이러한 과제(교회 본연의 사명)를 직시할 수 있으며, 기회를 선용할 수 있다."[69] 이것이 바로 메시아적 교회의 자세일 것이다.

---

67) 몰트만, 『성령의 능력 안에 있는 교회』, 13-14.
68) 이상직, "몰트만의 교회론", 223.
69) 한스 큉, 『교회』, 4-5.

IV. 내재적 초월의 건축, 성육신적 건축

이상에서 살펴본 개방적 교회론은 교회 건축 및 건물 사용에 관한 부분을 직접적으로 다루고 있지는 않지만, 교회 건축의 공공성 제고 연구를 위한 시사점이 많다고 본다. 필자는 개방적 교회론과 교회 건축의 공공성의 의미를 잘 담아내는 교회 건축의 실례로서 에드워드 앤더스 쉐빅(Edward Anders Sövik)의 내재적 건축 기법과 재미 한인 교포 건축가 재 차(Jae Cha)가 디자인한 볼리비아의 우루보(Urubo)에 세워진 교회를 소개하고 평가해 봄으로써 공공성을 가지는 교회 건축이란 구체적으로 어떤 것인지 가늠해 보고자 한다.

1. 쉐빅의 내재적 건축

1918년생의 쉐빅은 기독교 신앙을 가진 건축가로서 미국에서 20세기 후반부에 많은 교회들을 건축 설계하여 널리 인정받은 인물이다.[70] 그는 신학을 공부했던 이력을 바탕으로 건축 디자인에 깊은 신학적 성찰을 담아내었다. 그는 에큐메니즘, 제2차 바티칸공의회, 예전 갱신 운동에 의해 영향을 받았다. 그가 특히 교회 건축 설계에 반영하고자 했던 신학적 개념은 "성육신", "섬김", 그리고 "겸손"이다. 쉐빅에 의하면 그리스도의 성육신은 "하나님이 세계 속에 제한 없이 현존함"을 가르쳐주

---

[70] 이하 쉐빅의 교회 건축 설계에 대한 설명과 인용들은 주로 다음 문헌을 참고한 것이다. Mark A. Torgerson, *An Architecture of Immanence: Architecture for Worship and Ministry Today* (Grand Rapids/Cambridge: Wm. B. Eerdmans Publishing Co., 2007), 147-179.

며, "이 지구의 일상적인 것에 대한 하나님의 긍정적 평가"를 의미한다. 이러한 차원에서 볼 때 하나님은 특정한 공간에서만 활동하는 것이 아니다. 하나님은 "우리 세계의 일상적 물질 안에서와 그것을 통하여 성육하신다."[71] 이러한 신학적 해석을 가지고 있던 쉐빅은 "일상적인 전형 속에서의 신의 활동"이라는 아이디어를 예배 공간 건축에 사용한다. 그래서 그는 "특별한 것을 주최할 수 있는 일상적인 환경들을 창조해 내는 것"에 관심을 가진다. "일상적인 것이 특별한 것을 전달하거나 담아낼 수 있다"고 생각하기에, 천상에 있을 법한 특별한 모습을 만들어내려고 하지 않는다. 쉐빅은 "교회가 이 세상에 대해 친밀감 있게 연결되어 있도록" 하는 것에 관심을 가졌고, "그리스도의 사람들로서 다른 사람들에 대한 봉사의 책임을 포기하면서 다른 세계를 추구하는 가운데 잠드는 것"을 경계하였다. 이러한 관점은 그로 하여금 "하나님의 내재"(the im-manence of God)를 강조하는 건축 설계를 지향하게 하였다. 그렇다고 그가 하나님의 초월의 차원을 경시한 것은 아니다. 그는 건축에 있어서 "미"(beauty)의 요소를 중요하게 강조하였으며, 그것을 통해 "하나님의 신비" 또는 "하나님의 타자성"이 표현되도록 해야 한다고 보았다.[72] 그리고 그는 교회 건축에 있어서 항상 "탁월성"을 추구하였다.

쉐빅은 특히 사람의 모양으로 자신을 낮추어 스스로 섬김의 종이 되신 그리스도(빌립보서 2:5-8)에 대한 바울의 고백 그리고 "그리스도의 자기를 내어줌"과 "타자들을 위한 존재"를 강조한 본 훼퍼의 신학에 영향을 크게 받았다. 그래서 성스러운 영역과 세속적 영역의 분리를 해소하는 데에 관심을 가졌다. 리차드 키케퍼가 성스러운 공간은 별도 공간

---

71) Torgerson, *An Architecture of Immanence*, 150-151.
72) Torgerson, *An Architecture of Immanence*, 151.

의 분리에 의해 이루어지는 것으로 생각하기 보다는 "살아있는 임재로서의 거룩함" 또는 "상징적 지시"의 의미에 의해 생각할 것을 제안하고 있는 것은 쉐빅의 관점과 상통한다.73) 쉐빅은 초대교회 그리스도인들이 특별한 교회 건물이 아니라 지역의 평범한 가정집 같은 곳에서 모임을 가졌던 사실에 주목하면서, 그러한 모습이야말로 성과 속의 구분을 넘어선 것이었고, 일상과 매일의 삶 속에서 더 잘 섬길 수 있었을 것이라고 본다. 그래서 세계를 더 잘 섬길 수 있기 위해서 교회가 "비종교적인 건축"을 추구해야 함을 강조한다.74) 쉐빅은 다음과 같이 주장한다.

사람들은 (아직도 일부 그러듯이) "교회는 교회처럼 생겨야 한다"라고 말하곤 했다. 그러나 교회는 뭔가 다른 것이 아니라 세계의 일부분처럼 생겨야 한다고 말하는 것이 더 좋은 것이다. 왜냐하면 하나님께서 그의 자녀들을 만나시는 것은 어떤 천상의 고립된 지역이 아니라 세계 속에서이기 때문이다. 세계가 하나님의 집이며, 교회 건물은 교회의 집이다.75)

그가 이러한 주장을 통해 강조하는 바는 교회는 하나님과 인간을 섬기는 건물을 건축해야 한다는 것이다. 교회의 사명은 예배적인 차원과 비예배적인 차원, 교회 안과 밖 양면을 다 포괄하고 있다. 그러므로 교회 내적 필요뿐만 아니라 교회 주변 지역사회의 필요를 파악하여 건축에

---

73) Richard Kieckhefer, *Theology in Stone: Church Architecture from Byzantium to Berkeley* (Oxford: Oxford University Press, 2008), 285.

74) Torgerson, *An Architecture of Immanence*, 152.

75) Torgerson, *An Architecture of Immanence*, 154에서 재인용.

반영하는 것도 중요한 고려의 요소가 되어야 한다는 것이다. 지역사회를 위해서 최대한 사용될 수 있도록 하는 설계가 필요하다는 것이다. 따라서 쉐빅은 예배 공간이 비 예배적 차원을 위해서도 사용될 수 있도록 하기 위해서 "유동적이고 다목적적인" 예배 공간 디자인을 표방한다.76) 그는 또한 "겸손의 특성"을 강조하면서, 스케일이 웅장한 기념비적 교회 건축에 대해 부정적 입장을 취한다. 그것은 겸손과 섬김의 교회 본질과 다르기 때문이라는 것이다.77) 그는 사회를 다스림이 아니라 섬기기 위한 교회 건축에 초점을 맞추었고, 그것을 위해 "그 고장 특유의(그 지역화 된, vernacular) 또는 일상적인 표현들"을 사용하는 데에 관심을 가졌다. 현대 건축에서 "그 지역화 된" 디자인의 특징은 "단순성, 진정성 그리고 유용성"이다.78)

위와 같은 신학과 관점을 반영할 수 있는 건축 설계로 쉐빅이 발전시킨 것이 바로 "비 교회"(nonchurch) 개념이다. 전통적인 교회 설계는 주로 "특정한 역사적 디자인 스타일에 의존하여 유연성이 없고, 단일한 목적(예전적)의 공간들"을 디자인해왔다. 그러나 쉐빅은 그와는 대조적으로 "유동적이고 (대부분의 가구들이 이동가능하고 상대적으로 쉽게 움직이는) 다기능적인 (예전적인 활동들과 비예전적인 활동들 모두를 주최할 수 있는), 또한 현대적 건축 디자인 표현 형식을 나타내는"79) 비 교회적 디자인을 추구한 것이다.

좀 더 구체적으로 간략히 비 교회적 교회 건축 디자인의 특징을 살펴

---

76) Torgerson, *An Architecture of Immanence*, 155.
77) Torgerson, *An Architecture of Immanence*, 155.
78) Torgerson, *An Architecture of Immanence*, 156.
79) Torgerson, *An Architecture of Immanence*, 149.

보면, 우선 외관은 교회 주변 지역사회의 건물들과 유사하게 설계하는 것이다.80) 학교, 사무실 빌딩, 상가 건물, 공장, 체육관 등 교회의 외관과 구조를 최대한 주변 지역 건물들 모습처럼 건축해서 교회스러워 보임을 완화시키는 것이다. 외부에 십자가와 종탑을 달아도 너무 두드러지지 않도록 하는 것이다. 내부는 소박하고 접근성이 좋고 따뜻하게 환대하는 구조와 분위기로 설계한다. 너무 큰 스케일은 사람들이 압도되고 위축되는 느낌을 줄 수 있어 바람직하지 않다. 예배 공간의 모양은 간단한 직사각형 모양으로 하되 너무 긴 직사각형이 아니라 길이가 약간 더 길거나, 넓이가 약간 더 길게 해서 회중들이 예전이나 기타 활동의 중심으로부터 너무 멀리 떨어지지 않도록 한다. 회중석을 삼면으로 즉, 강단 앞쪽과 양 옆으로 배치한다. 그러면 성도들이 서로 바라볼 수 있어서 친밀감과 공동체감을 더 느낄 수 있을 것이다. 바닥도 예전적인 활동과 비 예전적인 활동들 모두가 가능하도록 만들며, 강단도 너무 높지 않고 회중들과 거리감이 많지 않도록 한다. 좌석 의자들과 기타 예전을 위한 가구들도 이동하기 쉽고 예배를 위해 다양하게 배열하는 것이 가능하도록 설치하며, 비 예전적 활동들에 맞추어 다른 곳으로 치울 수도 있도록 계획한다. 가구들과 공간의 배치를 비대칭적으로 함으로써, 한쪽 공간으로만 너무 고정적으로 편중되지 않고 예전과 활동의 센터가 여러 곳에 유동적으로 형성될 수 있도록 한다. 그렇게 하면 회중들이 찬양을 하거나 다함께 축하나 의식을 행하는 경우 등에는 회중들을 향해 주의가 집중될 수 있도록 할 수도 있다. 위와 같은 쉐빅의 설계는 회중들 서

---

80) 쉐빅의 비교회 개념 설계의 특징에 대한 이하 설명은 다음을 참고하였다. Torgerson, *An Architecture of Immanence*, 169-179.

로가 함께 한 몸에 속하는 부분이라고 하는 연합 의식과 참여 의식을 높일 수 있도록 "함께 둘러 앉음"에 초점을 맞추는 디자인이라고 평가된다.[81]

또한 비 교회적 교회 건축 설계는 예배 외에 다양한 모임들, 공연들, 만찬 행사 등도 가능하게 하며, 지역사회도 사용할 수 있도록 해주는 용도까지 고려하는 디자인이다. 이러한 디자인은 하나님의 "공적 현존 또는 공적 증언"(public presence or witness)[82]을 지향하는 것이라 할 수 있을 것이다. 쉐빅은 당연히 예전을 위한 공간을 우선시 했겠지만, 그는 "선교적 열정"을 가지고 예전적이고 비 예전적인 활동들, 교회의 사적 차원과 공적 차원 모두를 포용할 수 있는 교회 건축에 깊은 관심을 가진 것이다. 그는 예수 그리스도의 사역에 기초한 교회의 본질과 선교에 대한 깊은 통찰을 바탕으로, "교회의 본질을 반영하는 가시적 기호"[83]로서의 교회 건축을 추구한 것이다. 그의 건축 디자인은 내재적 초월의 건축의 한 모범을 보여주고 있다.

2. 우루보 교회

2000년도에 건축가 재 차(Jae Cha)가 디자인하여 건축을 추진한 볼리비아의 외딴 시골 마을 우루보(Urubo)의 교회는 그 지역의 커뮤니티 센터로도 사용되는 건물이다. 재 차는 미국에서 활동하고 교수로 가르치는 여성 건축가로서 선교와 봉사에 대한 남다른 열정과 사명감을 가

---

81) Kieckhefer, *Theology in Stone*, 279-280.
82) Torgerson, *An Architecture of Immanence*, 179.
83) Torgerson, *An Architecture of Immanence*, 156.

진 독실한 기독교인이다. 그녀는 우루보 교회 설계를 통해서 건축상을 받기도 하고, 기타 활동들을 통해 건축계에서 널리 인정받고 주목받는 젊은 건축가이다. 우루보 교회 건축 디자인에 재 차(Jae Cha)가 반영하고 있는 건축의 특징은 수수함(modest), 단순함 그리고 유동성이다.[84] 그 교회 설계는 "건축물과 지역 공동체 간의 모범적인 관계성을 나타내고, 최소한의 자원으로도 지역 공동체에 의미 있는 유익함을 가져올 수 있다는 것을 보여주고 있다."[85] 이 교회야말로 "사람들을 위해, 사람들에 의해" 지어진 교회라고 할 수 있다. 미국과 볼리비아의 그리스도인들의 후원을 받고, 그 교회 회중들과 지역 주민들이 건축 작업의 과정에 직접 참여하도록 해서 지은 교회이다. 건축 자재는 주로 그 지역에서 생산된 압력 약품 처리된 목재와 반투명의 폴리카보네이트 판을 사용하였으며, 충분한 자연 채광이 가능하도록 지었다. 그러므로 최소한의 비용으로 최소한의 기간에 그 지역사회에 맞는 건축할 수 있었다. 외형이 전혀 교회 같지 않게 수수하고 별다른 상징도 없다. 단순한 원형으로 건축되었기에 교회 내부에서 예배의 센터가 유동적이고 좌석도 쉽게 이동 가능하게 하였다. 재 차는 풀뿌리 기층 사람들 중심의 비전을 가지고 있었기 때문에 교회를 디자인 할 때, 그 지역 주민들을 위해 "지속 가능한 방법들을 발전시키고 지역 공동체의 상호작용의 그물망을 촉진하는" 교회 건축을 방향으로 설정하였다. 그래서 우루보 교회는 다기능적인 목

---

84) 우루보 교회에 대한 여기에서의 설명과 평가들은 주로 다음 문헌을 참고하였다. Jane F. Kolleeny, "And the meek shall rule the earth," *Architectural Record*, vol. 189, issue 10 (Oct. 2001), 83. 우루보 교회 사진과 추가적인 설명들은 다음을 보라. Phyllis Richardson, *New Sacred Architecture* (London: Laurence King Publishing Ltd, 2004), 192-195.

85) Kolleeny, "And the meek shall rule the earth," 83.

적으로 지어져서, 예배를 위한 공간뿐만 아니라, 특히 여성들과 어린이들을 위해 보육센터, 백신 접종센터, 공설 시장, 유치원 등으로 사용되도록 했다. 재 차는 지역 공동체를 지원하고 힘과 생기를 불어넣는 "유동적 공공의 공간"으로서 교회 건물을 디자인하여, 주중에 교회가 커뮤니티 센터로 사용되어 사람들을 섬기고 봉사할 수 있도록 한 것이다. 물론 우루보 지역은 낙후된 지역이기에 그러한 교회 건축이 더 큰 적합성을 가질 수 있었을 것이다.

이상에서 개방적 교회와 교회 건축의 공공성의 의미를 잘 담아내는 건축의 두 가지 실례를 살펴보았다. 두 건축가의 교회 건축 설계를 내재적 초월의 건축 그리고 성육신적 건축이라 평가할 수 있을 것이다. 하지만 두 사례가 모든 교회 건축의 모델이 되어야 한다는 것은 아니다. 다만 그 건축가들이 디자인하고 건축한 결과물들에는 교회 건축의 공적 차원과 관련하여 가치 있는 통찰들과 철학들과 방법들이 깃들어 있다는 것이다.

V. 나오는 말

한스 큉은 교회의 본질과 관련하여 다음과 같이 말한다. "교회의 '본질'은 형이상학적인 불변성 내에 존재하는 것이 아니라, 항상 변하는 역사적인 '형태' 속에서만 나타난다. 이러한—정적이며 경직된 것이 아니라, 역동적이며 항상 사건으로서 일어나는— 근원적이며 지속적인 '본질'을 이해하기 위해서는 항상 변하는 역사적 '형태'를 주목해야 한다."[86] 교회 공간 건축이야말로 교회의 본질을 성육신적으로 표현해 내는 가장 구체적인 차원일 것이다.87) 이런 관점에서 볼 때 지금도 하나님 나라의 종말론적 지평 속에서 교회는 각각의 자리에서 교회의 본질을 구현해 가고 있고 교회되어 가고 있는 중인 것이다. 큉은 다음과 같이 역설한다. "예수 그리스도의 복음을 믿고 선포하며 행하는 교회는 현대적인 교회 와 인류 가운데서도 미래를 가질 것이다."88) 이러한 진정성 있는 교회 의 사명을 잘 수행할 수 있기 위해서는 교회 건축을 어떻게 해야 하는 것일까? 이것은 지속적으로 진지한 연구가 필요한 중차대한 질문이다.

사실 기독교 교회 건물의 원형이란 없다고 할 수 있다. 그리스도의 부활 직후에는 성전과 회당에서의 모임과 그리스도인들만의 별도의 장 소에서의 모임이 병행되었다.89) 알려진 대로 초대교회의 주요 공간은 개인의 가정집이었다. 그러나 성전 파괴로 인해 유대인들과 기독교인들 은 그 대안을 찾기 시작했고, 재림의 지연으로 지속적인 예배와 조직의 필요성을 느끼게 되어 별도의 예배 공간 건축에 관심을 가지게 되었다 고 볼 수 있다. 4세기 이래로부터 발전한 긴 직사각형 바실리카 형태의 교회는 로마 제국 법정 모양을 응용한 것이다.90) 바실리카 형태의 정형 화된 교회 건물을 세우기 시작하면서 교회 건물에 성스러운 성전의 의 미를 부여하기 시작했다. 그 이후의 교회 건축의 역사는 고대 이스라엘 의 성전 개념과 그리스 로마 문명 등으로부터 받은 영감과 영향을 기초 로, 각 시대와 문화와 지역 속에서 교회의 상황과 신학적 관점과 신앙적

---

86) 한스 큉, 『교회』, 5.
87) White, *Introduction to Christian Worship*, 109.
88) 한스 큉, 『교회』, 140.
89) 교회 역사 초기의 교회 형태와 건물 형성 과정과 관련한 이하 설명은 다음 문헌을 참고 하였다. Kieckhefer, *Theology in Stone*, 286-287.
90) White, *Introduction to Christian Worship*, 91-93.

표현에 따라 창조적이고 집약적으로 최선을 다해 빚어내어 온 과정이었다.91)

교회 건축의 방향은 항상 열려 있는 것이다. 즉, 교회 건축도 오고 있는 하나님 나라의 빛 아래에서 종말론적인 변화 과정 중에 있는 것이리라. 그러므로 교회 건축은 각 시대의 그리스도인들과 건축가들에게 주어지는 중요한 과제요 사명이요 또한 기회이다. 우리가 어떤 신학과 신앙과 생활과 비전 속에서 어떻게 짓느냐 하는 것이 교회 건축의 본질 그리고 심지어는 교회의 본질을 구현해가는 과정이 되기 때문이다. 교회를 건축하는 각 교회 공동체마다 그 교회의 특별한 상황 속에서 고려해야만 할 다양한 요소들이 있다. 그런데 그러한 요소들 중에 다음 세대와 사회를 향한 고려와 책임성은 빠뜨릴 수 없는 부분이다. 이미 지역사회를 향해 열린 자세를 가지고 교회 건축의 공공성의 요소를 실현하고 실천하기 위해 고민하며 노력하고 있는 교회들도 많을 것이다. 따라서 이러한 교회 건축의 공공성에 관한 신학적 담론은 교회의 사회적 책임성에 대한 의식을 더 확대하고, 미래 지향적으로 새롭고 올바른 교회 건축의 방향성을 모색하는 것뿐만 아니라, 이미 그렇게 실천하고 있는 바에 관한 해석과 반성이 될 수도 있을 것이다.

---

91) Kieckhefer, *Theology in Stone*, 287.

참고문헌

몰트만, 위르겐/김균진 옮김.『신학의 방법과 형식』. 서울: 대한기독교서회, 2011.

_____/박봉랑 외 옮김.『성령의 능력 안에 있는 교회』. 서울: 한국신학연구소, 1982.

_____/김균진 옮김.『삼위일체와 하나님의 나라』. 서울: 대한기독교출판사, 2014.

_____/곽미숙 옮김.『세계 속에 있는 하나님: 하나님 나라를 위한 공적인 신학의 정립을 지향하며』. 서울: 동연, 2009.

밀리오리, 다니엘 L./신옥수 백충현 옮김.『기독교 조직신학 개론: 이해를 추구하는 신앙(전면개정판 제2판)』. 서울: 새물결플러스, 2013.

이상직. "몰트만의 교회론: 하나님의 영광과 세계의 해방을 위한 교회론." 한국조직신학회 편.『몰트만과 그의 신학: 희망과 희망 사이』. 서울: 한들출판사, 2005.

이형기 외.『공적 신학과 공적 교회』. 용인: 킹덤북스, 2010.

큉, 한스/정지련 옮김.『교회』. 서울: 한들출판사, 2011.

Crossan, John Dominic. *Jesus: A Revolutionary Biography*. New York: HarperSanFrancisco, 1994.

Kieckhefer, Richard. *Theology in Stone: Church Architecture from Byzantium to Berkeley*. Oxford: Oxford University Press, 2008.

Kolleeny, Jane F. "And the meek shall rule the earth," *Architectural Record*, vol. 189, issue 10 (Oct. 2001): 83.

McGrath, Alister E. *Christian Theology: An Introduction*. 5th ed. West Sussex: Wiley-Blackwell, 2011.

Moltmann, Jürgen. *The Open Church: Invitation to a Messianic Lifestyle*. London: SCM Press Ltd, 1978.

_____. *The Church in the Power of the Spirit: A Contribution to Messianic Ecclesiology*. Minneapolis: Fortress Press, 1993.

_____. *The Crucified God*. Minneapolis: Fortress Press, 1993.

_____. "Perichoresis: An Old Magic Word for a New Trinitarian Theology." In *Trinity, Community, and Power*. ed. by M. Douglas Meeks. Nashville: Kingswood Books, 2000.

Richardson, Phyllis. *New Sacred Architecture*. London: Laurence King Publishing Ltd, 2004.

Torgerson, Mark A. *An Architecture of Immanence: Architecture for Worship and Ministry Today*. Grand Rapids/Cambridge: Wm. B. Eerdmans Publishing Co., 2007.

White, James F. *Introduction to Christian Worship*. 3rd ed. Nashville: Abingdon Press, 2000.

_____. *Protestant Worship and Church Architecture: Theological and Historical Considerations*. Eugene: Wipf and Stock Publishers, 2003.

교회 건축의 공공성에 대한
생태(공적)신학적 근거

전 현 식*

I. 들어가는 말

요즈음 한국의 교회, 대학, 국가를 포함한 한국 사회 전체가 신자유
주의 지구적 경쟁체제의 구조적 늪에 빠져 있다. 최근에 한국에서 발생
한 세월호 사건, 메르스 사태 그리고 세계 최고의 자살율과 최저의 출산
율로 대표되는 한국 사회의 병리적 현상은 한국 사회 전체의 총체적 균
열을 극명히 보여준다. 특히 연애, 결혼 및 출산을 포기하는 3포 세대를
넘어, 대다수 많은 사람들의 현재와 미래의 삶에 대한 계획과 꿈을 포기
하는 다포(多抛) 세대의 증가는 지젝의 말을 빌리면, '자기 재귀적인 올
가미'(self-reflective loop)에 걸려 잇는 제조된 '위험사회'의 모습을 여
실히 보여 주고 있다.[1] 그 근본적 이유는 인간 삶의 공적 토대가 되는

---

* 연세대학교 신과대학 교수, 조직신학
1) Slavoj Žižek, *The Ticklish Subject: The Absent Centre of Political Ontology* (London: Verso, 1999), 405.

교회, 대학, 기업 및 국가라는 대표적 공적 영역에서 공공성(公共性)의 결핍 및 상실에 있다. 한국 사회 안에서 공공성의 상실의 뿌리는 효율성과 과도한 경쟁에 기초하여 개인 이익의 극대화를 자기실현으로 포장하는 신자유주적 글로벌 정치 경제 체제의 공리주의적 이데올로기이다. 인간 개인의 삶은 본성적으로 타자의 삶에 근거한 공적인 삶(public life)이다. 그러므로 인간 개인이 터하고 살아가는 모든 영역은 공적 영역이다. 한 마디로, 개인적인 것과 공적인 것은 결코 분리될 수 없다. 교회, 대학, 기업 및 국가라는 공공적 공간 안에서 공공성의 상실의 핵심은 공적 영역의 개인화 내지는 사유화에 있다. 모든 공적 영역 중에서 교회의 개인화 내지 사유화는 사회적 악인 동시에 종교적인 죄이다.

최근 한국 개신교의 급격한 쇠퇴의 근원은 교회의 공적 본성과 사명을 상실한 데 있다. 이 글은 한국의 초대형 교회 건축에서 드러난 많은 문제점에 직면하여, 공적 신학의 관점에서 교회 건축의 공공성에 대한 생태신학적 근거를 알아보고자 한다. 교회 건축의 공공성 회복에 대한 종교적 담론은 다른 공적 영역인 대학, 기업 및 국가의 공공성 회복에 대한 사회 정치적 담론의 뿌리이자 모델이 될 수 있다. 그렇다면, 교회 건축의 공공성이란 무엇인가? 교회 건축의 공공성은 신학적 공공성에 근거해야 한다. 왜냐하면 교회라는 공적 영역은 다른 공적 영역들과 공통성이 있지만, 신앙 공동체라는 고백적 성격이 있기 때문이다. 따라서 신학적 공공성은 사회, 정치적 공공성과 차별성이 있다. 본 글은 공공신학의 관점에서, 신학의 공적 성격 및 토대를 알아보고, 최근의 사회, 정치적 공공성 담론과 구분된 신학적 공공성을 살펴본다. 기독교적 진리의 드러남(계시)과 개인적, 사회적, 생태적 변형(구원)으로서 신학적 공공성의 핵심적 특징은 교회의 공공권 안에서 분명히 발생한다. 교회의 공공권 안에서 드러나는 신학적 공공성은 교회 건축의 공공성의 신학적 근거로 작용한다. 그리고 생태(공적)신학의 관점에서, 교회 건축의 공공성을 생태 교회의 네 가지 모델 그리고 교회 건축의 대표적 세 양식과 예배 공간의 네 요인들의 상호관계성 안에서 살펴본다. 필자는 생태 교회 건축의 공공성의 핵심을 생태 정의(생태 지속성과 분배 정의), 내재와 초월로 해석하며, 교회 건축의 양식과 예배 공간의 사용과 반응 안에서 그 기독교적 역설적 진리가 어떻게 작용하는지 알아봄으로서, 교회 건축의 공공성의 생태신학적 근거를 제시해보고자 한다.

II. 공적 신학의 기원, 의미 및 유형

교회 건축의 공공성의 신학적 근거를 알아보기 위해 공적 신학의 관점에서 신학, 교회, 교회 건축의 공적 성격과 토대에 대해 알아본다. 우선 공적 신학(public theology)이란 무엇인가? 공적 신학의 기원, 사용, 범위 및 의미는 매우 포괄적이다. 브라이텐버그(E. Harold Breitenberg, Jr)가 정리한 공적 신학의 의미, 배경 및 모델을 살펴보자.

그는 공적 신학의 다양한 의미를 세 가지로 다음과 같이 정리하고 있다. 첫째, "공적 신학은 자신의 종교 전통 안에서 뿐만 아니라 그 밖의 구성원들이 '이해할 수 있도록' 노력하는 신학 담론이다." 둘째, "공적 신학은 교회나 다른 종교 공동체 그리고 종교를 갖지 않은 사람들을 포함하는 사회와 중요하게 관련된 '이슈, 제도, 상호작용 및 과정들'에 관심한다." 셋째, "공적 신학은 이론상 모두가 접근할 수 있도록 개방된 '통찰, 용어의 출처 및 담론과 주장의 형식들'을 사용한다."[2] 그는 공적 신학의 다양한 특징 및 의미들을 신학적 이해, 윤리적 본성 그리고 방법론의 세 차원에서 훌륭하게 요약, 정리하고 있다.

다시말해, 공적 신학이란 교회 밖 구성원들도 이해할 수 있는 신학적 담론을 말한다. 공적 신학은 교회 안뿐만 아니라 교회 밖의 사회 공동체 구성원이 이해할 수 있는 신학적 담론을 강조함으로, 교회 공동체의 개인에게 의미 있는 사적 담론에만 머물러 있지 않고, 이웃 종교나 무종교 인들을 포함한 대중들도 이해할 수 있고 설득할 수 있는 신학적 공적 담론을 추구한다. 또한 신학적 공적 담론으로서 공적 신학은 본성적으로 윤리적, 실천적이다. 사회윤리의 성격과 차원을 포함하는 공적 신학은 교회와 사회에 중요한 공적 이슈, 제도 및 상호작용들에 대한 신학적(서술적, 규범적, 구성적) 공적 담론으로서, 교회 구성원 개인의 사적인 삶(구원)을 넘어 공적 삶을 설명하고 해석하며, 사회 현실(상징적 법과 제도)에 참여하여, 하나님의 사랑과 정의에 빛에서 사회 구조와 체제를 변형시킨다. 또한 공적 신학은 자신의 신학적 윤리 담론을 공적으로 수행하기 위하여, 신학적 진술과 윤리적 실천의 원천, 근거 및 기준들을 성서와 교회 전통에만 제한시키지 않고, 다른 자원들(다른 종교 전통, 문화, 경험 및 학문들)로 부터 끌어온다.

공적 신학이란 신학적 가해성(intelligibility), 윤리적 실천, 방법론에 있어서 특정 신앙인뿐만 아니라 모든 사람들에게 열려 있다. 다시말해 공적 신학이란 인식론적, 윤리적, 방법론적 차원에서 '공적'이라는 사실을 의미한다. 그렇다면 '공적'이란 무엇을 의미하는가? 여기서 '공

---

2) E. Harold Breitenberg Jr., "What is Public Theology," *Public Theology for a Global Society*, ed. by Deirdre King Hainsworth and Scott R. Paeth (Grand Rapids, Michigan: William B. Berdmans Publishing Company, 2010), 4-5.

적'(public), '공공성'(publicness)의 구체적 의미에 대해 살펴보자. 사이토 준이치는『민주적 공공성』이라는 자신의 저서에서 공공성(公共性)의 의미를 세 가지(official, common, open)[3]로 들고 있다. 첫째, 공공성이란 '공적인 것'(official)으로 국가가 법이나 정책 등을 통해 수행하는 활동을 의미한다. '공적인 것'으로서 '公共性'은 '公'의 의미가 명확히 드러나는 공권력이 수행의 주체가 되는 공공의 영역으로 '강제, 권력, 의무'를 지닌 공공 사업, 공공 의료, 공교육, 공안 등의 국가 활동이 여기에 해당된다. 둘째, 공공성은 '모든 사람과 관계된 공통적, 혹은 공동적(common)'이라는 의미로 '공동적 것'으로서 '公共性'은 '共'의 의미가 명확히 드러나는 사람들이 함께 작용하는 공동(共同)의 영역으로 공동 이익, 공동 선, 공유지의 개념이 이 범주에 해당되며 사리, 사익 및 사심은 이에 대립된다. 셋째, 공공성이란 누구에게나 열려 있는(open) 개방성, 공개성, 투명성을 의미하는 것으로 누구에게나 접근 가능한 공간 혹은 정보를 말한다. 정보 공개나 공공적 공간(공원, 대중교통, 공중 화장실 등)이 이 범주에 해당되며, 비밀과 프라이버시는 이에 대립되는 개인적, 사적인 닫힌 공간을 말한다.

위에서 살펴본 공공성의 세 의미는 공권력에서 잘 드러나는 사(私)에 대립되는 비인격적인 공(公)의 영역, 공동선이 대표하는 개(個)에 대립되는 인격적인 공(共)의 공간 그리고 공간 및 정보의 개방성을 특징으로 한다. 이와 같은 공공성의 일반적 이해는 국가 활동의 公의 공공성 및 시민적 주체들의 共의 공공성이 상호 교차하는 公共의 공간(영역)이

---

3) 사이토 준이치/윤대석 · 류수연 · 윤미란 옮김,『민주적 공공성: 하버마스와 아렌트를 넘어서』(도서출판 이름, 2014), 18-19.

며, 이런 공공의 영역을 관통하는 공공성의 특징이 개방성(openness)이다. 여기서 公共의 공간은 '공공권'(publics) 혹은 '공공적 공간(public space) 내지 공론장(public sphere)'으로 구별되는데, 찰스 테일러의 말을 인용하면, 전자는 '특정한 사람들 사이의 담론 공간'인 '특정한 장소를 가진 공간(topical)'을 말하며, 후자는 '불특정 다수 사이의 담론 공간'인 '특정한 장소를 넘어선 공간(metatopical)'[4]을 의미한다. 그렇다면, 공공성의 다의적 의미는 신학 영역에 어떻게 적용될 수 있을까? 신학의 公共의 영역은 '특정한 장소를 가진 공간'인가 '특정한 장소를 넘어선 공간'인가? 이런 논의는 사회, 정치적 공공성과 구별하며, 신학적 공공성에 대한 논의를 요구한다.

우선 기독교 신학은 근본적으로 공공성을 지닌다. 왜냐하면 기독교 신학의 전통 안에서, 신학적 진술의 이해 가능성이 이성에 근거하고 있으며, 기독교 신학은 본성적으로 사회정의의 예언자적(윤리적, 정치적) 차원을 지니며, 방법론적 면에서 기독교 신학은 성서와 전통뿐만 아니라 이성과 경험을 사용하기 때문이다. 다시 말해 이성과 경험에 근거한 이해 가능성이란 누구나가 접근 가능한 신학적 진술의 개방성을 뜻하며, 예언 전통의 윤리적 정치적 차원은 공공성으로부터의 배제와 억압을 비판하고 공동선을 추구함으로 기독교 신학은 근본적으로 공적성격과 공적 사명을 지닌다. 또한 위에서 살펴본 공적 신학의 관점에서 볼 때, 공적 신학이 말하는 공공성의 의미는 무엇인가? 공적 신학의 공공성은 공통성(共)과 개방성(openness)의 차원에서, 공적 성격을 드러낸

---

4) Charles Taylor, "Liberal Politics and the Public Sphere" in *Philosophical Arguments* (Harvard University Press, 1995), 263, 앞의 책, 『민주적 공공성』에서 재인용, 20.

다. 즉 공적 신학은 신학적 가해성, 윤리적 실천, 방법론이 교회뿐만 아니라 사회 전체에 열려있는 개방성(open)을 특징으로 하며, 더 나아가 기독교인들뿐만 아니라 종교가 없는 모든 사람들과 관계된 공통성(common)을 포함하고 있다고 볼 수 있다.

그렇다면, 기존의 공공성 담론, 즉 사회 정치적 공공성과 구별된 신학적 공공성이란 무엇일까? 신학적 공공성은 국가의 공공성과 시민사회의 공공성 그리고 민주적 공공성과 어떻게 차별화되는가? 공적 신학(신학의 공적 본성과 토대)이 기독교 신학의 계약 및 예언 전통 안에 이미 견고하게 자리잡고 있다 할지라도, 그 용어를 의도적으로 처음 사용한 신학자는 마틴 마티(Martin Marty)로 알려져 있다. 마티는 로버트 벨라(Robert Bellah)가 주장한 시민 종교(Civil Religion)의 한 형태로서 공적 신학을 소개했다. 벨라는 자신의 글인 "미국 안의 시민 종교"(Civil Religion in America)에서 "공적 종교적 차원이 표현되는 일련의 신념, 상징 및 의례들"을 "미국적 시민 종교"[5]라고 불렀다. 마티는 자신의 논문인 "시민 종교의 두 종류의 두 종류"라는 글에서, 시민 종교를 "하나님 아래 있는 국가"(the Nation under God)와 "자기 초월로서의 국가"(the Nation as Self-Transcendent)라는 두 종류로 나누고 각각의 시민 종교를 두 가지 관점(제사장적, 예언자적)에서 분석하면서, 비판적 공적 신학자의 대표자로 Jonathan Edwards, Abraham Lincoln, Reinhold Niebuhr를 들고 있다.[6] 마티가 시민 종교와 공적 신학의 관계 안에서

---

5) Robert N. Bellah, "Civil Religion in America," *Daedalus* 96, no.1 (Winter 1967), 4.
6) Martin E. Marty, "Two Kinds of Two Kinds of Civil Religion," in *American Civil Religion*, ed. Russell E. Richey and Donald G. Jones (New York: Harper & Row, 1974), 139-157.

공적 신학을 "시민 종교의 한 형태"로 소개했다면, 벨라는 공적 신학을 시민 종교와 별개의 다른 것으로 구분했다. 사회학자인 벨라는 시민 종교를 국가, 지도자 및 상징에 초점을 두며 '미국인의 경험에 드러난 보편적 종교적 실재를 파악하는 것'7)으로 보았다면, 신학자인 마티는 시민 종교를 교회사적 관점에서 보면서, 그 한 형태로서 공적 신학을 기독교의 비판적 예언자적 전통 안에서 이해하며, 더 나아가 공적 교회(public church)8)의 개념을 발전시켰다.9) 사회학자인 벨라가 주장하는 시민 종교의 공적 종교적 차원은 사회학적 차원에서 제시된 미국 시민과 관계된 '공통적, 개방적 종교성'으로 미국적 경험 안에서 확인된다는 것이다. 그러나 마티가 주장하는 시민 종교의 한 형태로서 공적 신학은 기독교 예언 전통 안에서 신학적 공공성을 발전시키는 계기가 된다고 볼 수 있다.

마티에 의해 촉발된 공적 신학은 기독교 신학의 영역에서 활발하게 논의 발전되었다. 브라이텐버그는 공적 신학의 다양한 논의들을 세 가지 관점(교회사, 윤리 및 신학)으로 유형화 했다.10) 첫째, 교회사의 관점에서 논의되는 공적 신학으로, 기독교 전통, 즉 과거와 현재의 신학자, 목회자 및 다른 사람들에 대한 서술적, 해석학적 설명을 통해 그들을 공적 신학자로 확인하여, 그 대표적 예로 Jonathan Edwards, Water Rauschenbusch, Reinhold Niebuhr, Martin Luther King Jr., Dorothy Day를 들었다. 최근에 이 분야에서 공적 신학을 수행하는 대

---

7) Robert N. Bellah, "Civil Religion in America," 11.
8) Martin Marty, *The Public Church: Mainline-Evangelical-Catholic* (New York: Crossroad, 1981).
9) Breitenberg, Jr., "What is Public Theology," 8-9.
10) Breitenberg, Jr., "What is Public Theology," 10-13.

표적 신학자는 마티이다. 둘째, 공적 신학의 정의, 의미 및 방법에 관심하는 조직신학적 관점에서 수행하는 공적 신학으로, 이 분야의 대표적 신학자는 데이비드 트레이시(David Tracy)이다. 셋째, 공적 삶의 이슈, 제도, 상호작용 및 과정들에 대한 서술적 설명, 규범적 제의 및 구성적 노력에 관심하는 신학적 윤리의 관점에서 수행하는 공적 신학으로, 이 분야의 신학자는 데이비드 홀렌바흐(David Hollenbach)를 든다.

III. 공적 신학의 세 분과, 신학적 공공성 및 교회의 공공권

필자는 공적 신학의 세 유형들 중에서, 트레이시의 공적 신학에 대한 방법론적 접근에 주목하면서, 그가 주장한 신학의 공적 성격, 신학의 세 공공권(publics), 신학의 공공성에 관심한다. 트레이시는 모든 신학의 공적 성격 및 역할을 다음과 같이 말한다. "기독교 신학 담론은 기독교적 본문, 사건, 상징들 안에 체현된 의미와 진리의 공적 성격을 명백히 함으로써 공적 기능을 수행한다."11) 그리고 그는 신학의 공적 지위를 보여 주기 위해, 신학자가 말하는 자신의 준거 집단(the reference groups), 즉 공공권(the publics)을 언급할 필요성을 강조한다. 트레이시가 언급하는 신학의 공공권, 즉 신학적 담론 공간은 특정한 장소를 가진 공간(topical)인가 아니면 특정한 장소를 넘어선 공간(metatopical)인가? 신학의 담론 공간은 열린 공간의 공공성과 닫힌 공간의 공동체와

---

11) David Tracy, *The Analogical Imagination: Christian Theology and the Culture of Pluralism* (London: SCM Press, 1981), 55.

어떤 관계를 맺는가? 또한 신학의 공공성(publicness)은 다른 사회적, 정치적 공공성과 어떻게 다른가?

사이토 준이치는 자신의 책, 『민주적 공공성』에서 공공성에 대한 최근의 사회, 정치적 담론을 분석하며, '시민적 공공성,' '합의 형성의 공간으로서 공공성,' '현상의 공간으로서 공공성,' '욕구 해석의 정치로서 공공성,' '친밀권으로서 공공성'에 대해 말하고 있다. 그렇다면 교회 건축의 공공성을 논하기 위한 신학적 근거로서 신학적 공공성이란 무엇인가? 트레이시는 모든 신학의 공적 성격을 강조하면서, 공적 담론으로서 신학은 "모든 인간을 개인적, 사회적, 정치적, 윤리적, 문화적 혹은 종교적 방식으로 변형시킬 수 있는 의미와 진리를 드러낸다"고 주장한다. 그리고 그는 신학적 공공성(publicness)의 핵심적 특징으로 "인식적 드러남, cognitive disclosure(계시)"와 "개인적, 공동체적, 역사적 변형"을 든다.[12] 여기서 트레이시가 말하는 인식적 드러남과 변형은 기독교적인 전통적 용어로 신앙의 대상이 인간 실존에 드러나는 '계시'의 차원을 말하며, "개인적, 공동체적, 역사적 변형"이란 기독교적 진리가 그것을 추구하는 신앙인의 실존에 드러남으로서 인간 실존이 온전하게 변화되는 '구원'의 차원을 의미한다.

드러남(계시)과 변형(구원)으로서 신학적 공공성은 사회적, 정치적 공공성을 포함하며, 초월한다. 트레이시는 신학을 세 분야들, 근본신학 (fundamental theology), 조직신학(systematic theology) 및 실천신학 (practical theology)으로 구분하고, 다섯 가지 요소들(일차적 준거 집단, 논의의 양식, 윤리적 입장, 신학자의 신앙적 헌신, 신학의 의미와 진리 주장)과

---

12) Tracy, *The Analogical Imagination*, 55.

연관시켜 논의하는데, 그 핵심적 내용을 요약하면 다음의 〈표 1〉과 같다.[13]

트레이시는 신학의 세 분과와 다섯 요소들에 대한 논의 안에서 신학의 공적 성격, 신학적 공공성을 잘 보여주고 있다. 우선, 각 신학 분과(근본신학, 조직신학, 실천신학)와 일차적 준거 집단(공공권)에 대한 논의에서 각 신학 및 그 준거 집단의 공적 성격과 역할이 잘 드러난다. 각 신학 분과가 일차적으로 대학, 교회, 사회의 영역에서 각각 수행되며, 각 신

〈표 1〉 공적신학의 세 분과와 다섯 요소들

신학의 세 분과 / 신학의 다섯 요소	근본신학 Fundamental Theology	조직신학 Systematic Theology	실천신학 Practical Theology
1. 일차적 준거집단 (공공권, publics)	대학	교회	사회
2. 논의의 양식	합리성, 타당성	성서와 전통의 계시적 변혁적 힘의 재해석	프락시스
3. 윤리적 입장	대학에 적합한 비판적 탐구	교회에 적합한 종교 전통에 대한 창조적 비판적 충실성	실천적 상황에 대한 책임적 참여및 연대
4. 신학자의 신앙적 헌신	신학자와 신앙적 헌신의 분리	신학자의 종교전통, 실천운동에 대한 신앙적 헌신	신학자의 종교 전통, 실천운동에 대한 신앙적 헌신
5. 신학의 의미와 진리 주장	진리주장의 타당성	성서와 전통의 해석학적 회복(재해석 및 적용)	실천적 변혁적 진리
사회, 정치적 공공성과의 관계	시민적 공공성 합의형성의 공간	현상의 공간 친밀권	욕구해석의 정치

---

13) Tracy, *The Analogical Imagination*, 55-58.

학 분야 및 그 일차적 수행 영역이 구분되지만 상호 연결되어 있다는 트레이시의 방법론적 통찰은 신학의 세 가지 수행 영역인 대학, 교회와 사회가 공적 영역이라는 사실에 기초해 있으며, 그 공적 영역 안에서 수행되는 근본신학, 조직신학, 실천신학은 그 본성과 역할이 공적이 되어야 함을 말해준다. 또한 윤리적 입장에 있어서, 근본신학의 대학에 적합한 비판적 탐구, 조직신학의 교회 전통에 대한 비판적 충실성 그리고 실천신학의 실천적 상황에 대한 책임적 참여는 조작적 공공성에 대한 비판적 공공성 및 연대를 함축하고 있다. 그리고 논의의 양식에 있어서, 근본신학은 합리성을, 조직신학은 성서와 전통이 드러내는 변혁적 힘의 재해석을, 그리고 실천신학은 프락시스를 강조하고 있다. 여기서 논의의 기준인 합리성, 변혁적 힘, 프락시스는 모든 사람들에게 공통적이고 개방적인 공공성을 함축하고 있다. 신학적 주장의 의미와 진리의 기준들과 관련하여, 근본신학의 체험적 모델(a experiential model)은 "체험적 진리"를, 조직신학의 드러남 모델(a disclosure model)은 "신학적, 상징적 진리"를, 그리고 실천신학의 실천 변형 모델은 "실천적 윤리적 진리"를 제시한다. 체험적 진리, 신학적 상징적 진리 그리고 실천적 윤리적 진리도 누구에게나 접근 가능한 진리의 공통성과 개방성을 이미 함축하고 있다.

위에서 살펴본 각 신학 분과 및 그것이 일차적으로 수행되는 각 공적 영역이 서로 연결되어 있고, 각각의 요소들이 공통성과 개방성이라는 사회, 정치적 공공성의 의미를 내포하고 있다 할지라도, 드러남(계시)으로서 신학적 공공성이 명확히 드러나는 공적 영역은 조직신학이 일차적으로 수행되는 교회의 공공권이며, 변혁(구원)으로서 신학적 공공성이 분명히 드러나는 공적 영역은 실천신학이 일차적으로 수행되는 사회라고 본다. 트레이시의 신학적 공공성을 사회, 정치적 공공성과의 관계 안에서 이해하면서, 대학의 공적 영역에서 수행되는 근본신학은 시민적 공공성, 합의 형성의 공간, 교회의 공공권 안에서 수행되는 조직신학은 현상의 공간 및 친밀권 그리고 사회의 공적 영역에서 수행되는 실천신학은 욕구 해석의 정치와 더욱 긴밀히 연결되어 있다.

시민적 공공성은 하버마스가 그의 저서『공론장의 구조 변동』에서 제시한 것으로, 공권력에 의한 조작적, 시위적 공공성에 대한 비판적 공공성을 의미한다. 하지만, 시민적 공공성이 실질적으로 부르조아의 공론장으로서, 시민 사회는 시장 사회를 대표하는 자유주의적 모델로서 공론장의 항쟁의 계기가 결핍된 탈정치화의 경향이 있다는 비판을 받았다. 그후 그는『사실성과 타당성』에서 시민 사회를 자발적 결사에 근거한 민주주의로 보면서, 공공성의 과제를 국가의 공권력에 대한 비판적 감시로부터 토의를 통한 정치적 의사 형성 및 어젠다 설정이라고 주장하며, 공론장의 이상적 모습을 '합의 형성의 공간'으로 보았다.14) 하버마스가 제시한 시민적 공공성과 '합의 형성의 공간'으로서 공공성은 대학에서 일차적으로 수행되는 근본신학의 공적 성격 및 역할과 유사성을 지닌다. 예를 들어 대학의 공적 영역에서 근본신학이 수행하는 합리적 논의, 이성에 근거한 비판적, 윤리적 입장, 진리 주장의 타당성은 조작적 공공성에 대한 비판적 시민적 공공성, 이성을 공공적으로 사용할 자유에 기초한 의사소통 공간으로서 공공성을 잘 表現하고 있다.

사회, 정치적 공공성과 구분되는, 드러남(계시)로서의 신학적 공공

---

14) 사이토 준이치,『민주적 공공성』, 3장 참조; 위르겐 하버마스/한승완 옮김,『공론장의 구조변동: 부르조아 사회의 한 범주에 대한 연구』(파주: 나남, 2003); 위르겐 하버마스/ 한상진 · 박영도 옮김,『사실성과 타당성』(파주: 나남, 2010).

성은 조직신학이 수행되는 교회의 공공권에서 잘 드러나며, 이것은 한나 아렌트의 현상의 공간으로서 공공성과 매우 밀접하다. 한나 아렌트는 그녀의 저서『인간의 조건』에서 타자와 대체 가능한 "무엇(what)으로서 정체성"(즉, 어떤 사람의 속성이나 사회적 지위)이 묘사되는 "표상의 공간(the space of representation)"과 대비되어, 타자와 교환 불가능한 "누구(who)로서 정체성"(즉, 자신의 말과 행위를 통해 드러나는 고유한 인격)이 드러나는 "현상의 공간"(the space of appearance)을 공공적 공간이라고 불렀다.15)

아렌트는 말과 행위를 통해 드러나는 인격적 정체성, 즉 누구로서의 정체성을 신체적 정체성, 즉 무엇으로서의 정체성과 구별하여 다음과 같이 말한다.

"사람들은 행위하고 말하면서 자신을 보여주고 능동적으로 자신의 고유한 인격적 정체성을 드러내며 인간 세계에 자신의 모습을 나타낸다. 반면에 신체적 정체성은 신체 자체의 활동 없이도 신체의 유일한 형태의 목소리를 통하여 나타난다. 아무개가 어떤 사람인가하는 그의 속성, 즉 그가 드러내거나 감출 수 있는 그의 특성, 재능, 능력, 결점과는 달리 아무가 도대체 누구인가 하는 그의 인격은 그가 말하고 행위하는 모든 것을 통해 드러난다…. 말과 행위의 이러한 계시적 성질은 사람들이 타인을 위해서 또는 대항해서가 아니라 타인과 함께 존재하는 곳에서만 전면에 나타난다."16)

---

15) 사이토 준이치,『민주적 공공성』, 4장 참조.
16) 한나 아렌트/이진우 · 태정호 옮김,『인간의 조건』(파주: 한길사, 2015), 239-240.

인간의 말과 행위를 통해 드러나는 자신의 인격적 정체성, 즉 누구로서의 정체성은 타자와 함께하는 사이의 공공적 공간 안에서 현상한다. 다시 말해 말과 행위를 통해 드러나는 누구로서의 정체성은 타자와 함께함, 즉 타자의 응답 안에서 나타난다. 누구의 "말과 행위의 계시적 성질"과 이에 대한 타자의 응답은 트레이시가 말한 인식적 드러남, 즉 계시의 차원과 공명한다. 신학적으로 계시란 하나님의 자기 계시와 인간의 신앙적 응답의 두 차원(객관적, 주관적), 즉 하나님과 인간의 두 인격의 만남으로 이루어진다.[17] 한 마디로, 교회의 공공권은 하나님이 자신의 인격을 드러내는 계시적 공간이다.

여기서 교회는 공공권인가 공공적 공간인가에 대해 알아보자. 트레이시는 각각의 신학 분과가 일차적으로 수행되는 영역을 대학, 교회, 사회로 구분하며, 그 영역을 공공권(publics)이라고 불렀다. 앞에서 언급했듯이, 公共의 영역은 공공권(publics)과 공공적 공간(public space) 혹은 공론장(public sphere)으로 구별된다. 전자는 '특정한 장소를 가진 공간(topical)'으로 '특정한 사람들 사이의 담론 공간'이며, 후자는 '특정한 장소를 넘어선 공간(metatopical)'으로 '불특정 다수의 사이의 담론 공간'을 말한다. 트레이시가 각 신학이 수행되는 대학, 교회, 사회의 공공의 영역을 publics, 즉 공공권으로 불렀지만, '특정한 사람들 사이의 담론 공간'으로서 공공권(publics)의 의미가 가장 뚜렷이 드러나는 곳은 교회의 公共의 영역이다. '특정한 장소를 가진 공간'으로서 교회의 공공권은 복수의 관점 및 가치를 가진 타자들의 사이의 공간을 배제하지는 않지만, 신앙을 가진 개인적 인격들이 기독교적 진리에 응답하는 신

---

17) Roger Haight, *Dynamics of Theology* (New York: Orbis, 2001), 3장 참조.

앙의 공동체라는 점에서 '불특정 다수의 사이의 담론 공간'인 공공적 공간과 구별된다.

　교회의 공공권은 논의의 양식, 윤리적 입장, 신학자의 신앙적 헌신, 신학의 의미와 진리 주장에 있어서, 성서와 전통이라는 기독교적 유산을 신학의 일차적 원천으로 전제하며, 그 원천과 토대 없이는 교회의 조직신학은 성립될 수 없다. 교회의 조직신학은 기독교적 전통에 대한 신학자의 신앙적 헌신을 전제한다. 이런 의미에서 교회의 公共의 영역은 복수적 가치와 의견을 가진 사람들 사이의 일과 사건에 대한 관심을 매개로 형성되는 사이의 공공적 공간인 동시에 구성원들 사이의 본질적 가치와 정념(passion)을 매개로 형성되는 공동체의 성격을 함께 지닌다. 따라서 교회 공동체는 '특정한 장소를 가진 공간(topical)'으로 '특정한 사람들 사이의 담론 공간'과 '특정한 장소를 넘어선 공간(metatopical)'으로서 '불특정 다수 사이의 담론 공간'이 상호 교차하는 다양성과 동일성의 변증법적 모순이 존재하는 기독교적 진리의 신앙 공동체이다. 따라서 교회의 공공권은 복수적 가치와 정체성의 사이의 공간인 동시에, 본질적 가치를 공유하는 신앙 공동체이다.

　친밀권으로서 공공성은 교회의 공공권의 특성을 잘 드러내준다. 공공적 공간이 "사람들 사이에 존재하는 공통의 문제에 대한 관심"에 의해 형성된다면, 친밀권(intimate sphere)은 "구체적 타자의 삶과 생명에 대한 배려와 관심"에 의해 이루어진다.[18] 공공적 공간(특히 시민적 공공성 및 합의 형성의 공간)의 타자가 '추상적 타자,' 즉 비인격적(impersonal)이라면, 친밀권의 타자는 '구체적 타자,' 즉 간인격적(inter-personal)이다.

---

18) 사이토 준이치, 『민주적 공공성』, 106.

공공적 공간이 사람들 사이의 일과 사건을 통해, 공동체가 구성원들 사이의 본질적 가치와 정념을 통해 성립된다면, 친밀권은 몸을 가진 구체적 타자의 삶과 생명에 대한 배려와 관심에 의해 형성된다. 교회의 공공권은 공공적 공간, 공동체 그리고 친밀권으로서의 공공성을 다 함께 지니고 있다.

합리성에 근거한 대학에서 일차적으로 수행되는 근본신학의 공공적 공간의 보편성과 구별되어, 교회 공동체 안에서 일차적으로 수행되며 기독교 신앙을 전제하는 조직신학은 고백적 입장의 구체성을 지니고 있다. 기독교 신학은 근본신학의 보편주의적 입장과 조직신학의 고백적 입장의 긴장을 지닌다. 세속적 상대주의(secularist relativism)의 사적 차원에 빠지지 않고 역사적 상대성(historical relativity)이나 역사의식 (historical consciousness)을 진지하게 고려하는 조직신학의 고백적 입장은 인간 실존에 대한 근본적 신뢰에 기초한 근본신학의 보편적 입장과 구별된다. 리처드 니버는 인간의 죄와 우상숭배, 이성의 타락이란 인간 실존의 조건적 한계를 직시하며. 계시적 사건으로서 하나님에 대한 근본적 신뢰로서 기독교적 신앙의 중요성, 보편적 진리의 형이상학적 철학적 주장에 대한 해석학적 의심의 필요성을 지적해주었다.[19] 리처드 니버의 고백적 입장은 관점적 진리에 근거해 과거의 종교 전통과 현재의 상황 사이의 비판적 상관관계의 해석학적 입장에 서 있는 조직신학자 트레이시에 많은 통찰을 제공해주었다.[20] 근본신학과 조직신학의 긴장, 특히, 체험적 진리(보편적)와 상징적 진리(고백적)의 긴장은 더 폭넓은 사회의 영역에서 수행되는 실천신학의 실천적 진리 안에서

---

19) H. Richard Niebuhr, *The Meaning of Revelation* (New York: Macmillan, 1960).
20) Tracy, *The Analogical Imagination*, 64-68.

변증법적 역설적 일치를 이룬다.

여기서 교회사가인 마티가 주장하는 공적 신학 및 공적 교회와 조직 신학자인 트레이시의 의 공적 신학과 공적 교회는 공통성을 지니는 동시에 차별성을 가지고 있다. 공적 교회의 보편적 입장이 좀 더 분명히 드러나는 교회사적 접근과 공적 교회의 보편적 입장과 동시에 고백적 입장의 긴장을 함께 지니는 조직신학적 접근은 구별된다. 인식론적 관점에서, 기독교 신앙을 전제하는 조직신학의 상징적 진리가 인간 공통 경험에 호소하는 체험적 진리보다 기독교적 주장의 의미와 진리의 변혁적 힘을 더욱 온전히 드러낸다. 조직신학적 관점에서, 공적 교회의 보편성과 고백성은 교회 건축의 공공성이 공적 교회의 고백성의 긴장 안에서 고려되어야 함을 의미한다.

IV. 교회 건축의 양식과 요인들, 그 생태적 공공성과 가치의 실현

그렇다면 교회 건축은 신학적, 생태적 공공성을 어떻게 체현할 것인가? 여기서 필자는 키엑헤퍼(Kieckhefer)가 소개하는 교회 건축의 기본 요소들과 양식들에 대해 알아본다.[21] 그는 교회 건축을 바라보는 네 가지 방식들(공간적 역동성, 중심적 초점, 심미적 영향, 상징적 반향)을 설명한다. 전자의 두 요소들은 교회 건축의 '예전적 사용'(liturgical use)과 관

---

21) Richard Kieckhefer, *Theology in Stone: Church Architecture From Byzantium To Berkeley* (Oxford: Oxford University Press, 2004), 10.

련되고, 후자의 두 요소들은 '유도적 반응'(response elicited)과 관련된다. '공간적 역동성'은 교회 공간의 전체적 배치를 의미하는 것으로, 교회 건축의 형태 그리고 그 형태와 예배의 흐름과의 관계성을 포함한다. '중심적 초점'은 교회 건축의 시각적 초점, 그리고 그 초점과 예배의 핵심과 관련된다. '심미적 영향'은 거룩(the holy)의 현존의 경험을 결정하는 미학적 특질로서 즉각적, 직관적으로 파악된다. '상징적 반향'은 예배의 경험 안에서 얻는 인상들의 축적으로서 신성함(the sacred)의 의미를 자아내며, 상징적 연상들의 풍부함 안에서 점진적으로 인식된다.22) 즉, 공간적 역동성과 중심적 초점은 교회 건물이 어떻게 사용되느냐('의례적 사용')의 질문과 연관되고, 심미적 영향과 상징적 반향은 교회 건축이 어떤 반응을 일으키느냐('유도적 반응')의 질문과 연관된다.

위에서 언급된 교회 건축의 기본 요인들은 어떻게 기능하는가? 키엑헤퍼는 교회 건축의 세 가지 전통적 양식들 안에서 교회 건축을 바라보는 네 가지 요인들이 어떻게 구체적으로 기능하는지를 잘 설명하고 있다. 그는 교회 건축의 세 가지 전통적 양식들로 '고전적인 성례전적 교회'(classical sacramental), '고전적인 복음적 교회'(classical evangel-ical), '현대적인 공동체적 교회'(modern communal)로 들고 있다. '고전적인 성례전적 교회'는 양쪽에 낮은 통로와 동쪽 끝에 성단소(chancel), 서쪽에 긴 회중석이 위치한 세로의 장방형 공간의 바실리카 건축 구조를 말한다. 성례전이 집행되는 제단 중심의 이런 건축 구조는 동방정교회, 로마가톨릭, 영국국교회에서 발견된다. '고전적인 복음적 교회'란 복음을 설교하기 위한 강당식 공간으로 말씀을 선포하는 설교

---

22) Kieckhefer, *Theology in Stone*, 11-12.

강단 중심의 비교적 작고 소박한 건축 구조를 말한다. 16세기 네덜란드 개혁주의자에 의해 지어졌고, 후에 현대 복음주의자들에게 의해 계승되었다. '현대적인 공동체적 교회'는 20세기 예전 운동의 시작과 함께 개신교와 가톨릭 모두에서 공동체의 회중을 위해 최근에 발전된 교회 양식으로 현관에 사회 교제를 위한 충분한 공간이 있는 예배를 위해 모이는 회중 중심의 교회를 말한다.23) 키엑헤퍼는 교회 건축의 전통적인 세 가지 기본 양식들 안에서 기능하는 네 가지 요인들을 아래 〈표 2〉와 같이 요약하고 있다.24) 교회건축의 양식들 예배공간의 요인들

〈표 2〉 교회 디자인의 기본 패턴들

교회 건축의 양식 예배 공간의 요인		고전적 성례전적 교회	고전적 복음적 교회	현대적 공동체적 교회
예전적 사용	1. 공간적 역동성	장방형 공간 예배 입장과 퇴장 움직이는 역동성	강당 공간 선포와 응답 구술적 역동성	이행 공간 회합에서 예배로 움직임
	2. 중심적 초점	성찬제단	설교강단	다중적, 이동적
유도적 반응	3. 심미적 영향(즉각적)	극적인 환경 초월과 내재의 상호작용	위엄있는 환경 계발	친절한 환경 축하
	4 상징적 반향(누적적)	높음	낮음	중간
요인들의 관계성		다중적 기능들 지배적 기능 없음	수렴적 기능들 중심적 초점의 지배	수렴적 기능들 공간적 역동성의 지배

---

23) Kieckhefer, *Theology in Stone*, 11-12.
24) Kieckhefer, *Theology in Stone*, 15.

위에서 제시된 교회 건축의 기본 양식들 안에서 드러나는 기본 요인들의 특징들은 교회 건축의 공공성을 평가하는데 도움이 될 수 있다. 필자는 교회 건축의 생태적 공공성을 예배 공간에 초점을 맞춰 살펴볼 것이다. 교회 건축의 공공성은 앞에서 논의한 신학적 공공성의 의미 및 가치 그리고 예배 공간의 사용 및 반응의 관점에서 논의될 수 있다. 신학적 공공성의 핵심적 특징은 기독교적 의미와 진리의 드러남(계시)와 개인적, 사회적, 정치적, 생태적 변형(구원)이다. 교회의 예배 공간은 계시와 구원으로서 신학적 공공성이 발현되는 公共의 영역이 되어야 한다. 앞 장에서 조직신학이 수행되는 교회의 공공권이 기독교적 진리의 드러남(계시)이 명확히 발생하는 공공의 영역이라는 것을 알아보았다. 이제 실천신학이 수행되는 사회의 공공적 공간에서 기독교의 변혁적 진리에 대한 프락시스적 참여와 연대에 대해 알아본다. 사회의 공공적 영역에서 수행되는 실천신학은 욕구 해석의 정치로서 공공성과 깊은 연관이 있다. 욕구 해석의 정치는 생명의 욕구 충족을 권리로 주장할 수 있는 욕구에 대한 정치적 투쟁을 의미한다. 그렇다면 우리가 권리로 요구할 수 있는 욕구란 무엇인가? 존 롤스는 자신의 저서『정의론』에서, "기대의 토대로서 기본적인 사회적 재화(primary social goods as the basis of expect-ation)"를 언급하며, 그 대표적 예로, "권리, 자유, 기회, 힘, 소득, 부, 자존감"을 들었다.[25] "모든 사회적인 기본 가치(선)—자유, 기회, 소득, 부 및 자존감의 기반—는 이러한 가치들의 일부 혹은 전부의 불평등한 분배가 최소 수혜자의 이득이 되지 않는 한 평등하게 분배되어야 한다."[26] 롤스가 제시하는 기본적 사회적 재화(기본재, primary goods)는 모두가

---

25) John Rawls, *A Theory of Justice* (Cambridge: Haravard University Press), 92.
26) J, 롤즈/황경식,『사회정의론』(파주: 서광사, 1985), 317.

권리로 요구할 수 있는 필요(need, 욕구)로서, 누구나가 충족, 확장되기를 원하는 공공적 가치(선)를 말한다. 그가 제시하는 정의의 두 원칙들(균등의 원칙과 차등의 원칙)은 이런 공공적 가치들에 대한 우선적 분배 원리를 의미하는 것으로, 균등의 원칙이 차등의 원칙에 우선하나, 차등의 원칙은 최소 수혜자에게 최대 이익이 되는 경우에 허용된다. 한 마디로 공공적 가치는 최소 수혜자인 사회적 약자에게 이익이 되지 않는 한 균등하게 배분되어야 한다는 것이다.

그러나 아마티아 센(Amartya Sen)은 기본재를 공공적 가치로 보는 롤즈의 정의론이 그것을 이용해 실제로 이룰 수 있는 것에 대한 관점이 결여되어 있다고 비판한다. 롤즈의 기본재(primary goods)가 공평하게 주어졌다할지라도, 각 사람의 계급, 인종, 성, 지역 등에 따라 실제로 이룰 수 있는 것은 차이가 있다는 것이다. 따라서 그는 제3세계 관점에서 공공적 가치를 기본적 능력(basic capability)으로 이해한다. 기본적 능력이란 "사람들이 행할 수 있는 것"을 의미하는 것으로 대표적 예로 "적절한 영향을 얻는 것, 병에 걸리지 않는 것, 요절하지 않는 것, 문자를 읽을 수 있는 것, 자존감을 가질 수 있는 것, 친구를 사귀는 것, 만나고 싶은 사람을 만날 수 있는 것, 커뮤니티에서 일정한 역할을 수행하는 것"을 들고 있다.27) 따라서 센은 빈곤을 권리, 자유, 기회, 소득 및 부와 같은 기본재의 결핍이 아니라 기본 능력의 박탈로 본다.

신학적 공공성은 과거의 성서와 전통 안에 체현된 의미와 진리의 변혁적 힘을 현재의 컨텍스트 안에서 드러냄으로써, 인간을 개인적, 사회

---

27) 사이토 준이치, 『민주적 공공성』, 86-87; 아마티아 센/이상호·이덕재 옮김, 『불평등의 재검토』 (서울: 한울아카데미, 1999), 3, 8장 참조.

적, 정치적, 생태적 차원에서 변형시키는 것이다. 기독교적 공적 진리의 드러냄과 인간과 세계의 변혁으로서 신학적 공공성의 관점에서, 빈곤이란 롤즈의 기본적 재화의 결핍이나, 센의 기본 능력의 박탈이기 보다는 근본적으로 기독교적 의미와 진리의 공적 성격의 드러남과 변형(계시와 구원)의 결핍과 박탈이다. 공공적 가치란 욕구 해석의 정치 안에서 우리 모두가 기본적 필요(욕구)를 권리로서 주장할 수 있는 공공적, 사회적 재화나 선을 의미한다. 롤즈의 공공적 가치가 기본적 사회적 재화, 센의 공공적 가치가 기본 능력이라면, 신학의 공공적 가치는 드러남(계시)과 변형(구원)이다. 필자는 교회 건축의 생태적 공공성과 관련하여, 드러남과 변형으로서 신학의 공공적 가치의 대표적 예를 교회의 고전적 모델인 하나님의 백성, 그리스도의 몸, 성령의 교제에서 찾는다. 또한 현재의 생태 위기의 상황 안에서 교회의 세 가지 고전적 모델을 재해석하여, 생태 교회의 세 모델을 다원적 해방 공동체, 하나님의 몸, 생명의 영으로 제시한다. 그리고 다원적 해방 공동체의 생태적 가치를 해방, 초월과 정의로, 하나님의 몸의 생태적 가치를 성육신, 내재와 생태로 그리고 생명의 영의 생태적 가치를 앞의 두 모델의 변증법적 역설인 초월적 내재, 생태 정의로 제시한다.[28]

필자가 제시하는 교회 건축의 생태적 가치의 핵심은 생태 정의(ecojustice)이다. 생태 정의란 생태계의 지속 가능성과 분배 정의라는 상충적인 두 공공적 가치의 변증법적 역설로서, 생태 지속 가능성(sustainability), 분배 정의(distributive justice), 자원 배분(allocation of resources)의 우선적 순위[29]를 가리키는 기본적 가치, 선 및 원리를

---

28) 전현식, "교회건축의 생태신학적 이해", 「신학논단」 제71집(2013), 331-359.
29) David B. Lott, ed. *Sallie McFague: Collected Readings* (Minneapolis: Fortress,

말한다. 지속 가능성이란 미래 세대의 번영과 기회를 박탈하지 않으면서 현재 세대의 이익과 요구를 충족시킬 수 있는 것을 말한다. 생태적 지속 가능성은 현재 세대뿐만 아니라 미래 세대의 공동 번영을 위하여 창조 세계의 환경적 질과 회복력을 유지하는 것을 의미한다. 분배 정의란 롤스가 제시했듯이, 누구나가 공공적 가치나 공공 자원에 접근할 수 있는 공평성의 원리로서, 균등의 원칙과 사회적 약자를 배려하는 차등의 원칙을 포함한다. 자원 배분이란 경쟁적인 사용자들 사이의 유한한 자원에 대한 배분을 의미한다.

교회 건축의 공공성이란 결핍된 신학적 공공성을 회복하여 발현하는 것이다. 앞에서 언급된 교회 건축의 양식들과 예배 공간의 요인들과의 관계 안에서, 신학적 공공성, 즉 기독교적 의미와 진리의 변혁적 힘이 우리에게 어떻게 드러나는가? 교회 건축의 생태적 공공성과 관련하여 생태적 가치의 핵심은 생태 정의로, 그것은 생태 지속성, 분배 정의, 자원 배분의 우선적 순서에 관한 것이다. 생태 지속성(생태계의 지속 가능성)과 사회 정의(인간들 사이의 분배 정의)는 상호 역설적 일치의 관계에 있다. 그렇다면 자원 배분은 어떤 위치에 있는가? 신자유주의의 정치 경제 체제는 자원 배분을 최우선적 가치로 두며, 자원의 무제약적 배분이 이루어지면, 생태 지속성과 사회 정의는 결국 실현된다고 가정한다. 반면에, 생태적 정치 경제 체제는 생태계의 지속성과 분배 정의가 역설적 관계 안에서 실현될 때, 경쟁하는 사용자들 사이의 유한한 자원의 배분이 이루어질 수 있다고 있다고 주장한다. 지구적 위기에 직면한 오늘날 우리는 신자유주의 정치 경제 이데올로기라는 자기 재귀적인 올가미

2013), 11장, 139-154.

에 걸려 있다. 신자유주의 체제의 재귀성(reflexivity)의 핵심인 불투명성(opaqueness)이란 우리 행위의 궁극적 결과에 대한 불확실성이다. 해결을 위한 우리의 어떤 행위도 전혀 예측할 수 없는 파국적 결과로 되돌아온다는 것이다. 우리 행위의 재귀성과 불투명성은 우리가 의지할 수 있는 어떤 확고한 토대인 자연이나 전통이 없다는 것을 의미한다. 우리가 직면한 위험사회의 궁극적 곤궁은 인식과 결단, 이유와 행위 사이의 틈새 때문이다.[30] 그렇다면 그 대안으로 제시되는 생태 정치 경제 체제의 공공적 가치는 신자유주의의 자기 재귀적인 올가미로 부터 우리를 구출할 수 있는가? 필자가 교회 건축의 공공성의 신학적 근거를 제시하고자 한 것도 바로 이 때문이다. 인식 및 결단의 토대를 상실한 포스트모던 시대의 오늘날 공적 신학은 그 토대를 신학적 공공성, 생태적 공공성 및 가치에 둔다.

신학의 공공성의 핵심은 드러남과 변혁이며, 생태적 공공성의 핵심은 생태 정의이며, 생태적 가치는 생태 지속 가능성, 분배 정의와 자원 배분이다. 교회 건축의 생태적 공공성의 실현은 생태 정의의 드러남이며, 이에 기초한 개인적, 사회적, 정치적, 생태적 변형이다. 다시 말해, 교회 건축은 생태 정의의 기독교적 의미와 진리를 드러내며, 개인과 사회의 변혁 및 자연의 회복을 통해 창조 세계를 보전해야 한다. 그렇다면 키엑헤퍼가 제시하는 교회 건축의 세 양식과 예배 공간의 네 요인들은 교회의 생태적 공공성과 가치를 어떻게 드러내며, 모든 생명의 공공적 공간인 생태계를 구원할 수 있는가? 필자는 생태 교회의 세 모델로 다원적 해방 공동체, 하나님의 몸 그리고 생명의 영을 제시했다. 각 모델은

---

30) 슬라보예 지젝/이성민 옮김,『까다로운 주체』(서울: 도서출판b, 2010), 543-544.

각각 신학적 공공적 가치를 강조한다. 다원적 해방 공동체는 초월과 정의, 하나님의 몸은 내재와 생태, 그리고 생명의 영은 초월적 내재, 생태 정의를 각각 강조한다. 신학적 공공적 가치를 예배 공간의 네 요인들과 연관시켜 생각해보면, 첫째, 공간적 역동성은 초월과 정의, 중심적 초점은 내재와 생태, 심미적 영향은 초월적 내재와 생태 정의의 직접적 반응, 상징적 반향은 초월적 내재와 생태 정의의 간접적 반응에 해당된다.

생태적 지속성과 분배 정의의 생태적 가치가 예배 공간의 사용(공간적 역동성과 중심적 초점) 안에서 드러나고, 초월과 정의, 내재와 생태의 변증법적 역설의 진리가 예배 공간의 반응 안에서 체현될 때, 개인, 사회와 생태를 포함하는 창조 세계의 보존과 구원이 있다. 필자의 견해로는 교회 건축의 세 가지 대표적 양식들 중, 예배 공간 안에서 생태 정의의 의미와 진리가 더 명확히 드러나며 체현되는 곳은 고전적 성례전적 교회, 현대적 공동체적 교회 그리고 고전적 복음적 교회의 순서로 보인다. 교회 건축의 공공성은 예배 공간뿐만 아니라, 교회 건축의 다른 공간들 안에서 발현되어야 하며, 그 공공성의 구체적 지표를 설정하는 것은 사회, 정치적 공공성을 포함하는 신학적 생태 공공성에 기초해야 한다. 교회 건축의 공공성의 핵심은 기독교적 의미와 진리의 드러남(계시)과 변혁(구원)에 있다. 필자는 교회 건축의 공공성에 대한 생태 신학적 근거를 제시하고자 했다. 신학적 공공성(드러남과 변혁, 계시와 구원)과 생태적 공공성(생태 정의) 및 가치(생태 지속 가능성, 분배 정의 및 자원 배분)에 기초하여, 교회 건축의 공공성에 대한 지표와 가치들은 예배 공간은 물론 다른 공간들안에서 구체적으로 제시될 수 있을 것이다.

V. 나오는 말

교회는 신학적 공공성이 드러나고 체현되는 거룩한 계시적 공간이다. 대학, 기업, 국가 등 대표적 공적 영역들의 민영화를 넘어 사유화로 치닫는 사회, 정치적 공공성의 상실의 지구적 위기에 직면하여, 거룩의 계시의 공간으로서 교회의 공공권은 예언자적 비판의 사회 정치적 책임을 온전히 수행해야 한다. 이런 교회의 공적인 예언자적 사명은 우선 교회 공공권 안에서 신학적 공공성, 즉 기독교적 의미와 진리의 드러남(계시)과 개인적, 사회적, 정치적, 생태적 변형(구원)에 근거해 있다. 인식과 행위의 근거및 토대를 상실한 '자기 재귀적인 올가미'에 걸린 신자유주의 정치 경제 이데올로기로 부터 벗어나는 길은 우리의 인식과 행위의 토대를 회복하는 것이다.

이런 관점에서 필자는 이 글에서 교회건축의 공공성에 대한 생태(공적)신학적 근거를 제시해보고자 했다. 우선 기독교 신학의 공적 성격, 토대 및 사명을 회복하고자 했다. 또한 사회, 정치적 공공성과 구분하여, 교회의 공공권 안에서 일차적으로 수행되는 조직신학적 관점에서, 신학적 공공성의 핵심을 기독교적 의미와 진리의 드러남(계시)과 변혁(구원)으로 확인했다. 그리고 생태 교회 건축의 공공성과 관련하여, 생태적 공공성을 생태 정의로, 생태적 가치를 생태 지속 가능성, 분배 정의 및 자원 배분으로 제시해 보았다. 하나님이 거하시는 거룩한 공간의 개인화 및 사유화는 다른 어떤 공적 영역의 사유화보다 더욱 중대한 사회적 악이며, 무엇보다 종교적 죄이다. 하나님께서 당신의 보편적 사랑과 구원의 거룩한 일을 위해 사람들을 불러 모으신 장소, 에클레시아, 곧 하나님의 백성, 그리스도의 몸, 성령의 교제로서 구원의 공동체가 지니는 공적 성격, 토대 및 사명의 철저한 회복 그리고 교회 건축 안에서의 신학적 공공성, 생태적 공공성 및 가치의 체현은 다른 공적 영역의 모델이며 희망이다.

참고문헌

롤즈, J/황경식 옮김. 『사회정의론』. 파주: 서광사, 1985.

사이토 준이치/윤대석·류수연·윤미란 옮김. 『민주적 공공성: 하버마스와 아렌트를 넘어서』. 서울: 이름, 2014.

센, 아마티아/이상호·이덕재 옮김. 『불평등의 재검토』. 서울: 한울아카데미, 1999.

아렌트, 한나/이진우·태정호 옮김. 『인간의 조건』. 파주: 한길사, 2015.

전현식, "교회건축의 생태신학적 이해", 「신학논단」 71. no, 1 (2013): 331-359.

지젝, 슬라보예/이성민 옮김. 『까다로운 주체』. 서울: 도서출판b, 2010.

하버마스, 위르겐/한상진·박영도 옮김. 『사실성과 타당성』. 파주: 나남, 2010.

하버머스, 위르겐/한승완 옮김. 『공론장의 구조변동: 부르조아 사회의 한 범주에 대한 연구』. 파주: 나남, 2003.

Bellah, Robert N. "Civil Religion in America," *Daedalus* 96, no.1 (Winter 1967).

Breitenberg, Harold. "What is Public Theology." In *Public Theology for a Global Society*. Edited by Deirdre King Hainsworth and Scott R. Paeth. Grand Rapids, Michigan: William B. Berdmans Publishing Company, 2010.

Haight, Roger. *Dynamics of Theology*. New York: Orbis, 2001.

Kieckhefer, Richard. *Theology in Stone: Church Architecture From Byzantium To Berkeley*. Oxford: Oxford University Press, 2004.

Marty, Martin. "Two Kinds of Two Kinds of Civil Religion." In *American Civil Religion*, Edited by Russell E. Richey and Donald G. Jones. New York: Harper & Row, 1974.

Marty, Martin. *The Public Church: Mainline-Evangelical-Catholic*. New York: Crossroad, 1981.

McFague, Sallie. *Sallie McFague: Collected Readings*. Edited by David B Lott. Minneapolis: Fortress, 2013.

Niebuhr, H. Richard. *The Meaning of Revelation*. New York: Macmillan, 1960.

Rawls, John. *A Theory of Justice*. Cambridge: Harvard University Press, 1971.

Taylor, Charles. *Philosophical Arguments*. Cambridge: Harvard University Press, 1995.

Tracy, David. *The Analogical Imagination: Christian Theology and the Culture of Pluralism*. London: SCM Press, 1981.

Žižek, Slavoj. *The Ticklish Subject: The Absent Centre of Political Ontology*. London: Verso, 1999.

여 성 신 학

내부와 외부의 '사이-공간'으로서의 교회
: 여성의 입장에서 본 교회 건축의 공공성 문제

김 수 연*

I. 들어가는 말

2015년 올해의 '젊은 건축가상' 수상자를 선정하는 과정에서 제시된
평가 기준은 건축물과 공간 환경의 완성도, 건축과 사회에 대한 총제적
인 사고, 환경 변화에 대한 대응 능력 등이었다. 문화체육관광부와 한국
건축가협회, 한국여성건축가협회 등 여러 기관이 공동으로 하여 주최한
일이라고 한다. 건물 자체만을 두고는 건축의 의미를 평가할 수 없다는
생각이 바탕에 있다. 즉 주변의 환경이나 사회적인 상황을 고려하지 않
은 건축은 그 가치를 평가 받기 어렵다는 것이다. 이러한 한국 건축문화
의 흐름을 이해해 볼 때, 그저 강한 인상만으로 작품성을 남기려는 교회

---

* 이화여자대학교 여성신학연구소 연구교수, 여성신학

건축, 혹은 성장과 성공을 과시하듯 거대하게 세워지는 교회 건축 등은 좋은 평가를 받기 어려울 것이다. 주변 환경과 어울려 전체적인 균형을 깨지 않으며, 자연과 조화하고 인간과 소통하는 건축이라야 제대로 된 건축일 수 있다는 것이다.

　이 글은 사회 문화적인 상황, 생태적인 환경과 함께 특히 여성의 입장에서 공공성의 문제를 고려하여 교회 건축에 대한 비판적 성찰을 시도하려고 한다. 공공성, 공익성, 공동성, 공정성 등의 가치가 실현되어야, 교회는 말 그대로 '모임'(ecclesia)의 공동체적 의미를 구체적으로 드러낼 수 있을 것이다. 공공의 가치를 위협하며 신학적 혹은 인문학적 성찰이 없이 세워진 교회 건축은 결국 사회 전체에 위협이 되며 위험을 초래한다. 사회 전체의 안전을 위기에 몰아 종국에는 가해자 역시 피해자가 되는 상황을 저명한 사회학자 울리히 벡(Ulrich Beck)은 위험사회라고 부르며 이를 경고했다. 위험 사회란 낮은 공공성의 수준에서 가해자가 고스란히 결국엔 피해자가 되는 그러한 구조를 말한다.1) 문제와 사고가 많은 사회가 아니라 모두가 안전한 사회를 위해 즉 살아 남기 위해 교회 건축 역시 고민해야 한다. 경제적 효율만을 따져 용적률을 꽉 채워 세워지는 교회, 경제적 여건만을 고려하여 부실하게 지어지는 교회 등은 사실 위협이며 또한 위험 요소다. 주변 환경과 어울리며 보다 지역사회에 열려있는 교회 건축이 되도록 노력해야 할 것이다.

　공공성을 위협하는 즉 공공의 이익보다 자신의 이익을 우선하는 자기-중심적인 태도는 이미 곳곳에서 건물의 붕괴, 선박의 침몰, 혹은 부족, 고갈 등의 현상으로 나타나고 있다. 기술이 아무리 발달해도 이러한

---

1) 울리히 벡, 『위험 사회 새로운 근대(성)를 향하여』 (서울: 새물결, 2014), 53, 56-57.

사고가 여전히 계속된다는 것은 인간의 이기주의 이외에 다른 것으로는 설명되지 않는다. 자기-중심적인 이러한 개인주의적 태도가 고쳐지지 않고 반복된다면 사회는 거대한 문제를 야기하며 결국 전체를 위험으로 몰고 갈 것이다. 교회 건축 역시 전체의 안전을 파괴하며 주변 환경을 해치고 공공의 가치를 위협한다면, 건물은 흉물이 될 수밖에 없다. 교회 건축이 주거용 공간으로 분류되는 만큼, 교회는 생명을 길러내고 품어내는 살림의 공간이 될 수 있도록 해야 한다. 인간중심적 혹은 남성-중심적 시각에서 기획되고 구성되는 공간이 아니라, 소외되고 배제된 이들과 파괴된 자연 환경이 살아나는 공간이 되도록 노력해야 한다는 것이다. 인간과 인간이 상호 소통하고 자연과 인간이 함께 조화하는 가운데 비로소 하나님을 만나는 그러한 공간이 교회 건축을 통해 마련될 수 있어야 한다.

사실, 교회 건축이 그 자체로 종교적인 감정 혹은 기독교적 영성을 불러일으키고 공동체에 대한 책임을 결단하게 하는 감동을 준다면 이상적일 것이다. 이러한 맥락에서 클라우스 채플을 설계한 건축가로서 거대한 공간이나 화려한 공간은 자신의 관심 밖이라는 페터 춤토르(Peter Zumthor)는 종교 공간이 누가 누구를 가르치는 공간이 되는 것을 꺼린다고 말한다.2) 제대로 된 교회 건축은 물론 그래야 하지만, 모든 건축이 작품이 될 수 없기에 비록 이상적인 공간 형태는 아니더라도 공간 구성과 공간 활용을 통해 교회의 의미를 채워 나가야 할 것이다. 건축가 승효

---

2) 페터 춤토르(Peter Zumthor)가 독일에 지은 클라우스 채플(Bruder Klaus Chapel)은 건축 재료 사용에 있어서 특별하고, 또한 큰 감동을 주는 건물로 잘 알려져 있다. 나무틀 위에 시멘트를 부어 굳히고 후에 나무를 태워 공간을 구성했다. 적은 인원만을 수용할 수 있는 좁은 공간이지만 큰 교회나 성당이 주는 감동보다 훨씬 큰 감동을 전한다고 한다. 중앙일보 인터뷰, 2014년 8월 21일.

상에 의하면 건축은 건축가에 의해 완성되는 것이 아니라 그 속에서 이루어지는 삶에 의해 완성되는 것이다.[3] 즉 공간 활용을 통해 건축의 의미를 완성해 나갈 수 있다는 것이다. 건축가 서현 역시 건축이 외벽과 기둥에 의해서 세워지는 것이 아니라 인간의 정신으로 이루어진다고 말한다.[4] 제대로 된 공간 구조를 통해 그리고 더 나아가 적극적인 공간 활용을 통해 교회 건축은 우선 배제되고 소외된 약자 여성 등을 배려하는 교회 건축을 이루고 공공성을 실현해 나가야 할 것이다.

II. '사이-공간'으로서의 교회, 그 공간의 잠재성을 찾아

1. 식당과 주방, 함께 떡을 떼는 공간

교회라는 공간은 무엇보다도 내부와 외부, 성과 속이 만나는 역동적인 공간으로 구별되는 공간이면서 동시에 관계성이 맺어지는 열린 공간이다. 이러한 개방성과 역동성을 이루며 초기 교회 공동체는 '마음을 같이 하여 성전에 모이기를 힘쓰고 집에서 떡을 떼며 기쁨과 순전한 마음으로 음식을 먹었다'고 한다. 기독교 초기의 이러한 식탁 공동체로서의 교회의 모습에 대한 기록은 교회 건축에서 예배의 본질에 따른 필수적인 요소가 바로 함께 모여 떡을 떼는 공간이라는 사실을 분명하게 말해 준다. 사실, 말씀을 듣는 일과 친교 하는 일은 교회 공동체를 유지하는

---

3) 승효상, 『오래된 것들은 다 아름답다』 (파주: 컬처그라퍼, 2012), 112. 승효상은 김수근과 함께 경동교회를 건축했다.
4) 서현, 『건축 음악처럼 듣고 미술처럼 보다』 (파주: 효형출판, 2014), 20.

두 중심이지만, 친교, 교제, 봉사, 혹은 구제는 말씀을 듣는 일에 비해 소홀히 여겨지는 경향이 있어 왔다. 이러한 상황에서 여성신학자 레티 러셀(Letty Russell)이 제시하는 '둥근-탁자 교회'(a roundtable church)[5] 이미지는 교회 구성원의 교제를 강조한 의미 있는 표상이 될 수 있다. 설교 그리고 말씀에의 응답만큼 교제와 봉사는 교회 공동체 구성에 있어서 중요하고 따라서 교회 건축 구조에서 또한 균형 있게 다루어지고 공간이 배치되어야 한다.

사실, 네모지거나 위아래가 있는 테이블이 아닌, 둥근-탁자(a roundtable)의 교회 이미지는 교회 건축을 높고 위계적인 공간보다는 상호 의존하는 공동체의 모습으로 그리게 한다. 교회 공간은 주인이나 손님이 따로 없는 공간, 즉 마리아와 마르다의 집처럼 말씀 듣는 일과 봉사 하는 일에 차등이 없고, 남자의 일과 여자의 일이 위계적으로 따로 구별되지 않는 공간이다. 그래서 성서는 마리아가 칭찬 받은 이유가 더 귀하고 중요한 일을 해서가 아니라 스스로 선택한 일을 했기 때문이라고 설명한다. 말씀을 듣는 일이 봉사나 접대보다 중요해서가 아니라, 마리아 스스로가 자신이 택한 일을 했기 때문이라는 것이다.[6] 즉, 교회 공간은 누구도 주인 됨을 주장할 수 없고 자신이 선택한 몫을 행할 수 있는 곳이어야 한다는 것이다.[7] 즉, 말씀을 선포하고 듣는 일이나 혹은 봉사하고 섬기는 일이나 사명대로 택하여 재능을 나눌 수 있는 집으로서의 공간이 교회 건축에 표현되어야 한다.

---

5) Letty Russell, *Church in the Round: Feminist Interpretation of the Church* (Louisville: Westminster John Knox, 1993).

6) 누가복음 10장 38-40절.

7) 김호경, 『여자 성서 밖으로 나오다』 (서울: 대한기독교서회, 2006), 151-152.

예배 공간을 통해 말씀을 듣고 응답하는 일이 물론 중요하지만, 말씀 듣는 일이 봉사하고 환대하는 일보다 더 중요하다거나 하는 이분법의 논리를 적용해서 부엌일에 차등을 두어서는 안 된다는 것이다. 따라서 부엌과 식당이 부수적인 공간이 아니라, 교제와 봉사의 공간으로서 제 기능을 다 하도록, 보다 구체적으로 공간 배치, 구조 설계 등 교회 건축에 반영되어야 한다. 교회 공동체가 세워지는 데에 있어, 함께 떡을 떼며 기쁨으로 음식을 나누는 공간, 즉 주방이나 식당의 공간은 필수적이다. 말하자면, 말씀을 듣는 예배 공간을 통해 수직적인 차원의 만남이 이루어진다면, 식탁 교제 공간을 통해서는 수평적 차원의 만남이 이루어진다. 모두가 함께 서로 봉사하고 섬기며 교제 하는 공간이 마련되는 것은 초기 기독교의 정신을 살리는 일이기도 하다.

교회 건축 구조에서 식사하고 봉사하는 공간이 외지고 구석진 곳에 배치된다면 모두가 함께-하는 공동체로서의 교회를 적극적으로 이루기 어려울 것이다. 활기 있게 이루어져야 할 교제와 만찬이 사실 중세를 거치면서 성만찬에 희생제사 관념이 도입되며 어둡고 무거운 분위기가 강조되었다고 한다.8) 그러나 본래적으로 함께 떡을 떼는 일은 축제의 성격을 갖는다. 다시 말해, 기쁨과 순전한 마음으로 너와 나의 경계를 허물어 함께 내어 놓고 나누어 공동체를 이루는 것이 초기 교회 공동체의 모습이다. 만찬을 통해 코이노니아(koinonia)가 구체적으로 이루지는 공간이 교회 내에 마련되어, 그리스도 안에서 모두가 한 몸임을 깨닫고 화해하고 연대하며 공공의 가치를 실현해 나가야 한다. 열린 공간으

---

8) 또한, 16세기 종교 개혁 이후에는 말씀 예전이 만찬보다 중시되며 설교대가 예배 처소의 중심이 되었다. 역사적으로 예배의 중요한 부분인 만찬은 말씀 예전에 비해 덜 주목받아 왔다.

로서의 식당과 주방은 교회 공동체가 하나–됨을 이루는 데 있어 중요한 역할을 하기 때문에, 가능하면 밝고 트인 곳에 배치되는 것이 바람직하다.

이러한 교제와 섬김의 공간이 교회 내부로는 평등의 공동체를 구성하며 외부로는 타자를 포괄하는 장이 되어 주일에도 주중에도 적극 활용된다면 교회 건축은 공익, 공정의 가치를 실현할 수 있을 것이다. 특히 공간 구획에 있어 주방과 식당 사이는 격리되지 않고 쉽게 드나들 수 있도록 최소한의 구분만이 필요하다. 즉 낮은 벽 혹은 간이 막을 설치하여 쉽게 통할 수 있는 열린 공간으로 구성되어야 보다 수평적인 관계 형성에 기여할 수 있다. 봉사의 공간이 분리되어 격리된 곳에 위치한다면 주방 봉사는 낮고 천한 일이라는 인식을 암묵적으로 갖게 할 것이다. 부엌과 식당이라는 공간에서 보다 수평적인 교제가 이루어지도록 그리고 남녀 모두가 자발적으로 함께 참여하고 섬기는 공간이 될 수 있도록 설계되어야 하며, 특히 주방 혹은 부엌이 이차적이고 부수적인 일을 하는 공간이 아니라는 것이 공간 구조를 통해서도 인식되어야 한다. 식사를 함께 하는 식탁 교제는 예수그리스도의 사역에서 중요하게 여겨진 것으로 단순히 먹는 것 그 이상의 일이다. 교회 공동체 내부와 외부의 경계를 허무는 일이기에, 유동적이고 개방적인 공간 배치, 설계, 활용이 필요하며, 식사와 봉사의 일이 단순히 끼니를 해결해야 하는 공간이 아닌 또 다른 형태의 예전이 행해지는 것이라 여길 수 있도록 해야 할 것이다.

교회 건축을 통해 만찬, 교제, 섬김, 환대의 공간이 구체적으로 재현해야 하는 신학적 의미는 그리스도 안에서 유기체적 관계를 통해 모두가 한 몸을 이룬다는 성례전의 차원이다. 사실, 교회가 처음 생겨날 때의 양식 바실리카는 일종의 거래소로 사용되는 건물이었다고 한다.[9] 이러한 교회 양식이 중세에는 고딕의 양식으로 그리고 현재에는 낡으면 다시 헐고 새로 짓는 소비적인 건축의 형태로 변화되어 가고 있다. 각각 시대적 한계와 문제점들이 있고, 어떠한 교회 양식도 시대를 초월하여 절대화 될 수는 없지만, 그리스도 안에서 한 몸을 이루는 성례전의 의미는 교회의 본질적 요소로 변함이 없어야 한다. 말씀 예전을 통해서 뿐만 아니라 봉사와 교제를 통해서 교회 공동체가 그리스도의 한 몸을 이룰 때, 비로소 교회 공동체를 이루게 된다. 말 그대로, 교회, 모임의 의미가 드러날 수 있도록, 교회 건축은 지역사회와 끊임없이 관계하며 생명을 살리는 살림의 일에 기여하고, 특히 환대와 봉사의 공간을 마련해 교회 건축의 개방성과 지역성을 살려야 한다.

식탁 공동체의 함께 떡을 떼고 먹는 예전 없이는, 즉 말씀만을 듣는 예전 행위로는 예배는 그저 집회에 그칠 뿐이다. 내부인도 외부인도 함께 어우러져 떡을 떼며 기쁨으로 식탁 교제에 참여하도록 공간을 설계하고 활용해야 한다. 무엇보다도, 식당 혹은 주방 공간은 위치와 밝기 등에 의해 크게 영향을 받는 공간이다. 봉사와 접대의 공간이 습하고 어두운 곳에 위치해 있다면 자연스레 친교와 봉사의 역할은 위축될 것이다. 더욱이 주방과 식당이 분리되어 구분되어 있다면 봉사 받는 사람과 봉사하는 사람 간에 위계적 구별이 생길 수 있다. 따라서 적절한 공간 배치와 활용을 통해 교제와 만찬이 이루어지고 성례전적 차원이 회복되어 공공의 가치를 실현할 수 있도록 해야 할 것이다.

---

9) 임석재, 『한 권으로 읽는 임석재의 서양건축사』 (서울: 북하우스, 2011), 102-103.

2. 예배 처소, 성과 속이 어우러져 함께 만나는 공간

교회 건축에서 교제와 봉사가 이루어지는 공간과 더불어 말씀의 선포와 응답이 이루어지는 공간은 또 하나의 중요한 중심이다. 사실 예배 공간은 구약 시대의 성막 깊은 곳이 아니기에 성직자만이 접근 가능한 공간이 아니며 일반 회중에게도 열려있는 공간이다. 즉 교회 회중에게도 그리고 교회 외부인에게도 개방되어 성과 속이 만나는 특별한 계기를 줄 수 있는 공간이 예배 공간이다. 거룩함을 만나게 되는 이 공간은 물론 구별되어 사용되어야 하나 배타적으로 전유하여 사용되어야 할 곳은 아니다. 특히 제한된 공간을 활용하여 건물을 사용해야 하는 작은 교회의 경우에는 예배 전용 공간이 불가능하기도 하다. 물론, 예배 공간이 여러 행사의 공간으로 혼용해서 사용될 수는 없지만, 예배 시간 이외에 여유 있는 공간은 적절한 공간 활용으로 교회 건축의 공익성과 공공성을 살려 지역사회에 기여해야 한다. 즉 예배 행위는 구별된 공간에서 온전히 행해야 하는 특별한 일이지만, 예배 전용 공간에서만 행해질 수 있는 배타적인 일은 아니라는 것이다.

사실, 이제까지의 교회 건축은, 특히 소위 전형적인 교회 양식으로 이해되는 서양의 교회들은 대체로 말씀 예전 중심의 예배 공간에 초점을 두어 설계되며 건물을 높게 세워 상승의 느낌을 강조해 왔다.[10] 그러

---

10) 중세의 교회 건축양식은 건물을 높이 세워 수직의 미를 강조한 고딕 양식이었다. 즉 인간 상호 간의 수평적인 관계보다 수직적인 관계가 강조되었던 중세에는 교회 건물을 높이 세워 상승감, 경건함을 강조하는 건축 양식이 주를 이루었다. 중세의 고딕은 신중심의 시대라 불리는 중세에 예술과 기술의 결합을 극치로 보이며 건물을 높이 세웠고, 이러한 고딕 양식은 현재에도 마치 교회 양식의 전형처럼 인식되어 아무리 작은 상가 교회라도 꼭 첨탑을 높이 세우게 하였다. 뉴욕의 트리니티 교회, 서울의 명동성당 등

나 예배 제단에 몸과 마음을 드리고 경건함과 경외감을 갖게 되는 것이 반드시 높은 건물을 통해서 얻을 수 있는 감정은 아니다. 서양의 교회 양식이 초월의 하나님을 강조하며 높은 건축을 지향했다면, 보다 친근하고 우리보다 우리에게 더 가까이 계신 내재의 하나님이 다시금 조명되고 강조될 필요가 있다. 경외감과 숭고함이 주는 감동도 있지만 편안함과 친근함이 주는 감동 역시 못지않게 크고 중요하다.

현재에는 보다 다양한 예배 공간들이 등장하며, 건물을 대여하는 교회, 이동하는 교회, 혹은 건물이 없는 교회 등등 여러 대안적 교회 양식들이 나타나고 있다. 사실, 구약 시대의 이스라엘 공동체와 천막 예배를 생각하면, 이러한 대안적 교회의 모습은 그리 특별하거나 새로운 것이 아니다. 건물을 소유하는 것이 아니라 공유하고 함께 사용하며 지역사회와 관계를 좁히는 교회 형태도 생각해 볼 수 있을 것이다. 정체되고 폐쇄된 교회보다는 오히려 유동적이고 역동적인 교회가 보다 적극적으로 지역성을 확보하며 관계를 구축해 나갈 수 있을 것이다. 사실, 교회의 접근성이라는 것은 편리한 지리적 위치에서 생겨나기도 하지만 또한 진정성 있는 배려에서 생겨나는 것이기도 하다. 주변으로 밀려나 소외되고 배제된 이들이 위로받고 힘을 얻을 수 있는 예배 공간이 마련되어 교회 건축의 공공성을 높일 수 있어야 한다. 예배 행위만을 위한 배타적인 공간 전유가 교회 공간을 거룩하게 하는 것이 아니다.

기독교 초기의 교회 형태인 가정교회를 보면, 초기 교회는 로마의 주택을 개조한 소박한 건축이었다.[11] 사실, 이러한 초기 교회의 형태는

고딕 복고 양식에 이르기까지 고딕 양식은 거의 천년 동안 지속되며 교회의 건축 양식을 대표하게 된다. 앙리 포시용, 정진국 역, 『로마네스코와 고딕 (서울: 까치, 2004), 287.
11) 임석재, 『한권으로 읽는 임석재의 서양 건축사』, 93.

중세의 높은 교회 혹은 현재의 대형 건물로서의 교회와 다소 거리가 있다. 물론, 교회 건축은 상황에 따라 달라질 수밖에 없고, 어느 것도 시대를 초월하는 이상적인 교회 형태로 제시될 수는 없지만, 초기 기독교 공동체 모습을 되돌아보고 평등과 사귐의 공동체를 유지하는 것은 중요하다. 오랜 박해의 시기를 지나 로마제국에 의해 인정받은 교회는 제국의 비호 아래 성장했고, 또한 로마가 멸망되어 가는 과정에서는 오히려 제국을 보호하며 교회의 건축 양식을 발전시켜 나갔다. 로마 시대에는 로마네스크 양식으로 그리고 후에 동방에서는 비잔틴 양식으로 서방에서는 밀라노를 중심으로 바실리카 양식으로 건축 양식을 응용하며 교회 건축은 다양하게 나타났다.12) 말하자면, 콘스탄티누스 사후 침체된 기독교는 다시 융성하며, 로마 문명과 기독교 문명이 연합하여 더 거대한 권력으로 자라났고, 이는 교회 건축에 그대로 반영되었다.13) 이러한 상황에서, 초기 기독교 공동체의 정신은 높은 천장과 첨탑에 의해 가려지고 희석되었으며, 고딕의 거대한 교회 양식은 교회 건축의 전형처럼 여겨지게 된다.

성과 속이 만나는 예배 공간을 구성하는 데에 있어서 거대한 크기나 높이는 사실 심각한 고려 대상이 아니다. 건축가 춤토르에 의해 지어진 클라우스 채플은 교회 건축을 통해 받는 감동이 크기나 화려함에 비례하지 않는다는 것을 분명하게 보여준다. 임석재에 의하면, 중세의 교회 양식은 교회 건축을 안정적 균형보다는 장쾌한 공간으로 변모시키며 고전적 공간감을 고딕적 수직성으로 번안한 것이라고 한다.14) 사실, 교권이

---

12) 임석재, 『한권으로 읽는 임석재의 서양 건축사』, 94.
13) 임석재, 『한권으로 읽는 임석재의 서양 건축사』, 115.
14) 임석재, 『한권으로 읽는 임석재의 서양 건축사』, 205.

절대적이었던 중세시기에 교회 건축의 수직적인 미는 위계적인 현실을 반영할 뿐만 아니라 또한 그러한 질서를 유지하며 기능을 다 했을 것이다. 중세의 이러한 고딕 양식은 공간 분절에서 수직성 한 가지만을 극단적으로 추구해 전체의 균형과 조화를 깨뜨리며 절정에 이르고 결국 한계를 드러내는데,15) 그 과정에서 중세의 질서도 또한 무너지게 된다. 중세는 잘 알려져 있듯이 여성의 열등함이 신의 질서로까지 이해되었던 시기다. 이러한 수직적인 미를 강조하며 위계적 질서를 암묵적으로 주장하는 중세의 건축 이 후에 서양 건축은 구지 교회의 건축에 집중하지도 않으며, 또한 교회 건축에 있어서도 다양한 현대적 시도들이 도입된다.

사실, 서양의 건축사에서 등장했던 예배 공간 중심의 다양한 교회 양식들은 한국 교회의 건축사에도 짧게 축소되어 나타난다. 이정구에 의하면, 그 과정에서 개신교의 교회 건축은 특별한 신학적 반성 없이 중세의 고딕 양식을 교회 건축의 원형으로 이해하며, 높은 첨탑을 구축하고 십자가까지 올려 교회 건축을 완성했다.16) 역사성이나 지역성은 교회 건축에 있어서 고려 대상이 아니었으며, 이러한 맥락에서 교회 건축의 공공성 실현은 요원한 것이었다. 사실, 여성적인 미와 남성적인 미를 구분하는 근대의 혹은 전근대의 미학이 아직도 교회 건축에 남아 있어 소위 남성적 가치라는 높고 큰 것을 선호하는 경향으로 지배적으로 나타나고 있다.17) 중세 서양의 교회 건축과 마찬가지로 개혁 교회의 건축에

---

15) 중세 이후, 15-16세기에 그리고 서양 미술사 전체를 통틀어 화가로 조각가로 건축가로 뛰어난 업적을 남긴 미켈란젤로의 등장으로 새로운 시대가 열리게 된다. 건축 역시 새로운 르네상스 시대로 접어들게 된 것이다. 임석재, 『한권으로 읽는 임석재의 서양 건축사』, 213.

16) 이정구, 『교회 건축의 이해』 (파주: 한국학술정보, 2012), 168.

17) 김혜숙, 김혜련, 『예술과 사상』 (서울: 이대출판부, 1997), 334.

서도 여전히 높고 큰 건물이 선호되고 있다는 것이다.

예배 공간 구성에 있어서 수직의 미를 강조하기보다는 오히려 교회 내부와 외부의 역동적인 만남을 강조하며 보다 적극적으로 개방성을 표현하는 것이 필요하다. 이러한 입장에서 볼 때, 예배 처소에 창이 없다는 것은 기독교 초기의 카타콤을 연상시키며 경건한 마음을 갖게 하지만 자칫 폐쇄적인 이미지를 줄 수도 있기에 고려해 보아야 한다. 즉 창이 없는 공간은 하나님과의 소통을 위해 세상과의 소통을 차단한 것 같은 느낌을 줄 수도 있다는 것이다.[18] 사실, 창이 없는 건물은 빛도 열도 들어오지 않아 예배 공간을 어둡고 차가운 공간으로 만들 수 있다. 물론 교회 외부에서 들어오는 자연 채광 대신에 인공 조명을 이용하며 또 다른 의미를 만들어 낼 수도 있다. 춤토르는 어둠을 제거하려는 의도에서가 아니라 밤을 비춘다는 의미에서 인공 조명을 적극적으로 사용하기도 한다.[19] 그러나 창이 없어 낮에도 어둡고 추운 건물은 사실 열린 공간으로서의 교회 이미지를 효과적으로 표현하기 어렵다.

교회 건축은 교회 내부와 외부가 상호 소통하며 즉 지역사회와 소통하고 또한 하나님과 인간이 만남이 이루어지는 역동적이고 개방적인 공

---

18) 임형남, 노은주, 『집 도시를 만들고 사람을 이어주다』 (파주: 교보문고, 2014). 그들이 어느 한 교회를 견학하여 느낀 바에 의하면, 그 교회는 복잡한 도심 속에 교회가 위치해 있다는 것을 잊게 할 정도로 특별한 공간을 경험하게 했다고 한다. 그러나 예배실은 창이 없고, 마치 거대한 동물의 몸 안으로 들어온 것처럼 건물의 골격이 그대로 드러나 있어, 자칫 폐쇄적 느낌을 줄 수 있다고 서술한다.
물론, 그 교회 건축은 옆에 있는 널찍널찍한 낮은 계단들을 돌아 뒤쪽으로 가서 예배 처소의 입구를 만나게 되는 특별한 경험을 하게 한다. 이러한 건축 설계는 돌아가는 계단에서도 예배 처소로 가는 길 위에 있음을 다시 한 번 상기하게 하는 긍정적 역할을 한다.
19) 페터 춤토르/장택수 옮김, 『건축을 생각하다』 (서울: 나무생각, 2014), 93.

간을 표현하기 위해 창의 의미를 활용할 수 있을 것이다. 물론 교회 건축에 있어 개방성이나 공공성은 창의 유무가 아닌 예배 공간의 활용과 사회에 대한 관심에서 비롯된다는 것은 더 말할 필요가 없을 것이다. 그럼에도 불구하고 공공성과 개방성의 내용을 담아내어야 하는 일차적인 바탕은 교회 건축이기에 창의 크기와 위치 등은 개방성과 지역성을 염두에 두고 설계를 통해 구체적으로 계획되어야 한다. 창, 문, 담 등의 의미는 교회 건축의 개방성을 표현하는 데에 있어 중요한 요소들이 될 수 있다.

예배 공간과 친교와 교제의 공간이 아무리 균형 있게 잘 어우러져 있는 교회 건축일지라도 지역성과 접근성이 없어 주변 환경과 무관하게 동 떨어져 있는 것이라면 그것은 의미 없는 건물이 될 것이다. 특히 교회 건축은 더욱 교회 공동체, 모임의 의미를 살려 열린 공간으로 그리고 지역과 소통하는 공간으로 표현되어야 한다. 즉 훌륭하고 아름다운 교회 건축일지라도 접근하기 어려운 작품으로서의 건물이라면 교회의 역할을 할 수 없다는 것이다. 건물의 크기와 형태 역시 접근성과 밀접한 관련이 있기에 주변과 조화하고 사회와 소통하는 건축이 되도록 고려해야 한다. 즉 친밀감과 거리감을 만든다는 점에서 건축 규모의 역할을 생각해 보아야 한다는 것이다. 또한 건축이 들어서는 공간, 지역성을 고려하여 보다 조화롭게 어울리며 사회에 대한 책임을 다하는 건축이 될 수 있도록 고민해야 할 것이다.

3. 교육과 보육 시설, 내부와 외부의 연결 공간

현재 사회는 부의 불균등한 분배와 정의의 부재로 완충지대나 혹은 사이 공간이 없는 양극화 현상으로 나타나고 있다. 사실, 중간 규모의 교회가 적다거나 중간 계층이 드물다는 것은 갈등과 충돌을 예고하는 위험 사회에 대한 표지로 읽힌다. 이러한 상황에서 교회 건축은 교회, 모임의 의미를 살려 소외되고 배제된 이들에 대한 배려의 공간을 마련하고, 안전 사회의 든든한 바탕이 되어야 한다. 즉 교회 공동체의 테두리를 열어 교회 안팎이 상호 소통하게 하는 지속 가능한 돌봄의 공간을 마련해야 할 것이다. 구체적으로, 보육과 교육의 공간을 확보하여 사회 혹은 주변과의 유기적인 연결망을 형성해야 할 필요가 있다. 교회 건축에 돌봄과 배려의 공간이 마련되지 않으면 건축의 공공성은 없을 것이다. 증가하고 있는 가족해체의 문제를 함께 고민할 수 있는 공간 그리고 상담과 치유의 공간도 계획하고 설계하여 사회와의 담을 헐고 개방된 공간이 되도록 해야 한다.

이러한 맥락에서, 교회 건축은 담을 낮추거나 혹은 교회의 경내를 표시하는 구분을 유동적이게 하여 교회의 안과 밖을 나누기 보다는 이 둘을 창조적으로 만나게 하는 공간으로 표현될 필요가 있다. 개방성과 관계성을 구축해 나가며, 주변 환경과 사회와 긴밀한 유대를 형성하여 지역성을 구축해 나가는 것이 중요하다. 중국의 건축가 왕수는 소위 발전이라는 것을 위한 무차별한 개발과 건설을 반대하며 건축의 지역성을 주장하고,[20] 그래서 일부 폐자재를 활용하여 과거를 기억하게 하고 지

---

20) "승효상, 왕수, 니시자와 류, 한중일 건축가, 동아시아 건축의 미래를 논하다." 김옥길 기념강좌, 건축의 지역성을 다시 생각한다. 2012년 9월 20일, 이대학보. 중국의 건축가 왕수의 작품은 지역성을 살린 건축으로 유명하다. 반면, 요즈음 세계 대도시를 중심으로 설치되고 있는 자하 하디드의 개성이 강한 거대한 건축들은 적어도 지역성을 더 고려하여 설치되어야 할 것이라 생각된다. 서울에도 설치된 자하 하디드의 작품 동대문디자인플라자 역시 이제 주변에 적응하여 역사를 의미 있게 채워 건축의 지역성을 만들어내고 건축의 공공성을 실현해 나가야 한다.

역과의 연계를 표현하기도 한다. 그의 건축이 외벽을 통해 바깥 풍경을 끌어 들여 안과 밖의 경계를 사유하게 하는 것도 같은 맥락에서 이해될 수 있는 일이다. 사실, 교회는 안과 밖, 즉 성과 속이 어우러지는 사이 공간으로서 보다 적극적으로 그리고 의식적으로 개방성과 지역성을 표현해야 한다.

현재의 자본주의 경제 체제는 그 구조에 있어서 경제적 풍요와 동시에 필연적으로 경제적 불평등을 야기하게 되어 있다. 이러한 폐해를 규제하고 조정하는 일이 단지 국가에 맡겨 해결될 수 없다는 것을 여러 경험을 통해 깨닫게 되었다. 이러한 경제 체제에서 주변으로 밀려난 소외된 사람들을 돌보며, 비록 더디더라도 함께 가는 즉 공공의 이익을 우선하는 교회 공동체가 되도록 교회 건축이 공간을 제공할 수 있어야 할 것이다. 효율성과 실용성만을 내세우며 건물을 최대로 활용하며 이익을 내는 교회 건축이 아닌, 타자로 대상화되었던 이들을 돌보고 관계성을 인식하여 공동체를 세우는 공간이 되도록 해야 한다. 부와 기술을 과시하며 높이 세워지기보다는 건축물들이 합리적으로 운영될 수 있도록 공개성과 공정성을 갖추어야 한다. 세계화되며 통합되어 가는 현재의 경제체제 속에서 작은 교회 혹은 약자들은 소외되기 마련이지만, 이러한 상황에 저항하며 교회 건축은 최고의 이익을 추구하는 것이 아니라 공공을 위한 배려를 먼저 생각해야 할 것이다.

건축은 승효상이 표현하는 것처럼, 어떤 이유에서 세워지건 간에 결국은 붕괴되기 마련이다.[21] 그래서 그는 건축의 잔해, 폐허에 보다 관심을 두고, 역사를 기억하며 간직하는 것에 의미를 둔다. 그가 비어 있는

---

21) 승효상, 『오래된 것들은 다 아름답다』, 110.

것, 즉 남겨진 터와 광대한 공간의 공허감에 깊이 매료되는 이유이기도 하다.[22] 춤토르 역시 남겨진 낡은 계단의 철판을 지탱하는 두 개의 못과 같은 작은 부분에 관심을 두고, 그의 건축에 포함시킨다.[23] 인간이 이루어 놓은 기술 문명과 거대 자본이 함께 맞물려 돌아가는 현재 사회에서 일본의 건축가 구마겐코는 그래서 작고 느린 건축을 지향한다. 오래된 건물도 고치고 덧대어 쓰는 느린 건축은[24] 현재의 금방 헐고 새로 짓고 또 다시 부수는 소비주의 건축에 대해 되돌아보며 반성하게 한다. 교회 건축은 공간을 담아내며 또한 시간 혹은 역사를 담아내는 것이기에, 사회 현실을 고려하고 주변을 배려하여 지역성과 역사성을 드러내야 할 것이다.

이러한 맥락에서, 교회 건축은 주일에 사용되는 교육 시설 이외에도 주중에 아이들을 돌보고 가르칠 수 있는 보육과 교육을 위한 공간을 기획하고 설계하여, 건축의 공공성을 높여야 한다. 공익, 공동, 공정의 가치를 지향하며, 교회 건축은 소외되고 밀려난 이들을 위한 공간을 기획하고 지역사회에 기여하여 교회 공동체의 의미를 확대해 나가는 것이 중요하다. 교회 교육과 함께 동시에 구체적인 돌봄과 배려의 공간이 마련될 때 보다 체계적인 기독교 교육이 이루어 질 수 있을 것이다. 이러한 보육의 공간은 여성의 책임 있는 사회 활동을 가능하게 하고, 또한 교육의 공간은 사교육이 어려운 저소득 계층의 아이들에게 배움의 기회를 제공하게 된다. 교회 건물의 수익을 내기 위한 유치원 혹은 요양원 경영이 아니라, 지역사회와 소통하고 또한 지역사회에 기여하는 교육과 보

---

22) 승효상, 『오래된 것들은 다 아름답다』, 58.
23) 춤토르, 『건축을 생각하다』, 15.
24) 구마 겐고, 미우라 아쓰시, 이정환 역. 『삼저주의』 (파주: 안그라픽스, 2012). 11.

육의 시설이 확충된다면, 보다 여성 친화적이고 지역사회 친화적인 교회 건축이 될 수 있을 것이다.

다시 말해, 보다 체계적으로 교회 내에 배려와 돌봄의 공간이 설계되고 유지되는 것은 중요한 일이다. 교회 건축에 있어서, 교육, 보육, 수유 시설 등이 들어서고 확충된다면, 교회 공동체는 여성의 활동을 보다 적극적으로 유도하며 활용할 수 있을 것이다. 더 나아가, 일자리를 잃은 여성들에 대한 상담과 치유가 이루어지고, 또한 여성의 인력을 방과 후의 아이들 교육이나 소외된 노인 돌보는 일 등에 적극 참여하게 하는 공간이 된다면 교회 건축은 보다 구체적으로 공공성의 가치를 실현해 갈 수 있을 것이다.

사실, 교회 건축에 있어서 보육과 교육의 시설은 교회 건물에 부속하는 부수적이고 사소한 공간으로 여겨질 수 있다. 그러나 이러한 보육과 교육의 공간이야말로 교회 공동체의 의미를 제대로 드러내며 공동체 의식을 만들고 하나님을 가깝게 느끼게 하는 기본적이고 필수적인 공간이 된다. 교회 내부의 공간은 분명 세상과 구별되는 공간으로 특별한 공간이지만 동시에 교회 외부와 역동적인 관계성이 시작되며 내부와 외부가 만나는 유동적인 공간이기도 하다. 교회 건축에서 잠재된 공간을 찾아 소외된 이들을 위해 활용하는 것은 경험적인 교회가 규범적인 교회에 한 발짝 다가서는 일이다.

실용성, 효율성, 수익성 등을 잣대로 건축의 가치를 평가하지 않으면, 빈 공간 역시 생산적인 공간으로 여겨질 수 있다. 사실, 교회하면 제일 먼저 떠오르는 공간은 개인적으로 어릴 적 친구들과 함께 어울려 놀던 교회 마당이다. 본격적인 예배 공간으로 들어가기 전에 친구들과 오랜 시간 머물렀던 이 공간은 현재 교회 건축에서는 아마도 선택사항이 되었을지 모른다. 그러나 주중의 삶을 나누고 그러면서 예배를 준비했던 마당이라는 작은 공간은 나름대로의 큰 역할을 한다. 즉 빈 공간의 의미도 적극 활용하고 공간의 잠재성을 살려 교회의 의미를 드러내야 한다. 건축은 건물을 세워 공간을 채우는 일이라기보다는 공간을 잘 살려 드러내는 일이다. 비어 있는 공간은 곧 경제적 손실이라는 계산을 벗어나 오히려 자연이 숨 쉴 수 있고 영성이 살아날 수 있는 공간으로 여겨 적극 활용해야 할 것이다.

덧붙여, 교회 건축에 있어서 건축 재료들은 공간을 구체적으로 표현하는 유용한 도구가 되기에, 적절한 사용을 연구하는 것 또한 중요하다. 기존 자재를 활용하거나 폐자재를 안전하게 활용하여 역사를 담아 낼 수도 있다. 자연 친화적인 건축 재료들의 사용은 쓰레기를 양산하는 소비문화를 지양하게 하고 지속 가능한 건축이 되게 한다. 다시 말해, 재료들이 조립되고 세워질 때 공간의 의미가 더 구체적으로 드러난다는 것이다. 그래서 춤토르는 돌, 유리, 직물, 강철 등의 속성을 이용하여 건물의 형태 혹은 건축의 실체를 구체화하며,[25] 건축의 핵심이 시공에 있다고 강조하기도 한다. 건물에서 사용되는 소재의 유형성, 냄새 등이 특정한 의미를 구체적으로 부여할 수 있다는 것이다.[26] 이러한 맥락에서 볼 때, 건축 재료에 일반적으로 사용되는 방식 이외에 특별한 의미를 부여

---

25) 춤토르, 『건축을 생각하다』. 춤토르의 건축에는 그래서 무거운 돌의 질감, 부드러운 섬유의 재질, 등이 건축의 의미를 더하며 건물을 구성하고 있다. 특히, 막 같은 나무 바닥재, 가공하지 않은 철, 광택 나는 돌, 투명한 유리, 햇살에 달구어져 부드러운 아스팔트 등의 소재들을 그는 건축에 적절히 사용하며 구체화한다. 10, 13, 37, 66. 건물은 작은 단위들이 서로 결합되어 전체를 이루기에 모서리와 이음새를 비롯하여 서로 다른 면이 교차하고 서로 다른 소재가 만나는 지점이 있다. 이러한 작은 부분을 통해서도 건축의 의미를 부여할 수 있을 것이다.
26) 춤토르, 『건축을 생각하다』, 11.

하며 교회의 의미를 구체적으로 구성해 낼 수도 있을 것이다.

정리하자면, 서양-중심적인, 혹은 인간, 남성-중심적인 가치관을 넘어 이제까지 소외되고 배제된 자연, 약자, 여성들에 관심을 두고, 교회 건축은 구조적인 공간 배치뿐 아니라, 창, 문, 통로 등 작은 부분을 통해 그리고 건축 재료를 통해 신학적 의미를 만들어 나가야 할 것이다. 작은 공간 혹은 빈 공간 역시 무의미한 공간이 아니기에 건축 전체에 대한 이해 혹은 건물의 의미가 드러날 수 있도록 적극적으로 활용해야 한다. 교회는 내부와 외부, 성과 속, 공공성과 개인성이 만나 역동적인 관계성이 이루어지는 공간이므로, 건축은 이를 잘 담아낼 수 있어야 한다. 교회가 공공성의 가치를 실현하며, 그 가운데 몸-되신 하나님이 구체화되고 여성이 더 이상 주변화된 역할에 머무르지 않고 함께 참여하는 개방된 공간이 될 수 있도록, 교회 건축은 적극적으로 그리고 의식적으로 고민해야 할 것이다.

III. 나오는 말

건축은 공간을 채우는 일이라기보다는 공간을 만들어 내는 일이라고 한다. 공간의 무한한 잠재성을 생각하며, 교회 건축은 신학적, 인문학적 성찰을 바탕으로 설계되고 활용되어 건축의 공공성을 실현할 수 있도록 해야 한다. 한 때, 건설 산업이 국가 경제의 버팀목이었던 그래서 새로운 건물 그리고 새로운 도시들이 빠르게 생겨났던 시절이 있었다. 그러나 현재에도 빠른 건축, 높은 건물을 선호하며, 그러한 시대에 기준을 두고 교회를 세우는 것은 시대착오적이다. 교회 건축이 비판적 성찰

없이 세속적인 요구를 받아들여 건물 자체에 의미를 두고 거대 자본을 투자하여 세워진다는 것은 예언자적 기능을 상실한 교회의 모습을 보일 뿐이다. 교회 규모와 상관없이 크던 작던 교회 건축이 그 자체만으로도 자부심을 주고 위안을 줄 수 있는 건축이면 좋을 것이다. 그리고 부족한 것은 공간 활용을 통해 그리고 교회 안의 공동체의 삶을 통해 완성해 나가야 한다.

다시 말해, 건전한 교회 건축을 통해, 함께 기쁨으로 떡을 떼는 공간, 성과 속이 함께 어우러지는 공간, 그래서 타자화되어 배제되었던 사람들이 포함되는 공간이 구체적으로 표현되어야 한다. 이러한 가운데, 자연과 인간이 조화하고, 인간과 인간이 서로 소통하며, 그래서 하나님을 만나게 되는 공간이 구체화될 때, 말 그대로 교회, '에클레시아'는 모임이 될 수 있다. 현재의 사회 현실을 돌아보며 위험 사회의 표지를 읽어내고 공공의 가치를 우선하는 교회 건축을 계획하고 실천해 나가야 한다. 서로 함께 섬기며 참여하는 주방 공간, 육신이-되는 하나님을 경험하는 공간, 소외된 이들이 힘을 얻는 돌봄의 공간이 구체적으로 마련되고 유지되어야 할 것이다. 공공의 이익보다 개인의 이익에만 급급한 이기주의적 태도는 결국 큰 문제를 야기하며 전체 사회를 위험으로 몰고 간다. 온갖 위협과 위험이 가득한 가운데서 홀로 멋지게 세워진 교회는 의미가 없을 것이다. 공공성의 가치를 무시하고 공동체와 무관하게 홀로 성장하고 이익을 챙기는 것은 전체 균형을 깨고 파멸하는 일이다. 거대하게 세워지고 새 건물로 빠르게 지어지기 전에, 다시 고쳐 쓰고 작은 것도 돌아보는 그러한 교회 건축이 되어야 할 것이다. 건물이 간단한 소모품이 아닐 텐데, 덧대고 고쳐서 사용한다면 역사를 품고 세월을 담아내는 보다 건전한 교회 건축이 될 수 있을 것이다.

결론적으로, 내부와 외부가 역동적으로 만나는 사이-공간으로서의 교회 공간은 사회 변화에 적극적으로 대응하고 자연과 어울려 조화하는, 지속 가능하고 또한 살림의 문화를 실천하는 개방된 공간이어야 한다. 구체적으로 이러한 공간은 수직적 위계보다는 수평적 관계가 강조되는 공간이며, 정체되고 분리된 공간이기보다는 유동적이고 개방적인 공간으로 구성될 것이다. 이러한 공간이 구체적으로 설계되고 활용될 때, 배제되고 소외된 사람들이 따뜻하게 환대 받고, 일자리를 잃은 사람이나 사교육이 어려운 아이들이 공동체 의식을 느낄 수 있는 교회 건축이 될 수 있다. 문명화에 밀려 대상화되었던 자연이나, 혹은 남성 중심의 시각에서 배제되고 소외된 약자와 여성이 모두 함께 어울려 생명을 느낄 수 있는 공간이 교회 건축을 통해 구현될 때, 조형물로서의 건물은 의미 있는 교회가 될 수 있다. 교회 공동체가 그리스도의 한 몸을 이루며 유기체적 관계를 형성할 수 있어야 비로소 교회 건축의 공공성이 실현될 수 있는 것이다.

참고문헌

김경. "승효상, 빈집 짓는 건축가." 『김훈은 김훈이고 싸이는 싸이다』. 서울: 생각의 나무, 2005.

김성홍. 『길모퉁이 건축: 건설한국을 넘어서는 희망의 중간건축』. 서울: 현암사, 2011.

김호경. 『여자 성서 밖으로 나오다』. 서울: 대한기독교서회, 2006.

김혜숙, 김혜련. 『예술과 사상』. 서울: 이화여자대학교 출판부, 1997.

서현. 『건축 음악처럼 듣고 미술처럼 보다』. 파주: 효형출판, 2014.

승효상. 『오래된 것들은 다 아름답다』. 파주: 컬처그라퍼, 2012.

승효상, 왕슈, 니시자와 류. "한·중·일. 건축가, 동아시아 건축의 미래를 논하다". 김옥길 기념강좌, 건축의 지역성을 다시 생각한다, 2012년 9월 20일.

이정구. 『교회 건축의 이해: 신학으로 건축하다』. 파주: 한국학술정보, 2012.

임석재. 『한 권으로 읽는 임석재의 서양 건축사』. 파주: 북하우스, 2011.

임형남, 노은주. 『집, 도시를 만들고 사람을 이어주다』. 서울: 교보문고, 2014.

구마 겐고, 미우라 아쓰시/이정환 옮김. 『삼저주의』. 파주: 안그라픽스, 2012.

그로츠, 엘리자벳. 『건축 그 바깥에서: 잠재 공간과 현실 공간에 대한 에세이』. 탈경계인문학연구단 옮김. 서울: 그린비, 2012.

울리히 벡. 『위험 사회 새로운 근대(성)를 향하여』. 서울: 새물결, 2014.

춤토르, 페터. 『건축을 생각하다』. 서울: 나무생각, 2013.

Russell, Letty. *Church in the Round: Feminist Interpretation of the Church*. Louisville: Westminster John Knox, 1993.

윤 리 학

공공성에 적합한 교회의 규모

곽 호 철*

I. 들어가는 글

교회는 예배하는 공동체이다. 예배하는 공동체이면서 교회는 현재 사회가 희망을 발견할 수 있는 대안 공동체여야 한다. 게하르트 로핑크 (Gerhard Lohfink)는 교회가 공동체로서 대조 사회(Kontrastgesellschaft) 혹은 대척 사회(Gegengesellschaft)로서 현 사회와 최소한 구별되어야 하고 더 나아가서 현 사회와 대조를 이루며 대안적 성격을 띠어야 한다 고 주장한다.1) 현 사회에 대안을 제시하기 위해서는 현 사회의 대안 운 동들과 대화하며 교회 공동체를 구성해야 한다. 이 논문에서는 공공성, 특별히 생활 공공성이라는 하나의 대안 운동과 관련해서 교회 공동체를

---

* 계명대학교 교수, 기독교윤리학
1) 게하르트 로핑크/정한교 옮김, 『예수는 어떤 공동체를 원했나?』(서울: 분도출판사, 1985), 201-205.

살펴보며, 특별히 교회의 규모 차원에서 논의할 것이다.

이 논문에서 우선 관심하고 있는 문제는 대형 교회이다. 대형 교회는 무조건적 비난의 제물이 되기도 하고 묻지마 형태의 칭송의 대상이 되기도 한다. 그러나 단지 크기 때문에 대형 교회가 비난이나 칭송의 대상이 되어서는 안 된다. 본고는 대형 교회의 현 실태와 문제점을 종교사회학적 틀에서 분석·평가할 것이다. 현실적으로 기독교 교회의 분포를 보면 멱함수의 법칙(Power Law)을 따르고 있다. 다시 말해서 통계상으로 교회 규모의 분포는 회중 수가 적은 교회수가 가장 많고 회중 수가 많은 교회 수는 아주 적은 형태를 보인다. 멱함수 법칙을 따르는 교회 규모별 분포는 기독교 역사에서 늘 존재해왔던 형태이다. 마을에 몇 가정 살지 않는 곳에서는 아주 적은 수의 사람이 교회를 구성할 수밖에 없다. 반면에 거대 도시에서는 교통, 인구 밀집도, 기술 등의 발달로 거대한 규모의 교회를 구성할 수 있다. 대형 교회는 항상 존재해 왔는데, 이전과는 달리 현재 증가 추세에 있다는 점에서, 대형 교회의 증가 현상이 관심의 대상이다. 이 논문은 교회의 크기를 바라보는데 있어서 다음 세 가지 질문을 던진다. 대형 교회는 예배하는 공동체로서의 역할을 제대로 하고 있는가? 대형 교회는 대조 사회로서 혹은 대안적 성격을 띠는 공동체로서 적합한가? 대형 교회가 생활 공공성과 관련해서 적합한가? 이 질문들이 대형 교회를 평가하는 틀이 될 것이다.

예배하는 공동체의 크기를 다룰 때, 시대적으로 중요한 시대정신을 분별할 필요가 있다. 우리 시대의 시대정신을 공공성이라고 한다면, 기독교 윤리적 관점에서 본고는 생활 공공성을 바탕으로 예배 공동체의 크기를 논하려고 한다. 생활 공공성은 공공성을 거시적 차원에서 다루기보다 미시적이고 지역적이고 참여적인 차원에서 논의하는 것을 말한다. 다시 말해서 생활 공공성은 지역 중심의 공동체를 지향한다. 지역 중심의 공동체가 우리 시대정신의 한 단면이라고 볼 때, 교회 또한 지역 중심의 공동체 혹은 지역 중심의 공동체를 형성하는데 기여할 수 있어야 한다. 본고에서는 장년 150명, 그 자녀들 150명을 포함해서 총 300명 정도를 적절한 교회의 사이즈로 제시할 것이다.

II. 교회 규모의 현 실태 분석: 대형 교회와 소형 교회

기독교 역사에 있어서 교회의 규모는 어떤 분포를 보여 왔을까? 교회는 처음에 소수의 사람들이 모이는 공동체로 시작했지만, 시간이 지나며 큰 교회들이 생겨났다. 대형 교회는 기독교 역사에서 항상 존재해 왔으며, 앞으로도 그럴 것이다. 다만 기독교의 역사를 훑어보면 대형 교회가 1800년대부터 증가하기 시작해서, 1900년대 후반부터 급속도로 증가해왔다.

보다 구체적으로 살펴보면, 대형 교회는 기독교가 국교화된 이후부터 존재해 왔다. 4세기에 세워진 로마 라테라노 대성당(The Lateran Basilica)은 수천 명을 수용할 수 있었다.[2] 중세 시대 국교인 기독교를 통해 황제의 위엄을 드러낼 수 있는 교회들은 크기가 작지 않았다. 대형 교회들은 그 숫자가 많지 않았지만 그래도 존재했다. 특별한 의미를 지니지 않던 대형 교회들은 1800년대부터 증가하기 시작했다. 1836년 찰

---

2) Caecilia Davis-Weyer, *Early Medieval Art 300-1150: Sources and Documents* (Toronto: University of Toronto Press, 1986), 11.

스 그랜디슨 피니의 브로드웨이 태버너클교회는 4000명을 수용할 수 있었고, 1850년 브루클린에 있는 헨리 워드 비처의 플리머스 교회는 2000석을 구비했고, 1891년 브루클린 중앙 장로교회에 소속된 드위트 탈마지의 제3예배당도 4000명이 예배할 수 있었고, 1923년 애이미 셈플 맥퍼슨의 앙겔루스 성전은 7500명을 수용할 수 있었으며, 1925년 시카고 무디 기념교회는 4000명이 예배할 수 있었고, 1945년 멤피스의 메이슨 교회는 7500명을 수용할 수 있었다.3) 교회사에서 대형 교회는 오래 전부터 존재해왔고, 대형 교회의 규모도 상당했던 것을 볼 수 있다.

소형 교회와 대형 교회는 역사에서 계속 존재해 왔는데, 그 소형 교회와 대형 교회의 분포는 멱함수의 법칙(Power Law)을 따르고 있다. 멱함수의 법칙은 x의 값이 증가함에 따라서 y 값이 거듭제곱의 값으로 감소하는 현상을 말한다. 다시 말해서 교회 전체 분포를 볼 때 교인 수가 적은 소형 교회들이 대다수를 차지하고 있고, 대형 교회는 전체 교회 수에 비춰볼 때 극소수에 불과하다는 것이다.

한국 교회 중 기독교대한감리회 소속 교회들의 규모별 분포도는 멱함수의 법칙을 따르고 있다. 100명 미만 규모의 교회들이 교회 전체의 70% 이상을 차지하고, 2000명 이상의 대형 교회들은 전체의 0.5%도 안 되는 것을 볼 수 있다(다음의 〈도표 1〉 참조).

이런 분포는 미국도 크게 다르지 않다. 미국의 경우도 100명 이하의 교회 수는 전체 교회 수의 60%를 넘고, 101-250명의 20% 정도이며, 251-1000명은 10%, 1000명 이상의 교회 수는 3% 정도 혹은 그 이하

---

3) Mark Chaves, "All Creatures Great and Small: Megachurches in Context," *Review of Religious Research* 47, no 4 (2006): 340.

에 머물고 있다.4) 다시 말해서, 대형 교회는 소수에 그치고 소형 교회들은 대다수를 차지하는 멱함수 법칙의 형태를 띤다. 미국 연합감리교회의 통계도 멱함수의 법칙을 보여준다. 보다 구체적으로, 미국연합감리교회도 100명 미만의 교회가 45% 이상을 차지하며 2000명 이상의 교회는 1%도 되지 않는 것을 볼 수 있다(〈도표 2〉 참조).

〈도표 1〉 기독교대한감리회 2003, 2008, 2013 교회 등록교인 규모별 분포5)

명 연도	1 -99	100 -199	200 -299	300 -499	500 -749	750 -999	1000 -1499	1500 -1999	2000 -2999	3000 이상
2003	71.61	11.91	4.66	5.18	3.19	1.29	1.12	0.52	0.52	0.00
2008	69.96	12.63	5.10	5.10	3.37	1.26	1.33	0.63	0.55	0.08
2013	73.51	11.14	3.94	4.82	2.45	1.56	1.29	0.82	0.20	0.27

(단위: %)

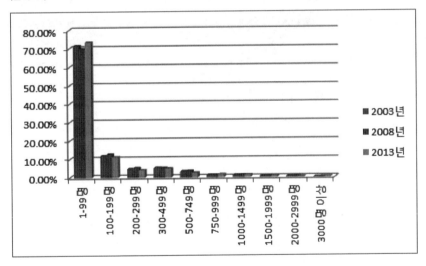

4) The Association of Religion Data Archives, "Size of Congregation," http://www.thearda.com/ConQS/qs_295.asp (accessed August 10, 2015).
5) 이 자료는 감리회역사자료보관실에 있는 서울연회, 동부연회(강원도), 중앙연회(경기도)의 지역 보고서인 지방회 회의록을 조사해서 만든 것이다. 회중 수는 장년 입교인 수를 의미한다.

〈도표 2〉 미국연합감리교회 2005, 2009, 2013 규모별 교회 수와 등록교인 비율[6]

구분	명	1 -99	100 -199	200 -299	300 -499	500 -749	750 -999	1000 -1499	1500 -1999	2000 -2999	3000 +
교회	2005	45.77	22.86	10.63	10.12	5.08	2.18	1.79	0.71	0.51	0.35
	2009	46.51	23.07	10.60	9.64	4.74	2.08	1.71	0.72	0.56	0.38
	2013	47.81	22.91	10.32	9.24	4.47	1.99	1.60	0.70	0.54	0.41
교인	2005	9.98	13.89	11.12	16.70	13.22	8.02	9.24	5.23	5.27	7.33
	2009	10.18	14.08	11.18	16.10	12.44	7.71	8.92	5.36	5.77	8.27
	2013	10.60	14.31	11.08	15.68	11.93	7.58	8.50	5.37	5.63	9.31

(단위: %)

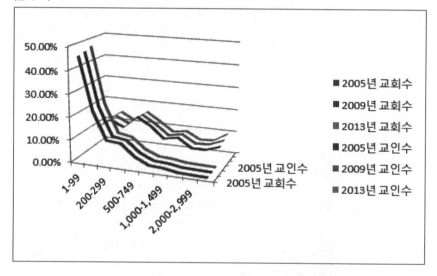

미국 연합감리교회의 규모별 분포가 멱함수의 법칙을 따르지만, 눈여겨봐야 할 것은 중형 교회들이 줄면서, 소폭이지만 소형 교회들이 증가하고 있고, 대형 교회들이 증가하며 대형 교회에 등록하는 교인 수가 증가하고 있다는 점이다. 2005년에 비해 볼 때, 2013년에는 300-499명의 중형 교회 등록 교인수가 줄고, 199명 이하 교회의 등록 교인수가

---

6) 이 도표는 미국연합감리교회에서 제공한 자료를 바탕으로 작성되었다.

1% 이상 늘었고, 3000명 이상의 대형 교회 등록 교인수는 2% 이상 늘었다.

대형 교회 등록 교인수가 늘고 있는 현상은 1994년부터 2014년 미국 교인 출석률과 등록 교인수가 전체적으로 줄고 있는 현실에 비춰볼 때 놀라운 일이다. 아래 그래프는 미국의 전체적인 교인 출석률과 등록 교인수의 감소 현상을 보여준다.

〈도표 3〉 1994-2014 교회 출석률과 등록 교인수 추이[7)

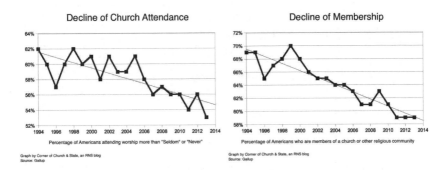

미국 전체 교인 출석수와 등록 교인수가 전반적으로 하향세를 보이고 있는 것처럼, 미국연합감리교회의 통계를 통해서 볼 때, 2005년에서 2013년까지 전체 교회 수는 2144개가 감소했다. 모든 규모의 교회들이 감소했지만, 예외적으로 3000명 이상의 대형 교회는 12개나 증가했다. 한국 감리교회의 경우도 교인수가 2011년 이후로 지속적으로 감소하고

---

7) Tobin Grant, "Graphs: 5 Signs of the 'Great Decline' of Religion in America," (August 1, 2014).
http://tobingrant.religionnews.com/2014/08/01/five-signs-great-decline-religion-america-gallup-graphs-church/ (Accessed August 10, 2015).

있지만, 대형 교회는 증가 추세이다.

주어진 교회의 통계를 통해서 볼 때, 전체 기독교 인구와 교회 수는 지속적으로 감소하고 있지만, 대형 교회의 숫자는 늘고 있고, 대형 교회의 등록 교인수도 늘고 있다. 반면에 중형 교회들의 숫자와 등록 교인수도 줄고 있다. 소형 교회의 숫자와 등록 교인수도 소폭이지만 증가하고 있다. 소형 교회의 수와 소형 교회 등록 교인수의 증가가 희망적인 표지처럼 보일 수 있지만, 소형 교회의 증가는 새로운 교회가 증가한다기보다는 중형 교회의 축소에 따른 불가피한 증가로 보인다. 결국 기독교의 전체적 감소 중에 대형 교회의 숫자 증가와 대형 교회 등록 교인수의 증가만 예외적인 상황이라고 볼 수 있다.

III. 대형 교회의 한계

대형 교회가 증가하고 있는 현실에서 대형 교회들이 기독교의 가르침에 가장 적합한 형태이면 교회 규모의 증가가 부정적인 평가를 받을 이유는 없다. 그러나 대형 교회에 대한 여러 차원의 비판들이 있다. 가장 근본적으로는 교회의 참여와 헌신, 친밀한 교제가 위축된다는 점이 있고, 교회의 본질을 빗나가기 쉽다는 대형 교회 목회자들의 자성적 비판도 있다.

로드니 스타크(Rodney Stark)와 로저 핀케(Roger Finke)는 교회의 규모가 커가면서 교회가 본질을 잃어가는 이유를 밝히고 있다. 교회의 규모가 커질수록 교회 안에서 헌신하는 신자의 비율이 줄어들고, 교회 안의 인맥이 약해지고 끈끈한 외부 인맥을 유지하며, 외부 인맥이 우세

할수록 교회와 사회의 긴장을 완화하는 압력이 증가한다.[8] 다시 말해서 교회가 커갈수록 하나의 사회 구조로서 사회와 차별성을 만들어내지 못한다는 것이다. 교회가 교회 외부와의 차별성이 약화되고 구성원들의 헌신과 희생이 줄어들면서 교회의 본질적 특성을 잃어간다는 것이다. 구체적인 예로 회중의 크기는 회중의 예배 참석률과 성경공부 참석률과 반비례 관계에 있다.

〈표 1〉 회중의 크기와 헌신도[9]

		회중의 규모 (등록교인 1000명당)					
		50명 이하	50 -99	100 -149	150 -199	200 -299	300 이상
나사렛 교단	성경공부참석자 평균	613	475	429	411	408	397
	예배참석자 평균	1,504	1,287	1,163	1,153	1,128	1,110
연합 감리교단	성경공부참석자 평균	516	309	259	234	211	192
	예배참석자 평균	731	529	479	446	421	379
남침례 교단	성경공부참석자 평균	542	380	313	281	260	243

(단위: 명)

나사렛교단의 경우 50명 이하의 교회 예배 참석자수 평균은 300명 이상 교회보다 394명 더 많다. 다른 교단들도 작은 규모의 회중일수록 더 높은 비율의 참석률을 보인다. 교회의 규모가 커갈수록 구성원들의 참여도가 낮아지는 것을 볼 수 있다. 참석률의 측면에서 볼 때, 규모는

---

8) Rodney Stark and Roger Finke, *Acts of Faith: Explaining the Human Side of Religion* (Oakland: University of California Press, 2000), 143-145, 161-162.
9) Stark and Finke, *Acts of Faith*, 156.

반비례 관계를 형성하는 것이다. 2002-2012 미국장로교(PCUSA) 교회 규모 분포와 출석률 추이 또한 규모가 커질수록 출석률이 낮아지는 현상을 분명히 보여준다.

〈표 2〉 2002-2012 미국장로교(PCUSA) 교회 규모 분포와 출석률10)

명 연도	1 -50	51 -100	101 -150	151 -200	200 -300	301 -500	501 -800	801 -1200	1201 -1600	1600 이상
2002	76.00	64.60	60.60	57.50	54.40	51.40	48.90	46.80	45.00	43.50
2007	76.80	64.10	58.70	56.30	53.60	50.80	48.70	43.00	44.10	41.40
2012	81.10	64.20	63.00	56.00	53.60	49.40	47.10	42.10	42.90	38.40

(단위: %)

미국장로교의 경우 50명 이하의 교회 등록교인들 4명 중 3명 이상이 출석하는 반면, 1600명 이상의 교회 등록교인들은 절반만 출석한다. 50명 이하 규모의 교회와 1600명 이상의 교회의 출석률 차이는 2002년 32.50%, 2007년 35.40%, 2012년 42.70%로 출석률에 있어서 거의 두 배의 차이를 보인다.

규모에 따른 문제는 출석률과 헌신도 저하에 국한되지 않는다. 교회 내적 친밀도에 있어서도 규모가 클수록 내적 친밀도가 약화되는 것을 볼 수 있다. 아래 도표는 5명의 가장 친한 친구들 중에 얼마나 많은 사람

---

10) 이 도표는 미국장로교(PCUSA)에서 작성한 자료들을 모아서 만든 도표이다. 아래 언급된 웹사이트에서 "Distribution of PC(USA) Congregations by Membership Size and Synod"자료의 2012, 2007, 2002를 참조하라. Presbyterian Church Research Services, "Comparative Statistics"
http://www.presbyterianmission.org/ministries/research/statistics-reports-and-articles/ (accessed August 10, 2015).

이 같은 교회에 등록교인으로 출석하는지를 보여준다.

〈표 3〉 교회의 규모 그리고 사회적 관계, 북캘리포니아, 1963[11]

친구 수	회중 크기			
	50명 이하 (n=69)	51-200명 (n=314)	200-400명 (n=517)	400명 이상 (n=1,787)
4-5명	50%	21%	22%	15%
2-3명	33%	34%	31%	27%
1명	9%	15%	13%	18%
0명	8%	30%	34%	40%

50명 이하의 소형 교회에서는 50% 이상이 가장 친한 친구들 대부분을 교회 안에서 갖고 있다. 그러나 400명 이상의 교회에 출석하는 기독교인들은 15%만 친밀한 관계를 교회 안에서 만들었다. 400명 이상의 교회에서는 40% 이상이 교회 안에서 친밀한 친구가 없다고 대답했다. 다시 말해서 400명 이상의 교회 등록교인 10명 중 4명이 공동체적인 교류 없이 교회를 구성하고 있다. 함께 교회 공동체를 구성하면서 친밀한 교제가 없다면, 공동체로서는 무의미한 모임이 된다. 규모가 큰 교회는 친밀한 관계를 갖기 어려운 한계가 있음을 분명하게 보여준다.

출석률, 헌신도, 친밀도의 문제와 더불어서 대형 교회 목회자들의 자성적 비판도 있다. 대형 교회를 직접 목회했던 목사들이 대형 교회가 교회의 본질에서 어긋난 점을 지적한다. 옥한흠 목사는 자신이 목회해 온 사랑의교회가 갖고 있는 문제점을 제자훈련과 관련 지어 지적한다. 그는 대형 교회론과 제자훈련이 양립할 수 없다는 것을 인정한다. 제자로

---

11) Stark and Finke, *Acts of Faith*, 161; Rodney Stark and Charles Y. Glock "The New Denominationalism," *Review of Religious Research* 7 (1965): 17-28 재인용.

양육하는 것이 제자훈련인데, 사랑의교회가 너무 큰 교회가 되어서 제자 양육을 제대로 할 수 없게 되었다는 것이다. 헌신하는 제자들을 키워내지 못한 채, 2000명 이상의 교회 규모를 유지한 것에 대해 자성을 하고 있다. 그는 오히려 목회 지도자들을 세워서 교회를 분립시켜 나갔으면 좋았을 것이라고 회고한다.[12]

한국 대형 교회의 대표격인 지구촌교회 이동원 목사도 자신의 교회에서 은퇴하며 참회의 글을 남겼다. 우선 청년들이 제대로 지도를 받아야 할 때, 독재에 저항하지 못한 것을 회개했고, 교회 내 부유층에 대해서 회개를 촉구하지 못하고 예언자적 설교를 제대로 하지 못한 것을 회개했다.[13] 이동원 목사의 참회도 대형 교회의 한계에 대한 분명한 인식을 담고 있다. 권력과의 관계에서 쓴소리를 할 수 없었던 것은 구성원 중에 정치 권력에 몸담고 있는 사람들이 있기 때문이며, 부유층에 대한 회개 촉구의 망설임도 제대로 된 신앙인 양육보다는 출석으로 자리를 채우며 숫자에 예민했던 양적 목회의 단면을 드러낸다. 대형 교회가 복음 선포와 양육에 충실하기 보다는 규모 유지에 매달려 있었다.

또 다른 대형 교회인 남서울은혜교회의 홍정길 목사도 자신의 목회가 실패라고 하며, 대형 교회 목회의 문제를 지적한다. 그는 자신의 목회에 대해 이렇게 말한다: "결론적으로 실패했구나 하는 생각이 듭니다. 제 목회 40년을 뒤돌아보고, 제가 롤 모델로 삼았던 미국 대형 교회 목사들을 볼 때, 예배당 크고 사람이 많이 모인 것 외에 (교회가 세상과)

---

12) 옥한흠, "나의 교회론과 제자 훈련은 엇박자가 된 것 같다", 디사이플 Vol 130 (2009. 11), http://www.mdisciple.com/ArticleView.asp?AID=4046&CtgNo=1101&Page=11 (2015/8/10접속)

13) 정성훈, "이동원 목사의 다섯 가지 참회", 뉴스앤조이, 2010. 12. 30. http://www.newsm.com/news/articleView.html?idxno=2263 (2015/8/10접속).

뭐가 다르냔 말이지. 그런데 제가 그 허상을 좇아왔어요. 지금도 큰 것, 그것뿐이에요. 목표가 잘못 설정됐어요. 그런 점에서 실패예요. 그 사람들이 하는 제자훈련도 해 보고 선교도 열심히 하고…. 속아서 여기까지 왔습니다. 우리는 모르고 여기까지 왔어요. 다음 세대는 속지 않았으면 좋겠어요."14) 홍정길 목사도 대형 교회가 교회로서의 역할을 하지 못하고 규모에만 몰입되었던 것을 스스로 비판하고 있다.

대형 교회에 대한 자성적 비판은 한국의 대형 교회에만 국한되지 않는다. 미국의 윌로우크릭교회도 자신들의 목회를 돌아보며 목회 전반에 대해 재고를 요청했다: "우리가 실수했다. 우리는 당신이 당신의 영적 여정에 추구할 때 주었던 조언들을 다시 생각할 필요가 있다."15) 더 나아가서 교회의 양적 성장과 영적 성장의 동일시에 대한 비판도 덧붙이고 있다. "다양한 목회 활동으로 늘어난 교인수가 영적인 성장과 동일시될 수 있을까? 실망스럽게도 그렇지 않다. … 교회 활동 자체만으로는 영적인 성장에 직접적 영향을 주지 못한다."16) 윌로우크릭교회도 대형 교회로서 양적인 성장을 이루었지만 영적인 성장에 문제가 있음을 고백하며 대형 교회의 문제점을 분명히 지적하고 있다.

대형 교회의 담임목사들이 지적한 문제와 더불어서 하워드 스나이더는 네 가지로 요약해서 대형 교회의 문제를 제시하며, 교회의 미래가

---

14) 김은실, "홍정길 목사 '나의 목회는 실패'", 뉴스앤조이, 2013. 9. 16.
   http://www.newsnjoy.or.kr/news/articleView.html?idxno=195142
   (2015/8/10 접속).

15) Greg L. Hawkins and Cally Parkinson, *Reveal Where Are You?* (Chicago: Willow Creek Association , 2007), 64.

16) S. Michael Craven, *Willow Creek's Confession*,
   http://www.battlefortruth.org/Willow_Creeks_Confession.asp(accessed August 10, 2015).

될 수 없다고 말한다. 우선 대형 교회들은 문화적 상황에 제한되어서 특정한 환경 아래에서만 성장하기 때문에 모든 교회들의 모델이 될 수 없고, 둘째로 교회의 수적 성장은 빈약한 공동체성 때문에 기독교 역사에서 교회의 본질에 위험한 신호로 받아들여졌고, 셋째로 초대형 교회들은 그 타깃을 중산층으로 삼고 있기 때문에 가난한 자를 향한 복음을 전하는데 실패했으며, 넷째로 대형 교회가 좋은 교회론을 바탕으로 하고 있어도 헌신도와 제자도의 약점을 드러내기 때문에 좋은 대형 교회론은 존재하지 않는다고 지적한다.[17] 다시 말해서 공동체를 제대로 구현하지 못하기 때문에 대형 교회는 문제가 된다. 교회는 지상에 있는 하나님 나라의 공동체여야 한다. 삼위일체 하나님이 공동체를 구성한 것처럼 교회도 하나의 공동체를 구성해야 한다. 서로가 서로에게 무관심한 교회, 서로가 서로를 잘 알 수 없는 구조적 결함을 안고 있는 모임은 교회라고 할 수 없다.

교회의 가장 중요하게 여기는 헌신성, 참여성, 공동체적 친밀성, 영적 성장 등에서 대형 교회는 분명한 한계점을 드러낸다. 대형 교회의 한계가 분명하다고 할 때, 어느 정도 규모의 교회가 적합한가? 성서에는 두세 명이 모인 곳에 하나님이 함께 있다고 밝힌다. 교회의 규모의 최소값은 규정하기 어렵다. 한두 명 혹은 세 네 명이 예배해도 교회라고 할 수 있기 때문이다. 교회 규모의 최대값, 적정 규모의 최대값은 얼마일까? 그 적정 규모의 최대값을 정하기 위해서 공공성과 공동체성의 차원에서 교회 규모 논의가 필요하다.

---

17) 하워드 스나이더/최형근 옮김, 『교회 DNA』(서울: 한국기독학생회출판부, 2006), 88-97.

IV. 우리 시대의 공공성: 생활 공공성

현 시대에 공공성이 많이 논의가 되고 있다. 공공성의 문제가 대두되는 것은 현재 사회의 거대 조직들이 해체되고 있는 현실에 기반을 두고 있다. 국가주의 시대에는 국가를 통해서 공공의 이슈들이 해결되던 것이 이제는 더 이상 해결될 수 없는 현실에 이르렀기 때문이다. 노조, 의회, 국가 등의 거대조직들의 역할이 이전과는 달리 큰 영향을 미치지 못하고 있다. 시장도 마찬가지다. 시장에 의해서 모든 것을 해결하려는 신자유주의 또한 그 맹점을 드러내고 있다. "과도한 경쟁과 효율 만능의 정글의 법칙만이 남은 시장 사회의 현실은 다시 공공성의 해체라는 공동체 위기와 자기 대면함으로써" 공공성에 대한 심도 깊은 논의와 새로운 형태의 공공성을 모색할 조건을 만들었다.[18]

공공성과는 거리가 먼 시장도 공공성 논의를 하기에 이르렀다. 다시 말해서 공공성의 해체에 직면한 사회의 각 분야가 공공성의 회복을 노력하게 되었고, 시장도 동참하게 된 것이다. 그러나 시장 공공성만으로 현재 우리가 겪고 있는 공동체의 해체와 공공성의 침식을 해결하기는 어렵다. 시장은 구매와 판매의 거래의 관계에만 해당되기 때문이다.

공공성의 회복을 위해서는 상거래의 틀보다도 더 실생활에 깊이 관여하는 공공성, 생활 공공성이라는 보다 근원적이고 새로운 틀의 공공성이 요청된다: "생활 공공성은 국가 공공성의 대안적 질서로 개인과 공동체, 사사성과 공공성이 결합된 새로운 공적 질서(개인의 삶과 공동체의

---

18) 조대엽, 『생활민주주의의 시대: 새로운 정치 패러다임의 모색』 (파주: 나남, 2015), 210-211.

결합): 생활 공공성의 질서는 기존의 공적 제도와 시민의 실존적 삶의 영역을 결합시킨 새로운 공공성의 질서"이다.19) 생활은 한 개인이 살아가는 영역이다. 시장과 국가가 비집고 들어와서 유린했던 바로 그 영역을 보호하기 위해 제안된 것이 생활 공공성이다.

생활 공공성을 구축해가기 위해서는 개인이 직접 주변 사람과 대면하고 함께 어울릴 수 있는 마을이 그 중심이 되어야 한다. 김영배는 생활 공공성이 마을을 중심으로 해야 하는 이유에 대해 다음과 같이 밝히고 있다.

"이제는 동네의 시대, 마을의 시대로 가야 합니다. 국가의 시대와 시장의 시대를 지나서 시민의 시대가 되어야 합니다. 구체적으로 자기가 살아가는 단위인 마을과 동네에서 생활 공동체를 통해 자신의 문제를 스스로 해결해 나가는 그런 시대, 즉 국가나 시장이라고 하는 전국적인 범위, 생활범위를 넘어서는 일종의 몰개인화된, 그런 위로부터의 시대가 아니라 살아가는 자신의 생활근거지로부터, 자신의 삶으로부터 자신의 문제를 스스로 해결해나가는 그야말로 아래로부터의 새로운 정치, 새로운 시대로 가야 합니다. 그게 바로 시민의 시대고 마을의 시대고, 동네의 시대입니다."20)

국가 중심의 시대에도 공공성이 있었고, 시장 중심의 시대에도 공공

---

19) 조대엽, "생활민주주의와 마을의 시대, 마을민주주의 시대를 말하다", 「성북구 마을민주주의 원년 심포지엄 자료집」 (서울, 2015), 29.
20) 김영배, 『동네 안에 국가 있다: '공공성의 정치, 마을 정치, 생활 정치'를 향하여』 (서울: 백산, 2013), 29.

성이 미약하나마 존재했다. 그러나 국가와 시장의 거시적 공공성은 개인을 그 자체보다는 국가나 시장의 구성 요소로 파악하고 공공성을 이야기해왔다. 개인은 자신의 삶과 유리된 거대한 틀에 의해 맞춰져야 했고, 그 거시적 흐름에 도구적 역할밖에 할 수 없었다. 이제는 보다 미시적인 차원에서 개인을 바라보고, 그 자유로운 개인들의 공동체를 통해서 공공성을 추구해가야 한다.

생활 공공성의 측면에서 볼 때, 주체는 거대 단체나 대표가 아니다. 주체는 생활을 해 나가는 개인들과 그 개인들의 자발적 집합체이다. 국가와 시장 중심의 공공성은 성장과 이념을 중시했다면 생활 공공성은 개인의 실현과 확장에 초점을 맞춘다. 국가와 시장이 성장과 분배, 안보와 통제를 이슈로 한다면, 생활 공공성은 실생활의 문제들, 먹거리, 환경, 노동, 주택, 의료 등을 주 이슈로 한다. 국가와 시장이 능력 있는 대표자들에 의한 관리 방식을 선호한다면 생활 공공성은 참여와 소통 그리고 공감의 방식을 추구한다.[21]

생활 공공성은 사회 운동의 흐름이 거시의 차원에서 미시의 차원으로, 대단위 규모에서 생활의 영역으로, 익명적 개인의 시야에서 대면적 공동체의 틀로 바뀌어야 함을 강조한다. 현 사회의 문제를 해결하려는 시도인 생활 공공성을 고려할 때, 교회도 여기에 대화적으로 참여할 필요가 있다. 그러나 현실은 어떠한가? 교회는 다른 거대 조직들과는 달리, 거대 교회들이 더 활성화되고 있는 상황이다. 전체 개신교인 수는 감소하고 있지만, 거대 교회들의 숫자와 그 교회 등록 신자 수는 증가하고 있다. 교회는 사회의 흐름에 역행을 하고 있는 실정이다. 생활 공공성

---

21) 조대엽, 『생활민주주의의 시대』, 210-211.

은 대형 교회를 지향하는 교회의 방향성을 돌아보게 한다.

V. 생활 공공성에 적합한 규모

생활 공공성을 고려할 때, 교회는 지역 중심의 교회, 공동체 중심의 교회에 더 초점을 맞춰야 한다. 지역 중심의 공동체로 교회가 자리매김할 때, 공공성과는 어떤 연관성이 있을까? 두 가지 점을 지적할 수 있다. 하나는 공동체성의 강조로 관계에 대한 관심의 회복이다. 하나님과의 관계에 이웃의 관계가 종속적이거나 부차적인 위치를 차지하는 것이 설교 중심의 교회라면 하나님과의 관계만큼이나 이웃과의 관계가 중요한 위치를 점유하는 것이 공동체 중심의 교회이다. 관계가 핵심에 놓이는 만큼, 교회 내부 구성원들의 관계와 더불어서 교회 외적인 관계를 중요하게 강조할 수 있다.

현대 사회는 의미 있는 공동체의 상실을 뼈저리게 경험하고 있다. 고독사를 비롯한 이웃의 진공 상태에 노출되어 있다. 또한 SNS형 접속형 관계가 확산되면서 부담스러운 관계는 쉽게 단절되며 대면 관계는 되도록 피하게 된다. 교회도 부담스러우면 조용히 사라질 수 있는 곳을 선택한다. 안타깝게도 교회가 공동체의 특성을 상실하면서 공동체에 속하지 않은 무연고적인 개인의 사회를 지탱해 주고 있다. 이 해체된 공동체의 사회를 돌이키기 위해서는 교회의 공동체성 회복이 무엇보다도 필요하다.

수잔 핑커는 "교회에 속하는 것은 한 마을에서 사는 것과 같다. 한편으로 당신의 행동이 드러난다: 사람들은 당신의 모든 행동을 관찰한다. 다른 한편으로, 사람들은 당신이 언제 도움이 필요한지 알고, 도움을 제공할 것이다."[22] 교회는 마을과 같은 역할을 해왔다. 그러나 그런 역할을 잃어버렸다. 공동체로의 회복이 필요하다.

공동체의 회복에서 교회의 역할은 더 중요하다. 조나단 하이트는 종교 단체가 지니고 있는 공동체의 강점을 언급한다: "19세기 유토피아를 꿈꾸었던 미국의 단체들 중에 비종교적인 단체는 6%만 살아남은 반면, 종교 단체는 39%나 살아남았다. 이 39%에 속하는 단체는 구성원들에게 술, 고기, 혹은 담배를 포기하거나 머리 스타일, 복식 형태, 혹은 음식 등을 바꾸면서 습관이나 겉모습을 변경하라고 요구했다."[23] 교회는 공동체의 형태를 강력하게 유지해갈 수 있다. 교회가 공동체를 재정립해 나갈 때, 교회 공동체 회복뿐만 아니라, 교회 주변의 해체된 공동체성의 회복에도 도움이 될 수 있다.

교회가 공동체성을 회복하면서 지역 중심의 공동체가 될 때, 교회 공동체는 그 지역의 삶의 문제에 더 깊이 관여할 수 있다. 마포 합정동에서 강남까지 차를 몰고 와서 예배하고 자신의 집으로 돌아가는 이들에게 교회 주변의 합정동 문제가 얼마나 피부에 와 닿을 수 있을까? 그러나 지역 중심의 교회는 그 주변이 삶의 터전으로서 더 깊은 관심을 갖게 된다.

찰스 캠벨(Charles L. Campbell)은 교회 공동체성과 교회의 공적 역할이 불가분의 관계에 있다고 주장한다: 교회 사역의 "궁극적인 목표는 개개인의 형제 자매들을 공동체의 삶 안으로 연합시키는 데 있"으며, 이렇게 형성된 공동체는 "공적인 형태의 사회단체나 또는 고대의 도시국

---

22) Susan Pinker, *The Village Effect: Why Face-to-Face Contact Matters* (London: Atlantic Books, 2015), 74.
23) Susan Pinker, *The Village Effect*, 238; Reciting Jonathan Haidt, *The Righteous Mind: Why Good People Are Divided by Politics and Religion* (New York: Pantheon, 2012).

가(polis) 형태와 같은 사회 정치적 공동체"이다.24) 교회는 공동체를 구현해야 하며, 그 공동체는 사회-정치-경제의 영역을 포괄하는 공적인 영역에 영향을 끼쳐야 한다는 의미이다. 따라서 교회 공동체성의 회복은 공공성을 발휘하는데 필수적인 조건이 된다.

공동체로서의 교회를 구현해가려 할 때, 적합한 규모는 어느 정도일까? 본고는 로빈 던바(Robin Dunbar)가 주장하는 150명의 관계를 토대로, 성인 등록교인 150명과 그에 속한 가족들을 포함해서 300명 정도가 가장 적당하다고 본다.

로빈 던바는 인간의 대뇌 크기를 바탕으로 인간이 친밀한 대면 접촉을 할 수 있는 최대 숫자가 150명으로 보고 있다. 인간들처럼 유인원들은 다른 동물들과 달리 강한 사회적 유대를 갖고 있고, 복합적인 협력 관계를 구성하는 사회를 인지하고 있으며 그 사회를 형성하며 살아간다. 인류를 포함한 유인원들의 사회에서 한 집단의 크기는 의식 활동에 관여하는 대뇌 신피질의 크기와 비례 관계에 있다. 다시 말해서, 유인원들의 신피질 크기가 클수록 집단의 크기도 커진다. 신피질의 크기를 고려할 때, 인간들에게 적합한 그룹의 크기는 150명 정도이다. 이 150명 정도의 공동체가 한 사람이 친밀한 대면접촉을 할 수 있는 최대치이다.25)

로빈 던바는 역사와 사회에 드러난 150명 정도의 공동체 흔적을 제시한다. 수렵 채집인들의 경우에 한 부족은 1500명 정도로 구성되는데,

---

24) 찰스 캠벨, 『프리칭 예수』 (서울: 기독교문서선교회, 2001), 349.
25) Robin Dunbar, *How Many Friends Does One Person Need?: Dunbar's Number and Other Evolutionary Quirks* (Massachusetts: Harvard University Press, 2010), 23-24.

20여 부족의 인구를 조사해 보니, 씨족은 100명에서 230명 정도로 구성되었고, 평균은 153명 정도였다.[26] 경영 이론에서도 150명 이하의 집단이 대면 방식의 일에 적합하고, 그 이상의 경우는 계층 구조가 효율성을 위해 필요하다고 여겨진다. 사회학자들도 150-200명을 넘어설 때 결근과 병가가 급격히 증가하는 것을 발견했다. 고어텍스의 경우 150명 정도로 작업장 규모를 제한하면서 불필요한 계층 구조나 경영 관리의 구조 없이 상호협력하며 일하게 만들었다. 군대의 경우도 가장 작은 독립 부대를 130-150명 정도로 구성한다. 로마 군대는 130여명으로 구성되었다. BC 6000년경 중동의 신석기시대의 마을도 120-150명으로 이뤄져 있었다. 영국의 경우도 150-160명 정도로 마을이 구성되었다. 후터파와 아미쉬파는 110명 정도의 사람들이 한 공동체를 이루고 150명이 넘으면 공동체를 분할했다. 후터파는 150명이 넘으면 구성원들의 행동을 동료들이 규제할 수 없기 때문에 공동체를 분할한다. 공동체를 유지하는 것은 상호 책임 의식과 상호성인데, 150명이 넘으면 상호성을 유지할 수 없다. 후터파는 계층 구조나 경찰력을 이용한 공동체의 규제를 반대하기 때문에 그들은 150명 선에서 공동체를 유지해왔다.[27] 이러한 공동체 규모의 흔적을 통해서 던바는 150명을 한 공동체의 적정선으로 제시하고 있다.

인간의 대뇌 크기와 인류 역사를 고려할 때 150명 정도의 공동체가 친밀한 공동체를 구성하는데 적정 수준이기 때문에, 성인 150명과 그 미성년 가족들 150명을 포함한 300명 정도로 구성된 교회가 충실한 공동체를 위한 최적의 교회 규모라고 볼 수 있다. 성인 150명 정도의 공동

---

26) Dunbar, *How Many Friends Does One Person Need?*, 25-26.
27) Dunbar, *How Many Friends Does One Person Need?*, 25-28.

체에서 친밀한 관계가 가능하게 되고, 익명성이 불가능하기 때문에 보다 참여적인 자세를 갖게 되며, 통계를 통해서 볼 수 있듯이 헌신적인 구성원이 될 가능성이 더 높게 된다. 후터파와 아미쉬파가 150명을 넘으면 공동체를 분할하면서 자신들의 가르침에 충실하며, 대안 공동체로서 살아남은 것을 보면, 150명 정도의 숫자가 교회의 정체성을 유지하기에 적합한 규모임을 보여준다. 하워드 스나이더는 교회의 역사를 통해서도 50-300명 정도의 공동체가 교회의 생태학이라고 언급하며, 교회의 규모가 그 이상을 넘어설 때는 분할을 통해서 교회의 건강한 크기를 지켜가는 것이라고 주장한다.28)

성인 150명 정도의 건강한 공동체를 교회가 이뤄갈 때, 공동체성의 회복은 교회 공동체에만 영향을 끼치는 것이 아니라, 그 교회가 자리하고 있는 마을의 공동체 회복에도 도움이 될 것이다. 교회 공동체 회복은 그 공적 역할을 회복하는 기초이기 때문이다. 150명 규모 정도의 교회 공동체는 지역 중심의 교회가 되면서 미시의 차원을 바라보고, 생활의 영역에 관심을 가지며, 교회 밖 대면적 공동체를 형성에도 힘쓸 것이다.

---

28) 스나이더, 『교회 DNA』, 54-55: "역사를 통해 볼 수 있는 바와 같이, 대부분의 활력적인 회중들은 대략 50명에서 300명의 그리스도인으로 이루어졌다는 사실은 매우 흥미롭다. 교회 크기에 대한 자연적, 영적, 사회적 생태학이 존재할 것이다. 어쩌면 우리의 목표는 회중 수가 평균 100명에서 200명 정도이며, 내적인 영적 성장뿐 아니라 선교와 복음 전파에 헌신된 회중으로 구성된 교회를 이루는 것이어야 할 것이다. 건강한 크기를 넘어서 성장하기보다는 새로운 지교회들을 개척하는 것이 그 목표일 것이다."

VI. 나오는 글

교회의 규모를 특정한 수로 제한하는 것은 어렵기도 하고 위험하기도 하다. 구체적인 숫자로 교회를 제한한다면 숫자에만 매달리게 될 가능성이 있기 때문이다. 이 논문은 그 위험한 일을 감행했다. 그러나 도출된 숫자인 성인 150명과 미성년 가족 150명을 포함한 300명은 숫자를 맞추기 위한 것이 아니라, 공동체성의 회복을 위한 크기의 제한이다. 공동체는 그 구성원 숫자가 적을수록 더 끈끈한 관계와 공동체의 특성을 유지하기 쉽다. 공동체 내의 관계와 공동체의 특성을 유지하기에 적합한 최대 수가 성인 150명이다.

대형 교회에 출석하는 교인들 중 어떤 분들은 자신들도 대형 교회에서 충분히 좋은 공동체를 경험하고 있고 공공성을 위해서 노력하고 있다고 주장할 것이다. 대형 교회도 분명히 공공성을 위해서 실천하는 교회가 될 수 있고, 좋은 공동체의 모임이 될 수도 있다. 그러나 대형 교회는 예배하는 공동체로서 헌신도, 출석률, 친밀도, 영적 성장 등에서 문제점을 노출했다. 대형 교회에서는 사회에 적응하는 공동체의 특성이 한 사회의 대안을 제시하는 공동체의 특성보다 더 강하게 드러난다. 대형 교회는 또한 지역공동체로서 미시적, 생활 중심적, 공동체적 역할을 하기에 규모가 비대하다. 반면에 성인과 미성년 포함 300명의 교회는 크지 않은 교회로 지역 중심의 교회로 자리잡으며, 생활 공공성의 차원을 구현해 나갈 수 있다.

중세의 종교개혁을 관람의 종교에서 참여의 종교로의 전환으로 이해한다. 종교개혁이 있기 직전까지, 교회는 참여보다는 단순한 관객이 되는 방향으로 의례가 형성되었다. "공동체에서 연극적 구경거리는 일상적인 것과 신성한 재료를 구분하면서 갈수록 구경꾼과 찬양자를 더 멀리 갈라놓았다. 교회 안에서 사제들은 특별한 동작과 음색으로 그리스도의 최후의 나날을 연기했다. 성체 거양은 연극화되어, 사제들의 말을 듣지 않거나 이해하지 못하는 사람들도 그 행사에 참여할 수 있었다."[29] 관람 중심의 종교가 되어 더 이상 참여가 어렵게 되고, 교회 구조도 변화되었다. "의례가 구경거리로 변하면서 공동체에게, 또 개인들에게도 어떤 변화가 생긴 것은 분명했다. 구경거리는 공동체에 위계 구조를 심어주었다. 그 밑바닥에 있는 사람들은 관찰하고 섬기지만 자립적인 개인으로 참여하지는 않는다."[30] 종교개혁은 공동체 대신 위계 구조가, 참여 대신 관람이 자리잡은 틀을 뒤엎은 사건이다.

우리 시대에는 이런 종교개혁적 변혁이 필요한 시대가 되었다. 관찰과 위계 구조가 공동체와 참여를 대체하는 것이 당연시 여겨지기 때문이다. 교회 공동체성의 회복은 교회 자체의 개혁을 위해서 필요하다. 더 나아가서 참여와 공동체의 회복은 교회의 재생뿐만 아니라, 지역사회를 더욱 가까이 바라보며, 생활 공공성을 구현하는데 일조하게 될 것이다.

---

29) 리처드 세넷/김병회 옮김, 『투게더』 (서울: 현암사, 2013), 170.
30) 리처드 세넷, 『투게더』, 182.

참고문헌

김영배. 『동네안에 국가 있다: '공공성의 정치, 마을 정치, 생활 정치'를 향하여』. 서울: 백산, 2013.

김은실. "홍정길 목사 '나의 목회는 실패'". 「뉴스앤조이」 2013.09.16.
　　　　http://www.newsnjoy.or.kr/news/articleView.html?idxno=195142.

로핑크, 게하르트. 『예수는 어떤 공동체를 원했나?』. 서울: 분도출판사, 1985.

세넷, 리처드/김병화 옮김. 『투게더』. 서울: 현암사, 2013.

스나이더, 하워드. 『교회 DNA』. 서울: 한국기독학생회출판부, 2006.

옥한흠. "나의 교회론과 제자 훈련은 엇박자가 된 것 같다." 「디사이플」, Vol 130 (2009).
　　　　http://www.mdisciple.com/ArticleView.asp?AID=4046&CtgNo=1101&Page=11.

정성훈. "이동원 목사의 다섯 가지 참회." 「뉴스앤조이」, 2010. 12. 30.
　　　　http://www.newsm.com/news/articleView.html?idxno=2263.

조대엽. "생활민주주의와 마을의 시대, 마을민주주의 시대를 말하다." 「성북구 마을민주주의 원년
　　　　심포지엄 자료집」서울, 2015년5월19일.

조대엽. 『생활민주주의의 시대: 새로운 정치 패러다임의 모색』. 파주: 나남, 2015.

캠벨, 찰스. 『프리칭 예수: 한스 프라이(Hans Frei)의 탈자유주의 신학에 근거한 설교학의 새 지평』.
　　　　서울: 기독교문서선교회, 2001.

Chaves, Mark. "All Creatures Great and Small: Megachurches in Context." *Review of Religious
　　　　Research*, Vol 47:4 (2006).

Craven, S. Michael. *Willow Creek's Confession*,
　　　　http://www.battlefortruth.org/Willow_Creeks_Confession.asp.

David-Weyer, Caecilia. *Early Medieval Art 300-1150: Sources and Documents*. Toronto:
　　　　University of Toronto Press, 1986.

Dunbar, Robin. *How Many Friends Does One Person Need?: Dunbar's Number and Other
　　　　Evolutionary Quirks*. Massachusetts: Harvard University Press, 2010.

Grant, Tobin. "Graphs: 5 Signs of the 'Great Decline' of Religion in America." August 1, 2014.
　　　　http://tobingrant.religionnews.com/2014/08/01/five-signs-great-decline-religion-america-gal-
　　　　lup-graphs-church.

Hawkings, Greg L and Cally Parkinson. *Reveal Where Are You?* Chicago: Willow Creek Association,
　　　　2007.

Stark, Rodney and Roger Finke. *Acts of Faith: Explaining the Human Side of Religion*. California:
　　　　University of California Press, 2000.

Susan Pinker. *The Village Effect: Why Face-to-Face Contact Matters*. London: Atlantic Books,
　　　　2015.

The Association of Religion Data Archives. "Size of Congregation."
　　　　http://www.thearda.com/ConQS/qs_295.asp.

교회 건축 공공성 지표 확립을 위한
기독교윤리학적 제안

송 용 섭*

I. 서론

한국 교회는 20세기 중반 한국 사회의 고도성장과 더불어 교세를 확장해 왔고, 성장 중심주의와 물질주의와 자교회 중심주의는 압도적 형상의 대형 교회 건축들에 가시적으로 반영되어 왔다. 특히 대형 교회 건축이 자본주의적 사고방식 아래서 개교회 사익의 극대화를 추구하는 방향으로 건축됨으로써 그동안 이웃 사회의 불편을 초래하거나 여론의 지탄을 받아온 것이 사실이다. 이에 본 논문은 그동안의 한국 교회 건축에서 쉽게 찾아볼 수 없었던 공공성이라는 주제를 성찰하면서, 한국 교회 건축이 공공적이어야 할 기독교 윤리학적 당위성과 공공성을 측정하기 위한 교회 건축 공공성 지표 체계 확립에 필요한 제안을 하고자 한다.

본 논문은 이 땅에 인간의 모습으로 오신 예수 그리스도의 자기 비움

* 영남신학대학교 교수, 신학일반

의 성육신에 한국 교회 건축이 추구해야할 공공성이 이미 내재해 있다고 주장한다. 왜냐하면 세상을 구원하시기 위하여 하나님이 겸손히 자기를 비워 인간의 모습으로 임재하신 사건 자체가 공공적이며, 가난하고 소외된 이웃과 대중을 향한 그의 구원 사역 역시 공공성을 지니고 있기 때문이다. 따라서 본 논문은 한국 교회가 예수 그리스도를 닮아가고자 한다면, 교회 건축 시에 그동안의 물질 중심적 성장주의에서 벗어나 공공성을 추구하는 자기 비움의 성육신의 신학을 반영해야 함을 주장할 것이다. 이러한 자기 비움의 성육신의 신학이 반영된 교회 건축은 공공성을 추구하는 교회 건축이며, 이웃을 그 교회 안으로 초대하고 소통하며 돌보는 건축, 이웃과의 올바른 관계를 회복시키는 건축일 것이다.

이러한 교회 건축의 공공성을 측정하기 위한 지표 체계 확립을 위하여 본 논문은 건축의 실천적 측면에서 지속 가능성을, 신학적 측면에서는 자기 비움의 성육신을 교회 건축이 추구하여야할 목표로 설정할 것이다. 여기서 지속 가능성의 실천적 중간 지표로는 사회, 환경, 경제의 분야를, 자기 비움의 성육신의 신학적 측면에서는 거룩함과 아름다움을 제시하되, 본 논문은 신학적 측면을 중심으로 서술하고자 한다. 즉, 교회 건축의 공공성에 대한 기독교 윤리학적 당위성을 주장하기 위하여 본 논문은 거룩함과 아름다움에 대한 신학적 의미를 성찰하고자 한다. 이러한 거룩함과 아름다움은 예수 그리스도가 가시적으로 보여준 성육신의 삶에 상징적으로 드러나 있으므로, 자기 비움의 성육신을 교회 건축을 위한 신학 개념으로 도입할 수 있을 것이다.

II. 교회 건축 공공성에 대한 신학적 성찰

1. 교회 건축과 예배

예수 그리스도의 성육신이 이 세상을 향한 하나님의 사랑의 구체적이고 물리적인 상징과 표현이었듯이, 교회 건축은 하나님 앞에서 신앙 공동체가 이웃과 세상을 향해 선포하는 신앙 고백의 가시적 상징이라 할 수 있다. 로버츠는 이러한 교회 건축이야말로 공동체의 신앙 체제를 물리적 형태로 변환시켜 "세상에 신앙 공동체의 존재와, 역사와 전통, 갈망을 알리는 것"으로 이해한다.1) 그에 따르면, 예배 공간을 건축하는 것은 단순히 건축 프로젝트의 일환일 뿐만 아니라, 신앙의 기나긴 여정이 된다.2) 즉, 교회 건축은 공간에 대한 교회 내 수요 조사부터 건축헌금과 시공과 사용 및 관리에 이르기까지 교인들의 지속적 참여를 통하여 이루어지고, 공동체성을 강화시키며, 유무형적 형태로 이웃 세상과 소통한다. 또한 지어진 교회 건축은 오랜 세월동안 지역의 랜드마크로 자리잡게 되고, 공동체 생활의 중심이 되며, 참여한 교인들의 희생과 헌신을 통해 지어지는3) 공공적 건축의 특성을 내포하고 있다.

예배 공간을 위한 기원을 찾아볼 수 있는 구약 시대의 성막이나 성전의 건축은 공동체에 대한 하나님의 현존을 상징하는 것으로 여겨졌다 (왕상 6장 13절). 신앙 공동체는 하나님의 임재를 상징하는 성막이나 성

---

1) Nicholas W. Roberts, *Building Type Basics for Places of Worship* (Hoboken, NJ: John Wiley & Sons, 2004), 1.
2) Roberts, *Building Type Basics for Places of Worship*, 1.
3) Roberts, *Building Type Basics for Places of Worship*, 1.

전을 건축하는 것을 특권이자 복으로 여겼기에, 이를 위한 공동체의 희생과 헌신(출 35장 21-29절)이 요구되었다. 뿐만 아니라 이러한 건축은 본질상 하나님의 것을 하나님을 위하여 공동체가 대신 지은 것으로 여겨졌다(출25장 8절, 왕상 6장 1-2절, 왕상 7장 51절). 이러한 신학적 전통 아래서는 예배를 위해 지은 건축은 하나님께 바쳐진 성전이라는 개념이 내포되어 그 소유권의 개념이 일반 건축보다 확대되어 있다고 보는 것이 더 설득력 있다고 볼 수 있다. 즉, 성전을 건축한 신앙 공동체가 하나님께 그 소유권을 헌정하는 신학적 전통을 지닌 교회 건축은 본질적으로 사유성 보다 공공성의 측면을 더 강조해 왔다고 이해할 수 있다.

따라서 교회 건축은 예배와 필수불가결한 상관성을 지니며, 이를 내포한 교회 건축의 공공성은 다원화되고 다양한 이해관계가 충돌하는 현대 사회에서 신학적으로 보다 새롭게 재해석될 필요가 있다. 지금까지 인류는 특정한 시간에 특정한 장소에 회합하여 집단적 종교 의식을 통해 신을 경배하였다. 이러한 예배 장소는 세속 세계에서 벗어나 신과 만나는 거룩한 장소, 신의 현존을 체험하는 장소였다. 사람들은 신의 현존 아래서 예배 공간에 모여 예배하고, 가르치고, 친교하였으며, 공동체에 참여하고, 개인 인생의 주요 시기들을 기념하기도 하며, 개인과 공동체의 정체성을 규정하기도 하였다.4) 예배 공간의 형태는 이러한 예전을 위해 모인 공동체의 정체성을 규정했다.5)

그렇다고 해서 예배 공간이 반드시 건축 상의 어떤 것일 필요는 없다.6) 예배를 위한 공간은 일상의 단조로운 시간들과 분리된 특정한 시

---

4) Roberts, *Building Type Basics for Places of Worship*, 1.
5) Roberts, *Building Type Basics for Places of Worship*, 1-2.
6) Roberts, *Building Type Basics for Places of Worship*, 2.

간과 자연의 반복되는 절기나 전통적으로 내려온 의식과 예전과 같은 형식을 통하여, 혹은 성물과 성체와 같은 거룩한 물체를 그 공간 안에 들여옴으로써 시작될 수 있다. 로버츠가 지적한대로 초대교회 기독교인들은 "예수의 이름으로 두 세 사람이 모인 곳이나(마 18:20), 초대교회 같은 경우 가정집에서나, 심지어 동굴에서 예배하기도" 하였고, 예루살렘 성전의 파괴 이후 유대인들은 공간이 아닌 "안식일이라는 시간으로 예배 처소를 규정하기도 하였다."[7]

2. 분리로서의 거룩함

하나님의 속성에 대하여 진술함으로써 하나님의 말씀이나 행동 등을 종합적으로 나타낼 수 있는데,[8] 예배의 대상인 하나님의 속성을 진술하자면 전통적으로 거룩함이라 할 수 있다. 프리즌의 경우 "하나님의 초월성은 거룩함이라는 단어로 가장 분명히 표현된다"고 말하며, "거룩함에 대한 사상이 구약 신앙에서 가장 전형적인 것이다"라고 주장하기까지 하였다.[9] 예를 들어, 구약성서에서 하나님의 임재하시는 곳에는 항상 거룩함이 강조가 되었으며(출 3:5, 사 6:1-3), 하나님의 백성은 스스로를 깨끗하게 하여 거룩해야만 하였고(레 20:7), 하나님의 처소에 들어가려는 레위인은 거룩하고 흠이 없어야 했다(레 21장). 이러한 신학 사상을 예배 공간에 적용시켜볼 때 예배 공간은 건축 자체나 시간이나

---

7) Roberts, *Building Type Basics for Places of Worship*, 2.

8) James K. Mead, *Biblical Theology: Issues, Methods, and Theme* (Louisville: Westminster John Knox Press, 2007), 175.

9) Vriezen, *Outline of Old Testament Theology*, 149; James K. Mead, *Biblical Theology: Issues, Methods, and Theme*, 178에서 재인용.

사물 등에 의거해 규정하기보다, 그것들이 상징하고 암시하는 거룩함에 의하여 규정된다고 볼 수 있다.

구약성서에서 거룩함이란 주로 물질적인 것들과의 분리를 의미하였는데, 출애굽기와 레위기와 민수기와 같은 제사장 문서에서 거룩함은 주로 땅이나 물질의 오염이나 일상적인 사용이나 세속적인 것과의 분리를 의미하는 것이었다.10) 종교사회학자인 뒤르카임 역시 거룩한 것들을 세속적인 것이 부정한 상태에서 만질 수 없는 것들로 파악하여,11) 분리성을 강조하였다. 뒤르카임에 따르면, "거룩한 것들은 금지에 의해 보호받거나 고립되는 것들이며, 세속적인 것은 이러한 금지가 적용되고 거룩한 것과 거리를 두어야만 하는 것들이다."12) 종교 신앙은 거룩한 것들의 속성을 나타내는 체계이며, 특정한 공동체가 그것을 고백하고 제의를 실천하게 되는데,13) 전통적으로 이러한 거룩함을 강조하기 위한 예배 공간은 세속의 공간과의 분리, 보호, 혹은 고립을 강조하였고, 시간적으로도 세속의 시간과는 따로 분리된 시간, 세속의 경험과는 다른 거룩한 경험을 추구하였다.

거룩한 공간으로서의 예배 공간을 구성하기 위한 건축학적 특징은 다양하다. 예를 들어 거룩한 공간은 "봉헌된 장소임을 나타내는 울타리로 둘러싸여서 일상과 명확히 분리"되어 있거나, 거룩한 예배 처소에 들어가기 위하여 방문자들이 "일상의 세속 세계로부터의 여정을 떠나 지

---

10) Walter Brueggemann, *Reverberations of Faith: A Theological Handbook of Old Testament Themes* (Louisville: Westminster John Knox Press, 2002), 98.

11) Emile Durkheim, *The Element Forms of Religious Life*, trans. Karen E. Fields (New York: The Free Press, 1995), 38.

12) Durkheim, *The Element Forms of Religious Life*, 38.

13) Durkheim, *The Element Forms of Religious Life*, 38-41.

성소에까지 이르는 과정"을 경험하게 하는데, 이는 때로는 "물리적으로 접근을 어렵게 하거나, 세속 세계와의 분리를 강조하고, 명상을 위한 시간을 갖게 함"으로써 이루어진다.14) 혹은, 그러한 여정 중에 문지방을 넘게 하거나, 성령이나 깨달음과 배움에 대한 은유로서 빛을 사용하거나, 상징이나 성화를 통하여 예전적 요소를 가시적으로 드러내거나, 행진이나 정화 의식으로 예배 처소를 규정하거나, 교회 건축의 외부 규모나 내부 공간을 통하여 예배 공간의 특별함을 강조하거나, 소리나 촉감이나 냄새나 정화수의 존재를 통해 세속과는 구별되는 거룩한 예배 공간을 나타내기도 한다.15)

하지만 이렇게 다양한 요소를 고려할 때 보스코는 우리가 진정으로 거룩한 공간을 건축할 수는 없는 것이라고 말하며, 오랜 세월동안 기독교의 예배와 성례전이 집행되고, 하나님의 체험을 경험하게 될 때, 그 공간이 교인들에게 거룩한 공간으로 인식된다고 하였다.16) 실제로 2천 년 동안의 오랜 세월 속에서 기독교 교회는 수많은 다양한 형태의 공간 속에서 예배를 드려왔고, 다양한 예배와 신앙 고백을 통해 하나님의 현존을 느끼는 거룩한 공간 속에 예배와 회합을 위한 교회를 건축했다. 특정한 예배 건축의 형태라기보다 특정한 공간과 시간에서 지속적으로 거룩한 하나님을 체험하는 경험이 그 공간을 거룩한 공간으로 만드는 것이다.

---

14) Roberts, *Building Type Basics for Places of Worship*, 3.

15) Roberts, *Building Type Basics for Places of Worship*, 7-11.

16) Rev. Richard S. Vosko, *Seminar on Designing the Worship Space of the Future* (author's note); Roberts, *Building Type Basics for Places of Worship*, 13에서 재인용.

3. 올바른 관계로서의 거룩함

분리로서의 거룩함을 강조했던 구약 성서에서 이 거룩함이라는 용어는 동시에 도덕적인 것들의 올바름을 나타낼 때도 사용하였는데, 이 둘의 구분은 명확하다기보다 상호 암시적인 면이 있었고, 구약 문서 전통들에 따라 달리 사용되었다.[17] 특별히 예언자적 전통에서는 거룩함이란 "사회적 관계의 올바른 질서, 즉, 이웃에 대한 의로움의 실천"과 관련이 있었다.[18] 여기서는 거룩함이란 "공동체가 부정함(impurity)이라는 위협"을 분리를 통해 극복하는 것보다, "사회 경제적이고 정치적 영역의 부정의를 극복"하고, "정의를 실천하고 약자를 존중해야함"을 의미했다.[19] 분리의 개념이 사라진 것은 아니었지만, 사회적 관계의 질과 특성이 이스라엘의 고유성을 나타나게 했다.[20] 그동안 거룩한 예배 공간을 위한 교회 건축은 거룩함을 내포하기 위하여 위에서 열거한대로 세속의 장소 및 일상의 시간과의 분리를 강조해 왔지만, 구약 전통의 또 다른 측면인 "사회적 관계의 올바른 질서", 혹은 "이웃에 대한 의로움의 실천"을 도외시해왔다. 이제, 교회 건축의 공공성을 논의하고 이를 측정하기 위한 지표 개발을 위해서는 이웃과의 올바른 관계나 정의와 돌봄의 실천을 강조하는 거룩함의 또 다른 축의 중요성이 재발견되고 강조되어야 할 것이다. 다른 말로, 공공성을 지닌 교회 건축을 위해서는 거룩함을 드러내기 위한 요소로서의 분리라고 하는 전통적 강조보다, 그동

---

17) Brueggemann, *Reverberations of Faith*, 98.
18) Brueggemann, *Reverberations of Faith*, 99.
19) Brueggemann, *Reverberations of Faith*, 99.
20) Brueggemann, *Reverberations of Faith*, 99.

안 거룩한 예배 공간으로서의 교회 건축에 반영되지 못했던 교회 공동체와 주변 이웃과의 올바른 관계, 혹은 사회 경제적, 정치적 영역의 정의 실천과 약자 존중 및 보호를 강조한 건축이 요청된다.

따라서 이렇게 거룩한 예배 공간으로서의 교회 건축에 대한 공공성을 역설하는 것은 교회 건축이 지닌 이웃에 대한 올바른 질서, 혹은 정의, 돌봄 등의 사회관계적 측면을 거룩함의 주요 요소로서 교회 건축에 반영해야 함을 말한다. 즉, 지역사회에 세워진 교회 건축은 랜드마크로서 주변 환경과 이웃 공동체에 대하여 지속적 영향력을 미칠 가능성이 높을 뿐만 아니라, 이웃 사회에 대한 신앙 공동체의 신앙고백을 가시적으로 선포하는 것이다. 공공성을 반영한 교회 건축은 그 교회의 예배에 참여하는 교인들을 위할 뿐만 아니라, 믿지 않는 이웃과 세상에 가시적으로 선포하는 해당 공동체의 신앙을 잘 대변하고 주변 환경과 이웃에게 미치는 영향력이 정의로운 것이 될 수 있게 해야 한다. 따라서 교회 건축의 공공성이 높은 교회는 거룩함의 두 가지 측면이 충실히 반영된 교회, 즉 세속과의 분리를 통한 거룩함에 그치지 않고 동시에 해당 공동체가 지닌 신앙 고백을 세상에 선포하고 소통을 추구하는 교회 건축이 되어야 하며, 이웃과 세상에 정의로운 메시지를 선포하고 올바른 사회적 관계의 회복을 경험하게 하는 건축이 되어야 한다.

4. 하나님의 자기 비움의 성육신: 거룩함과 아름다움

이렇게 하나님의 속성인 거룩함을 상징하는 교회 건축의 공공성은 자기를 비워 인간의 몸으로 성육신하신 하나님의 아들 예수 그리스도의 삶 자체에서 지표 선정을 위한 가장 중요한 예들을 발견할 수 있다. 예수 그리스도는 세상과 함께 하시는 임마누엘 하나님의 가시적 현존이며, 하나님 나라를 세상에 선포하며, 세상으로부터 소외된 약자들과 가난한 자들, 죄인들, 병자들과 소통하며 그들을 돌보고 치유하였고, 어린아이와 같은 작은 자들이 하나님의 현존 앞으로 나아오는 것을 막지 않았다. 세상으로부터 불러낸 사람들의 모임인 교회는 예수 그리스도의 영적인 몸으로서 세상과 구별되지만 또한 하나님 나라의 선포를 위하여 세상으로 나아가야 할 사명을 지녔는데, 공공성이 더욱 반영된 교회 건축일 수록 이러한 신학적 사명 선포와 소통과 돌봄을 더욱 분명하게 나타낼 수 있을 것이다. 예를 들어 자기 비움의 성육신에서 드러난 소통과 돌봄을 지향하기 위하여 건축의 초기 단계에서부터 마지막 단계에까지 건축위원회는 평신도들과 이웃 사회의 의견을 청취하고 수용하는 것이 중요할 것이다.

뿐만 아니라 하나님의 속성은 전통적으로 거룩함으로 인식되었지만, 현대 신학 사상에서는 하나님의 아름다움을 강조한다. 여기서 아름다움이란 "활력 있고 복합적인 창조적 종합속의 대조적 경험들을 모두 함께 현 순간과 미래에 대한 긍정적 영향력 속으로 이끌어오는 조화 중의 조화이다."[21] 하나님에 대한 이러한 현대적 인식은 세상과 하나님과의 분리보다는 하나님과 세상과의 상호관계성과 연결성을 강조한다. 즉, 인간과 주변 환경 속에의 하나님의 임재 가운데 이 모든 것들이 영적으로 상호 연결되어 있음을 의미하는 것이다. 여기서 하나님의 뜻은 "완전함과 아름다움을 향해" 있고, 하나님과 우리와 세상이 상호 연결되어

---

21) Bruce G. Epperly, *Process Theology: A Guide for the Perplexed* (New York: Bloomsbury T&T Clark, 2011), 86.

있기 때문에, "우리 자신과 공동체들의 기본적 필요라는 상황 속에서" 우리들은 "모든 창조물의 복리(well-being)를 추구"해야만 한다.[22) 이렇게 하나님에 대한 전통적인 인식인 거룩함의 또 다른 축인 교회와 세상과의 올바른 사회 경제적, 정치적 관계, 정의, 혹은 돌봄을 지향하는 윤리적 관심과 하나님에 대한 이러한 현대적 인식의 영성적 관심이 교차하게 될 때, 우리는 만물 가운데 임재하시는 하나님의 현존을 지각함으로써 "온 인류가 전 지구적인 지속 가능성이라는 측면에서 아름다움과 완전함을 경험할 수 있는 체제를 추구해야 함"을 직면하게 된다.[23)

따라서 전통적으로 교회 건축은 거룩한 하나님의 성품을 세속 세계에 선포할 때, 세속과의 분리와 단절을 통하여 이를 드러내왔지만, 교회 건축의 공공성을 주장하려 할 때는 거룩함에 대한 또 다른 측면인 올바른 사회적 관계성과 현대 사회에서 강조되는 하나님의 지향점인 아름다움을 강조해야할 것이다. 하나님의 아름다움은 우리를 자신에게로 끌어당기시는데, 이러한 측면들은 공공성을 지닌 교회 건축에서도 아름다움으로 표현되어, 해당 교회의 교인들뿐만 아니라 그들의 신앙과 신학적 고백의 가시적 상징인 그 교회 건축을 바라보는 믿지 않는 이웃들을 하나님이 현존하는 예배의 중심 처소로 끌어당길 수 있어야 한다.

5. 자본주의적 교회 건축과 거룩하고 아름다운 교회 건축

하지만 현대 사회에서는 교회 건축의 공공성을 위한 아름다움 역시 자본주의의 영향 아래 놓이기 쉽다. 어떤 교회에서는 사람들이 많이 모

---

22) Epperly, *Process Theology*, 139.
23) Epperly, *Process Theology*, 118.

이는 상업 지구에 교회를 건축함으로써 교회 건축을 통해 교회의 운영을 위한 이익을 남기려고도 하고,[24] 많은 자본을 들여 아름답고 편리한 건축을 시도하기도 한다. 현대 사회의 중산층이 교인의 다수를 차지하는 교회에서는 이들의 물질적 삶과 안락을 추구하는 가치관을 고려하여 교회 건축에 반영함으로써[25] 교인들과 이웃들을 교회로 이끌기도 하였다.

하지만 교회 건축의 공공성을 논할 때, 이웃을 교회 건축으로 이끄는 아름다움을 측정하는 지표가 자본주의적 틀 안에서 제시 가능한 심미적인 측면이나 편리성이나 교회의 이익만으로 한정될 수는 없다. 왜냐하면 현대 자본주의 사회가 추구하고 제시하는 아름다움은 오히려 세속 건축이 교회 건축을 쉽게 압도할 수 있고, 그러한 아름다움이 기준이 된다면 세속 건축과 교회 건축 간의 차이를 구별해내기 어려울 것이기 때문이다. 다른 말로 그러한 자본주의적 기준 하에서는 자본을 더 많이 동원할 수 있는 건축이 더 아름다운 건축을 지을 수 있을 것이기 때문에, 교회는 건축의 아름다움을 통해 더 많은 교인과 이웃을 끌어당기기 위하여 물량 위주의 건축, 사치스러운 건축, 대형 건축에 대한 유혹에 쉽게 빠질 수 있기 때문이다.

이러한 자본주의적 교회 건축이 비전으로 제시하는 아름다움은 가난한 베들레헴 말구유에 태어나신 예수 그리스도가 상징하는 복음의 정체성을 차별성 있게 반영하지 못한 것이다. 성육신의 상징이 거룩한 하나님의 자기 비움으로 나타나고, 그의 복음이 가난하고 소외된 자들에게 우선적으로 선포됨으로써 그들에 대한 관심과 돌봄이라는 올바른 관

---

24) Jeanne Halgren Kilde, *When Church Became Theatre: The Transformation of Evangelical Architecture* (New York: Oxford University Press, 2002), 201.
25) Kilde, *When Church Became Theatre*, 201-202.

계 회복에 대한 의지를 표현하였다면, 공공성을 지닌 교회 건축이 지향해야 할 아름다움이란 오히려 자본주의적 교회 건축이 제시하는 아름다움의 척도에 저항하는 것이 되어야 한다. 또한 그것은 이웃과의 올바른 관계를 지향하는 구약의 거룩함의 반영과 신약의 성육신에서 표현된 자기 비움의 거룩함을 지향하는 아름다움이 되어야 한다. 이러한 신학적 성찰이 반영된 교회 건축의 공공성 지표는 주변 건축들과의 스카이라인에서 위압적으로 우뚝 서서 주위 세속 건축들을 지배하는 상징적 랜드마크로서의 거대하고 화려한 교회 건축이라기보다는, 성육신하신 예수 그리스도처럼 겸손히 자신을 낮추고 자기를 비워 교인들뿐만 아니라 믿지 않는 이웃들을 그 안으로 초대하고 끌어당길 수 있는 건축을 거룩하고 아름다운 건축이라 높이 평가할 수 있을 것이다.

이러한 신구약의 윤리적 거룩함이 반영된 교회 건축을 위해서는 먼저 교인들에 대한 교육이 필요하며,[26] 이를 통해 자본주의 사회 속에서 물량화되고 개인주의화되기 쉬운 교인들의 세속적 가치관에 대한 변화를 이끌어야 할 것이다. 특별히 전 인류적인 인구 증가와 더불어 선진 국가들이 보여주는 비균등적 부와 소비의 집중화는 전 세계적으로 가난한 국가에 대한 재화의 착취와 공해 및 오염과 집단 간의 갈등과 같은 심각한 문제를 야기하고 있다.[27] 세계화 시대에 전 인류적 증가와 그에 따른 폐해를 인식하는 것은 저출산 고령화 시대를 맞은 한국 사회가 교인 수가 감소하는 것을 고려한 건축을 시도하는 것만큼이나 건축의 공공성에 영향을 미칠 수 있다. 즉, 세계화 시대에 한국 교회가 웅장하고

---

26) Mark A. Torgerson, *Greening Spaces for Worship and Ministry* (Herndon: The Alban Institute, 2012), 51.
27) Torgerson, *Greening Spaces for Worship and Ministry*, 39.

화려한 자본주의적 건축을 지향할 때, 그만큼 지구 반대편에서는 자원의 착취와 환경오염과 집단 갈등이 그 교회 건축으로 인하여 증가할 수 있다는 점을 교인들이 교육을 통해 인식해야만 하는 것이다. 뿐만 아니라, 한국 사회 내에서도 일부 대형 교회 중심으로 그러한 자본주의적 대형 건축을 지향하게 될 때, 그 건축이 믿지 않는 이웃 사회를 그 안으로 끌어당기는 아름다운 건축이라기보다는 그 교회 교인들만을 위한 이기적 건축으로 여겨져서 지역사회의 지탄과 사회 갈등의 원인을 제공하는 경우가 많다.

또한 저출산 고령화가 진행 중이며 급속도로 교인수가 감소 중인 한국 사회에서는 일부 교회를 제외하고는 대형 교회 건축은 이를 운영하고 유지할만큼 다음 세대의 신앙인들을 충분히 끌어당기지 못할 가능성이 매우 높다. 예를 들어, 이미 최근에도 뉴스를 보면 "2000-2013년까지 교회가 은행에서 빌린 대출금이 4조원을 넘어섰다"고 하며,[28] "이러한 대출 규모가 1, 2금융권을 합쳐 10조에 육박한다"는 견해도 있다.[29] 이러한 상황에서 대출 이자를 상환하지 못하는 교회 건축은 경매나 매매의 대상으로 전락하여, "2008-2013년까지 연평균 261건의 종교 시설이 경매"에 나왔는데 "이중 한국 교회가 차지하는 비율은 70-80%에 달한다"고 한다.[30] 이러한 사회 경제적 현실 속에서 한국 교회가 물질주의, 성공주의, 물량주의라는 자본주의적 가치관이 반영된 교회 건축 패러다임에서 벗어나, 교인들에게는 덜 화려하고 덜 편리하더라도, 가

---

28) 이용필, "죽 쒀서 이단 준 빚더미 교회들", 뉴스앤조이, 2014. 12. 26 (2015년 8월 접속).
29) 이현주, 김동근, 정민주, "금융권 교회 대출 '10조' 육박 … 이자내느라 선교도 못한다", 아이굿뉴스, 2012. 4. 25 (2015년 8월 접속).
30) 이용필, "죽 쒀서 이단 준 빚더미 교회들", 뉴스앤조이.

난한 이웃들을 위하여 더 비우고 더 소통하고 더 돌봄으로써 다시 한번 거룩함과 아름다움의 진정한 신학적 의미를 세상에 선포할 수 있는 공공적 교회 건축을 지향할 수 있을 때 그 교회 건축이 상징하는 거룩함과 아름다움으로 인하여 주변 이웃들을 비워진 공간 안으로 초대할 수 있을 것이다.

III. 교회 건축 공공성의 발현

1. 건축의 지속 가능성

오늘날 하나님의 속성으로서의 거룩함과 아름다움을 지향하는 교회 건축이란 구체적으로 어떤 건축이라고 말할 수 있을 것인가? 그러한 교회 건축의 공공성을 어떠한 지표로 어떻게 평가할 수 있을 것인가? 이에 대한 지금까지 교회 건축의 공공성을 위하여 논의한 요소들인 거룩함과 아름다움을 반영한 교회 건축은 실천적인 측면에서 지속 가능성(sustainability)의 개념이 중요하다. 지속 가능성은 20세기 중반부터 부각되기 시작한 개념으로서, 1987년의 브룬트란 위원회(Brundtland Commission)는 "지속 가능한 개발이란 미래 세대의 필요를 해치지 않으면서 현 세대의 필요를 충족시키는 개발이다"라고 정의하였다.[31] 그런데 이 지속 가능성의 개념은 지금까지 교회 건축의 공공성을 위해 논의한 신학적 개념인 거룩함과 아름다움과 배치되지 않으며 포괄적으로

---

31) Roberts, *Building Type Basics for Places of Worship*, 97.

교회 건축의 공공성 지표에 활용할 수 있는 실천적 가능성을 열어준다. 즉, 지속 가능성은 공공성의 개념을 내포하고 있으며, 거룩함의 또 다른 측면인 정의와 교류할 수 있는 측면이 있어 교회 건축의 공공성 지표 개발에 기준이 될 수 있다.

특히, T. J. 고린지는 도시 건축에 대한 담론에 있어 지속 가능성과 함께 정의라는 개념을 요청한다.[32] 고린지에 따르면 우리가 정의를 필요로 하는 것은 우리가 화해(reconciliation)란 무엇인지를 이해하고 있기 때문인데, 전 세계적으로 소수가 부를 독점하고, 부자와 가난한 자들의 경제적 차이가 더욱 심화되며, 가난한 자들이 집을 잃고, 기근과 범죄와 질병에 노출되고, 복지국가가 무너져 내리는 현실 속에서, 이러한 현상은 주택과 같은 도시 건축에 반영될 수밖에 없다.[33] 문화, 정치, 경제적 양극화가 반영되어버린 도시 건축, 부유한 번화가의 찬란하고 화려한 도시 건축과 가난한 슬럼가의 어둡고 볼품없는 도시 건축이 부정의를 가장 명백하게 드러낸다면,[34] 교회 건축의 공공성은 이 둘을 화해시킬 수 있는 것이자 사회 정의를 실천할 수 있는 것이 되어야 한다.

특히 부정의한 사회는 안정되지 못하며 오래 지속될 수 없기에 정의 없이 지속 가능성이 없고, 지속 가능성 없이 정의가 없는 것이다.[35] 교회 공동체와 교회 건축도 마찬가지이다. 세상 속에서 사회, 경제, 정치적 관계를 정의롭지 못하게 하고, 가난하고 소외된 약자들을 돌보지 않으며, 상호 연결성을 인식하며 세상과 소통하지 않는 한 교회 공동체는

---

32) T.J. Gorringe, *A Theology of the Built Environment: Justice, Empowerment, Redemption* (New York: The Cambridge University Press, 2002), 250.
33) Gorringe, *A Theology of the Built Environment*, 250.
34) Gorringe, *A Theology of the Built Environment*, 251.
35) Gorringe, *A Theology of the Built Environment*, 251.

오랜 세월동안 지속 가능할 수 없다. 또한 교회 건축이 그러한 세속적 신학을 세상에 가시적으로 선포하게 된다면, 그러한 건축은 믿지 않는 사람들을 그 안으로 끌어당기거나 오래 지속 가능할 수 없다.

한편, 로버트는 모든 개발 프로그램이 환경, 사회, 경제라는 세 교차 영역에 영향을 미치기 때문에, 지속 가능성을 종교 건물의 설계와 건축에 적용 가능하다고 주장한다.36) 그에 따르면 이 세 가지 영역이 균형을 맞추지 않으면, 개발이란 오랜 기간이 지날 정도로 지속 가능하지 않다고 한다.37) 교회를 건축하는 신앙인들은 사회적이고 환경적인 이슈들이 제기될 때 자신들을 더욱 더 청지기처럼 여기며 해당 이슈들에 대한 바람과 목표가 자신들의 의사결정에 핵심이 되고 있다고 말하지만, 또한 대부분의 교회 지도자들은 건축을 진행할 때 안정적인 재정을 미리 확보하지 못하기 때문에 경제적 한계를 고려하는 것이 다른 건축들을 지을 때보다 더 자주 심각하게 나타난다고 말한다.38) 따라서 교회 건축의 실천적 요소인 지속 가능성에는 환경, 사회라는 이슈와 경제라는 현실의 세 가지 영역이 상호 영향을 미치는 요소가 된다.

2. 지속 가능한 교회 건축의 공공성 지표

본 논문은 교회 건축의 공공성을 고려하기 위하여 지속 가능성을 고려해야 한다는 로버트의 주장과 도표를 채용하되,39) 그동안 신학적 측

---

36) Roberts, *Building Type Basics for Places of Worship*, 97.
37) Roberts, *Building Type Basics for Places of Worship*, 97.
38) Roberts, *Building Type Basics for Places of Worship*, 97.
39) Roberts, *Building Type Basics for Places of Worship*, 97.

면에서 논의한 거룩함과 아름다움을 강조하여 지속 가능성이 고려된 교회 건축을 위한 "환경, 사회, 경제, 아름다움, 거룩함"이라는 다섯 가지 핵심 분야들을 선정하였다. 이때 거룩함이란 전통적으로 분리를 통해 지키려했던 거룩함이라기보다, 지금까지 논의한대로 그동안 강조되지 않았던 정의로 지칭될 수 있는 올바른 사회, 경제, 정치적 질서와 관계나 약자에 대한 돌봄을 상징하며, 아름다움이란 예수 그리스도의 성육신을 통해 드러난 겸손한 자기 비움과 상호 연결성을 내포한다. 이들 다섯 가지 핵심 분야는 중간 지표로서 그 아래에 세부 지표를 포함하고 있다.

다만 건축의 실천적 목표인 지속 가능성의 중간 지표인 사회, 환경, 경제라는 항목과는 달리, 신학적 목표인 자기 비움의 성육신의 중간 지표인 거룩함과 아름다움이라는 항목은 교회 건축을 위하여 주요 신학적 가치와 기능들을 지표화한 것이기 때문에, 이 지표들을 계량화하여 객관적 측정과 평가를 도출하기에 어려움이 많다. 예를 들어 교회의 적정한 규모나 여성의 가치가 실현된 공간이나, 심리적 애도의 공간, 성서적인 교회 건축에 대한 근접성 등을 교회 건축의 공공성 지표에 적용시키기란 많은 어려움이 있다. 따라서 신학적 지표들의 적용과 평가는 정량적 평가 외에도 정성적 평가를 시도해야 할 것이다. 교회 건축의 공공성 지표를 이용하여 기존 교회 건축의 공공성을 평가할 때에도 정량적 평가와 정성적 평가를 모두 실시함으로써 보다 합리적인 측정과 평가를 이룰 수 있을 것이다.

공공성을 반영한 교회 건축, 즉 상호 연결성 속에서 정의로운 관계와 돌봄을 반영하는 교회 건축은 친환경적 건축을 지향하여 건축 자재와 재화를 어떻게 소비하고 공간을 어떻게 사용해야 하며, 이러한 건축이 이웃과 자연 환경에는 어떠한 영향을 미치는지를 고려해야 할 의무와 책임이 있다. 무엇보다 현대 사회가 지니는 상호 연결성과 상호 의존성을 고려할 때, 우리는 더 이상 우리의 행동이 우리에게만 영향을 미친다는 환상에서 벗어나야 하며,[40] 이는 공공성을 지향하는 교회 건축에 대해서도 동일하게 적용된다.

마지막으로 이렇게 이웃과 주변 환경을 고려한 지속 가능한 친환경적 건축에 있어서 예상되는 건축 비용의 상승 문제가 공적 교회 건축을 위한 주요 걸림돌이 될 수 있다. 이에 대하여 토거슨은 "생애주기적 사고"(Life-Cycle Thinking)를 제안한다. 생애주기적 사고란 교회 건축 시에 단기적이고 직접적인 비용뿐만 아니라, 초기 건축과 장기적 유지 관리와 궁극적으로 재활용과 해체라는 "생애주기적 비용"(life-cycle costing)을 포함하는 포괄적 건축 비용을 고려하는 전체적 사고를 말한다.[41] 즉, 최소한의 초기 건축비만을 고려한 단기적 사고를 바탕으로 지어진 교회 건축은 장기적으로 볼 때 재정적이나 환경적 비용이 과도하게 발생하여 교회의 지속적 성장이 불가능할 수도 있다. 따라서 지속 가능한 교회 건축을 위하여 교회 건축의 위치 선정과 주변 환경에 대한 고려, 건축 자재 사용, 에너지 확보 및 사용 시 효율, 탄소 배출, 쓰레기 배출, 인구 등을 고려할 때, 이에 더하여 건축의 "생애주기적 사고"를 반영한 건축을 한다면 더욱 공적인 교회 건축이 가능할 것이다.[42]

---

40) Torgerson, *Greening Spaces for Worship and Ministry*, 39.
41) Torgerson, *Greening Spaces for Worship and Ministry*, 46-47.
42) Torgerson, *Greening Spaces for Worship and Ministry*, 50.

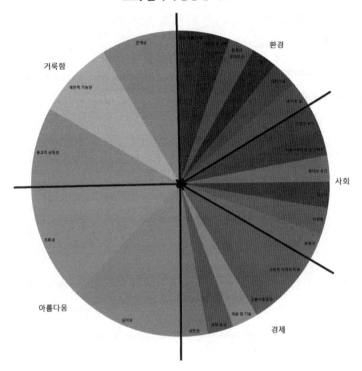

교회 건축의 공공성 지표

IV. 결론

지속 가능성이 고려된 교회 건축의 공공성 지표를 고찰할 때, 신학적
으로 이의 윤리적 당위성을 제시할 필요가 있었다. 이에 본 논문은 이
세상을 구원하시기 위하여 이 땅에 성육신하신 예수 그리스도처럼, 우
리가 교회 건축을 기독교인들의 자기 신앙고백의 구체적 체현으로 인식
한다면 거룩한 하나님의 아들 예수 그리스도의 자기 비움의 성육신 사

건 자체를 교회 건축의 공공성의 표상으로 삼아야 한다고 주장하였다.

즉, 사도 바울은 기독교인들에게 "너희 안에 이 마음을 품으라. 곧 그리스도 예수의 마음이니 그는 근본 하나님의 본체이시나 하나님과 동등됨을 취할 것으로 여기지 아니하시고 오히려 자기를 비워 종의 형체를 가지사 사람들과 같이 되셨고 사람의 모양으로 나타나사 자기를 낮추시고 죽기까지 복종하셨으니 곧 십자가에 죽으심이라"(빌 2:5-8)고 말씀하신다. 다른 말로, 예수 그리스도의 성육신 사건은 하나님의 겸손한 자기 비움의 사건이었고, 세상을 구원하기 위해 겸손히 자기를 낮추고 희생한 사건이었던 것이며, 기독교인은 이러한 예수 그리스도의 마음을 품고 그를 본받아야 한다는 것이다. 우리를 구원한 예수 그리스도의 자기 비움의 성육신과 십자가 사건이 과거와 현재와 미래에까지 모든 믿지 않는 사람들을 예수 그리스도에게로 지속적으로 이끄는 능력이 되듯이, 한국 교회가 예수 그리스도의 이러한 마음을 품고 교회 건축을 통해 이를 세상에 선포하며 살아갈 때 세상 사람들을 그 안으로 끌어당길 수 있는 것이다.

그렇다면 이렇게 타인을 위하여 자기를 낮추고 희생하는 예수 그리스도에 대한 신앙이 체현된 교회 건축은 세상에 대한 공공성을 지닐 수밖에 없는 것이다. 현대 교회 건축은 자본주의적 가치관이 아니라, 세상을 향한 예수 그리스도의 자기 비움과 자기 희생의 메시지를 가시적으로 선포하고 세상과 올바른 관계를 회복하고 소통하며 약자를 돌봐야 한다. 이러한 교회 건축이 현대 교회가 추구해야할 거룩한 교회 건축이며, 이러한 자기 비움의 성육신의 신학이 반영된 교회 건축이야말로 세상 사람들을 지속적으로 그 안에 끌어당길 수 있는 아름다운 건축이 될 것이다. 이러한 교회 건축은 거룩함과 아름다움이라는 신학적 측면과 사회, 경제, 환경의 건축적 측면이 어우러진 지속 가능한 교회 건축이 될 것이다. 교회 건축의 공공성 지표는 바로 이러한 측면들을 측정하고 평가하도록 고안되어야 한다.

따라서 본 논문은 교회 건축의 공공성을 신학적으로 정의하고 당위성을 제시하고자 할 때, 이를 "자기 비움의 성육신의 거룩한 교회 건축"으로 칭하고자 한다. 이천 년 전에 자기를 비워 이 땅에 인간의 모습으로 오신 예수 그리스도가 그 아름다움으로 수많은 사람들을 사랑의 실체인 자신에게로 끌어당겼다면, 예수 그리스도의 몸된 교회 역시 자기 비움의 아름다움을 교회 건축에 체현하고 내면화시켜야 한다. 밤늦게까지 고된 노동의 괴로움에서 벗어나지 못하던 목자들과 하나님의 체험을 갈망하며 기나긴 여정을 떠나온 동방 박사들이 구원의 기쁜 소식을 듣고 마구간의 말구유에 놓인 예수를 찾아와서 경배한 이유는 자기를 비워 인간으로 오신 아기 예수의 거룩한 아름다움 때문이다. 가난한 노동자들과 부요한 지식인들 모두를 끌어당긴 근원은 눈에 띄게 아름답고 화려한 궁궐이나 찬란한 불빛이나 아름다운 음악이나 향기로운 냄새가 아니라, 주변 건물에 뒤섞여 어디에 있는지도 모르는 마구간의 코를 찌르는 냄새가 진동하는 어둡고 캄캄한 말구유 속에 누이신 아기 예수이다. 그렇게 겸손히 자기를 비워 성육신 하신 거룩하고 아름다운 아기 예수가 우리 자신과 이 세상에 대한 초대와 끌어당김의 근원이다.

이렇게 공공성에 바탕을 둔 자기 비움의 성육신의 거룩하고 아름다운 교회 건축이란 어떤 건축일까? 특별히 도시 속에서 자기 비움의 성육신의 교회 건축은 어떻게 구현될 수 있을까? 그동안 종말론적 신학 안에서 기독교인들은 새 예루살렘만을 기다려왔다. 그것은 찬란한 황금 길과 보석으로 뒤덮인 아름답고 영광스러운 도성이다(계 21장 11, 18-21

절). 하지만, 그러한 영광스러운 예수의 재림을 기다리며 살아가는 기독교인들은 오히려 이 땅에 오신 예수를 매일, 매주 기억하고 경험해야 한다. 그렇게 성육신하신 하나님을 매주 만나고 체험할 수 있는 예배 공간이야말로 거룩하고 아름다운 공공적 교회 건축이다. 아기 예수의 성육신이 하나님 사랑의 체현이라면, 현대 교회 건축에 있어서는 건축의 공공성을 위한 가시적 선포가 새 예루살렘보다는 새 베들레헴으로 상징되어 나타나야 하지 않을까?

동방박사와 목자들과 동물들이 예수로 인해 그 옛날 베들레헴에서 함께 만나 경배했듯이, 우리를 끌어당기시는 거룩하고 아름다운 아기 예수를 통해, 우리는 새 베들레헴으로 상징될 수 있는 공공적 교회에서 믿지 않는 이웃과 자연과 하나님을 함께 만나고 경험할 수 있을 것이다. 아마도, 예수 그리스도의 재림 시에 경험할 새 창조와 새 예루살렘의 도래를 기다리는 중간기에 있는 우리로서는 이미 우리에게 찾아오셨던 그 베들레헴의 누추한 말구유를 기억하며, 매 주마다 자기 비움의 성육신의 신앙을 선포하고 있는 거룩한 새 베들레헴으로 신앙의 여정을 떠나야 할 것이다. 거룩한 하나님의 사랑이 베들레헴 말구유에 누이신 예수의 성육신을 통해 가시적으로 구체화되었듯이, 교회 건축의 공공성은 새 예루살렘의 도래를 기다리는 여정 속에 있는 우리들이 지금 여기서 가시적으로 발견하고 경험할 수 있는 새 베들레헴을 통해 가장 분명히 발현될 수 있다.

V. 제안: 지속 가능성이 고려된 교회 건축 상세 지표

〈표〉 교회 건축 공공성 세부 지표 제안(AURP 수정 적용: Robert,110)

제목	핵심 분야	구체 항목	배점	세부 지표	지표 점수
교회 건축 공공성 지표	환경	최소 교통 유발	1	대중교통 수단 집합도 교통 대안 선택 가능도 도보 및 자전거 시설 도로 옆 물건 하역 가능도 친환경 교통 계획	
		디자인 및 실행	1	재활용 자재 사용도 적절한 친환경 기술 사용도 미세 대기 환경 고려 항시 대기 운영 시스템 가용 평가 방식 활용도	
		환경과 문화유산	1	자기 지속적 운영 주위 생태계 보존 생태 다양성 문화유산에 미치는 영향력 유적 등의 자원 보존	
		물	1	파이프 없는 빗물처리 시스템 토양에 대한 배출의 질 친환경적 하수 처리	
		대지이용	1	기 사용된 토지에 대한 건축의 위치 주변 환경과의 어울림(친화성) 공간 사용의 다양성 및 혼용성 공개 공지 이용 가능성	
		공기의 질	1	주변 환경에서 오는 대기 조건 직접적 공기 배출 오염량 간접적 공기 배출 오염량 오존 배출량	
	사회 사회	건강과 복지	1	작업 환경(사망, 부상, 질병) 직무 안전도 가족 돌봄 시설 주요 건강 목표들	
		사용자편의성 및 만족도	1	편안함을 위한 이슈들 고려도 내부 공기의 질 편안함을 위한 온도 조절 개별 사용자 조절도 사용자 피드백을 통한 작동 개선도	
		형태와 공간	1	안전과 복리감 보행자 동선 고려	

				공공 영역 및 사적 영역 공동체로부터의 단절도 자연 채광에 대한 접근성	
교회건축공공성지표		접근성	1	대중교통 수단 대안에 대한 선택 주요 시설에 대한 연계성 장애인 시설 불만건의 시스템 수요를 충족시키는 주요 서비스들 훈련 제공	
		안락함	1	해당 지역의 특성을 향상시키는 조경 레저 시설 녹지 주변 차도 소음 환경에 대치되는 안락함	
		포용성	1	공동체와의 상호 교류 자원봉사 집단에 대한 기부 협의회를 통한 의사 결정 지역의 사회적 정체성 향상도 윤리적 거래(공정거래)를 통한 물품 조달 환경 관련 보고 제도	
	경제	사회적 이익과 비용	2	지역 활성화를 위한 재정 경제적 인프라스트럭처 구성 지역 범죄 가능성 제거	
		교통비용절감	1	교통편에 대한 의존도 대중교통 수단 차량 사용	
		채용 및 기술	1	사업 기회 제공 직업의 숫자 채용 기간 안정성 평등 채용 기회 다양성 기술 숙련에 대한 투자 훈련 프로그램	
		경쟁 효과	1	지역/독점력 지역산물 선택 가능성 채용의 다양화	
교회건축공공성지표		생존성	1	재정의 생존력 펀드의 안정성 사회적, 환경적 지출 사회적, 환경적 R&D 설비에 대한 서비스 계약	
	아름 다움	심미성	4.5	비례 색채 형태 조화	

			채광	
			재료	
	조화성	4.5	건축의 적정 규모	
			심리적 애도 공간	
거룩함	종교적 상징성	3	신학적 선언 형태	
			교인에 대한 초대성	
			세속 이웃에 대한 초대성	
			기독교적 개념들의 표현성	
			신적 현존에 대한 강조	
	예전적 기능성	3	예배 공간 활용도	
			성례전 집행을 위한 기능성	
			신비감, 거룩함	
	관계성	3	경제적 약자를 위한 돌봄의 공간	
			이웃을 위한 모임 공간	
			여성의 가치가 실현된 공간	

참고문헌

Brueggemann, Walter. *Reverberations of Faith: A Theological Handbook of Old Testament Themes*. Louisville: Westminster John Knox Press, 2002.

Durkheim, Emile. *The Element Forms of Religious Life*. Translated by Karen E. Fields. New York: The Free Press, 1995.

Epperly, Bruce G. *Process Theology: A Guide for the Perplexed*. New York: Bloomsbury T&T Clark, 2011.

Gorringe, T.J. *A Theology of the Built Environment: Justice, Empowerment, Redemption*. New York: The Cambridge University Press, 2002.

Kilde, Jeanne Halgren. *When Church Became Theatre: The Transformation of Evangelical Architecture*. New York: Oxford University Press, 2002.

Mead, James K. *Biblical Theology: Issues, Methods, and Theme*. Louisville: Westminster John Knox Press, 2007.

Roberts, Nicholas W. *Building Type Basics for Places of Worship*. Hoboken: John Wiley & Sons, 2004.

Torgerson, Mark A. *Greening Spaces for Worship and Ministry*. Herndon: The Alban Institute, 2012.

이용필. "죽 쒀서 이단 준 빚더미 교회들." 「뉴스앤조이」, 2014. 12. 26. http://www.newsnjoy.or.kr/news/articleView.html?idxno=198146.

이현주, 김동근, 정민주. "금융권 교회 대출 '10조' 육박 … 이자내느라 선교도 못한다." 「아이굿뉴스」, 2012. 04. 25. http://www.igoodnews.net/news/articleView.html?idxno=34573.

교회 건축의 공공성과 기독교교육

손 문*

I. 서언

교회 건축의 공공성을 확인하는 과업은 "시민 사회에서 종교의 역할에 대한 정치적 영향력의 문제"에 접근하는 방식과 크게 다르지 않다.[1] 그것은 공적 영역에서 종교적 언어의 사용과 관련된다. 이것은 종교를 지닌 시민과 그렇지 않은 시민의 상호 보완적이며 호혜적인 공존을 의미한다. 종교를 지닌 시민의 입장에서, "종교적 발언의 잠재적인 진리 내용이 일반적인 언어로 번역되어야 한다"는 것은 "경쟁하는 세계관에 대해서 중립성을 유지하는 국가 권력"에 지불해야 하는 대가 혹은 비용

---

* 연세대학교 한국기독교문화연구소 전문연구원, 기독교교육학

1) Jürgen Habermas, "'The Political': The Rational Meaning of a Questionable Inheritance of Political Theology," in *The Power of Religion in the Public Sphere*, ed. Eduardo Mendiete and Jonathan VanAntwerpen (New York: Columbia University Press, 2011), 23.

으로 이해된다.2) 종교를 가지지 않은 시민의 입장에서는 시민 사회에서 종교적인 공헌을 공적으로 인정하고 무시할 수 없다는 것이 상호보완적인 부담으로 작용하게 된다. 따라서 종교를 지닌 시민과 그렇지 않은 시민은 동일한 눈높이에서 이성의 공적인 사용을 마주하게 되는데, 이것은 어떤 측면에서 "철학"과 "유대-기독교 전통의 의미론적 조정과 연결"이 "서구 발전"(occidental development)의 기초가 되었다는 전제를 부분적으로 수용하는 맥락에서 이해될 수 있다.3) 이 점에서 교회 건축의 공공성은 종교를 지닌 시민들의 입장에서 비용 혹은 부담이라는 점은 분명하지만, 그러한 비용과 부담이 종교를 가지지 않은 시민들에게 종교적 발언에 대한 인정의 근거가 된다는 점에서 상호보완적이며 호혜적인 특성을 지니는 것으로 이해될 수 있다.

프란시스 피오렌자(Francis Schüssler Fiorenza)는 정치 신학의 관점에서 종교적 언어가 공적 영역에서 차지하는 의미에 대해 ―비종교적인 사람이라 할지라도― "마틴 루터 킹이 의미했던 것과 그것이 그를 죽음으로 이끈 것을 이해한다"는 말로 설명한다.4) 피오렌자는 하버마스의 공적 종교 이해에 기초하여 "다른 것에 의해 이해되며 상호적인 관점 취득이 가능한 것은 언어의 근본적인 원칙"으로 주장한다.5) 이것은 민주적이며 세속적인 담론이 종교적 시민의 담론과 서로 보완적인 관계로

---

2) Habermas, "The Political," 25-26.
3) Habermas, "The Political," 26-27.
4) Francis Schüssler Fiorenza, "Prospects for Political Theology in the Face of Contemporary Challenges," in *Political Theology: Contemporary Challenges and Future Directions*, eds. Francis Schüssler Fiorenza, Klaus Tanner, and Michael Welker (Louisville, Kentucky: Westminster John Knox Press, 2013), 54.
5) Fiorenza, "Prospects for Political Theology in the Face of Contemporary Challenges," 55.

형성될 수 있음을 의미하는 것이다. 심지어 종교적 전통이 보다 적극적으로 "광범위한 정치적 문화"의 "의미론적 잠재성 회복"에 공헌할 수 있다고 주장한 바 있다.6) 이와 같은 피오렌자의 정치 신학적 시도와 성찰은 "인간의 삶에 필수불가결한 중요한 권위"임을 인정하지만, "서로 접촉하지 않는 역설적 불연속성"의 관계 속에 있는 "기독교와 문화"의 범주를 넘어서서, "타락한 문화 안에 살면서, 기독교적 가치로 그 문화를 비판하고 개혁해야 한다"는 예수 그리스도를 "문화의 변혁자"로 이해하는 범주와 긴밀하게 연결된다고 할 수 있다.7)

교회 건축의 공공성에 관한 이와 같은 맥락에서, 교회 건축의 공공성 지표를 설계하는 과업은 교회 건축의 공공성을 측정하는 독립변수의 채택과 그러한 변수들의 타당성을 검증하고 신뢰성을 분석하는 활동과 긴밀하게 연결된다. 그것은 교회 건축의 공공성과 독립변수들 간의 상관관계의 정도를 확인하는 과정과도 연결된다. 그리고 독립변수들에 내재되어 있는 몇 개의 요인들을 찾아내는 과정 역시, 교회 건축의 공공성 지표에 대한 이론적·실천적 함의를 부여하게 될 것이다.

연구자는 교회 건축의 공공성 지표로 하버마스의 다섯 가지 공공성 척도에 주목하고자 한다. 다섯 가지 공공성 지표는 명제의 참과 거짓을 판단하기 위해서, 전제의 진리성과 인지적 도구를 사용하는 이론(theoretical) 척도, 행위 규범의 정당성과 도덕적 실천을 사용하는 실천(practical) 척도, 가치 기준의 적절성으로 평가되는 심미적(aesthetic) 척도, 표현의 진실성 혹은 충실성으로 평가되는 심리적(therapeutic)

---

6) Fiorenza, "Prospects for Political Theology in the Face of Contemporary Challenges," 55.
7) 손호현, 『인문학으로 읽는 기독교 이야기』 (서울: 동연, 2015), 34-35.

척도, 상징적 구성 요소의 이해가능성으로 평가되는 설명(explicative) 척도 등 이다.8) 이 논문에서는 다섯 가지 척도 중에 심미성, 심리성, 사회성 및 도덕성 지표를 중심으로 교회 건축과의 연계성에 주목할 것이다. 그러나 교회 건축의 공공성에 관한 본격적인 논의에 앞서, 교회 건축과 같은 공간의 차원이 인간 의식에 관심을 주목하는 교육과 어떻게 연결될 수 있을지, 공간과 의식의 관계를 간략하게 논의할 것이다.

II. 교회 건축의 교육적 함의

교회 건축과 기독교교육의 연결은 교육과 환경의 관계 속에서 살펴볼 수 있다. 그것은 실재(reality)와 지각(perception)의 관계로도 설명된다. 스위스의 대표적인 교육학자 피아제(Jean Piaget)는 7-8세의 아동이 외부 사물을 지각하는 방식을 실재론(Realism)의 관점으로 설명한다. 그것은 학습자로서의 인간이 외부 사물에 대한 이해를 수용하는 "지각의 본질"(nature of perception)을 설명하여 준다. 핵심은 인간이 사물을 지각할 때, "있는 그대로의 모습, 다시 말해서 물리적인 실재를 지각하는 것이 아니라, 사물에 대한 자신의 생각과 마주하게 된다"는 것이다.9) 좀 더 자세히 말하면, 이것은 물리적 실재론과 정신적 실재론 사이의 관련성으로, 아동기에 사물을 지각하는 방식을 의미하는 것이다. 피

---

8) Jürgen Habermas, *The Theory of Communicative Action*, vol. 1, Reason and the Rationalization of Society, trans. Thomas McCarthy (Boston: Beacon Press, 1984), 23.

9) Jean Piaget, *The Moral Judgement of the Child*, trans. Marjorie Gabain (London: Routledge, 1999), 185.

아제는 이것을 "물리적 규칙성"(physical regularity)과 "도덕적 규칙과 사회적 질서"(moral obligation and social rule) 사이의 연결로 설명한다.10) 예를 들어, 아동의 경우, 보트가 물에 떠 있고, 돌이 물에 가라앉는 것이 단지 무게의 차이와 부력 때문에 생긴다는 물리적 설명 이외에, 천체를 통제하는 운명의 절대자와 같이 사물을 통제하는 "세계-질서"(World-Order)의 결속 관계로 설명하는 심리적 체제를 가지고 있다는 것이다.11) 이것은 외부 사물을 지각하는 아동기의 심리적 발달 단계의 특성에만 제한되지 않는다. 마치 뉴턴의 운동법칙과 아인슈타인의 특수상대성원리의 관계와 같이, 인간 발달은 보다 발달된 수준이 이전 단계의 발달 특성을 전적으로 배제하는 것이 아니라, 함께 포괄하면서 보다 새로운 차원을 수용하기 때문이다. 다시 말해서 물리적 실재론과 정신적 실재론의 결속 관계는 단지 아동기의 지각 특성에만 머무는 것이 아니라, 인간과 외부 사물의 지각 관계를 설명하는 "지각"(perception)의 보편성으로 이해될 수 있다.

이와 같은 지각의 본질에 대한 이해는 미국 스탠포드 대학교의 아이즈너(Elliot W. Eisner)의 교육과정 연구에서, 교육 환경의 교육적 본질과 가치로 보다 광범위하게 확장되어 설명된다. 핵심은 "교육이란 교사와 학생의 직접적인 상호작용에 제한되지 않는다"는 것이다.12) 그는 교육 환경을 의미하는 "상황"(Situations)이 "학생들이 경험하는 그리고 그 안에서 학생들이 행동하는 조건과 질적으로 연결되어 있다"는 점을

---

10) Piaget, *The Moral Judgement of the Child*, 186.
11) Piaget, *The Moral Judgement of the Child*, 186.
12) 다음은 해당 문장의 원문이다. "Teaching is not restricted to the direct interactions between teacher and student." Elliot W. Eisner, *The Arts and the Creation of Mind* (New Haven & London: Yale University Press, 2002), 57.

강조한다.13) 의미 있는 교육은 단순한 장소에서 발생하지 않는다. 교육 환경에 대한 교사의 디자인이 학생들에게 중요한 교육 내용을 발생시키는 근본 조건이 된다는 것이다. 아이즈너의 설명에서 교육 환경은 부차적인 조건에서 교육 내용과 수행을 결정하는 핵심적인 요소로 그 의미와 역할 그리고 기능이 새롭게 전환된다. 심지어 그는 "환경이 가르친다"(the milieu teaches)는 표현을 사용하며, 교육 환경이 학습 과정에서 최고의 중요성을 가지고 있다는 점을 분명히 하면서, 그것은 "외부적인 이유"(extrinsic reasons)에 머물지 않고, 교육의 핵심과 본질을 구성하는 "내재적"(intrinsic) 이유에 해당된다고 주장한다.14) 그렇다면 교육 환경이 학습 과정에서 만들어 내는 핵심적인 기능은 무엇인가? 이러한 질문에 대한 적절한 답변으로 그는 "관계성"(relationship)이란 개념을 적용한다. 이 개념은 "적합성의 절적함"(a rightness of fit)이란 표현으로 사용되기도 한다.15) 이것은 대부분의 인지적인 활동이 "전체를 구성하는 개별적인 특성의 상호관계"를 파악하는 활동과 긴밀하게 연결되어 있음을 의미한다.16) 여기에서 학습 활동은 포괄적인 하나의 "전체"(whole)와 그것을 구성하는 특별한 "부분들"(parts) 사이의 "관계성"을 규정하고 생산하는 활동으로 함축된다.17) 예를 들어, 우리가 어떠한 사물을 대상으로 정물화를 그릴 때, 우리는 사물의 고립적인 모습에 집중하지 않는다. 그 정물이 어떻게 배치되어 있는가, 즉 보다 포괄적인 환경에 위치하고 있는 정물의 배치에 관심이 있다. 그러한 사물과 환경

---

13) Eisner, *The Arts and the Creation of Mind*, 48.
14) Eisner, *The Arts and the Creation of Mind*, 74-75.
15) Eisner, *The Arts and the Creation of Mind*, 75.
16) Eisner, *The Arts and the Creation of Mind*, 76.
17) Eisner, *The Arts and the Creation of Mind*, 75.

의 상호관계 속에서 예술의 창조성이 발생하는 것이다. 이 점에서 교육 환경은 단순히 교육 활동이 이루어지는 단순한 자리에서, 학습 활동을 통해 학습자들의 내면에 새로운 창조성이 발생되는 "해석학적 공간"으로 새롭게 이해될 수 있다. 이것은 교회 건축이 신앙과 교육의 창조적인 관계 속에서 단지 외부적인 조건으로 간과되는 것이 아니라, 기독교교육의 본질과 내용을 구성하는 핵심 요인으로 재해석되어야 하는 의미의 당위성을 제공한다. 다시 말해서 교육 구성원들이 어떠한 교육 환경에 머물러 있는가와 같은 매우 지엽적인 질문이 교육의 전체와 내용을 이미 구성하고 있다는 것이다. 이 점에서 교회 건축은 기독교교육의 외부적 조건에 머물지 않고, 핵심적인 내용 구성 요인으로 자리매김 될 수 있다.

그렇다면 교회 건축과 같은 외부적인 환경 요인이 학습자의 내면에서 본질적인 신앙을 발생시키는 해석학적 과정은 어떠한 방식으로 이루어질까? 이 질문은 학습자와 환경의 직접적인 관계를 설명해 줄 뿐 아니라, 인간 주체(Subject, S)와, 교육 건축의 외부적 사물(Object, O) 그리고 인간의 내면에서 발생하는 신학적 각성과 신앙적 인식과 같은 가치와 신념의 관계로 보다 확대되어 설명될 수 있다. 다시 말해서 학습의 주체와 교회 건축의 객체는 각기 다른 형태와 내용의 신학적 각성과 신앙적 인식을 창출하고 재형성한다는 것이다. 이것은 가시적으로 다음과 같은 도식이 가능하다.

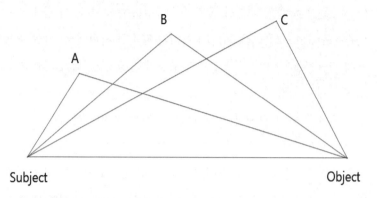

[그림 1] 학습 주체와 교회 건축의 신학적 각성과 신앙적 인식의 차이

학습 주체[Subject]와 교회 건축[Object] 사이의 해석학적 상호작용이 A, B, C와 같이 각기 다른 신학적 각성과 신앙적 인식을 산출한다는 것이다. 이것은 교회 건축의 형태와 내용이 학습 주체가 창출해내는 신학적 각성과 신앙적 인식 사이의 해석학적 인과관계의 유추를 가능하게 한다.

학습자에게 해석학적 공간으로 작용하는 교회 건축은 한 개인의 심리적 차원에 머물지 않고, 공동체적 의미의 자리를 제공한다. 그것은 소속감의 다른 이름이다. 교회 건축에는 개인의 정체성을 밝히는 이야기와 장소에 대한 그 개인의 애착 그리고 종적이며 횡적으로 그 장소와 연결된 개인들을 결속하는 역할과 기능이 내재되어 있다. 따라서 장소를 통해 형성된 의미는 "교육 경험에서 자기-소외와 고립의 정서"를 제거하는 역할을 한다.18) 주목할 점은 학습자들은 자신들의 환경에 만족하

---

18) Stephen G. Parker, "Theorising 'Sacred' Space in Educational Contexts: A Case Study of Three English Midland Sixth Form College," *Journal of Belief & Values*

고, 그곳에서 소속감의 중요성을 인식할 때, 그 자리는 '성스러운' 공간으로 인정되고, 더 나아가 궁극적으로 하나님의 신성을 경험하게 된다는 것이다.[19] 이것은 개인의 소속감과 정체성으로서의 교육 공간에 대한 새로운 이해를 제공할 뿐 아니라 교회 건축이 성스러운 공간을 창출하면서, 그 과정을 통해 학습자들이 하나님의 신성을 경험하게 해 주는 필수적인 요인으로 자리매김 되고 있음을 의미하는 것이다. 특히 이러한 공간은 정적이지 않고, 지속적으로 거룩함으로 갱신되는 특성을 지닌다. 그 장소에 속한 개인의 이야기들이 서로 연결되어 "장소에 내재되어 있는 의미의 묶음을 재구성"하는 것을 의미한다.[20] 이처럼 교회 건축은 개인의 정체성과 소속감의 부여에 작용할 뿐 아니라, 공동체 내의 동료 관계, 더 나아가 개인과 사회를 연결하여 주는 '거룩한' 공간을 위한 내재적 기준으로 간주될 수 있다.[21] 다시 말해서 이것은 학습자의 자존감을 살려주고, 그들에게 가치와 책임의 의미를 제공하며, 동시에 존재의 의미를 탐구하는 공간으로서의 교회 건축의 의의를 설명하는 것이다.[22]

III. 교회 건축의 공공성 지표: 심미성

교회 건축의 중요한 특성 중 하나가 심미성이다. 교회는 지역사회 구

30, no. 1 (2009): 35.

19) Parker, "Theorising 'Sacred' Space in Educational Contexts," 36.
20) Parker, "Theorising 'Sacred' Space in Educational Contexts," 36.
21) Parker, "Theorising 'Sacred' Space in Educational Contexts," 37-38.
22) Parker, "Theorising 'Sacred' Space in Educational Contexts," 37-38.

성원들의 지적이며 정서적 감흥을 발생시키는 예술적 가치를 지닌 작품을 소장하고, 그러한 예술 작품의 가치를 지역사회 구성원들과 공유하는가? 교회 내의 공간 디자인, 가구의 배치 그리고 예술품은 심미적이며 종교적 감흥을 발생시키기에 충분한가?23) 이러한 질문들은 교회 건축의 심미성을 측정하는 중요한 지표가 될 수 있다. 웨슬리 신학대학교는 예술과 신학적 연구를 종교적 실천으로 이해하며, 양쪽에 주의 깊은 관심을 기울인다.24) "신은 아름다움이라는 자신의 그림자를 가지며, 인간은 일상의 존재가 지닌 근원적 아름다움을 통해서 신을 감지할 수 있다"는 명제는 종교성과 예술성이 동전의 양면과 같이 서로에게 의미 있는 영향력을 행사하고 있음을 보여준다.25) 그렇다면 교회 건축의 공공성 범주 하에 심미성은 어떠한 위치에 해당되는 것일까? 하버마스의 공공성 지표에서는 의사소통의 상황 속에서 "가치 표준"의 적절성 여부가 심미성을 판단하는 기준이 된다.26) 사람들마다 아름다움에 대한 각자의 기준이 존재하는 것이고, 심미성은 그러한 기준의 적절성 여부로 드러나게 되는 것이다. 그러나 하버마스가 말하는 심미성의 기준은 단지 개인의 실증적 경험의 범주에 머물지 않는다. 그는 개인이 지닌 가치 표준의 척도는 전문적 예술가 집단의 논증과 결합되면서, 다시 말해서 더 높은 수준의 "타당성 요구"와 연결되면서, "개별적인 의사소통의 발언"에 머물지 않고, "문화적 객관화"에 결속된다고 주장한다.27) 따라서 근대

---

23) Catherine Kapikian, "Ketchup, Karate Studio, or Fitness Center?: Envisioning a Future for the Arts and the Church," *Arts* 24, no. 1 (2012): 4-13 참조.

24) Kapikian, "Ketchup, Karate Studio, or Fitness Center?" 8.

25) 손호현, 『인문학으로 읽는 기독교 이야기』, 299.

26) Habermas, *The Theory of Communicative Action*, vol. 1, 38-39.

27) Habermas, *The Theory of Communicative Action*, vol. 1, 40-41.

교회 건축의 역사 속에서 건축 전문가들에게 가치 표준으로 인정되는 "심미성"의 척도를 살펴보는 작업은 의미 있는 활동이 될 수 있다.

근대 이후 회중의 모임이라는 교회에 대한 이해 속에서 교회 건축은 "하나의 공동체로 형성되지 않은 회중"을 함께 예배드리는 "사회적 공간"을 통해 예배의 "사회적 공동체"로 재구성할지에 관심을 주목하는 경향이 있다.28) "회중석과 제단 사이의 적극적인 관계가 모색"되고, "회중들의 규모와 회중석의 예배 중심을 향한 방향" 전환이 교회 건축의 주된 관심을 형성하게 된다.29) 이러한 건축의 흐름에서는 "집회" 자체가 관심의 중심이 되고, "제단"이나 "설교단"은 주변적인 부분이 될 수 있다. 교회에 낯선 이방인들이 환영받고 환대를 경험할 수 있는 환경 조성에 교회 건축은 주목하게 되는 것이다.30) 예를 들어, 미네소타의 노스필드 연합감리교회(United Methodist, Northfield, Minnesota)의 내부 구조는 좌석의 3면이 서로를 볼 수 있도록 구성하여 "집단의 정체성"을 강조함으로, 상징적인 울림을 강조하는 "성례전적인 고전 건축" 양식과는 상당한 거리를 가지고 있음을 확인할 수 있다.31)

그렇다면 근대의 교회 건축에서 건축가들에게 심미성은 어떻게 표현될 수 있을 것인가? 그것은 하나님의 임재 속에서 경험하는 신성함의 단순성으로 표현하는 흐름을 보이고 있다. 단순성을 통해 표현되는 하나님의 신성함은 엘리엘 사리넨(Eliel Saarinen)이 설계한 미네아폴리스의 그리스도의 루터란 교회(Christ Church Lutheran)에서 발견된다.

28) Richard Kieckhefer, *Theology in Stone: Church Architecture from Byzantium to Berkeley* (New York: Oxford University Press, 2004), 12.
29) 정시춘, 『교회 건축의 이해』 (서울: 도서출판 발언, 2000), 151.
30) Kieckhefer, *Theology in Stone*, 12.
31) Kieckhefer, *Theology in Stone*, 12.

이 교회의 경우 외부와 내부가 극도로 단순하게 표현되어 있다. "하나의 벽돌 상자"인 것이다.32) 그러나 건물의 섬세한 디자인과 설계의 미적 효과는 오히려 그러한 단순함을 통해 보다 분명하게 드러난다. 근대 디자인의 "최소주의"와 "단순성"이 교회 건축에 반영되면서, 건축의 자재 역시 벽돌과 나무로 단순화된다. 특히 강단에 걸린 십자가는 얇은 알루미늄 재질로 "단순함"이 제공하는 "복음의 정직성"을 극대화한다.33)

심미성이 신의 임재를 상징하는 단순성으로 표현되는 또 다른 사례는 19세말 맥킨토시(Charles Rennie Mackintosh)의 교회 건축이다. 그는 자신의 개인적인 건축 양식을 표현하기 위해 고딕의 용어를 사용했다. 대표적인 건축물이 1897년에 착공되어 1899년에 완공된 글라스고우의 퀸즈 크로스(Queen's Cross Church in Glasgow) 교회이다. 그는 자신이 표현하고자 하는 교회의 "근대성"(modernity)을 "단순성"(simplicity)과 "굵음과 곧음 구조"(bold and forthright structure)로 표현했다.34) 따라서, 맥킨토시의 교회 건축은 "평범한 고딕 교회"와 "희석된 아르누보 질감"으로 표현된다.35)

맥킨토시의 교회 건축과 매우 유사한 양식을 지닌 에드거 우드(Edgar Wood)가 1903년에 착공하여 1909년에 완공한 만체스터의 크라이스트 사이언스 제일교회(First Church of Christ Scientist, Manchester)는 맥킨토시와는 다른 질감의 단순성을 제공한다. 이 교회가 지닌 Y-모양의 설계는 "(복음의) 팔을 쭉 뻗어서 외부 세계를 품고

---

32) Kieckhefer, *Theology in Stone*, 101.
33) Kieckhefer, *Theology in Stone*, 122.
34) Edwin Heathcote and Laura Moffatt, *Contemporary Church Architecture* (West Sussex: Wiley-Academy, 2007), 16.
35) Heathcote and Moffatt, *Contemporary Church Architecture*, 16.

회중을 바실리카 내부의 교회로 모으는 의미"를 지닌다.36) 과장된 높은 지붕을 통해, 이곳은 "하나님의 집"이라는 메시지가 전달하고, 단조로운 베니스 양식의 창문틀은 그 중심에서 예수 그리스도의 "십자가"를 상징하기도 한다.37) 로마네스크 아치 모양의 정문과 동화 속에 나올 것 같은 작은 탑의 혼합은 호기심과 우화와 같은 편안함을 안겨주기도 한다. 무엇보다 맥킨토시의 굵고 단순함이 그대로 배어서, 토착적 질감을 제공해 준다는 것이다.38)

하나님의 임재가 하나님의 단순성 그리고 관상의 소박함으로 표현되는 것은 20세기 중반 로에(Mies van der Rohe)의 교회 건축에서 전기를 이룬다. 그는 1952년 설계한 일리노이 기술 연구소의 채플(Chapel at the Illinois Institute of Technology)에서 "진리의 단순한 직관"(simplex intuitus veritatis)을 표현했다.39) 건축의 복합성과 화려한 장식 그리고 종교의 풍성함과 대비된 거룩함과 신성함의 단순성이 로에의 교회 건축을 통해 표현되는 것이다. 역설적으로 단순함을 더하여 최대를 구성하는 것이다. "조적식 구조, 전면의 유리벽, 강단의 견고성과 단일성, 실크 커튼과 십자가" 등의 재질은 "혁신이며 놀라운 명료성"의 표현으로 이해된다.40) 이와 같은 로에의 최소주의(minimalism)는 "모더니즘을 향한 맹렬한 열정과 영혼에서 우러나오는 순수함의 창조 그리고 예전의 진심어린 연합"으로 "신비주의"와 "표현주의"를 반영한 것으로 이해되

---

36) Heathcote and Moffatt, *Contemporary Church Architecture*, 16.
37) Heathcote and Moffatt, *Contemporary Church Architecture*, 17.
38) Heathcote and Moffatt, *Contemporary Church Architecture*, 17.
39) Kieckhefer, *Theology in Stone*, 101.
40) Edwin Heathcote and Iona Spens, *Church Builders* (London: Academy Group, 1997), 55.

기도 한다.[41] 교회의 실천에 대한 변화의 특별한 열망보다는 "보편적 형식"에 대한 로에의 열정이 이와 같은 단순성의 기초가 되는 것이다.[42]

IV. 교회 건축의 공공성 지표: 심리성

교회 건축이 제공하는 공간과 인간 의식 사이의 관련성에 주목한 연구가 있다. 이 연구는 크게 두 가지의 질문을 제공한다. 당신이 머물고 있는 교회 공간은 매우 복잡한 일상에 있는 당신에게 깊이 사색하고 성찰할 수 있는 심리적 여유를 제공하는가? 당신이 머물고 있는 교회 공간은 매우 지루하고 삶의 활력을 잃은 당신에게 자신의 일에 집중하고 몰입할 수 있는 환경적 요인을 제공하는가? 첫 번째 질문은 교회 건축과 삶의 성찰(reflection)에 초점이 있고, 두 번째 질문은 교회 건축과 삶의 회복력(recovery)에 초점이 있다.[43] 두 가지 질문 모두 교회 공간은 심리적으로 고요함과 평화로움 그리고 신비로움을 제공해야 한다는 규범적 함의가 내포되어 있다. 하버마스의 공공성 지표에서 "심리성"은 심미적 척도와 구별되는 특성을 지닌다. 그것은 의사소통의 상황 속에서 드러나는데, 심미적 척도는 청자와 대상 사이의 관계 속에서 전문가 집단이 제공하는 문화적 객관성이 가치평가의 척도로 작용한다. 그러나 심

---

41) Heathcote and Spens, *Church Builders*, 56.
42) Heathcote and Spens, *Church Builders*, 56.
43) Thomas R. Herzog, Lauren E. Gray, Amy M. Dunville, Angela M. Hicks, and Emily A. Gilson, "Preference and Tranquility for Houses of Worship," *Environment and Behavior* 45, no. 4 (2011): 504-525 참조.

리적 척도는 청자보다는 화자가 느끼고 경험하는 "자기-표현의 진실성 혹은 충실성"이 평가의 주된 척도로 작용하게 된다.[44] 여기서 자기-표현의 진실성 혹은 충실성을 평가하는 기준은 화자 자신의 현재 발언과 연결된 "과거에 일어난 혹은 미래에 발생하게 될 행위 사이의 연속성"이라고 하버마스는 주장한다.[45] 물론, 이것은 환자를 염두에 둔 정신분석의 상황을 의미하는 것은 아니다. 정신분석의 상황에서 논리적인 대화와 논증은 적절하게 작용하지 않는다. 환자에 대한 치료에서 자기 성찰의 방향성은 "타자에 대한 확신"과 "설득적 힘"으로 나타난다.[46] 이와 같은 하버마스의 공공성 척도에서 심리성의 차원을 살펴 볼 때, 교회 건축의 심리성은 자신의 현재와 과거 그리고 미래를 조명할 수 있는 자기-성찰과 자신을 긍정하고 인정하는 설득과 확신으로 재구성될 수 있다.

20세기 교회 건축의 거장인 루돌프 슈바르츠(Rudolf Schwarz)는 교회 건축과 같은 공간과 그것을 지각하는 인간의 의식 사이의 상호주관성을 "거룩한 자기성찰"(sacred inwardness)로 표현한다.[47] 슈바르츠의 교회 건축 이론에서는 "빛"의 특성이 현저하게 강조된다. 이것은 그의 일곱 가지 설계 이론에서 세 번째에 해당되는 "빛의 성배"(The chalice of light), 다섯 번째 "어둠의 성배"(The dark chalice), 여섯 번째 "빛의 돔"(The dome of light) 그리고 일곱 번째 "모든 시간을 소유한 성전"(The cathedral of all times)의 설계와 연결된다.[48] 세 번째 "빛의 성배"는 조명의 수직적 차원을 의미하고, 다섯 번째는 조명의 수평적 차

---

44) Habermas, *The Theory of Communicative Action*, vol. 1, 41.
45) Habermas, *The Theory of Communicative Action*, vol. 1, 41.
46) Habermas, *The Theory of Communicative Action*, vol. 1, 41-42.
47) Kieckhefer, *Theology in Stone*, 234.
48) Kieckhefer, *Theology in Stone*, 235.

원과 연결되면서, 회중을 격려하고 환영하는 교회로서 예수 그리스도의 회중을 향해 뻗은 팔을 상징한다. 여섯 번째 "빛의 돔"은 세속의 찌꺼기가 영원의 빛으로 목욕하는 것을 상징한다. 빛의 광채가 땅과 하늘을 서로 녹이게 되는 것이다. 일곱 번째는 두 개의 원을 연결하는 회중 그 자체의 이미지를 상징한다. 예배 속에 있는 회중 그 자체가 "교회의 공간성"을 규정하고, "거룩한 공간을 정의하고 창조"하게 되는 것이다.[49] 다시 말해서, "서로가 서로를 향해 세워지고, 서로가 서로를 향해 개방"하는 고리가 "심오한 내적 질서"를 형성하는 것, 이것이 불가시적인 회중이며, 교회 건축을 통해 가시화되는 것으로 이해된다.[50] 슈바르츠가 1929년에 설계하고 1930년에 완공된 아찬의 프론라이히남스키르헤 (Fronleichnamskirche, Aachan)가 "하나님의 임재"를 의식하고 "하나님께서 채우시는 빈 공간"으로서의 교회 설계인 것이다.[51]

슈바르츠의 교회 건축은 메리 여왕을 위한 왕관으로 헌사 된 잘즈뷔르켄에 있는 마리아 쾨니긴(Maria Königin, Saarbrücken)에서 절정에 이른다. 이 교회는 1954년에 착공되고 1957년에 완공되었다. 마리아 퀘니긴은 높은 고층 창 대신에 네 구역에 있는 바닥에서 천장까지 확장된 창문을 통해 교회 내부에 자연광을 제공한다. 채색된 창문을 통해 교회 내부에 들어오는 빛은 반포물선의 궤적을 지닌다. 빛을 받은 교회 안의 회중은 자연스럽게 자신에게로 관심을 전환한다. 이러한 화려함 때문에, 마리아 퀘니긴은 "신성의 단절을 위한 강력한 비유"(mighty parable for the breaking in of the divine)라는 별명을 지니기도 한다.[52]

---

49) Kieckhefer, *Theology in Stone*, 236.
50) Kieckhefer, *Theology in Stone*, 236-237.
51) Kieckhefer, *Theology in Stone*, 239-240.

마리아 퀘니긴은 낮은 구릉에 있는 언덕의 정점에 있다. 이 교회에 오르는 사람들은 가장 보편적인 일상의 자리에서 가장 특별한 영광의 변화를 체험하게 되는 것이다.

V. 교회 건축의 공공성 지표: 사회성과 도덕성

교회 건축의 공공성은 달리하여 사회성과 도덕성으로 표현될 수 있다. 교회 공간은 다양한 집단의 가치를 반영하고 있는가? 예를 들어 각기 다른 인종, 민족, 문화, 지역, 경제적 차이, 세대와 연령의 차이 등이 교회 공간의 구성에 반영되어 있는가? 교회 건축물은 주변 환경 혹은 주변의 건축물과 조화를 이루는가? 아니면 두드러지게 차이를 보이는가? 지역사회와 함께 공유할 수 있는 복합 공간을 제공하는가? 이러한 질문들이 교회 건축의 사회성과 도덕성의 의미를 가시화하게 된다.[53] 하버마스의 공공성 지표에서 사회성 혹은 도덕성은 "행위 규범의 정당성"(rightness of norms of action)과 연결된다.[54] 다시 말해서, 사회성 혹은 도덕성의 지표는 "행동 방식의 정당성 혹은 정의를 기준"으로, 참여자의 "행위를 조절"하는데 사용이 될 수 있다.[55] 따라서 "규범적인 진술에 기초"한다는 것은 "행위의 타당성 혹은 행위 규범의 확립"과도 연결된다.[56] 전통적인 도덕적 타당성에 대한 규범적 담론에서, 공동체 속

---

52) Kieckhefer, *Theology in Stone*, 258-259.
53) John Corrigan, "Space, Modernity, and Emptiness: Some American Examples," *Church History* 83, no. 1 (2014): 163-174 참조.
54) Habermas, *The Theory of Communicative Action*, vol. 1, 23.
55) Habermas, *The Theory of Communicative Action*, vol. 1, 39.

에서 "용인되는 규범"과 "권위가 내재된 명령" 사이에는 "명백한 내적 연계성"이 존재한다.57) 여기서 "인지적 기반"은 "행위 규범의 정당성"을 설명하는 주된 근거가 된다.58) 그러나 하버마스는 용인된 규범이 지니는 내재적 폭력성을 인정한다. 그러한 폭력성의 극복을 위해 "참여자의 상호작용과 그들의 수행적인 태도 속에서 확인되는" 도덕적 정당성이 강조된다.59) 따라서 "도덕적 진실"은 "명료화"(clarification)를 필요로 한다고 주장한다. 비판에 대한 개방성 그리고 도덕 논증에 대한 명백한 반대를 통해 도덕적 규범은 정당성을 확보하게 된다는 것이다.60) 이와 같은 하버마스의 사회성과 도덕성에 대한 공공성 지표를 교회 건축에 반영하게 되면, 교회의 건축의 사회성과 도덕성은 다양한 구성원의 참여를 수용하고 보장하는 것과 긴밀하게 연결되어 있음을 확인할 수 있다.

콜롬비아의 수도 보고타에 있는 로스 노갈레스 학교 채플(Los Nogales School Chapel)은 이러한 교회 건축의 사회성과 도덕성을 잘 표현해 준다. 이 채플은 건축가 다니엘 보닐라(Daniel Bonilla)가 설계하고, 2002년에 완공되었다. 로스 노갈레스 채플의 건축학적 의미는 "채플 내부에 투사되는 빛의 작은 통로를 지닌 기본적인 사각형 박스의 놀라운 인테리어"로 평가된다.61) 이 예배당의 북동쪽 벽은 회전하며 열리는 두 개의 나무문으로 되어 있다. 카라멜 색상의 지역 목재로 된 문을

56) Habermas, *The Theory of Communicative Action*, vol. 1, 40.
57) Jürgen Habermas, *Moral Consciousness and Communicative Action*, trans. Christian Lenhardt and Shierry Weber Nicholsen (Massachusetts: The MIT Press, 1990), 49.
58) Habermas, *Moral Consciousness and Communicative Action*, 49.
59) Habermas, *Moral Consciousness and Communicative Action*, 50.
60) Habermas, *Moral Consciousness and Communicative Action*, 52.
61) Heathcote and Maffatt, *Contemporary Church Architecture*, 90.

열면, 2000명 이상의 대중이 앉을 수 있는 잔디밭으로 개방된다. 그리고 채플 안에도 100석의 좌석이 마련되어 있다. 전반적으로 채플의 높이가 낮기 때문에, 나무 가운데 솟아있는 높은 골조 종탑을 통해, 학교 내의 다른 건물과 구별될 수 있다.[62]

로스 노갈레스 채플의 독특성은 빛을 처리하는 보닐라의 설계에서 현저하게 나타난다. 카라멜 색상의 목재로 된 북동쪽의 벽과 달리 나머지 벽면은 크림-회색의 플레인 콘크리트로 되어 있다. 그리고 콘크리트 벽에 작은 구멍이 뚫려 있어서, 그곳을 통해 가느다란 빛이 새어서 들어온다. 우선, 주된 빛은 자연채광의 형태로 나무 판넬 천장의 짧고 좁은 슬릿을 통해 채플 내부로 유입되고, 슬릿의 배열과 배치는 십자가 형태를 지닌다. 그리고 주 출입구와 강단 벽면에 있는 작은 창문 모양의 패널을 통해 푸른색과 노란색의 빛이 불규칙하면서도 황홀하게 퍼진다. 채색 창문의 구도는 "몬드리안의 후기 추상"의 양식을 지닌다. 남서쪽의 벽면 상단에는 직사각형 모양의 작은 슬릿을 통해 들어오는 쪽빛의 푸른빛은 채플 내부의 현저한 색상인 붉은색과 노란색의 스펙트럼에 어색함을 안겨준다. 굴뚝 모양의 나무로 된 채광이 강단과 후면의 보조 강단에 하얀색의 빛을 제공하고, 주 출입구의 경사진 벽면의 마리아 상에는 돌출된 관으로 유입되는 자연광이 비춰진다. 그리고 약간 경사진 지붕 설계는 배수에 적합하다.[63]

전반적으로 회중석보다 낮은 강단의 높이, 작은 크기의 설교자의 의자와 설교단, 간결한 십자가와 깔끔한 성소단, 대체 가능한 제단으로 사용될 수 있는 실용적인 발코니 계단, 성도석의 독특하면서도 수려한 디

---

62) Habermas, *Moral Consciousness and Communicative Action*, 90.

63) Habermas, *Moral Consciousness and Communicative Action*, 92.

자인은 "감성과 영적 요구의 성숙성과 세련미"를 지님으로, 젊은이들의 예리한 감성에 호소하기 충분한 예배 공간으로 평가된다.[64] 로스 노갈레스 채플은 하나님의 신성함과 거룩함이 대중적 사회성으로 어떻게 표현될 수 있는지를 보여주는 좋은 교회 건축의 사례가 될 수 있다.

VI. 결어: 교회 건축과 기독교교육의 새로운 지평

교회 건축이 그 시대를 사는 성도들의 신앙과 그 의식을 반영하며, 다시 역으로 그들의 신앙과 의식에 교회 건축이 영향을 준다는 점은 교회 건축과 기독교교육학의 서로 다른 함수가 서로 교차하는 접점을 형성한다. 교회 건축가들은 의식적이든 혹은 무의식적이든 교회 건축을 통해 그 시대 속에서 자신들이 경험한 하나님의 신성을 표현하고, 그러한 표현이 그 시대를 사는 사람들의 의식과 무의식 속에 하나님에 대한 심상을 형성하는데 공헌하였음을 부인할 수 없는 것이다. 이것은 교회 건축이 공동체의 신앙 형성에 중요한 영향 요인이 될 수 있음을 의미하는 것이다. 그러나 교회 건축은 물론 기독교교육도 아직 도래하지 않은 미래를 향한 새로운 지평을 지속적으로 제공해 주어야 한다. 그것은 기독교교육은 물론 교회 건축의 미래 방향에 중요한 영향 요인이다. 카우프만(Gordon D. Kaufman)은 하나님 개념에 대한 사상적 재구성(imaginative construction)을 제안한다. 카우프만에게 "세계"와 "하나님"의 개념은 서로 연결되어 있다. 그는 서구 상징과 개념의 교리적 도

---

64) Habermas, *Moral Consciousness and Communicative Action*, 95.

그마를 거부하고, 인간 관심에 대한 궁극적 설명의 핵심으로 하나님을 이해한다.[65] 카우프만의 신학 세계 속에서 재구성된 하나님의 개념은 과거의 가부장적이며, 위계적이고, 이원적이며, 비대칭적 이미지에서 "현재의 진화적, 생태적 그리고 다원 문화적 상황에 적합한, 인간 삶이 본질에서 인간적인 것이 될 수 있도록 인간 영혼 그 자체의 활동성"이며, "하나의 전체로 우리의 경험에 질서를 부여하고 통일을 실현하는" 문화 창조의 근원으로 이해된다.[66]

이와 같은 신학적 재 개념화는 2001년 완공된 스페인의 산초-마드리데조(Sancho-Madridegjos)의 프라이빗 채플(Private Chapel)의 건축적 모험과 긴밀하게 연결된다. 프라이빗 채플은 기존의 교회 디자인과 달리 "체화된 대칭 그리고 양식을 순수성"을 피하며, 예배 공동체에 의해서 이루어지는 인습적인 종교 경험의 표준에 도전을 가한다.[67] 이건물의 설계자인 산초-마드리데조는 "가식과 자기-의식 그리고 낭비"를 버리고, "현대적이고 매력적이며, 소박하고 근엄한" 예배의 공간을 의도한다. 그것은 인습적인 예전적 기능에 예속되지 않고, 예배자 자신에게 거룩함을 불러일으킬 수 있는 "자율적인 종교적 건물"(autonomous religious architecture)에 대한 자기 신념의 표현으로 해석될 수 있다.[68] 다시 말해서, "우리와 함께 계신 하나님을 느끼는 공간이고 장소"라는 현대 교회 건축의 이상을 실현해가는 과정인 것이다.[69]

---

65) James c. Livingston and others, *Modern Christian Thought: The Twentieth Century*, 2nd ed. (Minneapolis: Fortress Press, 2000), 497.

66) Livingston et al., *Modern Christian Thought*, 497.

67) Heathcote and Moffatt, *Contemporary Church Architecture*, 110.

68) Heathcote and Moffatt, *Contemporary Church Architecture*, 114.

69) 정시춘, 『세계의 교회 건축순례』 (서울: 도서출판 발언, 2009), 31.

프라이빗 채플에 내재된 건축적 이상은 삶의 터전이 되는 세계를 종교적으로 바라보게 돕는 기독교교육 혹은 종교교육의 목적과도 조화를 이룬다. 그것은 기독교인들에게는 신앙 전통에 대한 학습이며, 기독교의 공동체를 넘어서서 삶의 보편적 일상을 가져오는 "내부로는 공동체적이면서, 외부로는 공적이며 사회적인" 환원이 될 수 있다.70) 더 나아가서 프라이빗 채플과 같은 공동체적이면서 공적인 환경과 공간은, "전통에 대한 개방성"과 "공동의 선"에 대한 확신을 가지고, "기독교인들이 다른 신앙을 가진 사람들과 그리고 좋은 의도를 가진 사람들과 공적인 대화에 참여"하는 공간의 기회를 제공하게 되는 것이다.71) 이러한 건축적 모험이야말로 하나님을 향한 새로운 개념의 시도이고, 교회 건축과 기독교교육을 배려한 미래적 상상의 단편이 될 수 있을 것이다.

---

70) Harold D. Horell, "On Learning to See the World Religiously: Moral Awareness, Faith, and Public Moral Discourse," *Religious Education* 109, no. 4 (2014): 436-437.

71) Horell, "On Learning to See the World Religiously," 437.

참고문헌

손호현. 『인문학으로 읽는 기독교 이야기』. 서울: 도서출판 동연, 2015.

정시춘. 『교회 건축의 이해』. 서울: 도서출판 발언, 2000.

정시춘. 『세계의 교회 건축순례』. 서울: 도서출판 발언, 2009.

Corrigan, John. "Space, Modernity, and Emptiness: Some American Examples." *Church History* 83, no. 1 (2014): 163-174.

Eisner, Elliot W. *The Arts and the Creation of Mind.* New Haven & London: Yale University Press, 2002.

Fiorenza, Francis Schussler. "Prospects for Political Theology in the Face of Contemporary Challenges." In *Political Theology: Contemporary Challenges and Future Dimensions,* edited by Francis Schussler Fiorenza, Klaus Tanner, and Michael Welker, 36-59. Louisville, Kentucky: Westminster John Knox Press, 2013.

Habermas, Jurgen. *The Theory of Communicative Action.* Vol. 1, Reason and the Rationalization of Society. Translated by Thomas McCarthy. Boston: Beacon Press, 1984. (Original work published 1981)

Habermas, Jurgen. *Moral Consciousness and Communicative Action.* Translated by Christian Lenhardt and Shierry Weber Nicholsen. Cambridge, Massachusetts: The MIT Press, 1990.

Habermas, Jurgen. "'The Political': The Rational Meaning of a Questionable Inheritance of Political Theology." In *The Power of Religion in the Public Sphere,* edited and introduced by Eduardo Mendieta and Jonathan VanAntwerpen with afterword by Craig Calhoun, 15-33. New York: Columbia University Press, 2011.

Heathcote, Edwin, and Iona Spens. *Church Builders.* London: Academy Group. 1997.

Heathcote, Edwin, and Laura Moffatt. *Contemporary Church Architecture.* England, West Sussex: Wiley-Academy, 2007.

Herzog, Thomas R., Lauren E. Gray, Amy M. Dunville, Angela M. Hicks, and Emily A. Gilson. "Preference and Tranquility for Houses of Worship." *Environment and Behavior* 45, no. 4 (2011): 504-525.

Horell, Harold D. "On Learning to See the World Religiously: Moral Awareness, Faith, and Public Moral Discourse." *Religious Education* 109, no. 4 (2014): 424-439.

Kapikian, Catherine. "Ketchup, Karate Studio, or Fitness Center?: Envisioning a Future for the Arts and the Church." *Arts* 24, no. 1 (2012): 4-13.

Kieckhefer, Richard. *Theology in Stone: Church Architecture from Byzantium to Berkeley.* New York: Oxford University Press, 2004.

Livingston, James C., Francis Schussler Fiorenza, Sarah Coakley, and James H. Evans, Jr. *Modern Christian Thought: The Twentieth Century*. 2nd ed. Minneapolis: Fortress Press, 2000.

Parker, Stephen G. "Theorising 'Sacred' Space in Educational Contexts: A Case Study of Three English Midland Sixth Form Colleges." *Journal of Belief & Values* 39, no. 1 (2009): 29-39.

Piaget, Jean. *The Moral Judgement of the Child*. Translated by Marjorie Gabain. London: Routledge, 1999. (Original work published 1932).

교회 건축은 회복의 공간이다

오 화 철*

I. 들어가며

교회 건축은 진리를 기억하고 떠나간 대상을 애도하는 회복의 공간
이다. 그 진리를 기억할 때 현실을 직면할 수 있고 과거의 고통을 애도할
수 있으며 창조적인 미래를 준비할 수 있다. 그러나 진리를 망각할 때
현실은 고통의 연속이 되고 건강한 애도가 어려워지며 미래를 기약하기
어렵다. 그런 점에서 교회 건축은 기억과 애도를 위한 회복의 공간으로
정의될 수 있다. 그런 면에서 교회 건축의 가장 중요한 것은 예수 그리스
도의 사랑과 희생을 기억하는 것이다. 하나님의 임재를 소망하며 반복
적으로 예배를 드리고, 죽은 자들의 천국 입성을 확신하면서 살아있는
자들은 죽은 자들을 추억하고 애도하며, 예배드리는 자들은 세상에서

---

* 영남신학대학교 교수, 상담학

살아갈 믿음과 용기를 얻는다. 이것으로 교회 건축이 신앙인에게 허락하는 회복과 치유의 출발이 된다.

인간은 기억을 통해서 진리를 추구한다. 의미 있는 사실을 기억하기 위해서 인간은 시간과 공간에서 노력한다. 교회 건축이라는 단어는 그러한 진리를 향한 열정을 위해 존재하는 시간과 공간이다. 무엇보다 교회 건축이라는 시간과 공간은 예배를 통해서 초월성을 추구하는 장소이다. 그 초월성을 통해서 회복과 치유가 가능하다. 이 글에서는 교회 건축이 진리를 향한 기억과 애도의 공간으로써 가져야할 성격과 방향에 관련해서 필자의 자전적인 경험을 나누면서 함께 생각보고자 한다.

II. 회복과 치유를 위한 기억과 애도

필자는 2년 전에 교회 건축에 대한 글을 작성하면서 교회 건축이 기독교인들의 내면 세계와 정신 건강에 깊은 관계가 갖고 있음을 발견했다.[1] 그 토론의 핵심에는 바로 신앙인들의 애도 문제가 있었다. 예전에 필자가 어느 대형 교회에서 부목사로 일할 당시에 이런 일이 있었다. 남편과 아내가 모두 의사인 부부가 있었는데, 안타깝게도 외동아들인 7살짜리 아이가 뇌암으로 수개월째 투병을 하게 되었고, 온 교우들이 함께 기도했지만 아이는 결국 사망하게 되었다. 그런데 장례식을 마치고 그 다음주에 교회에 나온 그 부부를 보면서 너무나 안타까운 기억이 지금도 생생하다. 지난주에 외아들을 잃은 부부가 바쁘게 돌아가는 교회에서 마음을 놓고 애도할 수 있는 공간을 찾기가 어려웠다는 사실이다. 필

---

1) 오화철, "한국교회건축에 관한 목회신학적 접근", 「신학논단」 73집(2013), 165-193.

자 역시 부교역자로서 바쁜 주일날의 사역에 쫓기면서 그 부부에 대한 안타까운 마음을 가지고 있었지만, 실제로 아무런 도움을 주지 못했다. 결국 그 부부는 교회를 떠났고, 심지어는 교회를 떠난 이후에 다른 교회에도 출석하지 않는다는 얘기를 전해 듣고는 더욱 마음이 쓰라렸던 생각이 난다. 애도 공간의 부재로 인해서 신앙생활의 단절로까지 이어질 수 있는 위험성을 보여주는 사례였다.

필자는 그 부부를 생각하면서, 현재 개신교 교회 내에 얼마나 애도 공간이 절실히 필요한지를 돌아보게 된다. 혹자는 예배 시간, 예배 공간 자체가 애도 공간이 될 수 있다고 말할 수 있겠지만, 상실을 경험한 당사자들은 실제로 사람이 많고 예전이 계속 진행되는 상황에서 자신만의 애도 공간을 갖기 어려운 것이 현실이다. 그런데 한국 개신교로써는 경기도 용인에 위치한 기독교한국침례회 백향목교회가 교회 지하에 추모관을 설립해서 애도 공간을 제공하는 것으로 알려져 있어 다행스럽게 생각한다. 백향목교회의 사례를 보면, 출석하는 교인들에게 애도 공간을 제공할 뿐 아니라, 기독교 신앙의 핵심인 부활 정신을 고취함으로써 천국에 대한 소망을 지향하는 신앙 훈련까지 포함하는 신앙 교육의 사례라고 볼 수 있다. 나아가서 백향목교회는 용인시에 납골당 일부를 기증함으로써 무의탁노인이나 극빈층에게 무료로 납골당을 사용하게 함으로써 지역사회의 필요성에 반응하는 공공성을 보여주고 있다. 교회는 결국 지역과 소통하고 지역사회의 행복과 유익에 기여해야 존재할 수 있다는 점에서 백향목침례교회의 추모관은 신앙과 공공성을 함께 바라보는 유의미한 사역이라 할 수 있다.

기억한다는 능력은 인간에게 내재화되어 있는 본능적인 능력이다. 극심한 사건을 경험하고 꿈에 그 일이 다시 나타나거나 다른 형태로 꿈에서 경험되는 것은 정신이 스스로 문제를 재경험해서 해결하려는 무의식적인 노력을 한다고 이해할 수 있다. 정신(psyche)은 스스로 태동하는 힘이 있다고 정신분석학자 융은 설파한다. 마치 몸이 스스로 건강을 지키기 위해서 자정 능력을 갖고 있는 것처럼, 정신도 유사한 기능을 갖고 있다고 볼 수 있다. 그런 점에서 공간과 시간에 관계없이 이미 인간은 그런 회복력(resilience)을 몸과 정신에 지니고 있다. 그래서 만약 기억하지 않고 애도하지 않으면 정신과 몸에 치명적인 결함이 발생하는 것이다. 더 이상 꿈을 통해서 지나간 사건을 재경험하지 않는다면, 미래에 대한 불안을 꿈을 통해서 해소하지 않는다면, 정신은 이미 건강한 상태와 거리가 멀어지는 것이다. 베트남전에 참전했던 미국의 참전 용사들이 스포차카 혹은 오토바이를 몰고 고속으로 도로를 질주하는 일이 많았다고 한다. 그 이유는 위험한 상황을 재현함으로써 전장에서의 쓰라린 고통을 재경험하고 해결하려는 무의식적 노력의 일환이라고 심리학자들은 평가하고 있다. 그런 점에서 그 사람이 하는 모든 행위와 일은 자가치유적인 선택이 들어있다고 볼 수 있다.

이상과 같이 필자가 정신의 복원력 혹은 회복력을 강조하는 이유는 교회라는 공간과 시간을 찾는 사람들은 이미 그런 회복을 향해서 무의식적으로 발걸음을 옮기고 있는 존재라는 사실을 강조하고 싶기 때문이다. 안식일이 하나님을 위해서 있는 것이 아니라 사람을 위해서 존재한다는 예수님의 말씀처럼(막 2:27-28) 교회 건축이 표면적으로 하나님을 예배하고 하나님을 위해 존재하는 건축물이지만, 현실은 사람을 위해서 존재한다는 사실을 기억해야 한다. 그 교회 건축물 안에서 신앙인이 기억하고 애도할 수 있어야 교회 건축물은 그 역할을 다한다고 할 수 있다.

서론에서 제기한 것처럼 교회 건축에서 예수 그리스도 라는 대상을 기억하는 것이 중요하다. 교회 건축물은 예수 그리스도를 통해서 나타나는 진리를 표현해야 한다. 기독교 안에 존재하는 고난절, 부활절 등의 대부분 절기들은 기억하는 것이다. 마치 이스라엘 사람들이 이집트 탈출 경험을 기억하는 것처럼 신앙인들은 교회라는 공간과 시간을 통해서 예수 그리스도를 기억할 수 있어야 한다. 만약 예수를 기억하지 못하고 건물 혹은 목회자 등 그 밖의 것들이 기억에 남는다면 교회 건축의 건강한 신학이 무엇인지 다시 돌아보아야 한다.

기억과 함께 중요한 것은 애도이다. 프로이트는 애도란 충분히 슬퍼하고 그 이후 대상을 떠나보내는 것이라고 정의한다. 만약 이러한 건강한 애도의 과정을 거치지 않을 경우 대부분의 사람들은 자책감과 죄책감을 통해서 자기 비난을 하며 살아간다고 한다. 이러한 자기 비난은 정신건강뿐만 아니라 육체적인 건강에도 치명적인 병을 유발할 수 있다고 정신의학자들은 주장한다.

아울러 교회 건축이라는 공간이 사람에게 어떤 영향을 미칠까 하는 관점에서 신경 건축학적인 시각을 제공해주는 의견이 있다. 바로 에스더 M. 스턴버그는 그의 책 『공간이 마음을 살린다』에서 신경과학자들의 의견을 바탕으로 사람들은 자연과 함께할 때 행복을 느끼기도 하고, 무엇보다 몸이 아픈 환자들은 발코니가 넓고 창이 커서 나무와 꽃이 보이는 공간에서 더 회복이 빠르다고 설명한다. 심지어 치매 환자들은 숲길을 산책하고 정원에서 차를 마실 때 인지 기능이 오래 유지된다고 알려져 있다.2) 그렇다면 공간의 성격과 구조에 따라서 그 공간에 머무는

---

2) 에스더 M. 스턴버그 지음/서영조 옮김, 『공간이 마음을 살린다: 행복한 공간을 위한 심리학』 (서울: 더퀘스트, 2013), 6.

사람이 치유와 회복을 경험할 수 있는 가능성이 있음을 알 수 있다.

건축가 정시춘은 그의 책『교회건축의 이해』에서 심리학이 건축에 있어서 무척 중요한 분야라고 강조한다.3) 그 이유는 지각심리학을 통해서 건축의 형태와 공간에 대한 인간의 심리적 반응을 탐구함으로써 건축 디자인의 기초가 되기 때문이라고 한다. 그만큼 건축은 인간의 심리에 기초해서 지어지고, 동시에 건축은 인간의 심리에 영향을 주는 대상이 된다. 그렇다면 교회 건축은 인간의 심리와 신앙에 기초한 분야라고 볼 수 있다. 그런 점에서 인간의 애도를 돕는 교회 건축은 신앙인들의 정신건강에 결정적인 요소라고 할 수 있다.

최근 들어서 한국 기독교인들의 자살 소식이 자주 들려오기 시작한다. 신앙을 가지고 봉사까지 열심히 하던 신앙인이 자살하는 것을 볼 때 쉽게 이해되지 않는다는 것이 대중들의 생각이다. 그렇다면 왜 기독교인들이 한국의 다른 종교보다 더 자살이 많고 심각한 마음의 우울을 호소하는 경우가 점점 늘어가고 있는지 그 원인을 살펴보아야 할 것이다.

그 중요한 이유 중에 하나는 이제까지 다뤄온 주제처럼 애도에서 그 문제의 원인을 찾아보아야 할 것이다. 우리가 기독교의 역사를 통해서 알 수 있듯이 1517년 종교개혁을 통해서 가톨릭에 이어서 개신교가 등장하게 된다. 종교개혁을 통해서 가톨릭의 문제점을 극복하고 새로운 신앙의 부흥을 꿈꾸며 개신교가 등장했지만, 안타깝게도 개신교 교회 전통은 너무나 많은 가톨릭의 좋은 전통을 버리고 출발한 느낌을 지울 수 없다. 개신교에서 약화된 분야가 바로 예술 분야이다. 교회 천장과 벽에 그려있던 화려한 성화와 각종 동상들을 개신교 교회 건물에서는

---

3) 정시춘,『교회건축의 이해』(서울; 발언, 2000), 29.

찾아보기 어렵다. 물론 개신교의 신학에서 그런 그림과 동상들이 우상화될 위험이 있어서 오직 성경 말씀에 의지하는 예전을 강조하게 되었고, 성경 말씀 중심의 예전으로 돌아가면서 평신도들의 신앙을 지적으로 영적으로 높은 수준의 신앙을 견지한다는 의미는 이해할 수 있지만, 안타깝게도 그런 의도로 인해서 얻어지는 혜택도 있지만, 동시에 상실되는 것들도 많이 있다. 일찍이 정신분석가 프로이트는 인간의 성(libido)을 승화할 수 있는 유일한 가능성을 예술이라고 이해했다. 성에너지를 강조했던 프로이트는 성 에너지의 승화가 가능한 유일한 분야로 예술을 지목하고 있다. 흥미로운 것은 신체적 운동 등으로 성 에너지를 잠시 길들일(taming) 수는 있지만, 오히려 나중에 성 에너지는 더욱 거세진다고 설명한다. 예술 분야에서도 특히 시각적인 분야를 프로이트는 주목한다. 성화, 종교와 미학에 관련된 그림 등은 시각을 통해서 인간의 성 에너지를 승화할 수 있는 좋은 채널이라고 프로이트는 이해한다.

시각적인 소통은 인간의 에너지를 외부로 승화하거나 변형하는데 큰 도움이 된다. 일찍이 프로이트는 사람의 마음의 구조를 지형 모델과 구조 모델을 통해서 시각화해서 설명한 바 있다. 지형 모델을 통해서 마음의 구조를 의식, 전의식 그리고 무의식으로 나눠서 설명했으며, 구조 모델을 통해서 초자아, 자아, 원본능이라는 마음의 시스템을 시각적으로 설명해서 인간이 자신의 마음을 스스로 통찰하고 그 구조적 역동과 기능을 설명할 수 있는 가능성을 열어준 것이다.

프로이트가 마음의 구조를 시각화해서 설명한 사실은 우리가 마음을 다룰 때 시각이라는 감각을 사용해서 상담할 수 있는 통찰을 열어주고 있다. 상담을 받으러 온 내담자와 상담을 해주는 상담자가 대화할 때도 시각적인 공감을 통해서 내담자의 마음에 좀 더 다가갈 수 있다. 예를 들면, 내담자에게 "힘들죠? 고생이 많습니다"라고 말하는 것이 내담자의 마음에 실제로 큰 위로와 힘이 되지 않는다고 한다. 그 이유는 그런 말들은 일상에서도 자주 듣는 말이고 내담자의 내면 세계에 감각적으로 전달되기 어렵기 때문이다. 그렇다면 좀 더 시각적인 공감을 시도할 경우 다음과 같이 상담자가 내담자를 위로하면 효과가 있다. 예를 들면, "산이 무너지시는 것 같죠?", "피가 마르는 것 같습니다" 등등의 표현은 좀 더 시각적이고 내담자의 마음 혹은 주관적 경험을 색채나 구체적인 대상을 통해서 표현함으로써 실질적이고 감각적인 공감이 가능하다고 전문가들은 평가한다.

이렇게 시각적인 요소는 마음을 움직이는데 중요한 사항이 되고 있다. 인간의 심리는 몸과 그 기능이 유사하다. 기본적인 욕구를 충족하고 항상성을 유지하는데 있어서 몸과 마음의 구조적 역동이 동일한 원리로 작동한다. 이것을 상담에서는 정신과 몸이 연동되어 있다는 의미에서 심신상관적(psychosomatic)이라고 이해한다. 일찍이 프로이트는 인간 정신에 있는 두 가지 중요한 원리를 설명하면서 쾌락의 원리와 현실의 원리를 이야기한다. 그중에서도 쾌락의 원리가 바로 이런 몸과 마음의 역동적 구조를 이해하는데 도움이 된다. 외부 온도가 올라가면 인간의 몸은 땀을 흘린다. 그 이유는 체온을 유지하기 위해서이다. 마찬가지로 인간의 정신이 일정 이상의 압력이나 부담을 느끼면 항상성을 유지하기 위해서 감정적이고 정신적인 배설을 시도하게 되어 있다고 한다. 인간의 정신이 시각적인 충족이 되지 않으면 반드시 다른 채널을 통해서 그 감각적인 욕구를 충족하려는 시도를 한다. 즉 정신도 항상성을 유지하기 위해서 배설의 통로를 찾으려는 노력을 무의식적으로 하게 되어 있다. 신앙을 가진 사람에게도 이런 역동은 동일하게 일어난다. 시각적인 배설이 건강한 승화를 통해서 교회 내에서 이뤄지지 않는다면, 그 정신적이고 감정적인 배설을 하기 위해서 교회 밖을 나와서 다른 시각적 요소를 추구하게 되는 것은 당연한 현상이라고 볼 수 있다. 교회 내에서 미학적이고 신앙적인 그림이나 시각적 자료들을 통해서 정신의 항상성을 추구하고 승화할 수 있다면, 그것은 신앙인들의 정신 건강에 큰 도움이 될 것이다. 만약 교회 건축이 그런 정신 건강에 도움을 주지 못하면, 신앙인들은 교회를 떠나서 다른 곳에서 배설 혹은 승화의 시도를 하게 될 것이다. 아니면 교회를 다니지만, 다른 곳에서 시각적 열망을 충족하며 목마른 신앙생활을 하게 될 가능성이 높아진다.

최근 미국 개신교 교단의 통계를 보면, 미국 개신교 성직자의 20% 정도가 포르노에 심각하게 중독되어 있다는 보고가 나오고 있다. 개신교 성직자가 이렇게 시각적인 배설과 승화를 건강하게 하고 있지 못하다면 평신도들도 역시 같은 문제를 갖고 있을 확률이 높다. 성직자들은 시각적인 배설에 머물지 않고 시각적인 욕구를 승화하고 변형해서 창조적인 신앙적 작업을 해야 하는 사람들이다. 그런 승화를 통해서 창조성에 기반한 사역을 하고 신앙의 비전을 제시하는 것이 필요하다. 지금 개신교가 다시 교회 내의 예술적 요소를 회복하는 일은 정말 시급한 일이라고 보인다. 신앙과 마음을 다루는 교회 건축이 이 부분에서 반드시 해결을 제시해야 한다. 안타깝게도 한국 교회 건축의 현주소는 여전히 교회의 외형과 크기에 매여 있는 경우를 자주 보게 된다. 비본질적인 성장을 생각하다가 교회의 본질적인 역할 즉 신앙인들 정신 건강에 에너지를 집중하지 못하고 있는 것 같아 마음이 안타깝다.

필자는 미국 유학시절에 장로교회에서 부교역자로 일하면서 주중에는 다양한 교단의 미국 교회를 탐방할 수 있는 기회가 있었다. 성공회,

정교회, 가톨릭 등등의 다양한 교회 건물을 살펴보면서 한 가지 설명할 수 없는 묘한 경험을 한 적이 있다. 그것은 교회 건물 자체가 주는 감동과 은혜를 경험할 때였다. 필자는 개인적으로 설교를 좋아하지만 동시에 성경 말씀을 직접 읽고 낭독하면서 성경 자체가 스스로 말하도록 하고, 성경 말씀에서 들려오는 하나님의 음성을 직접 듣고 싶은 열망이 있다. 종종 필자가 거주하던 지역 근처에 있는 성공회 혹은 천주교 성당을 가면 신비로운 경험을 하곤 했다. 그것은 교회 건물 안에 들어가기만 해도 이미 어떤 기독교적인 메시지와 감동을 받을 수 있었기 때문이다. 분명히 교회 내부는 조용하고 아무 소리도 들리지 않지만, 교회 천장에 그려져 있는 성화들과 유리창에 그려져 있는 다채로운 그림들은 수많은 메시지들을 들려주고 있는 것처럼 보인다. 보는데 들리는 경험을 하니까 참으로 신기했다. 그러면서 문득 내가 그동안 다녔던 개신교에서는 왜 이런 경험을 하지 못했을까 하는 질문을 하게 되었다. 생각해보니, 내가 그동안 다녔던 개신 교회의 내부에는 일체의 그림, 조각과 동상이 없었던 것으로 기억되었다. 이 사실은 필자가 이미 머리로 알고 있는 사실이었지만, 막상 성공회나 가톨릭의 교회 건축이 보여주는 예술의 힘은 실로 놀라왔고 그런 예술적 현현에서 경험하는 미학적 하나님의 임재와 감동은 실로 부인하기 어려운 강력한 실체였다.

필자가 맨하탄에서 상담 임상 훈련을 받던 시기가 있었다. 종일 내담자들을 상담하고 나면 저녁 6시가 되었다. 이국땅에서 금세 배고프고 지칠 때가 많지만, 많은 내담자들의 힘든 이야기들을 듣고 나면 거의 탈진이 될 때도 있었다. 그러면서 떠오르는 생각은 상담가로서의 삶을 유지하기 위해서 영적인 경험과 능력이 의외로 중요하다는 것이었다. 적어도 상담가로서의 자신을 유지하기 위해서는 상담 기법과 기술만을 연마해서는 부족할 수 있고, 오히려 상담가일수록 초월적 세계에 대한 관심을 통해서 신앙에 깊은 조예가 필요할 것이라고 생각하는 시기였다. 필자는 그 어느날 상담 훈련을 마치고 맨하탄의 어느 거리를 걸어가고 있었다. 배고프고 지친 심신을 이끌고 집으로 향하던 길에서 눈에 띄는 것이 있었다. 바로 20분짜리 예배를 주중에 매일 드리는 아담한 성공회 교회를 발견한 것이다. 솔직히 20분이라는 짧은 예배 시간에 마음이 끌렸다. 몸은 피곤했지만 20분 예배라면 나도 드릴 수 있을 거라는 생각이 들었기 때문이다. 성공회 교회에 들어서자 교회 내부의 벽에는 여러 그림과 조각들이 장식되어 있어서 4)작지만 장엄한 분위기였다. 성례전을 수행하기 위한 예복을 머리끝부터 발끝까지 입은 사제가 앞에서 예배를 인도하기 시작했다. 예배 순서는 이미 정례화된 예배 순서지에 나와 있어서 적혀있는 대로 진행이 되었다. 심지어 평신도 대표가 앞에 나와서 기도를 하는데, 순서지에 적혀있는 간략한 기도문을 그대로 읽어 나갔다. 예배를 인도하는 성직자의 설교는 5분이 넘지 않았다. 순서지에 적혀있는 본문을 읽어주고 간단한 기도로 설교가 마무리되었다. 심지어 예배를 드리는 14명의 사람들을 제단 앞으로 모두 나와서 무릎 꿇게 하고 기도 제목을 일일이 성직자가 물어보고 잠시 기도해주는 시간이 있었다. 기도 제목을 나누고 그다음 성찬을 한 모금 마시게 하고 잠시 기도 후 자리로 돌아가게 한 후 축복 기도로 예배가 마쳐졌다. 예상대로 예배는 정말 20분만에 끝났다. 그런데 예배를 마치고 나오면서 예상치 못한 경험을 하게 된다. 더 이상 배가 고프지 않았던 것이다. 허기진 배를 빨

---

4) 나중에 알게 된 사실은 20분 예배로 드리는 이유가 학업에 쫓기는 맨하탄 지역의 대학생들이 잠시 와서 예배드리고 금방 학교로 돌아갈 수 있도록 하려는 것이었다.

리 음식으로 채우고 싶었는데 그런 육체적인 열망이 사라지고, 오히려 몸과 마음이 충만한 느낌을 갖고 교회를 나올 수 있었다. 동시에 성공회 교회의 벽에 그려져 있는 성화와 새겨져 있는 여러 그림과 조각들은 간소하지만 깊은 예배로 나를 인도하고 있었다. 그리고 성직자와 함께 한 성찬식과 축복 기도는 필자의 영적인 갈망을 채워주고 있었다. 필자는 이 경험을 통해서 새삼스럽지만 교회 건물보다 교회에서 드리는 예배가 신앙과 마음에 주는 영향이 지대함을 느낄 수 있었다. 실제로 허기에 지쳐있던 내 몸이 더 이상 배고프지 않은 것을 체험하면서 예전이 사람의 몸과 정신에 주는 영향까지도 생각해볼 수 있었다.

III. 교회 건축과 상담의 만남: 사랑

필자는 상담가이면서 목회자이다. 개신교 집안에서 4대째 성장해서 신앙을 유산으로 물려받은 사람으로서 큰 자부심을 갖고 있다. 그러나 어느 순간부터 개신교 교회에서 해결하지 못한 영적인 갈망이 있어서 대학원 시절에 전국을 돌며 영성 수련을 다녀보기도 했고, 이제는 기독교상담을 전공해서 상담 훈련과 이론을 연마하는 상담자가 되는 길을 걷고 있다. 어느 순간 발견한 중요한 사실은 신앙과 상담은 그 목표가 유사하다는 사실이다.

교회 건축은 사람을 위해서 존재한다. 교회란 곳이 사람이 하나님께 예배드리는 장소라는 점에서 하나님을 위한 건물이지만, 그 예배를 수행하는 존재가 사람이고 사람이 온전해야 온전한 예배가 가능하다는 점에서 교회 건축은 사람을 위해서 존재한다. 복음서에서 예수가 설파한

대로, 안식일의 주인이 하나님이고 예수 그리스도이지만, 최종적으로 안식일은 사람이 쉬기 위해서 존재하는 사실이라는 점과 그 맥락이 같다. 이런 맥락의 본질에는 사람을 향한 사랑이 존재한다. 교회 건축은 사람을 사랑해야 한다. 사람을 사랑하는 교회 건축이 지속적으로 존재 가능하고 그런 교회 건축이 공공성을 담지할 수 있다. 사람을 위하지 않는 교회 건축이 공공성과 양립할 수 없을 것이다. 구약에 존재하는 600개 이상의 계명을 모세를 통해서 10개의 계명으로 요약되고 결국 예수 그리스도가 사랑이라는 계명으로 최종 요약한다는 점에서 성경에 관련된 교회 건축을 말해도 역시 사랑이 그 본질이 된다.

필자는 종종 유년시절 다니던 고향에 있는 모교회를 방문해볼 때가 있다. 사실 현재 고향의 모교회 건물은 필자가 유년시절 다니던 교회와는 전혀 다른 건물이다. 같은 장소에 세 번이나 교회 건물을 부수고 새로 지었기 때문이다. 안타까운 것은 유년시절의 추억이 묻어있는 교회를 이제는 더 이상 볼 수 없다는 것이다. 유년기의 신앙이 어쩌면 나 자신을 지탱해온 중요한 시간들이었는데, 그 신앙의 추억이 묻어있는 옛날 교회 건물을 다시 볼 수 없으니 답답할 때가 있다. 그런 점에서 나 자신도 사라진 유년시절의 교회 건물을 애도하고 있는지 모른다. 친구들과 뛰어놀며 예배드리던 그 예배당이 그리울 때가 있다. 더욱 안타까운 것은 이젠 규모가 그 옛날보다 10배 이상 커져버린 결과 그 본당을 사람으로 채우지 못해서 교회가 재정적인 위기와 여러 가지 갈등이 존재하고 있는 상황이라는 점이다. 이런 대규모 교회 건축의 목적이 무엇인가를 다시 묻게 된다. 그 와중에 교회 건축 헌금을 대출까지 받아서 수천만 원의 헌금을 한 평신도들의 한숨소리를 들을 때면 속이 상할 때도 있다. 충성스럽게 일한 평신도의 눈물과 한숨을 본다는 것은 결코 반가운 일이 아니다.

　필자는 대학시절 이미 교회 건축을 수차례 시도하는 담임목사를 찾
아가서 항의를 한 적도 있었다. 그러나 돌아오는 답변은 늘어나는 사람
을 수용하기 위해서는 어쩔 수 없는 선택이라는 말이었다. 이제 그 답변
을 준 목회자는 은퇴하고 남아있는 평신도들과 새롭게 부임한 목회자들
이 그 책임을 떠맡아서 힘겹게 교회를 섬겨나가고 있는 상황이다. 교회
건축은 사람을 사랑하는 건축이어야 한다. 사람에게 고통과 아픔을 주
기 위한 건축이라면 그것은 교회 건축과 점점 멀어지고 있는 것이다.

　상담도 역시 사람을 사랑하는 일이다. 내담자의 깊은 내면의 문제를
듣고 함께 동행하면서 문제를 해결해가는 과정이 바로 상담이다. 보스
톤대학의 크리스 슐락(Chris R. Schlauch)이라는 기독 상담학자는 상담
을 충실한 동행(faithful companioning)이라고 부른다.5) 그만큼 상담
자는 내담자에 대한 깊은 사랑을 가지고 함께 하는 존재이다. 그 사랑을
상담에서는 동맹 혹은 연맹이라고 해서 상담자와 내담자 간의 깊은 신
뢰와 약속을 의미한다.

　일찍이 프로이트도 자신이 상담을 하는 이유를 사랑(love)과 일
(work) 때문이라고 설명한다. 사람들로 하여금 사랑하게 하고, 일하게
할 수 있다면 그것이 상담이 지향하는 최고의 가치라는 것이다. 아무리
좋은 상담실을 가지고 있다하더라도, 상담실 내부의 디자인과 가구가
잘 준비되어 있더라도 가장 중요한 것은 상담자가 내담자를 어떻게 대
하느냐가 관건이다. 상담 셋팅 안에서 상담자와 내담자가 함께 공감하

---

5) Chris R. Schlauch, *Faithful Companioning: How Pastoral Counseling Heals*
(Minneapolis: Fortress Press, 1995), 20-25.

고 깊은 신뢰와 건강한 사랑이 존재한다면 상담실의 시설과 무관하게 그 상담은 건강한 상담이 될 것이다.

이렇게 교회 건축과 상담은 모두 사랑을 지향한다고 필자는 믿는다. 교회 건축도 신앙인들을 사랑하는 건축이 되고, 교회 주변의 사람들과 사회 구성원들을 배려하고 사랑하는 건축이 된다면 그 교회 건축은 이미 높은 수준의 공공성을 담지한 교회 건축이 될 것이다.6) 적어도 주변 환경과 소통하며 교류하는 지역적인 필요를 반영하고 수용하는 사랑이 담긴 교회 건축이 될 것이다. 그런 면에서 교회 건축은 상담적이기도 하다. 이미 교회 건축이 주는 이미지와 모습은 사회에 상당한 영향을 주기 때문이다. 교회 건물 자체가 지역사회에 주는 이미지와 상징성은 그 지역의 특성과 미래를 반영하는 아이콘 역할을 한다고 볼 수 있다. 교회 건물도 사람들에게 건강한 대상과 공간이 될 수 있기 때문이다. 심신이 지친 자들이 교회 건물에 들어와서 잠시 마음을 추스릴 수 있다면 종교를 떠나서 이미 그런 공간으로써도 사람들에게 위로와 희망을 주는 공간이 될 수 있다.

사람만이 내담자에게 건강한 대상이 되는 것이 아니라, 무생물의 대상도 사람에게 좋은 대상이 될 수 있는 가능성을 시사한 상담가가 있다. 자기 심리학을 창시한 하인즈 코헛(Heinz Kohut)이다. 하인즈 코헛은 자기애(narcissism)에 대한 획기적인 새로운 이해를 통해서 이전에 프로이트가 중단했던 자기애적인 내담자를 새로운 접근으로 치유를 시작한 상담가로 알려져 있다. 자기 심리학의 핵심 내용은 건강한 자기 대상

---

6) 손호현, 『인문학으로 읽는 기독교 이야기(개정판)』(서울: 동연, 2015), 11장 "효율, 평등, 생명의 경제학" 참조.

(selfobject)을 통해서 내담자가 자기의 구조를 단단하게 만들어갈 수 있다는 것이다. 단단한 자기 구조는 자신의 한계를 받아들일 수 있고 삶의 지혜를 가지고 살아가는 건강한 정신의 소유자를 만들어 나간다고 코헛은 설명한다. 앞서 말한 것처럼, 사람뿐만 아니라 무생물의 대상도 사람에게 건강한 자기 구조를 만들어 가는데 도움을 주는 대상이 될 수 있다고 한다면, 교회 건물도 분명히 사람의 자기 구조를 단단하게 만들어주는 적절한 자기 대상이 될 수 있다.[7] 가톨릭의 고딕 양식이 절대자를 향한 강한 열망을 표현하는 기도하는 손을 형상화한 것이라는 점에서도 이미 교회 첨탑과 십자가는 이미 많은 신앙인들에게 건강한 자기 대상의 역할을 해왔다고 이해할 수 있다. 그런 점에서 교회 건축이 지나치게 위압적이거나 혹은 건강한 신학과 무관한 건축을 시도할 때 결과적으로 신앙적으로 정신적으로 사람에게 미치는 영향은 크다고 할 수 있다.

서론에서 밝힌대로, 하나님 앞에서 예배하고 진리를 추구하는 자들에게 자유가 주어진다(요한복음 8:32). 그 자유는 구원의 다른 이름이다. 세상에 매이지 않고 살 수 있는 자유를 갖기 위해서 인간은 진리를 추구한다. 아울러 떠나간 대상을 애도하는 것은 인간에게 중요한 정신적인 작업이다. 그런 점에서 이시대의 교회 건축은 교회라는 시간과 공간이 하나님을 예배하는 공간이며 하나님을 경험할 수 있는 교회 건축이 무엇인지 진지하게 고민해야 할 것이다. 물론 이 논의는 예전과 깊은 관계가 있다고 생각한다. 필자가 예전학자는 아니지만, 적어도 심리학자 융

---

7) Heinz Kohut, *How Does Analysis Cure?* (Chicago and London: The University of Chicago Press, 1984), 160.

이 걱정했던 바대로, 만약 개신교가 미래에 쇠퇴한다면 그것은 분명히 예전의 문제일 것이라고 융이 예언한 바 있다. 이 사실로 미루어 본다면, 교회 건축의 규모와 위치보다 교회 건축이라는 공간과 시간이 제공하는 예전이 더 우선시 되어야 한다는 것을 간파할 수 있다.

최근에 신학이 있는 교회 건축을 위한 탐방 차원에서 여러 기독교 건축물들을 둘러보았는데 무척 인상 깊었던 장소는 바로 성공회 서울대성당 지하 성당에 안치된 트롤로프 주교의 무덤이었다. 지하 성당 바닥에 동판으로 만들어져 있는 주교의 무덤을 보는 것은 충격이었지만, 한국성공회 3대 주교였던 트롤로프 주교의 주도로 대한성공회 서울대성당이 지어졌다는 사실을 기억하게 하고, 먼저 떠나간 신앙의 선배들의 흔적을 교회 내에서 생생하게 볼 수 있다는 사실은 신앙적 도전과 감동이었다. 트롤로프 주교의 동판 무덤을 감히 밟을 수는 없었지만, 죽음에 대한 두려움보다 죽음 이후의 세계에 대한 경외감과 신비감을 역설적으로 체험할 수 있는 순간이었다.[8]

이 시대의 교회가 세속화되었다는 의견이 있다면 그것은 죽음 이후의 세계 즉 천국에 대한 소망을 두지 않기 때문이라고 필자는 말하고 싶다. 천국에 소망을 둔 사람이라면 세상에만 매여 살지 않을 것이다. 하늘나라에 대한 비전을 두고 사는 사람은 떠나간 대상에 대한 미래적이고 창조적인 애도를 할 수 있으리라 믿는다.

---

[8] 서울대성당의 경우는 트롤로프 주교의 동판 무덤 외에도 한국전 참전 용사 기념비와 각종 그림들이 벽에 장식되어서 중요한 일을 기억하고 애도를 돕는 환경이 교회 내부에 조성되어 있었다.

IV. 교회 건축과 상담의 만남: 시간

교회 건축은 시간과 관련이 깊다. 시간의 축적이 곧 역사를 가져오기 때문이다. 오래된 교회 건축은 과거와 현재의 시간을 이어주는 매개체 역할을 한다. 앞서 필자가 밝힌 바와 같이 오래된 모교회 건물을 그리워했던 경험이 말해주는 것처럼, 비록 교회가 작더라도 그것을 부수지 말고 그 교회를 보존해서 교회 건물이 담지하고 있는 시간성을 통해서 신앙인들의 정신 건강에 유익을 줄 수 있다. 흘러간 시간이 담겨있는 교회 건축은 분명히 사람들에게 과거를 회고하고[9] 현재를 살게 해주며 미래를 준비하는 통찰을 줄 것이다. 오래된 교회 건물을 볼 때마다 지나간 시간을 회고하게 되며, 나 자신을 다시 그때 과거의 시간으로 돌아가도록 해주는 힘이 존재한다. 많은 사람들이 오래된 친구, 오래된 물건에 깊은 애정을 갖고 있다. 그 이유는 그 대상을 통해서 지나간 시간과 공간을 재경험할 수 있기 때문이다. 인간은 늘 과거의 시간을 그리워한다. 과거로 돌아가서 다시 젊어지고 싶고 놓쳐버린 시간에 대한 아쉬움을 마음 한 켠에 갖고 살기 마련이다. 결국 인간은 영원히 존재하고 싶은 강렬한 무의식적 소망이 내재되어 있는 존재이다. 그래서 성경의 전도서에도 인간은 영원을 사모하는 마음이 있다고 기록한다.

필자가 상담 수련을 할 때 상담 훈련을 지도해주는 수퍼바이저와 나눈 대화의 결론 중에 하나는 모든 사람들이 과거의 대상을 그리워하는 이유 중에 가장 큰 이유는 바로 "Restoration of youth"(젊음을 회복하

---

9) 전도서 3장 11절, "하나님이 모든 것을 지으시되 때를 따라 아름답게 하셨고 또 사람들에게는 영원을 사모하는 마음을 주셨느니라 그러나 하나님이 하시는 일의 시종을 사람으로 측량할 수 없게 하셨도다."

고 싶은 마음)이라는 것이었다. 심지어 부부 간에 벌어지는 외도, 일탈 등도 모두 인간이 무의식적으로 과거로 돌아가서 젊어지고 싶은 욕구를 반영하는 일이라고 분석한다. 영원히 살고 싶은 것이 바로 인간의 기본 욕구이다.

성경에서 예수도 시간을 말한다. 예수 그리스도가 말하는 시간은 그냥 시간이 아니라 영원한 시간(eternal life)이다. 이 땅의 시간은 제한되어 있지만, 다가오는 영원한 시간 즉 하늘나라를 소망하라고 예수는 강조한다. 그 하늘나라를 소망하는 자에게 영원한 시간이 주어진다고 예수는 역설한다.

어떤 면에서 상담도 시간을 다루는 분야이다. 내담자와 함께 해결하지 못한 과거의 시간으로 함께 여행을 떠나서 과거의 문제를 해결하고 다시 현재로 돌아와 현재를 살 수 있도록 돕는 것이 상담의 목적이 될 수 있다. 많은 사람들이 과거에 매여서 우울하고, 너무 미래를 생각해서 불안하다고 한다. 상담은 시간 여행이다. 내담자가 과거와 미래에 너무 치우치지 않고 현재를 살도록 즉 지금 여기(now and here)에 머물 수 있도록 돕는 것이 상담이다. 많은 자료에 의하면 약 5%의 사람만이 현재를 살고 대부분의 사람은 과거 혹은 미래를 산다고 한다. 현재를 사는 사람이 행복하다. 예수도 어린아이와 같지 않으면 천국에 들어갈 수 없다[10]고 말한 이유도 바로 어린아이는 현재에 머물 줄 알기 때문이라는 상담적 분석이 있다. 대부분의 어린이는 지나간 과거에 연연하지 않고 미래의 일을 앞당겨 염려하지 않고 지금이라는 순간에서 행복을 경험하는 순수한 마음이 있다고 보는 것이다.

---

10) 누가복음 18:15-17.

상담은 시간 여행(time travel)이라고 한다. 상담가는 내담자와 함께 수많은 시간을 여행한다. 내담자라는 살아있는 문서를 읽으면서 50년 전으로 돌아가기도 하고, 30년 전의 이야기를 생동감 있게 들으면서 폭발적인 시간 여행의 경험을 하게 된다. 어찌보면 상담자는 정신적으로 가장 오래 사는 존재다. 상담가 본인이 살아보지 못한 수많은 시간을 내담자들의 이야기를 통해서 수없이 살아가다보니, 시간 여행의 대가가 되기 마련이다. 그런 점에서 상담은 축복의 현장이라고 고백하고 싶다.

교회 건축이 시간 여행 중인 인간에게 제공할 수 있는 최고의 선물은 시간성을 느끼게 해주는 것이다. 과거의 흔적과 향수를 교회 건물이 보존하고 지켜줄 필요가 있다. 새로운 건물에서는 과거의 역사를 찾기 어렵다. 교회 건물을 새로 짓고 보수하는 것은 신앙인의 기억에도 많은 장애와 고통을 줄 수 있다. 우리는 기억할 때 새로운 공동체로 변화할 수 있다. 시간의 역사를 느끼게 해주는 교회 건축을 통해서 신앙인들은 새로운 천국을 향한 순례 공동체로써 살아갈 수 있다.[11] 고된 일상을 살더라도 나의 삶의 흔적과 기억이 남겨있는 교회 건축이라면 사람들은 기꺼이 그곳에서 자신의 마음을 열고 회복과 치유를 경험할 수 있을 것이다.

V. 결론

이 시대의 교회 건축에서 필요한 것은 바쁜 시간을 살아가는 신앙인들에게 기억과 애도의 공간과 시간을 제공해주는 것이다. 교회의 위치

---

11) 은준관, 『신학적 교회론』 (서울: 한들출판사, 2006), 1-23.

와 시설 이전에 고려되어야 할 점은 신앙인들의 내면 세계를 회복시키고 치유하는 것이다. 동시에 지역사회에서도 교회 건축이 그러한 기억과 애도의 장소로 활용된다면, 신앙과 종교를 뛰어넘어서 교회가 지역사회의 공공성을 확보하고 건강한 신학을 담지하는 교회 건축을 정립할 수 있을 것이다.

필자는 자전적인 경험에서 교회 건축에 대한 접근을 시도했다. 신앙인이고 목회자인 필자 자신부터 건강한 신학이 있는 교회 건축을 통해서 다시 회복되고 싶다. 그 핵심에는 상실한 대상과 지나간 시간에 대한 애도의 문제가 있다. 건강한 애도의 공간과 시간이 교회 안에 있다면 신앙인들의 정신 건강은 한결 나아질 것으로 전망한다.

동시에 교회 건축과 상담은 사랑이라는 공통 주제가 있음을 발견한다. 교회 건축도 상담도 사람에 대한 사랑이 중요하다. 사람을 배려하고 존중하는 교회 건축이 되어야 하고, 내담자를 향한 애정이 있어야 건강한 상담이 진행될 수 있다. 아울러 교회 건축과 상담은 시간을 다루는 분야이다. 교회 건물을 통해서 흘러간 시간을 회고하고 애도할 수 있도록 도와주며, 상담은 내담자와 상담자가 함께 하는 시간 여행을 통해서 과거와 미래에 매이지 않고 현재를 살 수 있도록 안내하는 것이 상담의 본질이라고 할 수 있다.

참고문헌

권수영. 『기독[목회]상담, 어떻게 다른가요: 심리학과 신학의 만남』. 서울: 학지사, 2007.

유영권. 『기독(목회)상담학 영역 및 증상별 접근』. 서울: 학지사, 2008.

은준관. 『신학적 교회론』. 서울: 한들출판사, 2006.

오화철. "한국교회건축에 관한 목회신학적 접근." 『신학논단』73 (2013).

에스더 M. 스턴버그/서영조 옮김. 『공간이 마음을 살린다: 행복한 공간을 위한 심리학』. 서울: 더퀘
스트, 2013.

이정구. 『교회건축의 이해』. 파주: 한국학술정보, 2012.

정시춘, 『교회건축의 이해』. 서울: 발언, 2000.

손호현, 『인문학으로 읽는 기독교 이야기(개정판)』. 서울: 동연, 2015.

Chris R. Schlauch. *Faithful Companioning: How Pastoral Counseling Heals*. Minneapolis:
Fortress Press, 1995.

Kohut, Heinz. *The Analysis of the Self*. New York: International Universities Press, 1971.

Kohut, Heinz. *The Restoration of the Self*. New York: International Universities Press, 1977.

Kohut, Heinz. *How Does Analysis Cure?* Edited by Arnold Goldberg with the collaboration of Paul
E. Stepansky. Chicago: The University of Chicago Press, 1984.

도시 건축의 공공성에 관한 논의

정 혜 진*

I. 도시 · 건축[1] 분야의 공공성에 관한 논의의 전개

1962년부터 20년 동안 네 번에 걸쳐 5년 단위로 시행된 '경제개발 5개년 계획'은 국민 경제의 발전을 위한 양적 성장에 획기적인 기여를 하게 된다. 이 시기에 이루어진 급속도의 경제 성장은 자연스럽게 도시의 성장을 이끌며 전 국토의 급속한 도시화, 즉 도시의 양적 팽창을 불러온다. 그 결과 1960년에 단 40%였던 도시화율[2]이 2000년대 들어와서

---

* 서울대학교 AIEES 연구교수, 건축 및 도시설계

1) 도시 · 건축 분야라고 함은 흔히 도시와 건축을 합하여 혹은 약하여 부르는 용어로 활용되기도 하지만 그 의미는 통상적으로 "도시적인 맥락을 고려하는 건축"의 의미로 받아들여진다. 따라서 도시 건축은 건축 행위를 개별적인 건축 행위로 이해하고 간주하는 것이 아닌 도시성에 대응하는 건축의 과정과 그 결과물을 통해 공공성을 추구하고 있으며 이는 도시설계 분야의 주요한 기능과 역할이기도 하다.

2) 도시화율의 의미는 전체 인구 중 도시 거주자의 비율을 의미하는 것으로 현재 전 국민의 90% 이상이 도시에 집중되어 살고 있다는 것을 의미한다.

90%를 넘어서게 된다. 이 같은 도시의 양적 성장에 비해 상대적으로 관심이 덜했던 질적 성장의 계기는 1986년, 1988년 개최된 아시안게임과 올림픽게임이라고 할 수 있다. 국제적 행사를 앞둔 '도시 미화'에 대한 관심과 필요에 의해 1980년 4월 건축법 제8조 2항(도심부 내의 건축물에 관한 특례 규정)이 신설되면서 '도시 설계'라는 용어를 제도적으로 명문화하였으며 도시 설계 작성에 필요한 기술적 기준을 다룬 건설부 훈령이 작성된 1983년 12월부터 도시 공간의 질적인 성장을 위한 제도 시행이 본격적으로 진행되었다. 1980년대 도시 설계를 중심으로 한 도시 미화에 대한 관심이 보다 강력한 제도적 틀로 정착된 계기는 1991년 개정된 도시계획법 상의 '상세 계획' 제도라고 할 수 있으며 이 같은 제도적인 발전에 힘입어 도시 건축의 공공성에 관한 연구 또한 1990년대 이르러 진전되는 경향을 보이게 된다. 2000년대 들어 도시 설계와 상세 계획 제도가 지구단위 계획으로 통합되면서 도시 개발에 있어서 공공부문의 적극적인 가이드라인이 제정되기 시작하였는데, 도시 건축 분야에서 공공성 관련 연구들이 진행되어 온 계기는 상기한 역사적 흐름을 벗어나고 있지 않으며 도시 공간의 공공성에 대한 다양한 측면의 연구도 제도 시행의 성과를 평가하는 연구들로부터 활기를 띠게 된다.

지난 20여 년 동안 도시 건축 분야의 여러 방면에서 진행된 관련 연구들은 해당 분야의 공공성의 의미를 꾸준히 고민해오고 있다. 하지만 공공성의 개념에 대한 해석은 연구마다 새롭게 정의하기 보다는 기존의 연구에 시대적 의의를 부가하여 사용되는 경향을 지니고 있다. 실은 공공성이 가지는 다원적인 의미는 공적, 공익, 공정, 공론이라는 시대적 요청과 유관하게 변화 혹은 확산되어 오는 특성을 지니고 있기 때문이다.3)

공공성은 '公'과 '共'이 이루어진 단어다. 公은 주로 공적인 것, 즉 '국가의'라는 의미를 지니고 있고, 共은 공동의 것, 즉 '여럿(시민)이 함께' 라는 성격이 강하다. 따라서 어원상의 의미로서 공공성이란 '여럿이 함께 공적인 것을 나누는 성질'로 해석할 수 있다. 이 같은 공공성은 그것이 강조되는 특정한 영역들이 존재하며 이는 시간과 공간에 따라 변하는 성질을 지니고 있다. 따라서 공공성은 어느 누가 일방적으로 규정하는 것이라기보다는 그 판단에 영향을 받는 사람들이 그 결정 과정에 자유롭게 참여함으로써 실현할 수 있는 것으로 확대 해석할 수 있으며,[4) 결과적으로 현대적 의미의 공공성은 시민이 함께 공적 영역과 공익을 위한 자원 배분 및 실행 방식을 논의하고 이를 실현하는데 참여하는 것을 포함한다고 할 수 있다.

도시 건축 공간의 공공성과 관련된 연구들은 대부분 도시 건축 공간에서의 공공성을 증진 또는 향상시키기 위한 것을 목적으로 설계 기법이나 공공성 확보 방안 등을 제시하고 있다. 이때 공공성을 평가하는 지표로 설정한 항목들은 개별 연구마다 다소 차이가 있으나 대체로 항상 모두에게 열려있는지에 대한 '개방성'과 제공된 공간에 접근하기 편리한가에 대한 '접근성', 환경적 측면의 정신적, 감각적 욕구의 충족에 대한 '쾌적성'을 선정하고 있으며 이외에도 주변의 보행로 및 대중교통 등과의 '연계성', '심미성,' 장소성' 등을 공통적으로 다루고 있다. 이같은 평가 지표는 공익, 공개, 공민, 공정 등과 같은 사회학적인 공공성의 평

---

3) 염철호 외, 『건축도시공간의 현대적 공공성에 관한 기초 연구』(서울: 건축도시공간연구소, 2008), 23.
4) 장덕진 외, 『이중위험사회의 재난과 공공성』(서울: 서울대학교 사회발전연구소, 2014), 18-20.

가 범주를 도시 계획 분야에 적용하여 도출해낸 평가 지표라고 할 수 있다.

〈표 1〉 도시 건축 부문의 공공성에 관한 연구와 평가 항목

저자 (년도)	논문제목	평가 및 분석항목
이은비 (1998)	도시건축공간을 통한 도시건축 공공성 확보방안 : 서울시 서초구 사무건축을 중심으로	접근성, 개방성, 연계성, 어메니티, 이용률
김도형 (1998)	을지로 제5지구 도심재개발 현상설계안에 나타난 '건축적 공공성'에 관한 연구	접근성, 개방성, 연계성, 어메니티
신중진 (2002)	대규모 복합용도개발의 계획 특성에 관한 연구	접근성, 개방성, 쾌적성
김세용 (2002)	사무소건축물 공개공지의 쾌적성 지표 개발에 관한 연구	쾌적성, 접근성, 편의성, 개방성, 심미성, 관리성
이상호 (2002)	복합용도 건물 내부광장의 공공성 분석에 관한 연구	접근성, 개방성, 연계성, 어메니티
이훈길 (2003)	서울 도심 공공영역의 공간적 특성에 관한 연구	접근성, 연속성, 장소성, 위계성, 공간 구성
윤종국 (2003)	도시건축 경관의 구성요소가 공공성에 미치는 영향에 관한 연구	영역성(접근성, 위계성, 연속성), 지각성(시각적, 구성적 특성, 지원성), 인지성(이미지, 정체성, 장소성)
최기원 (2004)	지역문화시설의 '건축적 공공성'을 구현하는 계획요소에 관한 연구	접근성, 연계성, 개방성, 쾌적성, 체류성
신중진 (2004)	초고층건축물의 공공성 증진을 위한 계획방향에 관한 연구	정체성, 지역성, 쾌적성, 거주성, 안전성
장성준 (2005)	상업지역의 개발과 공공성의 원칙	접근성, 개방성, 어메니티, 심미성, 편의성, 연계성
이정형 (2005)	AHP분석기법을 이용한 기업 참여 문화시설의 공공성 분석에 관한 연구	식별성, 접근성, 편의성, 어메니티
손광호 (2005)	지역미술관 디자인의 공공성에 관한 연구	접근성, 연계성, 개방성(투명성), 쾌적성, 체류성
윤지혜 (2006)	실내공적공간의 공공성에 관한 연구	개방성, 접근성, 쾌적성

건축과 도시계획 분야에서 논의되는 공공성의 의미를 보다 세부적으로 살펴보면 다음과 같다. 건축의 공공성이란 첫째, 모두(公)에 대한 건축의 태도(公性)와 둘째, 함께(共)함에 대한 건축의 태도(共性)라고 세분해볼 수 있다. 그러므로 건축의 공공성은 나만을 생각하고 따로따로 닫힌 건축이 아닌 모두를 생각하고 이웃과 함께 열린 공간에서 나타난다. 건축의 공공성을 논하는 대표적인 예로서 공개 공지가 주로 거론되며 많은 문헌이 공개 공지의 공공성에 관한 다양한 관점의 견해를 밝히고 있다. 또한 건축의 공공성은 건축물에 의해 만들어지는 외부 공간을 포함하는 건축 공간을 통해서 접근성, 연계성, 개방성, 쾌적성을 높여 공간의 이용성과 만족도를 높임으로서 이를 이용하는 불특정 시민들이 일정한 '공공'을 형성하고 활성화에 기여하도록 하는 것을 의미한다.[5]

근래 제정된 건축기본법에 의한 건축 정책의 기본 방향 역시 건축의 공공성 가치의 구현이라고 할 수 있으며, 건전한 일상생활 공간을 위한 건축의 생활 공간적 공공성, 사회적 자산의 충실성을 위한 건축의 사회적 공공성 그리고 문화와 지역성의 존중을 위한 건축의 문화적 공공성의 실현에 있다. 이는 건축의 모든 사회적 역할이 공공성에 기반한다는 것을 전제하고 있다.[6] 한편, 도시계획에서 공공성은 도시 공간 즉 토지와 건축물의 공익적 사용을 위한 사회적 합의점이라고 볼 수 있으며 도시계획 사업의 일환인 도시계획 시설은 도시민이 건전하고 안전한 도시 활동을 위해 중요한 공공재로의 성격을 가진다고 정의하고 있다. 도시민들이 인간다운 도시 생활을 하기 위해서 소비하는 소비재들은 크게

---

5) 정석, "건축의 공공성과 도시건축가의 역할",「건축」41 (1997).
6) 건축기본법 (2013. 3) 제2조(기본이념).

사적 소비재들과 공적 소비재로 구분할 수 있으며 그 중 공적 소비재는
모든 사람이 공동으로 즐길 수 있는 재화로서 공원 등과 같이 어떤 사람
이 재화를 사용하더라도 다른 사람이 그 재화를 사용하는데 있어 그 가
능성을 감소시키지 않는다는 특징을 가지고 있다.[7]

II. 법적으로 규정하고 있는 도시 공간의 제어 요소

한 개인이 소유한 토지 위에 자신의 자본으로 행해지는 개발 행위,
즉 개발 주체자의 재산권 행사에 대하여 공공 부문이 어떤 목적을 가지
고 특정한 방향으로 유도하고 나아가 적극적으로 규제하는 행위는 도시
개발 분야의 오래된 논쟁거리다. 개발권을 행사하여 개발 이익을 얻고
자 하는 민간과 공공의 이익을 구현하고자 하는 공공 부문은 개발 과정
상에 갈등을 반목하며 치열한 다툼을 벌여온 것도 사실이다. 예를 들어,
단독주택지가 우세한 특정 지역에 토지를 가지고 있는 개인이 생산을
통한 이익을 얻기 위하여 공장을 짓고자 한다면 공공은 이를 허락해주
어야 하는가의 문제가 비슷한 종류의 논쟁이다. 다시 말해 내 땅에 내
돈으로 내가 원하는 건물을 짓겠다는데 무슨 명분으로 인허가권자가 이
를 허락해주지 않을 수 있는가에 대한 논쟁인 것이다. 헌데 우리는 이
땅에 공장이 들어섰을 때 주변에 있는 주택지에 영향을 줄 사회적, 환경
적 문제를 충분히 인지할 수 있다. 우리는 이를 부정적 외부 효과

---

7) 염철호 외, 『건축도시공간의 현대적 공공성에 관한 기초 연구』 (서울: 건축도시공간연구
소, 2008), 18.

(negative-externality)라고 한다. 따라서 공공은 개발에 의해 발생되어 질 부정적인 외부 효과를 사전에 방지하고 개발 행위로 인해 나타날 시장 실패를 교정하기 위하여 적극적인 제도 개입을 하고 있다. 비록 개인에 의한 개발 사업이지만 특정 개인을 위한 재산 가치보다는 사회적, 사회 전체적인 관점의 부가가치를 포함한 자산 가치를 극대화 하는 방향을 찾고 이를 실행하기 위한 법적인 장치들을 만들어 놓는 것이다. 우리가 잘 알고 있는 용도 지역·지구제, 최고 높이 제한 등이 이 같은 제도이고 우리는 이를 도시계획 제도라고 일컫는다. 도시계획 제도는 대부분 규제적 속성을 가지고 있음에도 불구하고 이 제도가 만들어내는 사회적 편익을 고려하여 공법적 성격을 가지는 실정법의 역할을 하며 도시 개발에 의해 예상되는 부정적 외부 효과를 최소화하도록 하고 있다. 요컨대, 공공 부문은 개발 과정 상 공공 개입의 당위성을 강화하고, 민간에 의한 개발을 공공 부문의 의도와 부합되도록 이끄는 방법을 합법화하기 위해 많은 노력을 기울여 왔고, 이를 위한 대표적인 방법이 규제적 방법과 유도적 방법이라고 할 수 있다. 규제적 방법은 특정 지역의 건축행위, 혹은 특정 규모 이상의 개발 행위가 지역사회에 미치는 영향을 고려해 실시하는 심의제도(design review)가 대표적이고, 유도적인 방법은 바람직한 도시 환경을 자발적으로 조성하는 행위를 권장하고 유인하기 위한 인센티브(incentive zoning) 제도가 대표적이라고 할 수 있다. 이 중 인센티브 제도는 시가지의 환경 개선, 쾌적성 향상이나 도시 구조의 형성에 기여하는 건축물을 설계하는 경우 건축 기준에 의한 규제를 일정 범위 내에서 완화해줌으로써 도시 환경을 적극적으로 개선하기 위한 계획적 수법을 의미한다. 이러한 인센티브는 공공성 증진을 위하여 공공이 제시한 조건을 수용할 경우에 주어지는 보상 또는 포상 차원의 의미

를 가진다고 할 수 있다.

　따라서 도시 건축 부문의 공공성 평가 항목에 대한 논의를 진행함에 있어서 현재 법적으로 지정되어 있는 도시 공간 제어 요소에 대한 검토가 필수적이라고 할 수 있다. 공공 부문이 개입하고 있는 도시 공간의 제어 요소는 1980년대에 도입된 건축법상의 도시 설계, 1990년대 도입된 도시 계획법상의 상세 계획에서 인센티브 관련 내용들로 규정되어 오고 있다. 즉, 공공 기여 항목들의 준수 시 용적률과 건폐율, 사선 제한 완화 등 건축물의 밀도를 상승시켜주는 인센티브로 사용되어 왔고 시대적 요구와 변천을 수용하며 현재와 같이 정착되어 왔다. 인센티브 항목은 일반적으로 획지, 용도, 공지 등으로 다양하게 지정하고 있으며, 당해 구역의 구체적인 여건에 따라 규제 항목, 권장 항목으로 구분하여 적용의 정도를 지정하고 있다.

<표 2> 인센티브 적용 대상이 되는 도시 공간 제어 요소

구분			도시설계 (98.12)	상세계획 (99.11)	지구단위계획 (01.04)	구분			도시설계 (98.12)	상세계획 (99.11)	지구단위계획 (01.04)
대지	공동건축	규제	●	●	●	대지내공지		전면공지			
		권장	●	●				공공공지	●		
		자율적	●	●				공개공지	●	●	
	맞벽건축	규제					대지	가각부 배치	●		
		권장	●	●			내공지	쌈지공원	●	●	
용도	불허용도		●					옥상조경		●	●
	권장용도	전층	●	●	●			공공보행통로	●	●	
		1층		●				대지내통로			●
		1층전면	●			건축물	가로외	건물외관 외벽면 처리	●	●	
		지하층	●					건물외관 투시벽	●		●
밀	1층접지		●	●							

도	건폐율					관		투시형셔터	●	●
높이	층수	최고		●				측면이격공지	●	●
		최저	●			외관	층고와바닥높이	1층바닥높이	●	●
	기타		●	●				1층개구부	●	●
	높이제한예외			●			건축형태	탑상형	●	●	●
	건물방향성		●	●			경사지붕		●	●
배치	건축선	건축지정선					야간조명		●	●
		건축한계선	●		●	차량동선및주차	주차출입구		●	
	벽면선	벽면지정선					주차장	공동(부설)	●	●	●
							공동주차통로		●	●	●
		벽면한계선	●		●		보차혼용통로		●	
							주차장설치기준		●	

〈자료: 지구 단위 계획 수립 매뉴얼(P.295) 재구성, 서울시, 2005〉

III. 도시 건축 분야에서 공공성 평가 항목과 평가 내용

도시 건축 분야에서의 공공성 평가 항목의 설정을 위하여 기존 관련
연구에서 설정하고 있는 공공성 평가 항목과 현행 법률에서 정하고 있
는 공공 기여 항목을 살펴보았다. 이를 통해 먼저 공공성의 평가 항목으
로 개방성, 접근성, 쾌적성(심미, 편의, 관리), 연계성(커뮤니티 강화), 장
소성(역사성 유지)으로 구분할 수 있고, 공공성의 평가 대상으로 공원,
공개 공지, 휴게 시설과 같은 대지 내 공지, 보행 통로, 공공용 주차장과
같은 공공 공지, 용도, 높이, 재료, 친환경성과 같은 건축물 관련 사항

등으로 구분할 수 있음을 확인하였다. 지표를 설정하기에 앞서 각 영역에 대해 설정할 수 있는 세부 평가 항목들과 이의 이해를 돕는 예시를 정리하면 다음과 같다.

1. 개방성 (Open views)

개방성은 시각적 다양함에 대한 욕구 및 경험, 폐쇄 공간에 대한 탈출과 관계한 공간 지각 요소로 정의되며, 주요한 평가 항목은 자연물, 인공 구조물, 활동 등에 의한 개방 장애, 인동간격 등에 의한 시각적 위압감 등을 주요한 평가 항목으로 가진다. 따라서 일반적으로는 건물 혹은 담장의 전면 후퇴 정도(전면 공지의 추가 확보)에 따른 시각적 부담감 완화 그리고 입면 차폐도 등이 주요한 평가 대상이 된다. 또한 특정 공간에 대한 개방 여부가 추가적인 평가 지표가 된다.

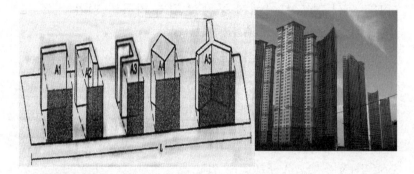

[그림 1] 건물의 개방감 정도를 파악하는 입면차폐도 산정의 예(좌)와 지나친 시각적 차단을 하고 있는 건물의 예(우)

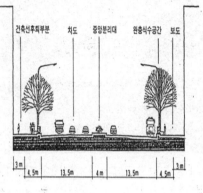

[그림 2] 법적으로 정한 건축선 이외에 추가적인 전면부 후퇴를 통해 보행공간의 확보 및 시각적인 위압감을 완화함.

2. 접근성 (Accessibility)

　　대상지로의 통행을 위한 동선 체계상의 장애물과 연계성 등에 의해 발생하는 성격으로 보행, 대중교통 등을 포함한 순환 체계와 옥외 공간 등의 인지성과 접근 제한 요소(공개 공지와 보도의 높이 차 등) 그리고 공개 공지의 위치 등이 평가 요소가 된다.

[그림 3] 의도적인 공개공지 출입 제한(좌)과 공개 공지의 점유에 의한 이용 제한(우)

[그림 4] 중앙에 수경 시설을 설치하여 접근에 제한을 두는 사례(좌)와 단차 조성을 통해 이용률을 떨어뜨리는 사례(우)

[그림 5] 공개 공지의 위치를 후면에 위치시켜 인지성을 낮추는 사례(좌)와 공개 공지의 위치를 적극적으로 알리면서 이용에 대한 정서적 부담을 완화시키는 사례(우)

3. 쾌적성 (Amenity)

인간의 정신적, 감각적 욕구에 대한 만족스러운 충족으로서 주관적인 속성을 지니고 있기는 하지만 일반적으로 심미성, 편의성 등을 통해 평가되어지고 있으며, 근래에는 공간에 대한 관리 수준을 하나의 평가 요소로 활용하기도 한다. 공공 시설에 대한 청결도, 파괴 정도, 주기적인 관리 시기 등의 존재 여부 등이 관리 수준의 평가 대상이 된다.

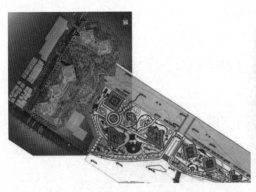

[그림 6] 지나치게 세장하거나 작은 크기의 공원과 공공시설 등은 공간이 가진 기능과 이용률을
현저하게 떨어뜨림.

4. 관계성 (Relationship)

대상 지역이 가지는 역할과 다른 지역과의 상호 영향 관계에서 발생
하는 성격으로 대상 부지의 역할 관계에 의한 지역 차원의 기여를 평가
한다. 주요한 평가 항목으로는 공공 보행 통로 등의 연계성, 공동 주차,
스카이라인의 조성(층수), 지역사회와 공유되는 용도 구성(저층부 용도
포함) 등이 해당하며 공동체 회복에의 기여 등이 정성적인 평가 요소로
활용될 수 있다.

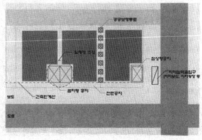

[그림 7] 대지가 가진 잠재력을 충분히 활용하여 전후면을 연결하는 공공보행통로를 조성하여 시
민들이 이용할 수 있도록 개방함(좌), 인근대지와의 통합적인 개발을 통해 대지내의 공공
공간을 만드는 기법(우).

5. 장소성 (Sense of Place)

그 지역의 물리적 특성 및 성격에서 느껴지는 느낌 또는 분위기로서 지역적인 맥락과 역사성 등을 충분히 고려하고 있는지가 평가 대상이 된다. 주요한 평가 항목으로는 건물의 유형과 형태(외벽면 처리 등의 입면 처리, 도시 조직과의 조화), 역사적인 장소와 환경 자원의 보존 여부 등이 주요한 평가 대상이 된다.

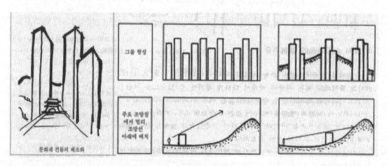

[그림 8] 문화재 건물을 왜소화시키는 마천루의 건립(좌)과 다양한 방식의 조화로운 경관을 추구하는 건축방식(우)

[그림 9] 남산이라는 자연적인 스카이라인을 파괴하는 인공적인 스카이라인(좌), 홍콩 디자인 가이드라인에서 정하고 있는 조화로운 건축 디자인 방법(우)

IV. 교회 건축물의 공공성 평가를 위한 지표 구성(안)

교회 건축물의 공공성을 평가하기 위한 지표 구성은 크게 세 단계로 구성할 수 있다. 1단계는 공공성 평가 목표(Objective), 2단계는 평가 대상(Category), 3단계는 평가 지표(Indicator)로 구성할 수 있으며 각 평가 지표에 대한 세부적인 평가 방법이 수반되는 체계를 지닌다. 즉, 개방성, 접근성, 쾌적성, 관계성, 장소성의 평가 목표 아래, 공간 단위의 카테고리 그리고 이에 대한 평가 지표와 방식을 선정하는 것을 평가 원리로 설정할 수 있다.

현재까지 발간된 선행 연구와 문헌들 그리고 법률적으로 정하고 있는 각 지표에 대한 평가 방식을 고려한 평가 지표 체계를 구성하면 다음과 같다. 평가 방식은 원칙적으로 정량적인 기준을 선정하여 상대 평가를 실시하되 평가 지표의 성격에 따라 시행 여부만으로 판단할 수 있을 경우에는 정성적인 평가 방식을 취할 수 있다.

다만, 기독교라고 하는 종교적인 관점의 공공성과 관계가 큰 내부 공간의 경우 현 단계에는 그 평가 대상의 구분만을 제안하고, 구체적인 평가 방식에 대해서는 보다 넓은 수준의 합의를 기반으로 할 필요가 있다. 교회 건축이 가지는 공공성에 대한 평가 범위를 신앙 자체의 공공성까지 확장한다고 할 경우에는 공간에 대한 물리적인 평가뿐만 아니라 공간 혹은 프로그램이 미치는 사회적 영향력과 지역사회에의 기여까지를 포함하는 범위로 확장할 필요가 있기 때문이다. 따라서 본 장에서 제시하는 부문은 도시 건축이 만들어내는 물리적 공간의 공공성 평가에 중심을 두고 있다.

	Objective	Category	Indicator	Evaluation
외부공간	개방성	대지 내 공지	조성 면적(비율)	공개 공지 면적/대지 면적
			건축선 후퇴	건축선 후퇴/추가 후퇴
	개방성	대지 내 공지	개방 시간	개방 여부에 대한
	개방성	(소)공원	조성 면적(비율)	공원 면적/대지 면적
	개방성	(소)공원	개방 시간	24시간 개방/일과 중 개방/비개방
	개방성	휴게 시설	조성 면적(비율)	휴게 시설 면적/대지 면적
	개방성	휴게 시설	개방 시간	24시간 개방/일과 중 개방/비개방
	개방성	조경 녹지	조성 면적(비율)	조경 녹지 면적/대지 면적
	개방성	보행(통)로	개방 시간	24시간 개방/일과 중 개방/비개방
	개방성	공공 시설	개방 시간	24시간 개방/일과 중 개방/비개방
	개방성	형태	탑상형 (입면 차폐도)	건물 길이의 합/대지 전면 길이
	접근성	대지 내 공지	이용자 제한 (접근성)	물리적 장애 요인 (펜스, 경사, 단차 등) 여부
				사회적 장애요인 (건물 사용자 중심의 디자인)
	접근성	(소)공원	위치(인지성)	주 도로에서의 인지 여부
	접근성	(소)공원	이용자 제한 (접근성)	물리적 장애 요인 (펜스, 경사, 단차 등) 여부
	접근성	휴게 시설	위치(인지성)	주도로에서의 인지 여부
	접근성	휴게 시설	이용자 제한 (접근성)	물리적 장애 요인 (펜스, 경사, 단차 등) 여부
	접근성	주차장	보차 분리	보차 공간 분리 여부
	쾌적성	대지 내 공지	조성 형태	장변:단변 = 3:1 이상
	쾌적성	(소)공원	조성 형태	장변:단변 = 3:1 이상
	쾌적성	조경 녹지	관리 상태	양호/불량
	쾌적성	보행(통)로	포장재	친환경투수포장
	쾌적성	공공시설	관리상태	주기적인 관리유지
	관계성	보행(통)로	연계성	공공 보행 통로 설치 여부 / 시종점의 공공 공간 연결 여부
	관계성	주차장	공동 주차	공동 주차/주차장 개방 여부
건축	관계성	용도	권장 용도	지역에 요구되는 (저층부) 용도 운영 여부
	관계성	높이	스카이라인	주변과 조화로운 건물 높이
	장소성	재료	외벽면 처리	자연적인 재료 사용 / 재활용이 가능한 재료 사용 여부

	장소성	역사성	역사적 환경 보호	역사적 장소와 건물을 배려한 건축 여부
	장소성	친환경성	보호 동식물 보존	보호 동식물 관리 여부
	장소성	친환경성	에너지 효율화 등급	에너지 효율화 건물 인증 여부
내부공간	신앙 공동체적 공공성	예배당	다양한 프로그램 활용	
		친교실	지역사회 개방 및 공유	
		교육실	지역사회 개방 및 공유	
		소채플	지역사회 개방 및 공유	
		교역자실	다양한 신자들을 대상으로 한 개방	
		도서관	지역사회 개방 및 공유	
		카페	지역사회 개방 및 공유	
		체육활동공간	지역사회 개방 및 공유	
		식당	지역사회 개방 및 공유	
		부대시설	지역사회 개방 및 공유	
		공공시설	사회적 약자 배려	

V. 부문별 배점 방법에 대한 제안

각 지표에 대한 배점의 기본 원칙은 평가 목표(Objective)에 대한 배점에서부터 출발하는 것이 바람직하다. 각 공공성 항목이 가지고 있는 세부 평가 지표 중 1단계 항목에 대한 배점을 우선 결정하고, 이를 바탕으로 세부적인 지표의 가중치를 배정하는 방식을 따르는 것이 합리적이다. 다시 말해 A라는 평가 목표가 전체 목표 중 30점의 배점을 받고, A 평가 목표 내의 A-1 평가 대상이 20점의 배점을 가진다면, A-1이라는 평가 대상은 결과적으로 6점의 배점을 받게 되는 포맷이다. 이 과정 중에 관련 분야의 경험과 소양을 가진 전문가의 의견을 단계별로 경청하여야 하며 이를 통해 지표의 수정 및 보완 그리고 가중치에 관한 합의된 결론을 이끌도록 하는 것이 바람직하다.

한편, 건축의 대상이 되는 대지는 크게 공공 영역(공유지)과 민간 영역(사유지)으로 구분을 할 수 있다. 대표적인 대지 내 공지인 공개 공지8)는 사유 대지 안에서 소규모 휴게 시설 등 일반인이 사용할 수 있도록 만들어진 개방된 장소로서 사유지이면서 동시에 공유지의 성격을 가지고 있다. 이처럼 공개 공지는 사유 공간에서 공공성을 확보할 수 있고 또한 공공성을 확보하여야 할 대상이 되기 때문에 도시 건축 공간의 공공성 연구에서 이를 대상으로 하는 연구가 많이 이루어진다. 오피스 빌딩과 주거용 건축물은 공개공지 외에도 최근 저층부나 지하층을 일반인이 이용할 수 있도록 하면서 이들 내부 공간 역시 공공성을 확보해야 하는 또 다른 대상으로 다루어지고 있다. 공간의 성격이라는 측면에서는 공개 공지와 비슷하지만, 보행자 도로, 공원, 공중의 이용을 전제로 하고 있는 공공 보행 통로 등은 그 토지가 사유지가 아니라는 점에서 법적인 소유 주체가 다르다. 따라서 공간의 개방과 관리 방식이 유사하다하더라도 토지의 소유 주체에 따라 구분되는 공유 토지와 사유 토지의 공공성 발현 여부에는 차등적인 배점을 고려하여야 한다. 이외에도 똑같은 수준의 관리이지만, 그 난이도 면에서 의미 있는 차이를 보이는 항목에 대한 검토가 선행되어 추후 배점 결정시 반영하도록 하여야 한다.

공공성을 평가한다는 것은 특정한 공간이 공공성을 해치는 계획을 회피하고 있을 때 공공성이 발현된다는 가정을 가지고 있다. 하지만 우리는 공간 구성에 관한 물리적인 형태가 사람들의 행위 형태를 변화시키지는 않을 가능성을 늘 상정하고 있어야 한다. 아래의 한 교회 건축물

---

8) 1991년 개정된 건축법에서 처음으로 명시된 공개 공지란 여러 사람이 이용하는 연면적 5000㎡이상의 개형 건축물에 대지 면적의 10% 범위 이내에서 확보하도록 하는 것으로 사유 대지 안에 시민 대중의 보행, 휴식 등을 위해 상시 개발된 장소를 지칭하는 단어이다.

은 그 형태로만 봤을 때 대형화, 상업화 되어가는 교회의 전형으로 인식되지만 이 건물이 제공하고 있는 오픈스페이스의 질은 높은 수준을 유지하고 있고, 교회 건물 내의 공간에 대한 개방성 또한 우수함을 확인할 수 있다. 따라서 우리 인식의 범주와 평가의 결과가 상충될 개연성이 있으며 이에 대한 고려 사항은 평가 기준 작성 시 늘 감안해야 하는 사항이라고 할 수 있다. 보다 궁극적으로는 교회 건축의 공공성을 평가하는 것의 의미가 물리적인 공간의 평가를 중심으로 할 것인지 혹은 교회 공간(또는 프로그램)이 미치는 사회적 영향력과 지역사회에의 기여까지를 포함할지에 대한 사회적 합의와 평가 방법론 설정이 매우 중요한 쟁점사항으로 등장할 수 있다.

[그림 10] 교회의 공개 공지를 자유롭게 이용하는 시민들 / 교회에서 마련한 지하철역 출입구의 휴게 공간

참고문헌

염철호 외. "건축도시공간의 현대적 공공성에 관한 기초 연구." 서울: 건축도시공간연구소, 2008.
장덕진 외. "이중위험사회의 재난과 공공성." 서울: 서울대학교 사회발전연구소, 2014.
정석. "건축의 공공성과 도시건축가의 역할." 「건축」(1997).
정혜진. "지구단위계획 용적률 인센티브 제도 효과 연구 효과 연구." 서울: 서울대학교, 2008.
Jerold s. Kayden. *Privately owned public space*. New York: City Department of City Planning, 2000.

저 자 소 개

곽호철

연세대학교(신학사), 연세대학교 대학원(신학석사), Saint Paul School of Theology(M.Div.), Claremont Graduate University(Ph.D.).

명지대학교 방목기초대학 객원조교수 겸 교목, 연세대학교 기독교문화연구소 연구원 역임, 현재 계명대학교 교양교육대학 조교수로 있다.

『세월호 이후의 신학』(2015, 공저), 『신앙과 인권』(2014, 역서)가 있고, "리바이어던의 목에 방울 달기: 한국 교회와 인권", "Making John Rawls' Political Liberalism Political and Its Implications for Religion", "Solidarity of Marriage Migrant Women and Their Husbands based on Christian Theology: A Crucial Way of Addressing Human Rights Violation of Marriage Migrant Women in Korea" 등의 논문이 있다.

김수연

이화여대 철학과, 연세대 신학과 그리고 이화여대 대학원에서 신학을 공부한 후, 미국 드류 대학에서 조직신학, 여성신학으로 박사 학위를 받았다. 현재 이화여자대학교 여성신학연구소 연구교수 그리고 연세대학교 연합신학대학원 겸임교수로 재직하고 있다. 대표적인 글로는 『미디어와 여성신학』(공저, 2012), 『한류로 신학하기: 한류와 K-Christianity』(공저, 2013), "Reactivating Theology in the 'In-between' Spaces: Toward a Korean Women's Postcolonial Theology," Trans-Humanities, Vol.7 (2014), "세월호 참사와 고난-받는 하나님: 하나님의 약함에 대한 여성신학적 고찰"(2015), "교회건축에 대한 여성신학적 읽기"(2015), "성령 하나님의 정의를 향한 율동: 여성신학의 관점에서 본 성령론 이해"(2014), "경계, 그 창조적 공간에 대한 여성신학적 고찰"(2013), "여성신학의 입장에서 본, 몸 그리고 성육신"(2009), "탈근대-여성신학 담론에서의 하나님 이해"(2008) 등이 있다.

김정두

감리교신학대학교 신학과(신학사), 감리교신학대학교 대학원(신학석사), 연세대학교 대학원 철학과(문학석사) 그리고 미국 드류대학교(Ph.D.)를 졸업하였다.

육군 군목을 역임하였고 뉴욕소명교회 담임목사로 시무하였다. 현재 연세대학교와 감리교신학대학교에서 강사 및 외래교수로 가르치면서 연세대학교 한국기독교문화연구소와 미래융합연구원 생태문화융복합연구센터에서 연구원으로 활동하고 있다. 꽃재교회 부담임목사로 시무하고 있고 (사)한국교회환경연구소 연구위원이기도 하다.
저술로는『세계교회협의회(WCC) 제10차 총회 백서』를 공동 집필하였으며, "사랑, 사랑의 신학 그리고 한국인의 정: 몰트만의 사랑의 하나님 이해를 중심으로", "경험과 영성과 신학의 관계성에 관하여: 윌리엄 제임스의 종교심리학을 바탕으로" 등의 논문이 있다.

소요한

감리교신학대학교 신학사, 연세대학교 연합신학대학원(신학석사), 연세대학교 대학원(Ph.D.)을 마쳤으며 한국교회사를 전공했다.
연세대학교 학부대학 강사를 역임하였고 현재 명지대학교 교양학부 교수 및 교목으로 기독교 과목을 가르치고 있고, 한국대학선교학회 학술부장으로 등재지「대학과 선교」의 책임을 맡고 있다.
주요 저서 및 논문으로『초기 그리스도교 사상가들』(2013, 공역),『은자의 나라 한국-한국 선교보고서』(2013, 역서)의 책과 "조선후기 청(淸) 관계와 개신교 전래 — 묄렌도르프(P. G. von Moellendorff)의 내한 활동을 중심으로"(2014), "백낙준의 선교사(宣敎史) 형성과 기원문제"(2014), "초기 동북아시아 선교에서 나타나는 디아코니아적 특징과 기원연구-한(韓)-중(中)-일(日) 선교에 나타나는 기독교 사회주의(Social Gospel)를 중심으로"(2015) 그리고 "The Limitations of Western Concepts in Korean Church Architecture:Arrangement, Space, and Daylight of the Hanok"(2015) 등의 논문이 있고, 국민일보에 "한국 근대교육 선구자, 아펜젤러"(2014-2015)를 20회 연재하였다.

손문

연세대학교 신학사(B.A.), 연세대학교 대학원 신학석사(Th.M.), 연세대학교 대학원 신학박사(Ph.D. in Theology).
현재 연세대학교 신과대학 부설 한국기독교문화연구소 전문연구원. 기독교대한감리회 주사랑교회 소속목사. 한국기독교교육학회 편집총무. 한국기독교교육정보학회 총무. 미국 Religious Education Association 정회원. 한국교회환경연구소 연구위원.
주요 저서 및 논문으로『미래시대·미래세대·미래교육』(공저), "근대 한국의 구조적 폭력 경험과 종교교육의 변형적 접근 모형에 관한 연구", "The Public Search of Religious Education in Christian Higher Education," "The Global Trend of Religious-Based Schools and the Literary Approach," "The Korean Culture Wave (*Hallyu*) and the Media Approach of Christian Education" 등 다수가 있다.

손호현

연세대학교 신학과(신학사)와 하버드 대학교 신학대학원(M.T.S.), 밴더빌트 대학교 대학원(Ph.D.)을 마쳤다.

연세대학교 학부대학 기독교의 이해 교수, 미국 일리노이 주 Waterman UMC 담임목사를 역임하였으며, 현재 연세대학교 연합신학대학원 교수로 조직신학과 문화신학을 가르치고 있다.

저서로는 『인문학으로 읽는 기독교 이야기』, 『사도신경: 믿음의 알짬』, 『아름다움과 악』 (전 4권), 『하나님, 왜 세상에 악이 존재합니까?: 화이트헤드의 신정론』, 『한류로 신학하기』 등이 있으며, 역서로는 빌라데서의 『신학적 미학』, 하지슨의 『기독교 구성신학』 등이 있다.

송용섭

연세대학교(학사), 연세대학교 연합신학대학원(신학석사), 에모리대학교(M. Div.), 드류대학교(Ph. D.) 졸업.

연세대학교 학부 및 신과 대학 강사, 명지대학교 방목 기초교육대학 강사, 이화여자대학교 문과대학 강사, 연세대학교 연합신학대학원 강사, 조지아 신학교 뉴욕 분원 강사 역임하고, 현재 영남신학대학교 신학일반 조교수, 연세대학교 신과대학 한국기독교문화연구소 전문연구원으로 있다.

『세월호 이후의 신학: 우는 자들과 함께 울라』(공저, 2015), 『길들여진 냉소주의자의 노트』(역서, 2013)와 "생명윤리와 개신교의 종교교육―개신교 생명 윤리학의 관점을 중심으로", (2014). "라인홀드 니버의 죄 개념에 대한 미국윤리학계의 수직적, 수평적 논쟁과 이의 비판적 분석: 한인 이민자 여성들의 경험을 중심으로", (2014), "1992년 LA 폭동속의 제도적 인종차별과 다인종 갈등 예방을 위한 교회의 역할", (2013) 등의 논문이 있다.

오화철

연세대(B.A.), 연세대 대학원(Th.M.), 미국 밴더빌트 신학대학원(M.Div.), 미국 뉴욕

유니온신학대학원(Ph.D.) 졸업.

연세대, 이화여대, 명지대, 장신대 강사, 연세상담코칭지원센타 상담사, 미국 뉴저지장로교회 부목사, 미국 뉴저지반석교회 교육목사 역임. 현재 목회상담협회 운영위원, 한국기독교상담심리치료학회 수련감독, 한국가족문화상담협회 전문감독 및 영남신학대학교 상담심리과 조교수.

주요 연구실적『한류로 신학하기』(2013, 공저),『세월호 이후 신학: 우는 자들과 함께 울라』(2015, 공저),『쉽게 읽는 칼빈이야기』(2014, 역서),『고난을 이겨낸 비전의 나라 한국』(2013, 역서)의 책과 "한부모가정 자녀를 위한 기독목회상담적 접근: 감정억압으로 인한 무력감을 중심으로"(2013), "Faith of a Little Heart: Hope and Despair in a Korean Woman's Journey through Depression"(2013), "한국교회건축에 관한 목회신학적 접근"(2013), "Transforming Han: A Correlational Method for Psychology and Religion, Journal of Religion and Health"(2014), "임상목회교육 이야기 – 환자L을 중심으로"(2015), "청소년의 영적 안녕감에 대한 목회상담적 접근"(2015) 등의 논문이 있다.

전현식

현재 연세대학교 신과대학 조직신학 교수로, 신학 방법론 및 해석학을 토대로 조직신학 및 생태신학을 가르치고 있다. 연세대학교 생태문화 융복합 연구센터 센터장 및 신과대학 신학논단 편집위원장으로 일하며, 신학의 정체성 및 프락시스 그리고 학제간 대화에 관심을 쏟고 있으며, 또한 한국교회환경연구소 소장등으로 재임하면서 생태정의와 영성을 몸소 실천하고자 애쓰고 있다. 그는 현재 미연합감리교회 위스컨신 연회 정회원 목사이다. 저서로는『신론』,『교회론』,『세월호 이후 신학』 (공저),『에코페미니즘과 신학』 등이 있으며, 역서로는 로즈마리 류터의『가이아와 하느님』이 있다. "Tonghak Ecofeminist Epistemology"(Theology Today)등 여러 논문을 썼다.

정시춘

서울대학교와 동 대학원(석사), 서울시립대학교 대학원(박사)에서 건축학을 공부하고, 햇불트리니티 신학대학원에서 신학을 공부했다.

경희대학교 건축과 교수, 대한민국 건축대전 초대작가, 심사위원을 역임하고 현재 정주건축연구소 대표 건축가로 활동하고 있다..

저서로는『교회건축의 이해』(발언, 2000),『세계 교회건축 순례』(발언, 2010),『정주건축연구소 작품집』(PA 시리즈46권, 건축세계, 2008),『거룩한 상징, 예전가구의 신학적 이해』(대한기독교서회, 2009, 공저),『왜 눈떠야 할까』(신앙과 지성사, 2015,

공저) 등이 있고, 역서는 『건축학 개론』(기문당, 1983, 공역), 『교회건축과 예배공간』 (새물결플러스, 2015, 공역)이 있다. 작품으로는 영락교회 50주년기념관, 총신대학교 100주년 기념교회, 강릉중앙교회, 한남대학교 선교회관, 상도중앙교회 등 다수의 교회 건축과 계명대학교 중앙도서관, 한일고등학교, 안산대학교, 건양대학교 본관 및 도서관, 강의동 등이 있다.

정용한

연세대학교 신학과(신학사)와 예일 대학교 신학대학원(M.Div., S.T.M.), Graduate Theological Union at Berkeley (Ph.D).

명지대학교 사회교육원 원목, 한남대학교 전임 교목 역임, 현재 한남대학교 교양융복합 대학 기독교분야(신약학) 조교수로 있다.

최근 주요 저서 및 논문으로, 『골로새서』(대한기독교서회, 2015), "A Postcolonial Reading of the Great Commission(Matt 28:16-20) with a Korean Myth",(Theology Today, 2015), "2 Baruch's Consolation for the Destruction of the Temple,"(장신논단, 2015), "Jesus' Identity and the Conflict with the Opponents in the Lukan Narrative(Luke 19:11-21:38)," (신학 논단, 2015), "Paul as a Role Model in the Third Conversion Story," (장신논단, 2014), "교회 건축을 위한 로마가옥 연구: 상가 교회를 중심으로" (신학논단, 2013) 등이 있다.

정혜진

서울대학교에서 건축 및 도시설계를 전공하고 도시계획 분야의 실무 및 환경계획연구소의 연구원을 거쳐 현재는 서울대학교 AIEES의 연구교수로 재직 중이다.

실무적인 계획 및 설계 작업을 통해서 특히, 도시디자인 분야의 공공성에 대해 관심을 가지고 지구 단위 계획 제도의 인센티브 운영 효과, 민간과 공공 관점에서 바라본 비용과 편익의 균형에 대한 연구를 진행하였다.

현재는 서울대학교 온실가스 에너지 종합관리센터를 운영하며, 기후변화 대응 및 온실가스 감축에 관한 다양한 연구 및 실천 활동을 진행하고 있으며 본 과정 중 『세계의 도시디자인』(공저), 『저탄소 녹색도시 조성기법과 사례』, *Adaptation to Climate Change in Asia*(공저) 등의 저술 활동에 참여하였다.

신학이 있는 교회 건축

한국 교회 건축과 공공성

2015년 9월 20일 인쇄
2015년 9월 30일 발행

지은이 | 곽호철 김수연 김정두 박종현 소요한 손 문 손호현
        송용섭 오화철 전현식 정시춘 정용한 정혜진
펴낸이 | 김영호
디자인 | 황경실 관 리 이영주
펴낸곳 | 도서출판 동연
등 록 | 제1-1383호(1992년 6월 12일)
주 소 | 서울시 마포구 월드컵로 163-3
전 화 | (02) 335-2630
팩 스 | (02) 335-2640
이메일 | yh4321@gmail.com

Copyright © 손호현, 2015

이 책은 저작권법에 따라 보호받는 저작물이므로, 무단 전재와 복제를 금합니다.
잘못된 책은 바꾸어 드립니다.
책값은 뒤표지에 있습니다.

ISBN 978-89-6447-288-0 93200

이 도서의 국립중앙도서관 출판예정도서목록(CIP)은 서지정보유통지원시스템 홈페이지
(http://seoji.nl.go.kr)와 국가자료공동목록시스템(http://www.nl.go.kr/kolisnet)에서
이용하실 수 있습니다.(CIP제어번호: CIP2015027105)